Inhaltsverzeichnis

1 Aus der Geschichte

In der Mitte des zwanzigsten Jahrhunderts war die Zeit reif für den ersten Computer. Der Schritt von der Rechenmaschine zur „universellen Maschine“ veränderte das Leben mindestens so sehr wie die Erfindung der Dampfmaschine. Was macht überhaupt einen Computer aus, was unterscheidet ihn von einer Rechenmaschine? Können Computer denken? Das Entscheidende sind die Programme, mit denen ein Computer gefüttert werden kann. In ihnen ist die Intelligenz enthalten.

1.1 Die ersten Rechenmaschinen und ihre Erfinder

Wilhelm Schickard (1592 - 1635), Professor für biblische Sprachen in Tübingen, baute 1623 eine zahnradgetriebene Rechenmaschine, die addieren, subtrahieren, multiplizieren und dividieren konnte. Sie sollte die astronomischen Berechnungen von Johannes Keppler erleichtern. Der Dreißigjährige Krieg machte seinem Leben ein jähes Ende, die Maschine verbrannte.

Blaise Pascal (1623 - 1662) schrieb seine erste wissenschaftliche Abhandlung im Alter von elf Jahren. Er war ebenfalls ein Universalgelehrter und baute 1653 seine berühmte Rechenmaschine, die bis 100000 rechnen konnte und der Nachwelt erhalten blieb.

Gottfried Leibniz (1646 - 1716) demonstrierte seine Rechenmaschine 1672 in London. Leibniz begründete die Differential- und Integralrechnung und befasste sich mit Ziffernsystemen, insbesondere dem Binärsystem. Das Binärsystem hat als Basis die Zwei anstelle der Zehn des Zehnersystems. Leibniz zog Analogien zwischen den Zahlen und dem christlichen Glauben: Am siebten Tag der Schöpfung ruhte Gott, es war schon alles da, deshalb wird die Sieben geschrieben als 111 (siehe Einschub Seite 8) und hat auch noch einen Bezug zur Dreifaltigkeit. Das Binärsystem ist jedoch wie geschaffen für das elektrische Rechnen. Strom oder kein Strom, das ist hier die Frage. Der Computer benötigt dafür keine zehn Finger.

Charles Babbage (1791 - 1871) erdachte 1833 eine „Analytical Engine“, die aus einem Gerät für Rechenoperationen („mill“) und einem Gerät zum Speichern („store“), sowie Datenein- und -ausgabegeräten für Lochkarten bestand. Er konnte auf die Technik der lochkartengesteuerten Webstühle von Jacquard zurückgreifen.

Differenzenmaschine von Babbage

Charles Babbage

Ada Byron Countess of Lovelace

Augusta Ada Byron, Gräfin von Lovelace (1815 - 1852) entwarf die Programme zur Babbage-Maschine. Sie gilt als erste Programmiererin. Als Tochter von Lord Byron wurde sie von berühmten Professoren als Hauslehrern unterrichtet und pflegte Briefwechsel mit ihnen. Sie interessierte sich früh für Mathematik und hatte Zugang zu wissenschaftlichen Vereinigungen und Festgesellschaften, wo sie auch Babbage kennen lernte. Siehe auch Links im Anhang [57].

Babbage hielt in Italien Vorträge über seine geplante *„Analytical Engine"*, die vom italienischen Ingenieur Manaebrae als Zusammenfassung auf Französisch veröffentlicht wurde. Ada Lovelace übersetzte sie 1840 ins Englische und versah sie mit eigenen Anmerkungen, die dreimal so umfangreich waren wie das Original.

„Wir können durchaus sagen, dass die Analytische Maschine algebraische Muster webt, gerade so wie Jacquards Webstuhl Blumen und Blätter."

Als Frau wurde ihr zunächst die wissenschaftliche Anerkennung versagt. Sehr viel später wurden Mondkrater nach Schickard und Babbage benannt, nach Ada Countess of Lovelace aber die Programmiersprache *ADA*.

George Boole (1815 - 1864) entwickelte 1854 in seinem Buch „Die Gesetze des Denkens" die sogenannte *Boolesche Algebra*. Er rechnete mit Wahrheitswerten (TRUE oder FALSE, der Computer macht daraus 1 oder 0). Erst hundert Jahre später stellte sich heraus, dass seine Erkenntnisse für die Konstruktion von Computerchips benötigt wurden. Siehe auch Anhang: Verweise auf WWW-Seiten Geschichte [58].

Herman Hollerith (1860 - 1929) konstruierte 1890 anlässlich der amerikanischen Volkszählung eine Zählmaschine mit elektromagnetischen Relais und Lochkarten (Hollerithkarten). Seine Firma wurde später zur International Business Machine Company (IBM).

Alan Turing (1912 - 1954) beschäftigte sich mit der Frage: *„Können Maschinen denken?"* Er beschrieb 1936 in seiner berühmten Abhandlung *„On Computable Numbers, with an application to the Entscheidungsproblem"*, wie das menschliche Denken auf einer Anzahl von logischen Operationen und Symbolen beruht, und glaubte, dies mit einer Maschine nachahmen zu können. Turing schlug so eine Brücke zwischen Logik und mechanischen Vorgängen. Er erdachte eine *universelle Maschine*, die, mit einem einfachen Programm gefüttert, im Prinzip alle berechenbaren Probleme lösen konnte.

John Atanasoff (1903 - 1995) baute 1939 bis 1942 am Iowa State College zur Lösung von linearen Gleichungssystemen den ersten Röhrenrechner. Er ging jedoch nicht in Betrieb.

Howard Aiken (1900 - 1973) konstruierte 1944 in Harvard den Rechner *Mark I*, der 1943 Relais enthielt, 15 m lang und 2,50 m hoch war, und zu dessen Verkabelung 80 km Leitungsdraht verwendet wurden. Für den Datenspeicher wurden elektromechanisch angetriebene Drehwähler aus der Fernmeldetechnik eingesetzt. Der Programmspeicher war ein Lochstreifen. Wenn Daten und Programme getrennt gespeichert werden, spricht man von Harvard-Architektur.

1.2 Einschub über Ziffernsysteme

Das Binärsystem

Im Binärsystem gibt es nur die beiden Ziffern 0 und 1, während wir im Dezimalsystem die zehn Ziffern von 0 bis 9 benutzen. Wenn wir im Zweiersystem zählen, so benötigen wir bereits bei der Zahl Zwei einen Übertrag, die Zahl Zwei ist zweistellig: 10. Im Zehnersystem tritt ein Übertrag erstmalig nach der Neun auf.
In der folgenden Tabelle sind in Zeile eins die ersten Zahlen im Dezimalsystem, in Zeile zwei diese Zahlen im Binärsystem und in Zeile drei im Hexadezimalsystem geschrieben:

0	1	**2**	3	**4**	5	6	7	**8**	9	10	11	12	13	14	15	**16**
0	1	**10**	11	**100**	101	110	111	**1000**	1001	1010	1011	1100	1101	1110	1111	**10000**
0	1	**2**	3	**4**	5	6	7	**8**	9	A	B	C	D	E	F	**10**

Eine Stelle im Binärsystem heißt **Bit** (binary digit, Binärstelle; eine Digitalanzeige ist eine Stellenanzeige.) Während im Zehnersystem die Werte der Stellen Zehnerpotenzen sind, sind sie im Zweiersystem Zweierpotenzen:

$$437_{(10)} = 4*10^2 + 3*10^1 + 7*10^0$$

$$1101_{(2)} = 1*2^3 + 1*2^2 + 0*2^1 + 1*2^0 = 13$$

Zur Umrechnung vom Dezimal- ins Binärsystem dividiert man die Dezimalzahl (beispielsweise 13) fortlaufend durch zwei und schreibt den Rest auf:

13 : 2 = 6 Rest 1
6 : 2 = 3 Rest 0
3 : 2 = 1 Rest 1
1 : 2 = 0 Rest 1

Die Reste ergeben in umgekehrter Reihenfolge die Binärzahl 1101.

Das Hexadezimalsystem

Das Hexadezimalsystem basiert auf der Zahl 16. Es benötigt außer den zehn Ziffern von 0 bis 9 noch sechs weitere. Man nimmt die Buchstaben von A bis F dazu. Zählen wir im Sechzehnersystem von null bis F, so müssen wir erst danach bei sechzehn einen Übertrag machen: $16_{(10)} = 10_{(16)}$.
Umrechnung ins Dezimalsystem. Beispiel:

$$FF_{(16)} = 15*16^1 + 15*16^0 = 255$$

In obiger Tabelle fällt auf, dass vier Bit im Binärsystem von einer Stelle im Hexadezimalsystem dargestellt werden können. Deshalb werden Binärzahlen häufig als Hexadezimalzahlen geschrieben. Das ist kürzer.

$$FF_{(16)} = 11111111_{(2)}.$$

Zwei Stellen im Hexadezimalsystem heißen **Byte**. 1 Byte=8 Bit. 2^{10} Byte = 1024 Byte = 1 KiloByte, 2^{20} Byte = 1024 KiloByte = 1 MegaByte.

Mit den 256 verschiedenen Zahlen eines Byte hat man die Zeichen der amerikanischen Schreibmaschinentastatur verschlüsselt. Das ist der sogenannte ASCII-Code (American Standard Code for Information Interchange). Der Buchstabe 'A' entspricht zum Beispiel 65 (hexadezimal 41). 'B' entspricht 66, '=' wird zu 48 (hexadezimal 30), '1' zu 49 (hexadezimal 31). Dieser Code wurde inzwischen erweitert zum sogenannten Unicode, in dem nahezu alle Schriftzeichen, die es auf der Erde gibt, verzeichnet sind (siehe Anhang Unicode).

⇨ Aufgabe 1: Schreiben Sie die Zahl 130 im Binärsystem und im Hexadezimalsystem.

⇨ Aufgabe 2: Im Anhang ist eine Tabelle mit den Hexadezimalzahlen der Zeichen nach dem Unicode abgedruckt. Lesen Sie ab, welcher Hexadezimalzahl 'ß' entspricht und rechnen Sie sie um ins Dezimalsystem.

1.3 Colossus gegen Enigma, oder: Wer entschied den zweiten Weltkrieg?

Enigma

Enigma stammt aus dem Griechischen und bedeutet „Rätsel“. 1919 ließ sich der Niederländer Koch eine **„Geheimschreibermaschine“** unter diesem Namen patentierten. Sie bestand aus mehreren drehbaren Scheiben mit ringförmig angeordneten Löchern und elektrischen Schleifkontakten. Eine Schreibmaschinentastatur war über diese Kontakte mit 26 Glühlämpchen verbunden, an denen man die verschlüsselte Botschaft ablas.

Enigma

Die deutsche Marine kaufte 1926 solche Maschinen zur Verschlüsselung von geheimen Nachrichten und setzte sie während des zweiten Weltkriegs im U-Boot-Krieg im Atlantik ein. Die deutschen U-Boote versenkten viele Schiffe zwischen Amerika und England und versuchten die Blockade Englands durchzusetzen.
Die Anfangseinstellungen der Enigma wurden täglich verändert, sodass es schwer war, den Code rechtzeitig zu knacken [60]. Hier ein Auszug aus einem Code und seine Entschlüsselung:

```
AN HEERESGRUPPENKOMMANDO 2=             06 18 24 (FRX)
HCALN UQKRQ AXPWT WUQTZ KFXZO MJFOY RHYZW VBXYS IWMMV W3LEB
DMWUW BTVHM RFLKS DCCEX IYPAH RMPZI OVBBR VLNHZ UPOSY EIPWJ
TUGYO SLAOX RHKVC HQOSV DTRBP DJEUK SBBXH TYGVH GFICA CVGUV
OQFAQ WBKXZ JSQJF ZPEVJ RO -
```

Auf Befehl des Obersten Befehlshabers sind im Falle, (z.Zt =) zur Zeit unwahrscheinlichen, Franzoesischen Angriffs die Westbefestigungen jeder zahlenmaessigen Ueberlegenheit zum trotz zu halten...

Der polnische Mathematiker Marian Rejewski und seine Mitarbeiter beschäftigten sich mit Entschlüsselungsmethoden. Durch Übereinanderlegen von Blättern mit Zehntausenden von Löchern, die den Löchern in den Rotoren der Enigma entsprachen, versuchte man die Verschlüsselung wieder rückgängig zu machen. Es gelang zeitweise, den aufgefangenen deutschen Funkverkehr zu entziffern. Änderungen an der Enigma machten 1938 diese Arbeit aber wieder zunichte.
Der Gedanke lag nahe, die Entschlüsselung einer Maschine zu überlassen. Diese Entschlüsselungsmaschine prüfte ebenfalls mit Rotoren und Stromkreisen alle möglichen Verschlüsselungen. Da die Maschine immer tickte, hieß sie *Bomba.* 1939, als die deutsche Wehrmacht Polen besetzte, mussten die Kryptologen unter abenteuerlichen Umständen quer durch Europa fliehen und gaben ihre Kenntnisse an die Engländer weiter.

In England befasste sich der Geheimdienst auf dem Herrensitz Bletchley Parc in der Nähe von London mit der Entschlüsselung von Funksprüchen [59]. Zeitweise arbeiteten bis zu 10000 Menschen hier.

Bletchley Parc, ehemaliges Zentrum des englischen Geheimdienstes für Entschlüsselung

1940 kam Alan Turing nach Bletchley Parc. Er untersuchte zusammen mit Gordon Welchmann zunächst theoretisch die Anzahl der mathematischen Möglichkeiten und arbeitete statistische Methoden aus, dann baute er neue und bessere *Bombas*, bessere **Entschlüsselungsmaschinen**. Die Deutschen waren jedoch auch nicht untätig und verbesserten die automatische Verschlüsselung (Lorenz-Fernschreiber). Der Aufwand zu ihrer Entschlüsselung wurde wieder größer, und die Geschwindigkeit der Bombas hinkte hinterher. Man arbeitete deshalb mit den Amerikanern zusammen, die mehr Mittel besaßen, und baute eine neue Maschine:

Colossus

Colossus benutzte zur internen Speicherung Elektronenröhren, die zwar sehr anfällig und teuer waren, aber sehr schnell schalteten. Colossus enthielt 1500 Röhren. Innerhalb von zwei Stunden gelang eine Entschlüsselung und die Positionen deutscher U-Boote im Atlantik war klar, aber auch die Funksprüche der Deutschen in Nordfrankreich waren nun kein Geheimnis mehr. Gelegentlich wird Colossus als der erste Computer bezeichnet. Er war jedoch an eine Aufgabe angepasst, keine „universelle Maschine“, wie sie Turing vorschwebte.

Alan Turing

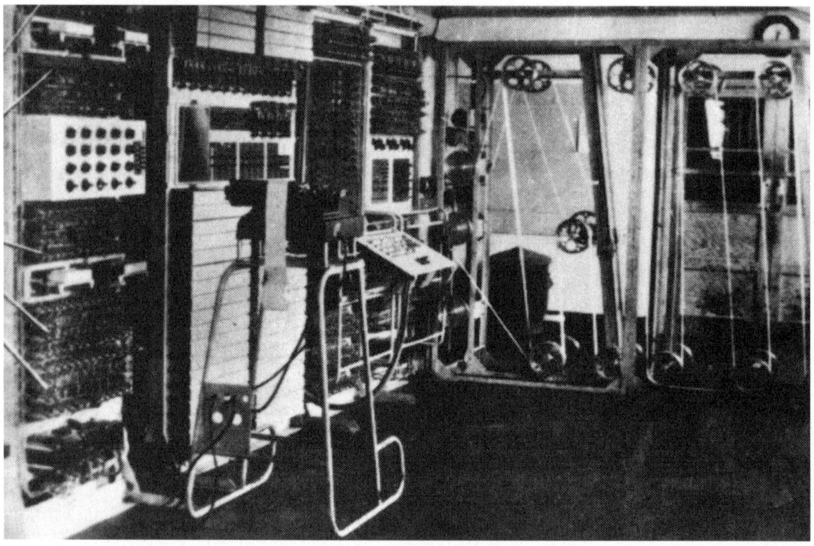

Colossus

1.4 Die ersten Computer

Konrad Zuse

Einige Jahre früher wurde - allerdings im Stillen - von einem deutschen Erfinder, Konrad Zuse, im elterlichen Wohnzimmer der erste Rechenautomat mit Programmspeicher gebaut: der Z1. Der Z1 war rein mechanisch und nicht zuverlässig einsatzfähig. Eine Nachbildung steht im Deutschen Technikmuseum zu Berlin [77].

Konrad Zuse

Nachbildung des Z1

Sein Nachfolger, der Z2 - in Relaistechnik - wurde nicht vollendet, da Zuse zum Militärdienst einberufen wurde. Der Z3 war 1941 fertig, sein Rechenwerk bestand aus 600 Relais, das Speicherwerk aus 2000 Relais. Damit konnten 64 Zahlen mit 22 Bit dargestellt werden. Der Rechner wurde während des Bombenkrieges zerstört, nach dem Krieg nachgebaut und ist im Deutschen Museum in München zu besichtigen [64].
Der Z4 wurde manchmal auch V4 genannt und wurde möglicherweise deshalb gerettet. Zuse erinnert sich:

„ Schließlich erhielten wir den Befehl, sie in eines der unterirdischen Rüstungswerke zu bringen. Der erste Besuch dort war selbst für uns, die wir durch den Berliner Bombenkrieg allerhand gewohnt waren, erschütternd. Zum ersten Mal standen wir der unmenschlichen Grausamkeit des Dritten Reichs gegenüber. In kilometerlangen Stollen arbeiteten zwanzigtausend KZ-Häftlinge unter unvorstellbaren Bedingungen. [...] Nach dem Besuch sagten wir uns: Überall hin nur nicht hierher! Wir ließen uns lediglich einen Wehrmachtslastwagen mit Anhänger geben, mit dem wir das Gerät transportieren konnten.“

Außenansicht des Zuse-Computers Z4

Konrad Zuse transportierte seinen Computer unter abenteuerlichen Umständen quer durch Deutschland nach Hinterstein ins Allgäu. In einem Schuppen des Hotels Steinadler versteckt, überstand sie den Krieg, bis sie an der ETH Zürich wieder in Betrieb genommen wurde.

Nach Süddeutschland flohen damals noch andere Wissenschaftler: Werner Heisenberg, der mit der Kernspaltung experimentierte, floh auf die Schwäbische Alb und Wernher von Braun nach Hindelang im Allgäu, bevor er von den Amerikanern abgeholt wurde, um an dem Raketenprogramm in den USA zu arbeiten. Zuse wurde nicht beachtet.

Es ist eine müßige Spekulation, zu überlegen, was sich durch eine konsequente Nutzung des Zuse-Computers statt der Enigma durch die deutsche Kriegführung verändert hätte. Hätte das den Krieg verlängert, oder zum Abwurf von Atombomben auf deutsche U-Boot-Häfen geführt, wofür es schon fertige Pläne gab?

Amerika: ENIAC

John Mauchly und John Eckert bauten an der Moore School of Electrical Engineering der Universität Pennsylvania, als Weiterentwicklung des Rechners von Atanasoff (siehe Seite 7), den Elektronenrechner ENIAC (Electronic Numerical Integrator and Computer), den sie 1946 vorführten.
Adele Goldstine schrieb die Programme.
ENIAC enthielt 18000 Elektronenröhren, war 30 m lang, 3m hoch und fast 1 m tief, wog 30 Tonnen, verschlang die Energie einer Lokomotive und konnte 5000 Additionen in der Sekunde vornehmen. Der Hauptnachteil dieser Computer der ersten Generation war die Anfälligkeit der Elektronenröhren [65].

John von Neumann wurde auf ENIAC aufmerksam und schlug ein verbessertes Konzept für das Nachfolgemodell vor, das einen Laufzeitspeicher für Programme vorsah. Dadurch wurden bedingte Sprungbefehle möglich. Der durch von Neumann beschriebene Aufbau eines speicherprogrammierten Universalrechners beeinflusste den Computerbau bis heute und wird als von-Neumann-Architektur bezeichnet.
Mit diesen Computern setzte eine Entwicklung ein, deren Ende nicht abzusehen ist. Wenn es ein Charakteristikum eines Computers ist, dass er mit den unterschiedlichsten Daten und Programmen gefüttert werden kann, dann setzt nur der menschliche Erfindergeist die Grenze.

Arbeiten am Röhrenrechner ENIAC

IBM

Herman Hollerith gründete 1886 die Tabulating Machine Company zur Produktion von elektromagnetischen Sortier- und Zählmaschinen, die auch bei der amerikanische Volkszählung verwendet wurden. Als die Firma in Schwierigkeiten kam, wurde Thomas Watson ihr Generalmanager.
Thomas Watson arbeitete zuvor als besonders erfolgreicher Handlungsreisender bei der National Cash Register Company NCR, die Registrierkassen herstellte, und stieg auf bis an die Spitze des Unternehmens. 1912 wurde Anklage gegen ihn erhoben wegen verbrecherischen Komplotts, Ausschaltung des freien Handels und Aufrechterhaltung eines Monopols. Er wurde zu 5000 $ Geldstrafe und einem Jahr Gefängnis verurteilt. Nachdem seine Firma bei einer Überschwemmung eine Hilfsaktion gestartet hatte, wurde das Urteil in der Berufung abgemildert.
Watson benannte die Gesellschaft um in International Business Machines - IBM. IBM vermietete die Maschinen und verkaufte die Lochkarten (Hollerithkarten), wobei nur die eigenen Lochkarten in die Maschinen passten. Dadurch verhinderte man Konkurrenz durch andere Firmen. In der Firma herrschte ein Personenkult. Ein firmeneigenes Liederbuch enthielt Loblieder auf den Chef. Die Firma wird manchmal auch Big Blue genannt, weil die Angestellten früher immer dunkelblaue Anzüge tragen mussten.

Dann kam der erste kommerzielle Computer, UNIVAC, den Mauchly und Eckert bei Remington Rand entwickelten und der ein Magnetband zur Speicherung benutzte. Von ihm wurden 46 Exemplare verkauft. Er stand gut sichtbar in den Fernsehstudios, als Eisenhower 1952 zum Präsidenten gewählt wurde.

Auch IBM forcierte nun den Computerbau und das Ergebnis war das Model 701. Bei seiner Einweihung im Atombombenlabor von Los Alamos hielt Robert Oppenheimer, der Vater der Atombombe, die Tischrede. Bei der Wiederwahl Eisenhowers stand dann aber ein IBM im Fernsehstudio. 1964 baute IBM das berühmte Modell 360 mit einer Stückzahl von über 30000. Es war möglich, von mehreren Terminals auf den Zentralrechner zuzugreifen.
Mit zunehmender Verbreitung von Computern wurden höhere Programmiersprachen wie FORTRAN und COBOL entwickelt.

In großen Firmen wurden separate Computerabteilungen eingerichtet. Man glaubte nicht daran, dass einmal jeder Zugang zu Computern haben würde. Ähnlich wie es früher zu Zeiten der ersten Automobile Fahrschulen für Chauffeure gab und man nicht glaubte, das jeder sie bedienen könnte. Selbst die Programmierer durften den Computerraum nicht betreten. Der Programmierer hatte ein Formular, auf dem er in jeder Zeile Programmcode und Daten eintrug, die auf Lochkarten gestanzt werden sollten. Die so ausgefüllten Blätter brachte der Bürobote in den Lochkartensaal. Dort tippten die Schreibkräfte den Code in die Schreibmaschinentastatur der laut ratternden Lochkartenstanzmaschine. Der Programmierer kontrollierte die Karten, bevor sie ins Rechenzentrum gebracht wurden. Im Vorraum des Rechenzentrums wurden die Kartenjobs abgegeben und nach Priorität sortiert. Jeder Programmierer hatte je nach Wichtigkeit seines Projekts eine Prioritätskennziffer, die die Reihenfolge der Abarbeitung festlegte. Der Computer kann mehrere Jobs gleichzeitig verarbeiten. Es ist, als würde sich eine Zeitscheibe drehen und die Programme abwechselnd ein Stück weit abarbeiten. Jeder erhält je nach Priorität einen unterschiedlich breiten Sektor der Scheibe. Bei niedriger Priorität hatte man erst am nächsten Morgen die Chance, den Output des Programms oder die Fehlermeldungen auf einem breiten Endlospapier ausgedruckt zu bekommen.

Im WWW findet man virtuelle Museen mit vielen Informationen aus der Geschichte (Adressen siehe Anhang WWW-Seiten), die man auch in Schülerreferaten aufbereiten und zusammenfassen kann, zum Beispiel:

- Ein Java-Programm, das die Babbage-Maschine simuliert.
- Biografie von Ada Lovelace
- Ein Java-Programm, das die Enigma simuliert.
- Die Geschichte von Bletchley Park
- Zuse-Homepage von seinem Sohn Horst Zuse
- Technische Daten von historischen Computern
- Biografien von Pionieren der Computerentwicklung

1.5 Das Silicon Valley entsteht

Ein Meilenstein war das Jahr 1948, als **Walter Brattain**, **William Shockley** und **John Bardeen** in den Bell Laboratorien den Transistor erfanden. Shockley zog 1954 nach Palo Alto südlich von San Francisco und gründete die erste Halbleiterfirma.
Dort ist auch die Stanford-Universität beheimatet, die Land an universitätsnahe Firmengründer verpachtete (Stanford Industrial Park). Die zwei Studenten **Hewlett** und **Packard** waren unter den Ersten und experimentierten mit Elektronikschaltungen. Das Gebiet südöstlich über Mountain View, Sunnyvale, Cupertino, Santa Clara bis San Jose heißt eigentlich Santa Clara County, wird aber häufig „Silicon Valley" genannt, denn aus dem Rohstoff Silizium werden Transistoren und Halbleiter-Chips gefertigt. In diesem Gebiet entstanden viele neue Hochtechnologiefirmen und es gründen dort auch alle alten Technologieunternehmen Niederlassungen, um den Anschluss nicht zu verpassen.

Die Bucht von San Francisco mit Silicon Valley

Jack Kilby stellte 1954 bei Texas Instruments die ersten Transistorradios her. 1959 begann die Miniaturisierung. Tausende Transistorschaltungen wurden auf einem Halbleiterchip aus Silizium untergebracht. Im Jahre 2000 erhielt er dafür den Nobelpreis. Heute hat ein Transistor nur noch die Ausdehnung 30 Nanometer ($3 * 10^{-8}$ m). Als die Sowjetunion den ersten Erdsatelliten (Sputnik) in den Weltraum beförderte (Sputnik-Schock), investierte das amerikanische Militär viel Geld in die junge Halbleiter-Industrie. Integrierte Schaltungen, die **Robert Noyce** bei Fairchild Semiconductors in Mountain View entwickelte, wurden in die Minuteman-Rakete eingebaut [69].
1964 stellte **Gordon Moore** das sogenannte Mooresche Gesetz auf, welches besagt, dass sich die Zahl der Schaltungen pro Siliziumscheibe jedes Jahr verdoppelt und der Preis für Computerchips sich alle 18 Monate halbiert. Diese Entwicklung ermöglichte im Übrigen erst die weite Verbreitung der Computer [72].
1966 befasste sich **Josef Weizenbaum** mit der künstlichen „Intelligenz". Das Programm ELIZA ahmte einen Psychiater nach, der einen Dialog mit einem Patienten führen konnte. Turing meinte, der Test auf Computer-Intelligenz wäre bestanden, wenn eine Person, die aus einem Nebenraum Fragen an einen Computer stelle, nicht unterscheiden könne, ob ein Mensch oder ein Computer antwortete.
1970 verließ **Noyce** die Firma Fairchild und gründete mit **Moore** und **Grove** Integrated Electronics (**Intel**). Im Palo Alto Research Center (Parc) von Xerox wurden die Grundlagen vieler Entwicklungen gelegt. Von dort kam die Idee für das Betriebssystem Windows, das zuerst von Apple und dann von Microsoft verwirklicht wurde. Viel Kapital für Neugründungen, „Venture Capital", fließt nach „Silicon Valley". Es ermöglicht das Entstehen vieler Firmen, hier nur einige Beispiele von Gründern und ihren Firmen:

Leonard Bosack und Sandra Lerner	Cisco (von San Francisco)
Robert Metcalfe	3Com (Ethernet)
Jeff Hawkins und Donna Dubinsky	erst Palm, dann Handspring
Philippe Kahn	Borland
Larry Ellison	Oracle
Jerry Yang und David Filo	Yahoo
Pierre Omidyar	E-Bay

Apple

Jobs und **Wozniak**, die Gründer der Firma Apple, wuchsen im Silicon Valley auf. 1971 baute Steve Wozniak seinen ersten Computer in der elterlichen Garage. Seine Eingabe wurde mit Schaltern vorgenommen, die Ausgabe wurde an Leuchtdioden abgelesen. Zusammen mit Steve Jobs baute und verkaufte er Blue Boxes zum Überlisten von Telefonanlagen. Sie trafen dabei Captain Crunch, der später für Apple programmierte. Jobs arbeitete 1975 nachts bei Atari an der Entwicklung von Videospielen. Wozniak programmierte für ihn das weltberühmte Atari-Spiel Breakout.
1976 gründeten die beiden mit 1300 Dollar Startkapital die Firma Apple.
Die Preise der Prozessoren waren inzwischen gefallen, Wozniak erstand seinen ersten 6502 von der Firma MOS-Tech für 25 Dollar. Für die Firma Byte Shop bauten sie 50 Computer ohne Gehäuse und ohne Tastatur für 500 Dollar das Stück. Wozniak hatte einen Basic-Interpreter selbst geschrieben. Er wurde über einen Kassettenrekorder eingelesen.
Apple II bekam Basic als ROM-Baustein mitgeliefert und wurde an ein Farbfernsehgerät angeschlossen.
Jobs bot seine Firma zum Kauf an, zunächst Commodore, die MOS-Tech übernommen hatten, dann Hewlett-Packard und Atari. Schließlich fand er einen Geldgeber. Apple II erhielt ein originelles Kunststoffgehäuse, ein Diskettenlaufwerk und es wurden Werbeanzeigen veröffentlicht. Ein Tabellenkalkulationsprogramm (Visicalc) und ein Textverarbeitungsprogramm trugen zu der weiten Verbreitung des Apple II bei. Anfang 1978 war der Wert der Firma bereits 3 Millionen $. 1979 wurden 35000 Computer verkauft.
1979 investierte auch Xerox in Apple. Im Xerox-Forschungszentrum Palo Alto Research Center (PARC) hatte man eine grafische Oberfläche entwickelt, die durch Mausklick auf kleine Symbole bedient wurde. Jobs glaubte an die Zukunft dieser Erfindung und ließ einen Rechner mit grafischer Benutzeroberfläche auf der Basis des Motorola 68000-Prozessors konstruieren, den berühmten MacIntosh, der 1984 ausgeliefert wurde. Er setzte sich vor allem im Bereich des Desktop Publishing (DTB) durch, wo Druckvorlagen am Bildschirm erstellt werden.
1980 waren die Aktien von Jobs bereits 165 Millionen, die von Wozniak 88 Millionen Dollar wert und der Umsatz überschritt eine Milliarde Dollar.

Gates

Als Bill Gates 13 Jahre alt war, hatte sein Schule gerade einen Vertrag mit der Digital Equipment Corporation (DEC) über die Nutzung von Rechenzeit am Computer PDP-10 abgeschlossen. Gates und sein Freund Paul **Allen** (15 Jahre) schlichen sich oft nachts an den Computer, bis ihnen die Benutzung untersagt wurde. Das Budget der Schule war weit überschritten und es musste Geld bei den Eltern gesammelt werden.
Als nächstes sollten Gates und Allen Programmfehler in der Software für den PDP-10 im Auftrag der Computer Center Corporation CCC aufstöbern. Als Gates den Passwortschutz knackte und an Daten gelangte, die nicht für ihn bestimmt waren, wurde er gefeuert. Dasselbe passierte bei der Control Data Corporation CDC, wo er ein ganzes Netz abstürzen ließ. Seine Eltern verboten ihm den Umgang mit Computern.
1970 nahmen Gates und Allen einen Auftrag für ein Gehaltsabrechnungsprogramm in COBOL an. Die Entlohnung bestand in Rechnerzeit im Wert von 10000 Dollar.
1971 gründeten sie die Firma Traf-O-Dat, die für Verkehrszählungen 20000 Dollar einnahm. Als Telefonnummer ihrer Firma Traf-O-Dat gaben sie Bill Gates Internat an. Sie benutzten Intels Mikroprozessor 8008 und ließen von einem Elektrotechniker ein Zählgerät bauen.
1974 war es erstmals möglich, selbstgeschriebene Programme mit einem Mikroprozessor zu verarbeiten. Es entstanden überall Amateurclubs, die sich für den Eigenbedarf als Hobby Geräte zusammenbauten, die für den Einzelnen zu teuer gewesen wären. Der berühmteste war der Homebrew Computer Club, dem anfangs auch Steve Jobs und Steve Wozniak angehörten.
Die Firma MITS in Albuquerque brachte den Altair heraus, ein Bausatz für einen Computer mit 4096 Byte Hauptspeicher. Es gab jedoch keinerlei Software. Begeistert zeigt Allen Gates den Bericht einer Elektronikzeitschrift über den Bausatzcomputer. Das war das Startsignal für Allen und Gates. Sie boten MITS an, die Sprache Basic an diesen Computer anzupassen, für eine Lizenzgebühr von 50 Cent je verkauftem Exemplar. Sie behielten sich allerdings vor, ihre Basic-Version auch an andere Firmen verkaufen zu können. 1975 wurde Allen bei MITS in Albuquerque angestellt. Gates wurde wieder einmal die Benutzung des Harvard-

Computers verboten. Noch im gleichen Jahr gründeten sie „microcomputer software“.
Bald entstanden auch COBOL-und FORTRAN-Versionen für Mikrocomputer. Das war die Zeit, als Jobs und Wozniak in Jobs elterlicher Garage Apple gründeten. Apple machte im ersten Jahr 2,5 Mio. $ Umsatz, 1980 schon 100 Millionen und 1984 eine Milliarde.
1980 plante schließlich auch IBM (Jahresumsatz 28 Mrd. $) den Einstieg in den Markt der Personalcomputer mit einem Intel-8088-Prozessor. Innerhalb eines Jahres sollte er herauskommen. Alles musste sehr schnell gehen. Der Chef der IBM-Partnerfirma war gerade unterwegs und so schloss eben Gates den Vertrag mit IBM. Er kaufte QDOS „Quick and Dirty Operating System“ von Seattle Computer Products als Basis für sein MSDOS. Eine Apple-Werbung spottete „Welcome IBM. Seriously“. Die Komponenten kamen von externen Herstellern. Deshalb gab es auch viele Nachbauten von namenlosen Herstellern. Der IBM-PC wurde zum Industriestandard, obwohl die Technik nicht unbedingt die bessere war. Apple führte mit seinem Modell Macintosh Neuerungen ein, wie die Fenstertechnik.
Der Marktanteil von IBM war anfangs 40 % und fiel dann. Die Nachbauten jedoch benutzten ebenfalls MSDOS, weil sie zu IBM kompatibel sein wollten. Und so stieg immer mehr der Marktanteil von Microsoft.
Umsatzentwicklung von Microsoft:

1977	500000 $
1984	100 Mio. $
1990	1 Mrd. $
1995	6 Mrd. $

Als Bill Gates Sekretärin eingestellt wurde, war er gerade auf Geschäftsreise. Zurückgekehrt, eilte er an der Sekretärin vorbei in das Chefzimmer und arbeitete am Computer. Die Sekretärin meldete alarmiert weiter, dass sich ein Junge am Chefcomputer zu schaffen mache. Sie erhielt als Antwort „Das ist unser Chef!“ - „Aber wie alt ist er?“ - „Einundzwanzig.“

Sun Microsystems

Andreas von Bechtolsheim stammt aus Nonnenhorn bei Lindau. Sein Vater spielte dort jeden Sonntag die Kirchenorgel. Er war Preisträger von „Jugend forscht“ im Fach Physik, studierte erst in München und ging dann an die Stanford-Universität und schloss 1981 seine Doktorarbeit ab. Dabei baute er sich eine eigene schnelle Workstation zusammen, weil beim Zentralcomputer der Universität so schwer Rechenzeit zu bekommen war. Vinod Khosla schlug vor, eine Firma zu gründen und den Computer zu vermarkten und zusammen mit **Scott McNealy** und **Bill Joy** gründeten sie Sun Microsystems [68]. „In Deutschland hätten wir nie das Geld für die Gründung von Sun bekommen.“ Sie verwendeten eine Version des Multi-User-Betriebssystems UNIX, das auch in den Rechenzentren von Universitäten und großen Unternehmen noch heute verbreitet ist. Der Umsatz der Firma verdoppelte sich anfangs jedes Jahr. Heute hat sie einen großen Marktanteil auf dem Servermarkt. SUN liefert leistungsfähige Rechner zur Bereitstellung von Diensten in Firmen- und Universitätsnetzen sowie im Internet und entwickelte die Sprache Java, sowie in Zusammenarbeit mit Netscape JavaScript.
1995 verlies Andy, wie er im Silicon Valley genannt wird, Sun und gründete Granite Systems, wo er mit einer kleinen Gruppe von Ingenieuren Chips für schnelle Internetverbindungen (Gigabit Ethernet Switching) entwickelte. Nach einem Jahr schon kaufte Cisco die Firma für 220 Millionen Dollar. Bechtolsheim ist dort nun Vizepräsident. Er investierte inzwischen selbst in 20 neue StartUps. Seine Meinung: „Die Gründer hier werden immer jünger - viele sind gerade 18 oder 20. Und das ist ein ideales Alter.“

SAP

Systemanalyse Programmentwicklung hieß das Unternehmen zuerst, das fünf ehemalige Mitarbeiter der Mannheimer Niederlassung von IBM 1972 in Weinheim an der Bergstraße gründeten. Sie hatten nur ein

kleines Büro in Mannheim und entwickelten ihre Software auf den Rechnern von Kunden, wie zum Beispiel John Deere, Freudenberg und ICI. Heute ist SAP ein Weltunternehmen mit 6000 Mitarbeitern und Sitz in Walldorf im Süden von Heidelberg.
Die Software verbessert die Geschäftprozesse Finanzbuchhaltung, Kostenrechnung, Anlagenbuchführung und Auftragsabwicklung. Die Systemberater von SAP hatten die Idee, diese Programme zu standardisieren und bei allen Firmen die gleiche Software anzuwenden. Statt in Stapelverarbeitung (Batch-Verfahren), die damals noch üblich war, und bei der die Programme nacheinander verarbeitet werden, wurde das Dialogverfahren angewendet, bei dem man Eingaben macht und am Bildschirm sofort die Ausgabe des Programms erhält. Von dieser Real-Time-Datenverarbeitung hat das Programm seinen Namen: R. Man benutzte eine selbstentwickelte Programmiersprache: ABAP. Das Programm R/2 deckte schon viele Geschäftprozesse vom Personalwesen bis zur Qualitätssicherung ab und hielt Einzug in großcn Firmen. An einen Zentralrechner wurden mehrere Terminals angeschlossen. Von John Deere wurde eine Version ins Französische übersetzt und der Siemens-Konzern verbreitete es zusammen mit seinem Betriebssystem auf den Großrechnern seiner Niederlassungen weltweit.
Das Programm R/3 sollte ursprünglich für mittelständische Unternehmen entwickelt werden. Es hatte die Client-Server-Architektur zur Grundlage. Mehrere Server und Clients können über ein Netzwerk Daten austauschen. R/3 war im richtigen Moment fertig, denn es traf auf den Niedergang der Großrechner, die zu unflexibel und zu teuer waren. Die Konkurrenz wurde überrascht, da sie kein entsprechendes Produkt hatte. R/3 ist auf unterschiedliche Unternehmensgrößen anpassbar (skalierbar). Es arbeitet auf drei Ebenen, die auf unterschiedliche Rechner und Betriebssysteme verteilt sein können:

Der **Datenbankserver** arbeitet mit Datenbanken verschiedener Hersteller zusammen, registriert und aktualisiert die Daten zentral, so dass unterschiedliche Abteilungen wie zum Beispiel Vertrieb und Einkauf gleichzeitig darauf zugreifen können.
Der **Applikationsserver** stellt die eigentlichen Anwendungen zur Verfügung. Sie sind in der Sprache ABAP/4 programmiert und dienen der Verwaltung von Business-Objekten, wie zum Beispiel Auftrag, Angestellter, Rechnung und Kunde. Zu einem Objekt gehören Daten und anwendbare Methoden, zum Objekt Auftrag beispielsweise die Methoden „Auftrag anlegen“ oder „Auftrag ändern“. Business Application Programming Interfaces (BAPI) steuern den Zugriff auf die Objekte auch von außerhalb, von Internetanwendungen oder Fremdanwendungen. Das Basissystem, das die Zusammenarbeit zwischen den Anwendungen, der Datenbank und der grafischen Oberfläche sicherstellt - die sogenannte Middleware - ist in der Programmiersprache C realisiert.
Der **Präsentationsserver** liefert die grafische Bildschirmoberfläche, das SAP-GUI mit den Menüpunkten und Datenfeldern für Benutzereingaben und den Hilfefunktionen. Dieses sogenannte Frontend lässt sich mit verschiedenen Betriebssystemen nutzen, mit MS Windows-, Java- oder Browser-Oberflächen. Desktop-Anwendungen wie MS Office, Star Office und CorelOffice werden unterstützt. Ob für ein Zweigwerk in Mexiko oder China, die länderspezifischen Abrechnungsmethoden und Währungen werden berücksichtigt. Wegen der großen Verbreitung dieser Standardsoftware auch bei Zulieferern fördert sie die zunehmende Globalisierung der Unternehmen.

Unter **Workflow** versteht man die ganzheitliche elektronische Optimierung und Automatisierung des Ablaufs von Geschäftsprozessen. Eine Ware ganzheitlich zu verfolgen kann zum Beispiel heißen, mit Barcode-Scannern die Zulieferungen zu erfassen und die Fertigung bis zur Auslieferung elektronisch zu verfolgen. Mit Hilfe der Software kann sich das Management jederzeit einen Einblick in den Bedarf an Material, Maschinen und Personal verschaffen, sowie einen Überblick über die finanzielle Situation. Die Lagerhaltung kann reduziert und die Lieferfristen verkürzt werden („Built To Customer“).
Häufig führte die Einführung der SAP-Software zu einer Umgestaltung und Rationalisierung der Abläufe. In den Unternehmen war die Entscheidung über die Einführung der neuen Software eine Entscheidung der Vorstände und nicht der Computerabteilung. Die eigenen Programmierer waren überflüssig oder mussten umlernen. Die SAP-Software war so komplex, dass ein Heer von System-Integratoren erforderlich wurde. Es entstanden viele Beratungsunternehmen, die sich auf SAP-Software spezialisierten.
1993 wurden die USA zum wichtigsten Einzelmarkt für SAP. Nicht nur Chemieunternehmen und Energiekonzerne, auch die Softwarefirmen im Silicon Valley wurden zu SAP-Kunden. Selbst IBM setzt seit 1994 konzernweit R/3 ein. Auf halber Strecke zwischen dem Silicon Valley und San Francisco gründete SAP 1993 ein Entwicklungszentrum.

Linus Torvalds

Der finnische Student Linus Torvalds begann 1990, das Betriebssystem UNIX unter dem Namen Linux neu zu schreiben und es auf einen PC anzupassen. Linux ist sowohl als Quellcode als auch in kompilierter Form erhältlich. Das Copyright liegt bei Torvalds, Linux kann aber unter der GNU Public Licence frei weitergegeben werden. Frei im doppelten Sinn: ohne Beschränkungen und kostenlos. Es ist von einer großen Anzahl Freiwilliger weiterentwickelt und verbessert worden. Da es die wichtigsten Eigenschaften von UNIX geerbt hat, erfreut es sich einer zunehmenden Anhängerschaft in Universitäten, Schulen und Unternehmen und ist eine Konkurrenz für Microsofts Betriebssystem. Als in den 70-er Jahren das Internet entwickelt wurde, waren die ersten vernetzten Computer solche mit UNIX-Betriebssystem. Einige Eigenschaften:
Die meisten WWW-Server sind auch heute UNIX-Maschinen. Das Protokoll TCP/IP ist schon fest integriert.
UNIX-Systeme laufen jahrelang ununterbrochen ohne abzustürzen. Sie eignen sich also für Aufgaben, die eine ständige Präsenz und große Stabilität erfordern.
UNIX kann an Supercomputer mit modernster Hardware angepasst werden. Riesige Festplattenspeicher und Arbeitsspeicher, aber auch viele parallel geschaltete Prozessoren erreichen eine hohe Leistung.
Mehrere Benutzer können gleichzeitig auf UNIX-Computern arbeiten (Multi-User-Fähigkeit).
UNIX kann sich im Netz verschiedene Aussehen geben und sich zum Beispiel wie eine Novell-, MS-Windows oder Macintosh-Oberfläche verhalten.
Einige UNIX/Linux - Befehle findet man im Kapitel Betriebssysteme.

Hacker: Captain Crunch

John Draper war Funktechniker bei der Air Force. Die Legende will es, dass er eines morgens beim Öffnen einer Packung Cornflakes der Marke Capitain Crunch eine Spielzeugpfeife aus Plastik findet, die einen Ton der Frequenz 2600 Hertz abgibt. Diese Frequenz wurde von Telefongesellschaften als Trägerfrequenz für bestimmte Signale verwendet. Mit dieser Frequenz gelang Draper, genannt Captain Crunch, ein legendärer Hack. Er konnte kostenlos telefonieren. Seine Freunde vom Homebrew Computer Club in Kalifornien bauten kleine Kästchen, sogenannte blue boxes, die diese Frequenz auf Knopfdruck erzeugten. Eine elektronische Schaltung mit Röhren im Inneren erzeugte diese Schwingung. Es gelang eine Telefonschaltung rund um den Erdball.
Draper musste zweimal ins Gefängnis. Er äußerte später in einem Interview: „Hätte Bell mich angestellt, wäre es für sie billiger gewesen.“ So hat er aus dem Gefängnis heraus den Bauplan seiner Schaltung herausgegeben und zahlreiche Kids telefonierten kostenlos.

Kevin Mitnik

Am 16. Februar 1995 erschien die New York Times mit der Schlagzeile „Einer der meistgesuchten Cyberdiebe gefangen in seinem eigenen Netz“. Über zwei Jahre lang wurde er vom FBI gejagt. Doch als er sich per Funktelefon in den Computer von Tsutomi Shimonura einhackte und ihm sämtliche E-Mails klaute, geriet er an den Richtigen. Shimonura war Computersicherheitsexperte am San Diego Supercomputer Center. Mitnik stahl ihm Sicherheitssoftware und Programme, die dieser für eine große Telefongesellschaft geschrieben hatte. Er erzeugte Pakete mit vorgetäuschten IP-Absenderangaben und platzierte ein Hintertür-Programm im Computernetz von Shimonura, das ihm jederzeit den Zugang mit vollen Rechten öffnete. Shimonura jagte ihn 50 Tage. Er installierte Fangschaltungen in Internet-Knotenpunkten und schrieb Filtersoftware, die nach Hacker-Pseudonymen von Mitnik suchte. Dazu gebrauchte er schnelle Rechner die ihm Sun und andere Firmen zur Verfügung stellten. Zum Schluss ortete ein Peilwagen Mitniks Wohnung. Er wurde zu mehreren Jahren Gefängnis verurteilt. Vor kurzem wurde er freigelassen. Er hat noch ein richterliches Verbot, sich an einen Computer zu setzen.

2 Das Internet und seine Dienste

Als im Jahre 1957 die Sowjetunion den ersten Satelliten Sputnik in den Weltraum schoss (Sputnik-Schock), wurden im Westen eine ganze Reihe von Aktivitäten gestartet, um nicht ins Hintertreffen zu geraten.
1969 rief das amerikanische Verteidigungsministerium die ARPA-Gruppe (Advanced Research Projects Agency) ins Leben, und richtete ein Netzwerk mit dem Namen Arpanet ein, das Computer in verschiedenen Städten miteinander verband. Der Grundgedanke war, Computer durch Telefonleitungen netzartig so zu verbinden, dass der Ausfall einzelner leicht verkraftet werden kann. Im Falle eines Atomangriffs sollten unbeschädigte Netzknoten die Aufgabe der anderen übernehmen.
1974 entwickelten David Clarke, Vint Cerf und Robert Khan das Transmission Control Protocol (TCP) und das Internet Protocol (IP). Das Internet entstand als ein Netz von unterschiedlichen Netzen. Die Knoten, die zwischen verschiedenen Netzen vermitteln, heißen Gateways. Im Internet stehen verschiedene Dienste zur Verfügung, von denen jeder sein eigenes Protokoll hat. Protokolle sind Regelwerke für die Kommunikation, die von internationalen Organisationen festgelegt werden.

Erst die Einführung des WWW führte zu der explosionsartigen Entwicklung des Internet und zu seiner Nutzung durch Jedermann:
1994 bot Pizza Hut die erste Pizza übers Internet an und Internet-Banken wurden gegründet.

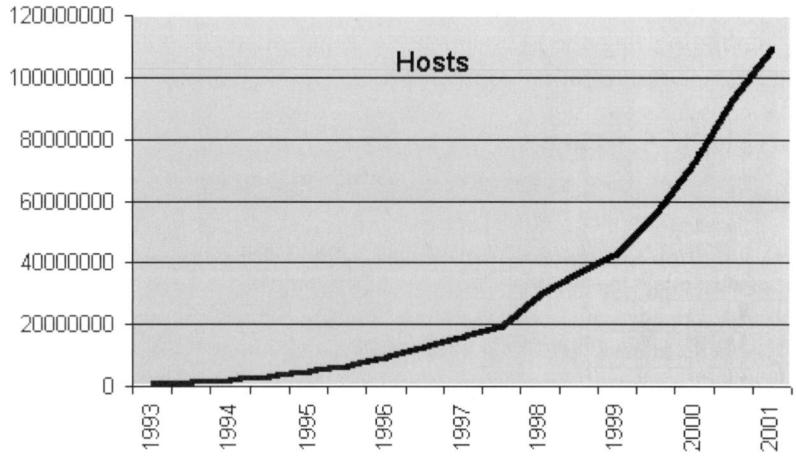

Internet-Hosts. Quelle: Internet Software Consortium (http://www.isc.org/)

2.1 Das World Wide Web

Das World Wide Web wurde anfangs von dem Physiker **Tim Berners-Lee** am europäischen Kernforschungszentrum **CERN** in der Schweiz entwickelt [66]. Es beruht auf dem Hyper Text Transfer Protocol HTTP. Ein Hypertext enthält Einfügungen, durch die der Text gestaltet werden kann und durch die er Verbindung zu anderen Texten erhalten kann. Es können auch Multimedia-Inhalte eingefügt werden. 1990 schrieb Berners-Lee einen „point and click hypertext editor", der nur auf den NeXT-Computern von Apple-Gründer Steven Jobs lief. Dann wurde das „Web" auf den miteinander verbundenen Großrechnern des CERN eingeführt. Der Download vom ersten Webserver info.cern.ch verzehnfachte sich jedes Jahr.

Marc Andreessen schrieb dann *Mosaic*, einen Browser für PCs, der den Hypertext interpretieren konnte (Browser kommt von „to browse" - lesen, durchblättern, überfliegen). Der Programmcode war frei. Auch heute noch basieren alle Browser auf ihm. Andreessen gründete zusammen mit Jim Clark die Firma Netscape. 1995 nutzten 85 % aller Internet-Surfer den Browser *Netscape Navigator*, den man sich aus dem Internet kostenlos kopieren kann. Microsoft, das zuerst den Trend verschlafen hatte, integrierte in sein Betriebssystem, das die Käufer eines PC miterwerben mussten, den Browser *Internet Explorer* und jagte damit Netscape wieder Marktanteile ab. 1998 kaufte die Firma AOL Netscape. Netscape war zwei Jahre zuvor zehnmal so groß wie AOL, nun hatten sich die Verhältnisse jedoch umgekehrt. AOL ist ein Provider für den Internet-Zugang, das heißt es ermöglicht dem Privatkunden gegen Gebühr, sich über das Telefonnetz in einen Rechner von AOL einzuwählen, der mit dem WWW verbunden ist. 2000 übernahm AOL den Medienkonzern Time Warners und kann somit in der Zukunft auch Inhalte wie zum Beispiel Filme anbieten.

Auf die Programmiersprache des Web, **HTML**, einigte man sich weltweit. Dazu wurde das Web Consortium W3C gebildet, eine Vereinigung von Universitäten und Forschungsinstituten rund um den Globus. Es ist für die Diskussion und Vereinbarung neuer gemeinsamer Protokolle zuständig. Es soll offen für alle sein, die auf einer gemeinsamen Plattform zusammenarbeiten wollen. Auf der Webseite

    http://www.w3.org/

kann man die neuesten Entwicklungen mitverfolgen. Im Jahre 2000 wurde der XML-Standard veröffentlicht (Extensible Markup Language), mit dem Ziel, ein offenes Datenformat für alle über das Web nutzbaren Dokumente zu bieten. Ein XML-Dokument ist eine Textdatei, die nicht nur den Inhalt, sondern auch dessen Struktur (Metadaten) enthält. Ein Programm, ein Agent, könnte Informationen aus dem Dokument herausfiltern und maschinell weiterverarbeiten, beispielsweise um automatisch ein Inhaltsverzeichnis zu erstellen. XML könnte so neben der universellen, systemunabhängigen Sprache Java das universelle Datenformat des Web werden.
Agenten können das Internet durchstreifen und gezielt nach Firmen oder Produkten suchen und Preise vergleichen. Im Business-to-Business-Bereich lassen sich so Bestellungen automatisieren. Einige Firmen arbeiten an einem Commerce XML. Die Chemiker haben eine Chemical Markup Language entwickelt für die Darstellung chemischer Strukturen, die Mathematiker eine Mathematical Markup Language. In der Streaming-Software G2 von Real Networks wird Synchronized Multimedia Integration Language (SMIL) eingesetzt, für das Abspielen von Multimedia-Inhalten wie Filmen und Musik.

Im Internet werden außer dem WWW noch andere Dienste organisiert. Sie arbeiten jeweils nach einem eigenen Protokoll, das auf das TCP/IP aufgesetzt ist:

2.2 E-Mail

E-Mail ermöglicht das Verschicken von digitalen Daten (Texte oder Multimedia-Inhalte) an andere Netzteilnehmer nach dem Simple Mail Transfer Protocol (SMTP). Absender und Empfänger müssen ein elektronisches Postfach besitzen, also Platz auf einem Rechner, der an das Internet angeschlossen ist. Diesen Platz stellen eine Reihe von Unternehmen, Universitäten und Schulen kostenlos zur Verfügung. Auch Telefongesellschaften bieten mobilen E-Mail-Zugang. Wie bei der Papierpost muss die Adresse des Empfängers bekannt sein. Diese Adresse setzt sich aus zweit Teilen zusammen:

    User@Host

Der „Klammeraffe“ @ wird „at“ gesprochen. Der Username kann gewählt werden, der Hostname ist der Name eines Internetservers, der den E-Mail-Dienst anbietet. Der Hostname kann durch einen Alias-Namen ersetzt werden. Gegenüber der Papierpost hat E-Mail eine Reihe Vorteile, weshalb es sich schnell durchgesetzt hat: Schnelligkeit, geringe Kosten, jederzeitige Erreichbarkeit, auch auf Reisen, Multimediafähigkeit (Bilder, Musik, Videos), Daten können direkt elektronisch weiterverwendet werden.

2.3 News

Newsgroups ermöglichen das Schreiben und Lesen von Beiträgen zu einem bestimmten Thema. Sie basieren auf dem Net News Tranfer Protocol (NNTP). In einem E-Mail-Programm gibt es die Möglichkeit, Newsgroups zu abbonieren. In Outlook Express etwa wählt man

    Extras - Konten - News - Hinzufügen - News ... - News-Server

und trägt beispielsweise als Namen des News-Servers ein:

    news.uni-heidelberg.de

Mit

    Extras - Newsgroups - Liste neu übertragen

erhält man eine lange Liste der dort verfügbaren Newsgroups.

Die Hauptkategorien (englischsprachig) sind:

`comp` (computer)	über Computer	`rec` (recreation)	Freizeit und Hobby
`sci` (science)	über Wissenschaft	`misc` (miscellaneous)	Verschiedenes
`soc` (social)	Soziales und Politik	`alt` (alternative)	Alternatives
`talk`	Diskussionen		

Deutsche Newsgroups findet man beispielweise unter de:

`de.comp.lang.java` , `schule.internet.einsatz` , `schule.informatik`

2.4 Telnet

Telnet ermöglicht das Einloggen auf einem fernen Rechner und das Arbeiten dort, als wäre man da. Ein verbreitetes Telnet-Programm ist Ewan (emulator without any name). In den meisten Fällen wurde ein Telnetprogramm mit Windows installiert. Man kann es dann im Browser aufrufen mit `telnet:Hostname`
Es gibt eine Reihe von Rechnern, auf die man sich einloggen und auf denen man kostenlos arbeiten darf. Siehe

`http://www.lights.com/hytelnet/de0/de000.html`

Ein Beispiel sind Büchereirechner, auf denen eine Literaturrecherche möglich ist. Mit einem Telnet-Programm wie zum Beispiel EWAN (Emulator Without Any Name) oder mit dem Browser wählt man den Rechner an. Im Browser schreibt man zum Beispiel

`telnet:opac.server.uni-frankfurt.de und gibt als Loginname opc ein:`

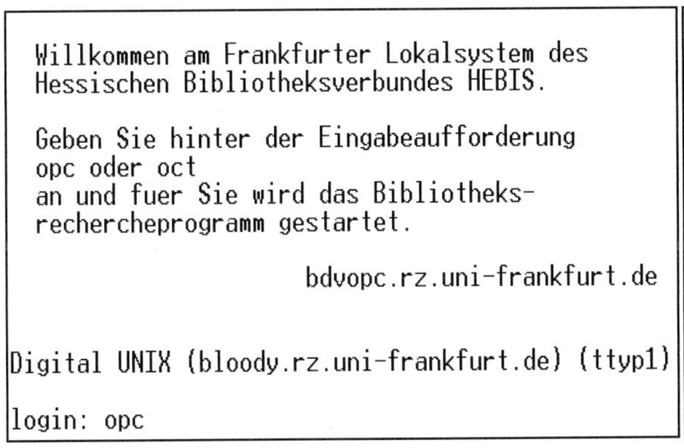

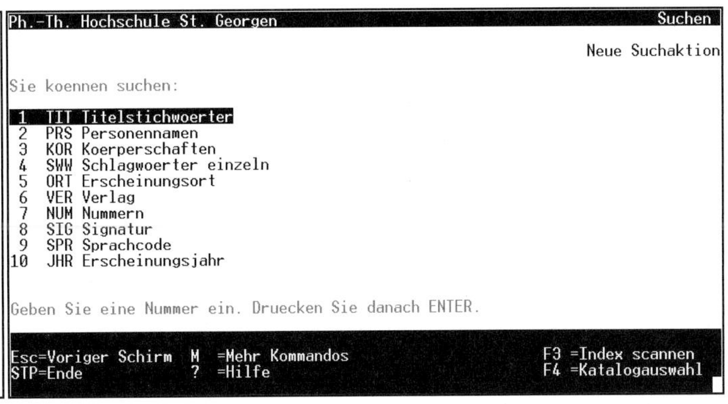

2.5 FTP

Das File Transfer Protocol regelt die Übertragung von Dateien vom Server zum Client („Download") und umgekehrt („Upload"). Es gibt dafür komfortable Programme, wie zum Beispiel WS_FTP für Windows. Man benötigt die Rechneradresse, einen Loginnamen und ein Passwort. Manche Rechner erlauben auch ein anonymes Einloggen mit dem Login-Namen „anonymous", als Passwort gibt man dann seine E-Mail-Adresse an. Zum Beispiel ist der Download von Dateien vom Microsoft-Server mit der Nummer 207.46.133.140 möglich:

`ftp://207.46.133.140/`

Will man eine eigene Webpage veröffentlichen, so kann man sie mit WS_FTP zum Server übertragen.
Siehe Kapitel HTML.

Es gibt noch **andere Dienste**, wie der Suchdienst **Gopher** („grabendes, wühlendes Säugetier der Familie der Taschenratten"), oder **Archie** und **Finger**, deren Bedeutung jedoch durch das WWW stark abgenommen hat. WWW-Suchmaschinen (Yahoo, Lycos, AltaVista, Google, ...) bieten ihre Dienste kostenfrei an nach dem Prinzip „Geschenke schaffen Märkte". Sie finanzieren sich durch Werbung oder kostenpflichtige Zusatzdienste. Sie entwickeln sich zu Portalen, zu Seiten, die der Benutzer als erste aufruft, wenn er online geht. Dort gibt es auch Wegweiser zu Versteigerungen, zu Internet-Einkauf und zu einem kostenlosen E-Mail-Service, den man von überall her aufrufen kann, auch auf Reisen. Neu entstandene Anwendungen sind Internettelefonie und Videokonferenzen.

Das Schichtenmodell

Wir haben nun mehrere Dienste und ihre Protokolle angesprochen und wollen nun diese Kommunikation näher untersuchen. Letztendlich müssen die Daten irgendwie transportiert werden, auf der untersten Ebene macht das der elektrische Strom durch ein Kabel, oder Lichtwellen durch eine Glasfaser, oder Funkwellen über Antennen. Man teilt die zur Kommunikation erforderlichen Protokolle nach einem Schichtenmodell ein. Jede Schicht kann die Dienste der tieferliegenden Schicht in Anspruch nehmen. Jedes Protokoll kommuniziert mit dem entsprechenden Protokoll des anderen Teilnehmers auf der gleichen Ebene und kümmert sich nicht um andere Ebenen. Das hat den Vorteil, dass eine Anwendung also nicht wissen musss, wie die Daten zum entfernten Rechner geschickt werden, sie muss sich lediglich nach dem zugrundeliegenden Protokoll richten. Umgekehrt müssen die obenliegenden Schichten nicht verändert werden, wenn sich die physikalische Netzwerkschicht ändert, etwa durch Austausch der Hardware. Das international vereinbarte OSI-Schichtenmodell (Open Systems Interconnection) besteht aus sieben Schichten (siehe genauere Beschreibung und Abbildung im Anhang). Eine grobe Einteilung fasst diese Schichten in vier zusammen:

Die **Anwendungsschicht** ist die oberste Schicht. Zu ihr gehören zum Beispiel die Protokolle HTTP und SMTP. Wenn der Anwender mit seinem Browser eine WWW-Seite anfordert, benutzt dieser das HTTP-Protokoll. Wenn er eine E-Mail verschickt, kommt das SMTP-Protokoll zur Anwendung.

Darunter liegt die **Transportschicht.** Die Station, die Daten versenden will, zerstückelt diese in Päckchen. Die Päckchen tragen als Aufschrift die Adressen von Absender und Empfänger. Der Empfänger setzt sie wieder in der richtigen Reihenfolge zusammen. Für die Zuverlässigkeit der Übermittlung ist das Transmission Control Protocol (**TCP**) zuständig. Die Päckchen haben eine Prüfsumme, anhand der man feststellen kann, ob das Päckchen unbeschädigt angekommen ist. Wenn ein Päckchen fehlt oder beschädigt ist, wird es nochmals angefordert, man spricht deshalb von einer sicheren Übertragung.
Die Alternative zu TCP ist das User Datagram Protocol (UDP). UDP garantiert nicht das fehlerfreie Ankommen. Es ist ein verbindungsloses Protokoll. Es schickt die Daten an den Adressaten einfach ab, ohne sich darum zu kümmern, ob sie auch ankommen. Aber es ist schnell. UDP wird deshalb für die Übertragung von Sprache (Internet-Telefonie) oder von Videos benutzt, bei denen es nicht auffällt, wenn ein kleiner Abschnitt fehlt, bei denen es aber wegen der großen Datenmengen auf Schnelligkeit ankommt.

Die **Internet-Schicht (IP)** kümmert sich um die richtige Adressierung und die Weiterleitung des Päckchens bis zum nächsten Internet-Host. Jeder Rechner kann über seine IP-Adresse identifiziert werden. Das sind vier Zahlen, jeweils durch einen Punkt getrennt. Die einzelnen Päckchen können auf verschiedenen Wegen durch das Internet geleitet werden. Vielleicht ist ein Knoten überlastet, dann vergisst er das Päckchen einfach. Die Päckchen können verloren gehen, sich gegenseitig überholen oder sich verdoppeln.

Die unterste Schicht, die **Netzzugangsschicht** hängt von den physikalischen Gegebenheiten des lokalen Netzes ab. In einem Local Area Network (LAN) sind die Rechner häufig durch Ethernet-Steckkarten und Koaxialkabel verbunden. In Wirklichkeit kommen die Informationen hintereinander durch das Kabel. Vorausgeschickt wird ein Header, ein Kopf, an dem man die Protokollschicht erkennt:

Ethernet Header	IP Header	TCP Header	Daten

2.6 Internet-Adressen

Wir können eine WWW-Seite aufrufen, indem wir die Adresse (Universal Resource Locator, URL) der Seite im Browser-Eingabefeld eingeben. Beispiel:

`http://www.cornelsen.de/index.htm`

Die URL besteht aus mehreren Teilen:
Zuerst kommt das Protokoll, hier Hyper Text Transfer Protokoll HTTP. Der Doppel-Slash // symbolisiert eine absolute Adresse. Dann kommt der Name des Internet-Servers (Hosts): www.cornelsen.de. Der letzte Teil des Hostnamens kann Aufschluss über die Herkunft der Webseite geben. Zum Beispiel bedeuten

- com - kommerzielle Organisationen und Firmen
- edu - Universitäten und Bildungsinstitutionen
- gov - Regierungen und staatliche Institutionen
- net - Netzwerkbetreiber und Onlinedienste
- org - private, nicht kommerzielle Organisationen

- at - Österreich
- au - Australien
- ca - Kanada
- ch - Schweiz
- de - Deutschland
- fr - Frankreich
- uk - Großbritannien

Daran schließt sich der Pfad an, der angibt, in welchem Unterverzeichnis die gewünschte Datei zu suchen ist und anschließend der Dateiname (Endung .htm oder .html). Hinter dem Dateinamen können noch - getrennt durch ein Fragezeichen - Eingabedaten übermittelt werden.

Dem Namen des Hosts entspricht eine **IP-Adresse**, das ist eine 32 Bit-Zahl, die in vier Bytes zerlegt ist. Wenn sie dezimal geschrieben wird, wird jedes der vier Bytes durch einen Punkt vom nächsten getrennt. Beispiel: 66.33.6.34. Die IP-Nummer ist in zwei Teile zu teilen. Links steht die Netzwerknummer und rechts die Hostnummer. Sind zwei Rechner im gleichen Netz, so haben sie die gleiche Netznummer und können ohne weitere Hilfe über TCP/IP kommunizieren. Sind die Netznummern der beiden Rechner verschieden, so sendet TCP/IP die Pakete an einen Router, der herausfindet, wo der zweite Rechner ist. Ist die erste Zahl eine der Zahlen

- von 0 bis 127, so ist das erste linke Bit im ersten Byte 0. Die Trennlinie zwischen der Netznummer und der Hostnummer ist dann zwischen dem ersten und zweiten Byte zu ziehen. Diese 126 Netze sind große Netze mit jeweils 254[3] möglichen Hosts und heißen Klasse-A-Netze.
- von 128 bis 191, so ist die Trennlinie zwischen dem zweiten und dritten Byte zu ziehen. Diese 64*254 Netze können jeweils maximal 2562 Hosts aufnehmen und heißen Klasse-B-Netze.
- von 192 bis 223, so ist die Trennlinie zwischen dem dritten und vierten Byte zu ziehen. Diese 2080768 Netze können jeweils maximal 254 Hosts aufnehmen und heißen Klasse-C-Netze.

Einige Adressen sind für besondere Zwecke reserviert: `127.0.0.1` ist die Adresse des eigenen, lokalen Rechners (localhost).
Um herauszufinden, ob ein Rechner ansprechbar ist, kann man auf der Betriebssystemebene mit dem Programm Ping bei ihm anklopfen: `ping www.apache.org`
So kann man auch die IP-Adresse des Rechners herausfinden und die Schnelligkeit der Verbindung testen:

```
C:\>ping www.apache.org

PING wird ausgeführt für www.apache.org [63.211.145.10] mit 32 Bytes Daten:

Antwort von 63.211.145.10: Bytes=32 Zeit=231ms TTL=237
Antwort von 63.211.145.10: Bytes=32 Zeit=226ms TTL=237
Antwort von 63.211.145.10: Bytes=32 Zeit=225ms TTL=237
Antwort von 63.211.145.10: Bytes=32 Zeit=223ms TTL=237

Ping-Statistik für 63.211.145.10:
    Pakete: Gesendet = 4, Empfangen = 4, Verloren = 0 (0% Verlust),
Ca. Zeitangaben in Millisek.:
    Minimum = 223ms, Maximum =  231ms, Mittelwert =  226ms

C:\>_
```

Wir sehen also, die Nummer dieses Hosts ist `63.211.145.10`.

Setzen wir alle Bits für die Hosts eines Netzwerks auf 1, also die Hostnummern auf 255, so werden alle Rechner des jeweiligen Netzes gleichzeitig angesprochen (Broadcast).
Für die Vergabe der IP-Nummern sind die NICs (Network Information Centers) zuständig. Das deutsche DE-NIC wird von der Universität Karlsruhe betrieben. Bestimmte Rechner, die Nameserver oder DNS-Server, übersetzen die Rechnernamen in IP-Nummern. Da die verfügbaren IP-Adressen langsam knapp werden, hat man den neuen Standard IPv6 vereinbart, der längere Adressen vorsieht.

2.7 Suchmaschinen

Eine ganze Reihe Unternehmen stellt Suchmaschinen zum kostenlosen Suchen im Internet zur Verfügung. Sie finanzieren sich unter anderem durch Werbung. Es gibt auch kostenpflichtige Suchmaschinen, die hauptsächlich für Firmen und Universitäten in wissenschaftlichen Veröffentlichungen suchen. Unterscheiden wir drei Grundtypen von Suchsystemen:

- Robotersuchmaschinen,
- von Hand erstellte Kataloge,
- Nachschlagewerke.

Suchmaschinen lagern in ihrer Datenbank viele Millionen Webseiten, die sie nachts ständig aktualisieren. Sie durchsuchen diese Seiten entweder ganz, oder nur den Titel und die ersten Zeilen nach Stichworten. Der Nutzer gibt seine Suchanfrage ein, indem er ein Stichwort angibt, oder eine logische Verknüpfung von Stichwörtern. Ein Wort kann zu Zehntausenden von gefundenen Seiten führen. Manche Suchmaschinen werten nach der Häufigkeit des vorkommenden Wortes oder nach Gütekriterien der Webseite und ordnen dann die besten Seiten am Anfang der Suchergebnisse. Besser ist es aber, man schränkt von vorne herein die Suche durch Zusatzbedingungen ein und gibt einen zweiten Begriff an, der ebenfalls in dem Dokument vorkommen soll [36].

⇨ Aufgabe 3: Geben Sie in eine Suchmaschine (wie beispielsweise `www.google.de`) die Stichwörter ein: Informatik Abituraufgaben. Oder: Computer-Lexikon. (Weitere Suchmaschinen siehe Links im Anhang.)

Sollen mehrere Stichwörter vorkommen kann man sie auch logisch durch **AND** verknüpfen, soll mindestens eines der Stichwörter vorkommen, verknüpft man sie mit **OR**. Will man ein Stichwort ausschließen, verwendet man **NOT**. Die Schreibweise der logischen Verknüpfungen kann von Suchmaschine zu Suchmaschine variieren. Wie man Suchmaschinen benutzt wird gut auf der Seite `www.suchfibel.de` erklärt. Die Auswahl der Sprache ist ebenfalls ein Kriterium, oder der Wissensbereich wie beispielsweise Wissenschaft oder Sport.
Man sollte immer versuchen, die Seriösität des Verfassers abzuschätzen. Ein Anhaltspunkt ist die Internetadresse der Webseite. Man erkennt oft an der URL, ob es sich um eine Firmenadresse, eine private Seite, oder eine Seite einer Hochschule handelt. Wenn man in einer Suchmaschine unter der Rubrik Wissenschaft sucht, erhält man zuerst vorzugsweise Dokumente von Universitäten und wissenschaftlichen Einrichtungen, deren Wahrheitsgehalt höher einzustufen ist, als die von privaten Homepages oder obskuren Organisationen. Selbstverständlich sollten bei Kopien aus dem Internet immer die Quelle und der Verfasser angegeben werden.

Metasuchmaschinen suchen in mehreren Suchmaschinen gleichzeitig. MetaGer ist eine solche Metasuchmaschine des Regionalen Rechenzentrums Niedersachsen an der Universität Hannover, die in vielen deutschsprachigen Suchmaschinen sucht:

`http://meta.rrzn.uni-hannover.de/`

Kataloge werden von Menschen erstellt, die Seiten besuchen, bewerten und in allgemeine Kategorien einsortieren. Robotersuchmaschinen suchen nach einzelnen Begriffen, sind also zielgenauer.

Nachschlagewerke erklären die Begriffe. Bei clickfish.de gibt es Fachleute, die Links zu bestimmten Themen empfehlen. Hier kann man zum Beispiel auch Material für ein Referat finden:

`http://www.clickfish.de/clickfish/guidearea/wissenbildung.html`

Fragen stellen kann man bei

`http://www.wissenistmacht.de/`

Ein **Lexikon** findet man unter

`http://netlexikon.akademie.de/`

Ein Lexikon mit vielen Stichwörtern aus dem Computer-Bereich ist auch `www.whatis.com`
Ein **Wörterbuch** für mehrere Sprachen liefert Babylon. Es gibt auch Worterklärungen. Man kann sich Babylon auch auf dem eigenen PC installieren und bei Bedarf wird im Internet nachgefragt. Ein Wort in einer Fremdsprache oder ein Fremdwort klickt man dann bei gedrückter Strg-Taste mit der Maus an und erhält in einem Fenster die Übersetzung und Erklärung:

`http://info.babylon.com/`

⇨ Aufgabe 4: Fragen Sie nach den Hobbies Ihrer Mitschüler und nach ihren Lieblingssportarten. Erstellen Sie für einen von ihnen eine Seite mit empfehlenswerten Links zu seinen Interessen.

⇨ Aufgabe 5: Erstellen Sie ein virtuelles Museum mit historischen Aufnahmen und Daten von a) Eisenbahnen, b) Flugzeugen, c) Computern, d) Dampfmaschinen.

2.8 Server

Auf den Web-Servern kann man Dienste in Anspruch nehmen, die die Fähigkeiten des lokalen Rechners übersteigen. So verlagern sich die Programme vom Client weg zum Server (Thin Client). Dazu Sun-Chef McNealy: *"Ich verwende schon seit drei Jahren ausschließlich Programme, die auf Netzwerk-Servern laufen. Kein einziges Programm läuft mehr auf meinem PC. Wer sein Geld sicher aufbewahren will, bringt es zur Bank und packt es nicht unter die Matratze. Wer wichtige Daten hat, sollte sie nicht auf seinem PC speichern, denn wir alle wissen, dass PC's abstürzen. Wichtige Daten gehören in das Netz, in die Hände von Profis. In der Java-Welt wird es keine Computerviren mehr geben, denn kein Programm, das über das Netz geladen wird, kann die Kontrolle über den Computer übernehmen und Dinge tun, die es nicht darf... Es gibt kein elektronisches Gerät, das nicht über kurz oder lang mit jedem Internet-Server auf diesem Planeten in Verbindung treten wird."*

Lokale Netzwerke (LAN) von teilweise riesigen Ausmaßen in Firmen und Verwaltungen und das Internet als weltweite Vernetzung der Computer gehen ineinander über. Zwischen den lokalen Netzen und dem Internet befinden sich die Gateways. Sogenannte **Firewalls** versuchen, unerwünschte Angriffe aus dem Netz herauszufiltern.
Das Rückgrat des weltweiten Internets bilden außer den schnellen Datenleitungen die Web-Server (Hosts). Auf den Web-Servern sind unter anderem die Daten gespeichert, die für den Zugriff von außen bestimmt sind, also HTML-Seiten und Datenbanken, die Zahlendaten, Texte, Bilder, Musik und Videos enthalten. Die Zugriffsrechte zu den einzelnen Verzeichnissen lassen sich einstellen. Der Server protokolliert die Zugriffe in Log-Dateien.

Der populärste Webserver ist der **Apache**-Server. Er entstand aus dem NCSA-Server durch eine Reihe von Verbesserungen, sogenannten Patches. Daher der Name. Ein Webserver ist häufig das Ziel von Hackern. Es gibt deshalb die Möglichkeit, Daten (zum Beispiel Kreditkartennummern) vom Web-Browser (Client) zum Server verschlüsselt zu übertragen. Dazu wurde das **SSL-Protokoll** von Netscape entwickelt (Secure Socket Layer), das zwischen der Transport- und der Anwendungsebene liegt (Siehe Schichtenmodell im Anhang). Der Client teilt dem Server bei Aufnahme der Verbindung mit, welche Verschlüsselungsverfahren er unterstützt. Der Server wählt dann ein Verfahren zum Austausch von Zertifikaten (Identifizierung) und zur sicheren Übertragung mittels öffentlichen und privaten Schlüsseln aus. SSL übernimmt die Verschlüsselung des gesamten Datenstroms einschließlich URL und den in Formularen eingegebenen Daten wie zum Beispiel Kreditkartennummern. Näheres siehe Kapitel Verschlüsselungen mit RSA. Informationen dazu, wie man ein Zertifikat erhält und E-Mails verschlüsselt, gibt es bei der Fern-Universität Hagen:

`http://www.fernuni-hagen.de/CA/ssl-infos.html`

3 Anwender-Programme

Die Anwenderprogramme haben in den vergangenen Jahren eine Wandlung durchgemacht. Einerseits sind ihre Möglichkeiten komplexer, auf der anderen Seite ist ihre Handhabung durch die selbsterklärende Form der Bedienungselemente einfacher geworden. Das Klicken auf Symbole ist an die Stelle von Tastaturkürzeln getreten. Textverarbeitungsprogramme sind besonders leicht intuitiv zu bedienen. Wir verzichten hier auf ihre Besprechung. Auch Internet-Browser sind für ein großes Publikum verständlich. Der Erfolg des World Wide Web ist nicht zuletzt auf diese einfache Bedienung der grafischen Oberfläche zurückzuführen. Stellvertretend für ähnliche Programme gehen wir hier auf drei Programme des Microsoft-Office-Pakets ein: Tabellenkalkulation mit Excel, Datenbanken unter MS-Access und Präsentationen mit PowerPoint.

3.1 Tabellenkalkulation

Ein Sportverein verwaltet seine Daten elektronisch. Er führt dazu eine Reihe von Tabellen: eine Mitgliedertabelle mit den Adressen und Mitgliedsbeiträgen, Tabellen mit den Mannschaftsaufstellungen, eine Tabelle mit den Trainerstunden von Mitgliedern sowie eine Tabelle mit Einnahmen und Ausgaben.
Die Tabellen von Excel[1] kann man in eine Datenbank übernehmen und in Textdokumente oder in PowerPoint-Dateien einbinden. Auf Tabellen kann man beim Verschicken von Serienbriefen zurückgreifen.
In der Praxis häufig benutzte Funktionen eines Tabellenkalkulationsprogramms sind: Alphabetisches Sortieren von Namen, Summen von Geldbeträgen bilden, Mehrwertsteuer berechnen, Durchschnitte berechnen, Diagramme erstellen.
Ein Merkmal der Tabellen ist die automatische Aktualisierung: Wenn wir in einer Tabelle eine Summe berechnen und nachträglich einen Summanden ändern, so wird der Summenwert automatisch neu berechnet.

	A	B	C	D
1	**Anzahl**	**Artikelbezeichnung**	**Einzelpreis**	**Gesamtpreis**
2	1	Intel P4 1,5 GHz	179,50 €	179,50 €
3	3	Intel P4 1,8 GHz	359,50 €	1.078,50 €
4	5	AMD Duron 1GHz	89,00 €	445,00 €
5	6	AMD Athlon XP 1,5 GHz	155,90 €	935,40 €
6	2	AMD Athlon XP 1,5 GHz	298,00 €	596,00 €
7		Nettosumme		3.234,40 €
8		16 % MwSt		517,50 €
9		Rechnungsbetrag		3.751,90 €

Übung 1:

1. Schritt: Wir tragen in Zeile 1 die Überschriften der Tabellenspalten ein. In der nächsten Zeile schreiben wir in Zelle A2 eine Zahl, in Zelle B2 einen Text und in Zelle C2 eine Zahl im Währungsformat. Das Format der Zellen kann man über die Menüleiste einstellen, wenn es nicht automatisch erkannt wird. Und so weiter in den nächsten Zeilen.
2. Schritt: Wir schreiben in die Zelle D2 eine Formel. Zwei Zahlen sollen miteinander multipliziert werden, und zwar die in Zelle A2 mit der in Zelle C2. Eine Formel beginnt mit dem Gleichheitszeichen, dann klicken wir mit der Maus auf Zelle A2, tippen ein Multiplikationszeichen, klicken auf Zelle C2 und die *Eingabetaste*. Im Schreibfeld oben kann man die Formel zur Kontrolle auch mitverfolgen, dort steht jetzt
   =A2*C2
   und in Zelle D2 erscheint der berechnete Zahlenwert.
3. Schritt: Wir markieren mit der Maus die Zellen D2 bis D6, dann: *Bearbeiten - Ausfüllen - Unten*. Die Formel wird dadurch sinngemäß in die Zellen D2 bis D6 übertragen.
4. Schritt: Wir klicken auf Zelle D7, in der eine Summe zu berechnen ist. Das Summenzeichen in der Menüleiste oben bietet sich dafür geradezu an. Es wird automatisch ein Bereich markiert, den wir gegebenenfalls noch mit der Maus verändern können. *Eingabetaste*.

[1] Ähnliche Tabellenkalkulationsprogramme sind in MS Works und im Star-Office-Paket (StarCalc) enthalten [21].

5. Schritt: Die Mehrwertsteuer wird berechnet, indem die Nettosumme mit 0,16 multipliziert wird. Wir tippen also in Zelle D8:
   =D7*0,16
6. Schritt: Die Gesamtsumme in Zelle D9 erhalten wir als Summe von D7 und D8. Damit ist unsere Rechnungstabelle fertig, die wir markieren und in ein Word- Dokument, zum Beispiel einen Brief, einfügen. Wir können damit aber auch noch ein wenig experimentieren:
7. Schritt: Wir verändern die Anzahl in einer Zelle der ersten Spalte und beobachten, dass sich die Rechenergebnisse automatisch ändern.

⇨ Aufgabe 6: Gestalten Sie die Tabelle, indem Sie die Spaltenbreite und die Zeilenhöhe, Schriftart und Ausrichtung verändern. Fügen Sie die Tabelle in ein Word-Anschreiben „Rechnung" ein.

⇨ Aufgabe 7: Legen Sie eine Tabelle mit den E-Mail-Adressen Ihrer Klassenkameraden an. Markieren Sie die Tabelle und klicken Sie auf *Daten - Sortieren.*

	A	B	C	D	E	F	G	H	I	J	K	L
1	Note	1	1,5	2	2,5	3	3,5	4	4,5	5	5,5	6
2	Anzahl	2	3	5	4	8	6	5	3	1	0	1

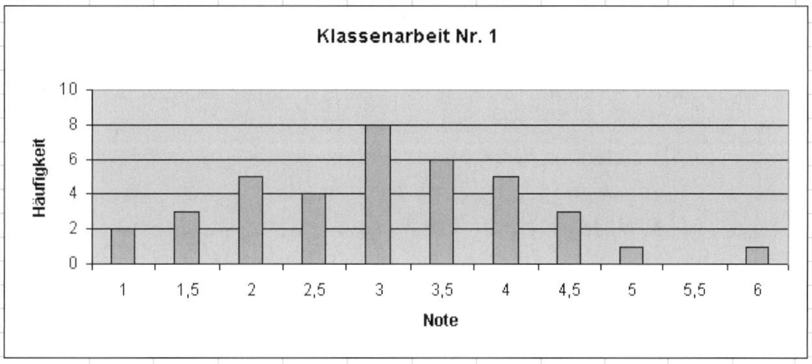

Übung 2:

1. Schritt: Wir tragen in einer Tabelle die Häufigkeitsverteilung der Klassenarbeitsnoten unserer Klasse ein.
2. Schritt: Wir klicken auf Zelle *M2*, dann auf *Einfügen - Funktion - Mittelwert* und - schwups - haben wir den Mittelwert der obigen Anzahlen berechnet.
3. Schritt: Wir markieren die Zahlen in der zweiten Zeile und klicken auf das Symbol *Diagrammassistent.*
4. Schritt: Wir wählen als *Diagrammtyp Säule* und klicken auf weiter.
5. Schritt: Wir wählen Reihe und klicken auf *Beschriftung der Rubrikenachse.*
6. Schritt: Wir markieren die Zahlen der ersten Zeile der Tabelle - Ende.

⇨ Aufgabe 8: Wachstum eines Kapitals: Tragen Sie in Zelle *B1* das Anfangskapital (1000 DM), in Zelle *C1* den Zinssatz (0,05) und in Zelle *A1* den Zeitraum (1) ein. Berechne in Zelle *D1* mit Hilfe der Formelschreibweise das erhöhte Kapital nach einem Jahr. Übernehmen Sie in Zelle *B2* das Ergebnis von *D1* und lassen Sie so (mit *Bearbeiten - Ausfüllen - unten*) das Wachstum des Kapitals in den ersten 10 Jahren berechnen. Stellen Sie das Kapital in Abhängigkeit von der Zeit auch in einem Diagramm dar.

⇨ Aufgabe 9: Tilgung eines Kredits: Erstellen Sie ebenso eine Tabelle, die den Schuldenstand in Abhängigkeit von der Zeit anzeigt. In der ersten Zeile stehen nebeneinander Zeit, Kreditsumme, Zinssatz, Zins, Tilgung und Schuldenstand am Jahresende.

⇨ Aufgabe 10: Räuber-Beute-Population: Wir gehen von einer Anzahl Beutetiere (Hasen) und einer Anzahl Räuber (Füchse) aus. Der Zuwachs der Beutetiere ist proportional zur Anzahl der Beutetiere. Die Abnahme der Beutetiere ist proportional zur Anzahl der Beutetiere und zur Anzahl der Räuber. Der Zuwachs der Räuber ist proportional zur Anzahl der Räuber und zur Anzahl der Beutetiere. Die Abnahme der Räuber durch natürlichen Tod ist proportional zur Anzahl der Räuber. Experimentieren Sie mit sinnvollen Anzahlen und Proportionalitätsraten.

3.2 Datenbanken mit Access

Früher brachte man große Datenmengen auf Karteikarten, in Katalogen und in Ordnern unter. Beim Einordnen und bei der Suche nach Daten ist dann die Gliederung des Datenbestandes zu beachten. Geeignete Begriffe und ihre Hierarchie in einem Verzeichnis müssen festgelegt werden.
Mit einem Computerprogramm ist die Suche in einer Datenmenge schneller und einfacher. Sie können nach bestimmten Gesichtspunkten in Tabellenform gezielt zusammengestellt werden. Daten können aus anderen Anwendungen übernommen, oder in andere Anwendungen exportiert werden.
Beispiele für Datenbankanwendungen im privaten Bereich:

- Ein Adresstabelle und damit zusammenhängende Tabellen, wie beispielsweise eine Tabelle der verliehenen CDs.
- Eine Mitgliedertabelle in einem Sportverein und damit zusammenhängende Tabellen, wie beispielsweise die Tabelle der Trainerstunden.

Im geschäftlichen Bereich:

- Eine Tabelle der Angestellten und damit zusammenhängende Tabellen, wie beispielsweise die Tabelle der Fortbildungskurse und die Urlaubsliste.
- Eine Tabelle der Waren im Lager und damit zusammenhängende Tabellen, wie die Tabelle der Lieferanten und die Tabelle der Kundenbestellungen.

Eine relationale Datenbank besteht aus Tabellen, die zueinander in Beziehung stehen. Zum Anlegen einer Datenbank können wir Microsoft Access benutzen[2]. Access ist ein Datenbank- Managementsystem für PCs und im Programmpaket Microsoft-Office enthalten.

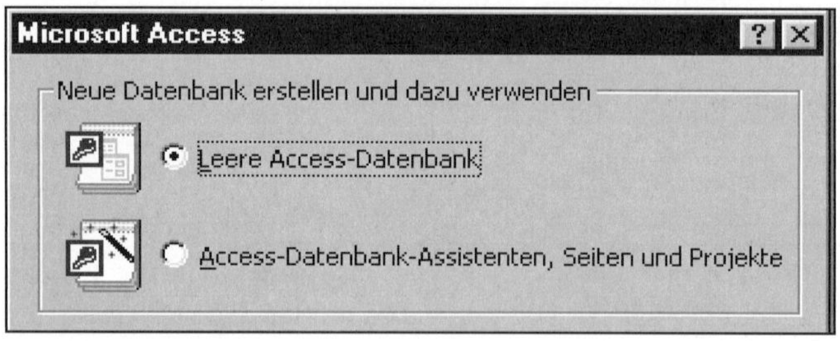

Wir erstellen eine neue Datenbank, indem wir eine leere Datenbank verwenden. Wir geben ihr dann einen Namen, wobei die Endung .mdb automatisch hinzugefügt wird.

Das erscheinende **Datenbankfenster** ist eine Art Schaltzentrale, die einen Überblick über die vorhandenen Datenbank-Objekte bietet. Beispiele für Datenbank-Objekte sind die Tabellen.
Hier eine Tabelle in der Datenblattansicht:

[2] Konkurrenzprodukte sind zum Beispiel StarBase von Star Division, jetzt Sun [21], oder MySQL (frei) [27]. Für professionelle Zwecke gibt es Oracle, Sybase, Informix, Ingres, Microsoft SQL Server, und andere.

Tabellen in Access

Tabellen dienen der übersichtlichen Darstellung der eingetragenen Daten. Eine Tabelle ist aus Zeilen und Spalten aufgebaut. Die Spalten haben jeweils eine Überschrift, auch **Feldname** genannt. Eine Tabelle *Kursteilnehmer* kann beispielsweise die Spalten mit den Überschriften *Vorname, Nachname, Adresse* enthalten. Eine Tabelle *Artikel* kann beispielsweise die Spalten mit den Überschriften *ArtikelNr, Artikelname, Artikelbeschreibung* und *Einzelpreis* enthalten.

Jede Zeile besteht aus **Datenfeldern**. Die Datenfelder einer Zeile bilden einen **Datensatz**. In einem Datensatz stehen also die zu einer Person, beziehungsweise die zu einem Artikel gehörenden Daten.

Zum **Erstellen einer neuen Tabelle** wählen wir jetzt die *Entwurfsansicht*, in der wir die Überschriften der einzelnen Tabellenspalten (Feldnamen) und ihren Typ (**Felddatentyp**) selbst eingeben können. Für die Feldnamen sollten sprechende Namen gewählt werden. Für den Felddatentyp wird eine Auswahl vorgeschlagen.

Wir wählen den Typ *Text* und geben die maximale Länge an. *Zahl* oder *Währung* sind andere Datentypen.
Dann gehen wir im Menü über Ansicht zur Datenblattansicht und geben Daten in die Tabelle ein. Wir speichern die Tabelle. Es wird nun vom Programm vorgeschlagen, einen Schlüssel (ID) für die eingegebenen Zeilen zu erstellen, was wir bejahen.
Über den Menüpunkt Fenster kommen wir wieder zum Datenbankfenster zurück, wo wir eine zweite Tabelle einfügen. Wir können Tabellen auch aus dem Tabellenkalkulationsprogramm Excel importieren:

```
Einfügen
Tabelle
Tabelle importieren.
```

Beziehungen zwischen Tabellen

Nehmen wir als Beispiel einen Verein. Die Tabelle *Mitglieder* enthält die Mitgliederliste mit Informationen zu ihrem Mitgliedsbeitrag. Jeder Datensatz besitzt einen Schlüssel, durch den er eindeutig gekennzeichnet ist, das ist hier die Mitgliedsnummer (IDMitglied*)*. Die Tabelle *Buchungen* enthält die auf den Bankauszügen erscheinenden Einzahlungen. Sie besitzt auch einen Schlüssel, die Nummer der Buchung (IDBuchung).
Um zu kontrollieren, welche Vereinsmitglieder ihren Beitrag bezahlt haben, stellt man zwischen den beiden Tabellen eine Beziehung her. Das geschieht dadurch, dass man in die zweite Tabelle den Schlüssel der ersten Tabelle aufnimmt.

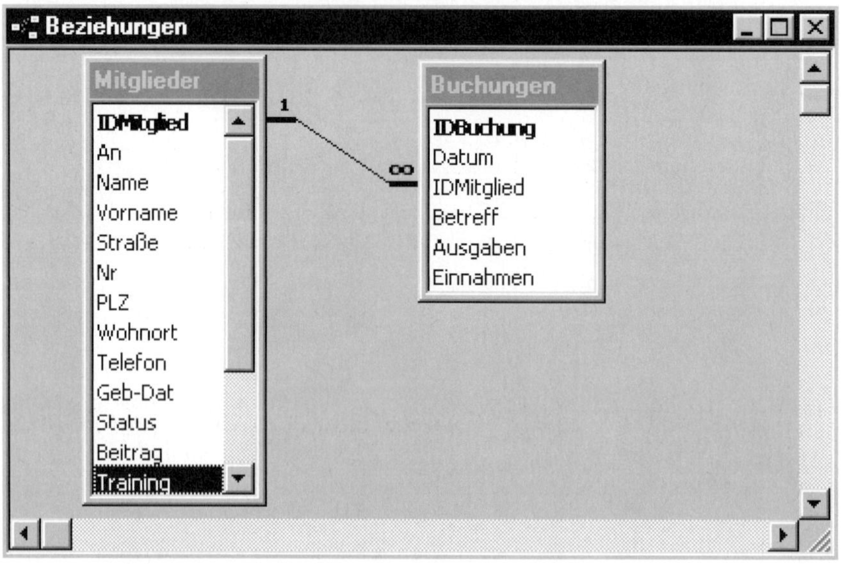

Die Tabelle Buchungen hat jetzt zwei Schlüssel, der erste (IDBuchung) heißt **Primärschlüssel**, der zweite (IDMitglied) heißt **Fremdschlüssel**. Die Beziehung zwischen Mitglieder und Buchungen heißt auch **1 : n - Beziehung**. Ein Mitglied kann mehrere Einzahlungen vornehmen, für den Jahresbeitrag, für Training und so weiter. Eine Buchung kann aber nur von einem Einzahler stammen.

Abfragen

Wir nutzen nun die Datenbestände durch gezielte Abfragen. Dazu gibt es zwei Möglichkeiten:
- Menügesteuerte Abfragen, auch QBE-Abfrage genannt (Query By Example), Abfragen durch Beispiel,
- Abfrage mit Hilfe der Abfragesprache SQL, Standard Query Language, ist professioneller.

Menügesteuerte Abfragen

Wir aktivieren im Datenbankfenster das Objekt *Abfragen*.. Dann wählen wir

```
Neu - Abfrage in Entwurfsansicht - OK
```

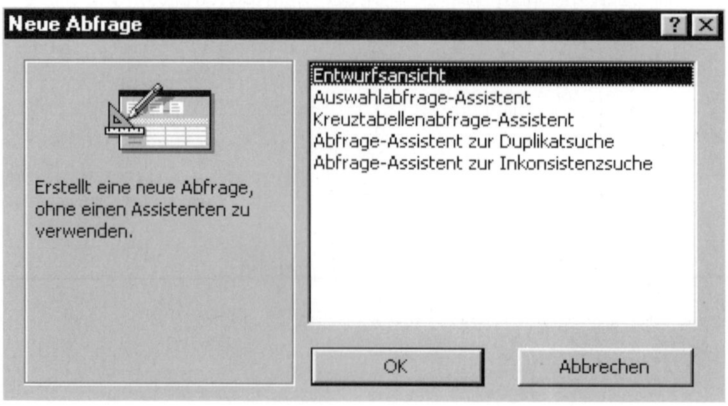

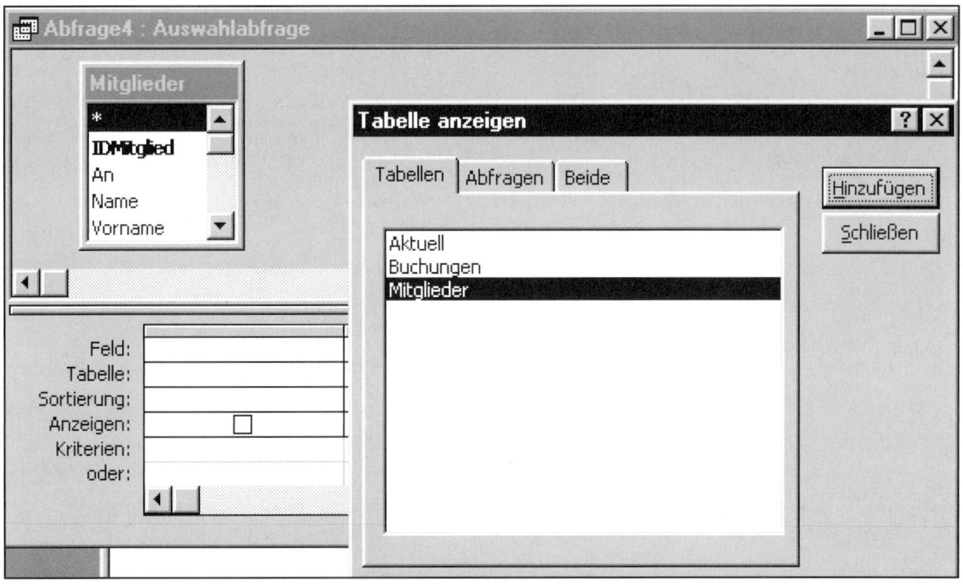

Wir fügen die Tabelle hinzu, aus der wir eine Abfrage planen, und schließen. Jetzt wählen wir die Felder aus, die uns interessieren und ziehen sie mit der Maus nach unten auf die freien Plätze.

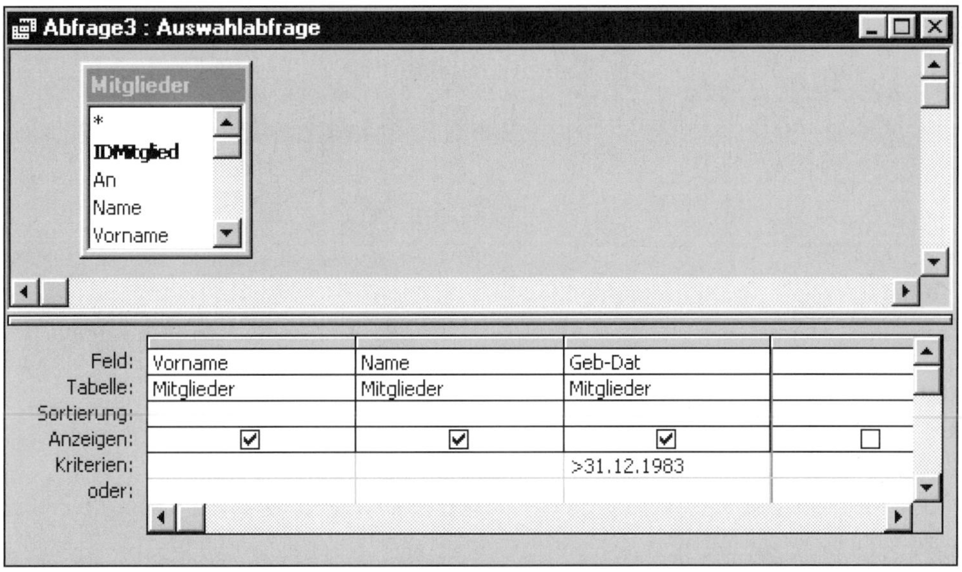

In die Zeile *Kriterien* können wir Auswahlkriterien eingeben. In unserem Beispiel sollen Vorname, Name und Geburtsdatum angezeigt werden für alle die Mitglieder, die nach dem 31. 12. 1983 geboren sind :

Wir speichern unsere Abfrage. Sie steht dann als Abfrage-Objekt auch später zur Verfügung. Die Ergebnis-Tabelle wird dabei nicht gespeichert, sondern nur die Abfrage-Befehle. Intern wird die QBE-Abfrage in eine SQL-Abfrage umgewandelt.

Abfrage mit Hilfe der Abfragesprache SQL

Wir beginnen wie oben mit

`Neu - Abfrage in Entwurfsansicht - OK.`

Das Fenster *Tabellen anzeigen* schließen wir gleich wieder und wählen im Menü ganz oben

`Ansicht - SQL-Ansicht.`

Es erscheint ein Texteingabe-Fenster, in das wir eintippen:

Abfrage2 : Auswahlabfrage

```
SELECT Vorname, Name, Beitrag FROM Mitglieder WHERE Name LIKE "Becker";
```

Hier werden Vorname, Name und Beitrag aus der Mitgliedertabelle ausgewählt (SELECT), wobei der Name Becker sein soll. Alle Personen mit Namen Becker sind also gewünscht. Nach Fertigstellung des Anfragetextes wählen wir im Menü Ansicht Datenblattansicht und erhalten die Ergebnistabelle.

Abfrage2 : Auswahlabfrage

Vorname	Name	Beitrag
Rolf	Becker	450,00 DM
Christian	Becker	450,00 DM
Gisela	Becker	400,00 DM

LIKE steht hier an Stelle des Gleichheitszeichens, wenn ein Wort anstatt einer Zahl eingegeben wird. Das Wort ist in Anführungszeichen zu setzen. Weitere Möglichkeiten sind

`NOT LIKE, AND, OR, IN, NOT IN.`

Der Stern ist ein Joker (Platzhalter) für eine Zeichenkette: "B*" bringt also alle Mitglieder, deren Namen mit B beginnt.

Für Zahlen gibt es die Vergleichsoperatoren

`= , < , > , <= , >= , <> .`

Da wir die beiden Tabellen *Mitglieder* und *Buchungen* miteinander verknüpft haben, können wir uns nun eine Tabelle der Mitglieder ausgeben lassen, deren Mitgliedsnummer in beiden Tabellen vorkommt. Diese Bedingung wird geschrieben:

`Mitglieder.IDMitglied=Buchungen.IDMitglied.`

Vor dem Punkt steht der Tabellenname und dahinter der Spaltenname:

Abfrage1 : Auswahlabfrage

```
SELECT Name, Beitrag, Einnahmen FROM Mitglieder, Buchungen WHERE Mitglieder.IDMitglied = Buchungen.IDMitglied;
```

Die Ergebnistabelle enthält den Namen, den vorgeschriebenen Beitrag und die eingezahlte Summe der betreffenden Mitglieder. Wir können so prüfen, ob sie ihren Beitrag korrekt bezahlt haben.

Wenn die Mitglieder noch andere Beträge eingezahlt haben, so filtern wir den Beitrag heraus mit einer Zusatzbedingung, die wir mit *AND* anfügen:

```
SELECT Name, Beitrag, Einnahmen
FROM Mitglieder, Buchungen
WHERE Mitglieder.IDMitglied=Buchungen.IDMitglied AND Buchungen.Betreff LIKE "Beitrag";
```

⇨ Aufgabe 11: Erstellen Sie eine Datenbank *Reisen*. Die verschiedenen Tabellen enthalten empfehlenswerte Hotels, Adressen und Telefonnummern von Freunden im Reiseziel, Ferienwohnungen, Camping-Plätze, Museen und Restaurants.

3.3 Präsentationen mit PowerPoint

Vorträge vor einem Publikum haben sich gewandelt. Vorträge wurden früher gewöhnlich von einem Tageslichtprojektor unterstützt. Heute wird ein Laptop zusammen mit einem Beamer eingesetzt, der den Bildschirminhalt auf eine Wand projiziert. Die Informationen können schneller erfasst werden, wenn sie in einer ansprechenden Form dargeboten werden. Jeder hat gelegentlich etwas zu präsentieren, ein Referat im Erdkundeunterricht, einen Bericht im Verwandtenkreis über eine private Reise oder einen Verkaufsprospekt über ein Produkt.
Das Programm PowerPoint aus dem Office-Paket von Microsoft ist ein Präsentationsprogramm für solche Zwecke. Man kann damit eine Reihe von Folien erstellen, die wirken, als wären sie von einem konventionellen Tageslichtprojektor erzeugt. Damit der Zuschauer gefesselt wird, ist es aber besser, alle seine Sinne anzusprechen, also Bilder vorzuführen, mit Musik zu untermalen, erklärende Worte zu sprechen, Videoclips einzufügen, kurz, alles was man unter Multimedia versteht. Wenn das zu präsentierende Material noch nicht vorhanden ist, so stehen am Anfang vorbereitende Arbeiten, wie die Materialsammlung, möglicherweise auch mit Suchmaschinen im WWW. Bilder sind zu bearbeiten, Grafiken zu erstellen und Texte zu schreiben. Heute arbeitet man häufig in einem Team zusammen und präsentiert eine gemeinsame Arbeit. Hier empfiehlt sich die Methode des Mind Mappings. Mit dieser Methode können Gedanken schnell strukturiert und übersichtlich skizziert werden. Siehe Anhang MindMap.

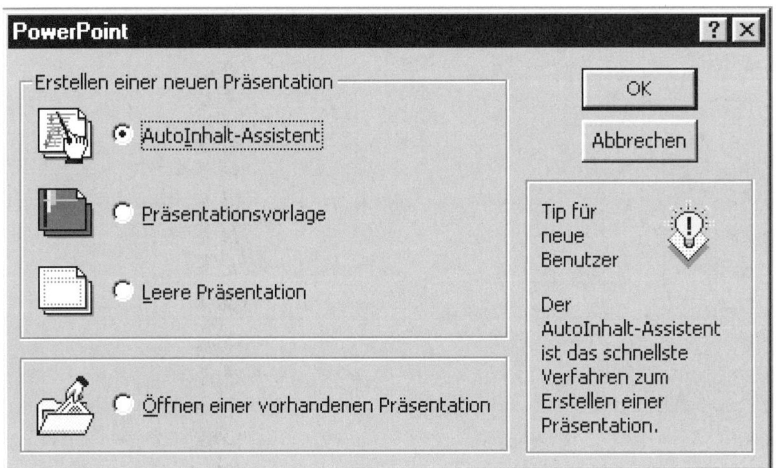

Nach dem Start von PowerPoint hat man die Möglichkeit, sich bei der Erstellung der Präsentation von einem AutoInhalts-Assistenten führen zu lassen. Er macht unterschiedliche Vorschläge für die Gestaltung, je nach Zweck der Präsentation. Anschließend legt er eine Reihe von Folien an, in die noch Inhalte einzutragen sind. Er präsentiert uns zuerst die Gliederungsansicht.

Gliederung

In der Gliederungsansicht wird rechts eine Vorschau auf die jeweils ausgewählte Folie angezeigt. Mit Hilfe der Symbolleiste Gliederung links kann man die Gliederungsebenen bearbeiten. Es stehen zur Auswahl:

Höher stufen:	Den markierten Text auf die höhere Ebene der Gliederung verschieben
Tiefer stufen:	Den markierten Text auf die tiefere Ebene der Gliederung verschieben
Nach oben:	Den markierten Text um einen Listenpunkt nach oben verschieben
Nach unten:	Den markierten Text um einen Listenpunkt nach unten verschieben
Gliederung reduzieren:	In der markierten Folie alle Ebenen außer der Überschrift ausblenden
Gliederung erweitern:	In der markierten Folie alle Ebenen wieder einblenden
Alle Ebenen reduzieren:	Alle Ebenen außer den Überschriften ausblenden
Alle Ebenen erweitern:	Alle Ebenen wieder einblenden
Inhaltsfolie:	Eine neue Inhaltsfolie erstellen, die alle Überschriften enthält
Formatierung anzeigen:	Den formatierten beziehungsweise unformatierten Text anzeigen

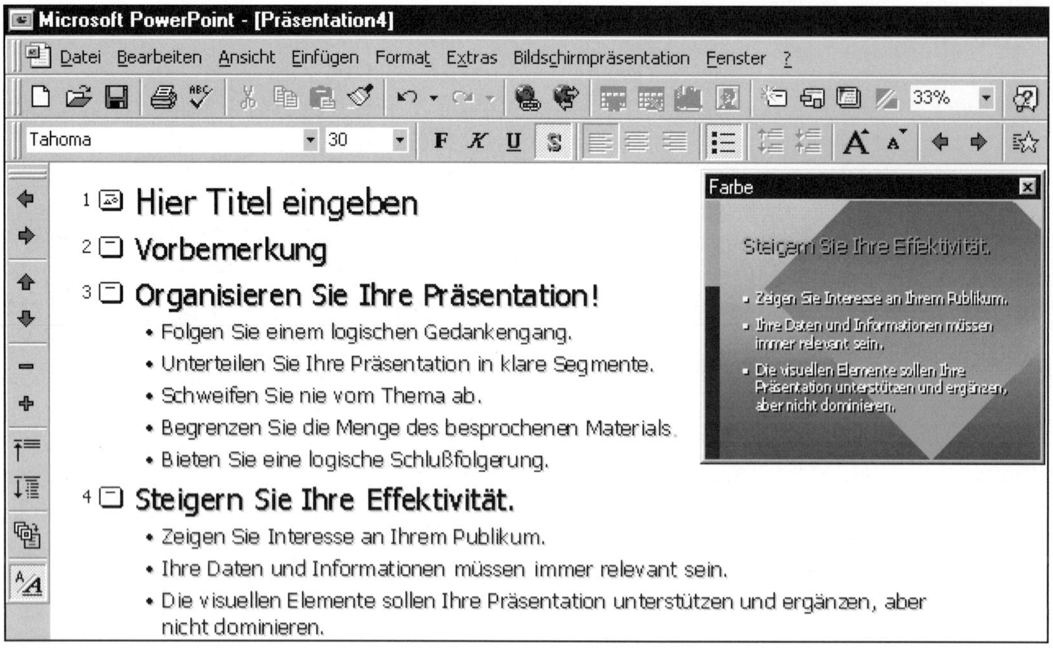

Ansichten 

Durch Anklicken eines Buttons in der linken unteren Ecke oder über den Menüpunkt „Ansicht“ gelangt man entweder zur Folienansicht, zur Gliederungsansicht, zur Foliensortierung, zur Notizenansicht oder zur Bildschirmpräsentation.
In der Ansicht „**Foliensortierung**“ verschaffen wir uns zuerst einen Überblick über alle Folien. Man kann sie mit der Maus in ihrer Reihenfolge verschieben oder einzeln durch Doppelklick auswählen und bearbeiten.
In der Ansicht „**Bildschirmpräsentation**“ wird die ausgewählte Folie präsentiert. Klickt man irgendwo auf die Folie, so wird zur nächsten geblättert. Mit der Escape-Taste gelangt man in den Bearbeitungsmodus.

Eine Folie bearbeiten

Die **Folienansicht** eignet sich am besten zum Bearbeiten einer Folie. Hier fügen wir unseren Text ein und formatieren ihn. Wir können Text auch an einer beliebigen Stelle der Folie platzieren. Wir wählen

`Einfügen - Textfeld`

und ziehen die Größe des Textfeldes mit der Maus auf. Dort können wir dann schreiben. Man beachte, dass die Zuschauer nur Großgeschriebenes lesen können, deshalb werden meist nur Stichworte aufgereiht. Die **Aufzählungszeichen** wählt man mit

`Format - Aufzählungszeichen.`

Überschriften kann man durch **Schriftart** und **Schriftgröße** hervorheben. Nach dem Markieren der Überschrift wählt man in der Symbolleiste am oberen Bildschirmrand Format - Zeichen.

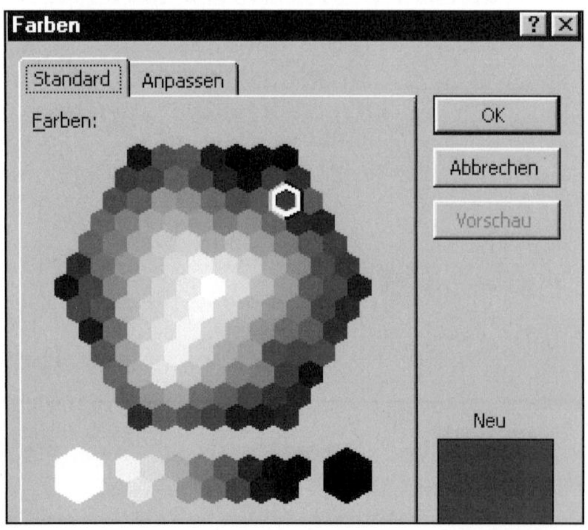

Die **Schriftfarbe** ändert man mit Hilfe der Symbolleiste Zeichnen, die sich am unteren Rand des Bildschirms befindet: (Falls sie noch nicht angezeigt wird, erhält man sie mit: Ansicht - Symbolleisten - Zeichnen) Man markiert also einen Textteil und klickt auf den Pfeil rechts neben dem Schriftfarben-Symbol **A**, dann auf

`Weitere Schriftartfarben`

und wählt die passende Farbe aus. Wollen wir diese Schriftfarbe allen unseren Texten zuweisen, so geht das über das Hauptmenü am oberen Bildschirmrand:

`Format - Farbfolienskala -`
`Anpassen - Text und Zeilen`

Animationen

Beliebt sind **Animationen der Textzeilen**. Wir markieren eine Textzeile und wählen im Hauptmenü

    Bildschirmpräsentation
    Voreingestellte Animation
    Rennwageneffekt

Wenn wir dann die Bildschirmpräsentation vorführen, fährt die Textzeile von rechts kommend auf den Bildschirm. Man probiere die verschiedenen möglichen Animationen einmal aus. Grundsätzlich sollte man Animationen sparsam verwenden, um einen besonders wichtigen Inhalt hervorzuheben. Anfänger überladen eine Präsentation mit Animationen, die vom Inhalt nur ablenken. Eine einheitliche Gestaltung durch Wiederholung gleichartiger Animationen drückt einen eigenen Stil aus und prägt sich nachhaltiger ein.

Zeichnen

Wie in Word lassen sich auch in PowerPoint Zeichnungen anfertigen. Zusammenhänge lassen sich oft durch eine Skizze strukturieren (Mind Mapping), oder durch ein Flussdiagramm veranschaulichen. Beispiel:

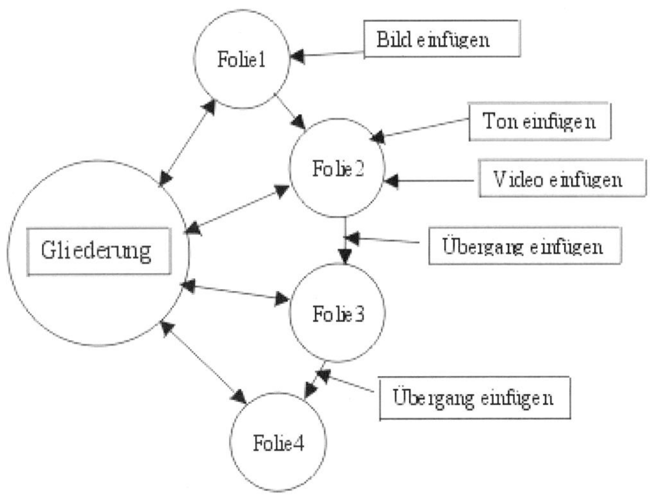

In der Symbolleiste "Zeichnen" kann man Linien, Pfeile, Rechtecke oder Ellipsen auswählen und mit der Maus (durch Ziehen mit gedrückter Maustaste verschieden groß) irgendwo auf der Folie platzieren:
Lässt man dabei die Umschalt-Taste gedrückt, so bleibt ihr Mittelpunkt immer an der gleichen Stelle. Lässt man die Umschalt-Taste gedrückt, so werden es statt Rechtecke Quadrate, statt Ellipsen Kreise. An den acht markierten Ecken kann man durch Ziehen mit gedrückter Maustaste die Größe ändern. Die Zeichnungen können auch als Ganzes verschoben oder kopiert werden. Wählt man den Button „Freies Drehen", so kann man sie um ihren Mittelpunkt drehen, wenn man mit der Maus an den Ecken anfasst.

Aber das ist noch nicht alles. Unter „AutoFormen" findet man eine Fülle vorgefertigter Formen. Unter dem

Menüpunkt „Linien" gibt es verschiedene Möglichkeiten, Freihandzeichnungen anzufertigen. Mit dem Unterpunkt „Kurve" entsteht eine Kurve durch die Punkte, die man mit der Maus anklickt. Die Kurve wird mit einem Doppelklick beendet. Wählt man „Freihandform", so werden die angeklickten Punkte durch gerade Linien zu einem Streckenzug verbunden. Klickt man mit der rechten Maustaste auf den Streckenzug, so kann man ihn im Kontextmenü durch „Kurve schließen" zu einem geschlossenen Streckenzug machen. Wählt man „Freihand", so lässt man die Maustaste beim Zeichnen fortwährend gedrückt.

Nun wollen wir unser markiertes Zeichnungselement mit Farbe füllen. Wir klicken auf den Pfeil neben dem Symbol

    Füllfarbe,

dann auf

    Weitere Füllfarben - Standard

und wählen die passende Farbe aus. Mit

    Füllfarbe - Fülleffekte
    - Fließend - Zweifarbig

lassen wir zwei Farben ineinander fließen.

Einfügen

Durch Anklicken des Buttons `Neue Folie` oder mit dem Menüpunkt
    `Einfügen - Neue Folie`
fügen wir eine neue Folie ein und gestalten ihr Layout.
Für das Einfügen einer **Excel-Tabelle**, eines **Diagramms** oder einer **ClipArt** gibt es ebenfalls einen Button. Mit dem Menüpunkt
    `Einfügen - Film und Klang`
werden zu guter Letzt noch Multimediabestandteile eingefügt. Mit dem **Audiorecorder** von Windows (in Programme - Zubehör-Unterhaltungsmedien - Audiorecorder) kann man einen gesprochenen Text aufzeichnen. Man schließt ein Mikrofon an den Eingang der Soundkarte des Rechners an, klickt auf den Aufnahmebutton und speichert die Datei.

Folienübergänge

Wir wählen
    `Bildschirmpräsentation - Folienübergang - Effekt`

Auch hier probiere man die verschiedenen möglichen Übergänge aus, zum Beispiel
    `Über Schwarz blenden - Langsam`
Wir klicken auf „Allen zuweisen", oder wir weisen den Folienübergang einer Gruppe von Folien zu, die wir vorher markiert haben. Das unter Animationen Gesagte gilt auch für Folienübergänge: Nicht zu viele verschiedene Übergänge wählen, weniger ist mehr.

Will man die PowerPoint-Präsentation für die Nachwelt speichern, so bietet es sich an, sie **auf CD-ROM** zu brennen. Unabhängig vom jeweiligen Betriebssystem werden wir, wenn wir die **Präsentation im HTML-Format speichern**. Es sollte dabei einerseits eine nicht zu kleine Bildschirmauflösung gewählt werden, auf der anderen Seite sollte man darauf achten, dass der Speicherbedarf nicht zu groß wird. Bei einer Speicherung im Internet können sich die Besucher der Seite dann die Präsentation downloaden.

⇨ Aufgabe 12: Fertigen Sie eine eigene Power-Point-Präsentation zu einem selbstgewählten Thema an, die den kombinierten Einsatz von Text, eingescannten Bildern, selbstgezeichneten Grafiken, eigenen gesprochenen Informationen, Interviews und Hintergrundmusik demonstriert.

⇨ Aufgabe 13: Erstellen Sie eine animierte Anleitung für das Einbauen a) von zusätzlichem Arbeitsspeicher b) einer Festplatte in den PC.

4 Kleines Multimedia- Praktikum

Bilder, Töne und Videos müssen in eine computerlesbare Form gebracht, das heißt digitalisiert und gespeichert werden. Erst dann können sie vom Computer dargeboten werden.

4.1 Bild-Digitalisierung

Ein Bild setzt sich aus einzelnen Bildpunkten zusammen. Für jeden Punkt des Bildes werden Zahlen gespeichert, die die Helligkeit oder die Farbe des Punktes angeben.
Die Farbbildröhre des Computer-Bildschirms ist innen mit roten, grünen und blauen Phosphor-Pünktchen beschichtet (RGB-Monitor). Davor ist eine Lochplatte mit winzigen Öffnungen. Von drei Kathoden gehen Elektronenstrahlen aus und treffen nach der magnetischen Ablenkung auf die Phosphor-Pünktchen. Diese leuchten auf. Aus den drei Farben werden durch Überlagerung viele weitere Farben erzeugt. Die Zahl der Pünktchen je Längeneinheit ist für die Auflösung (Schärfe) des Bildes verantwortlich. Sie wird angegeben in dpi (dots per inch), wobei 1 inch (Zoll) 2,54 cm entspricht.

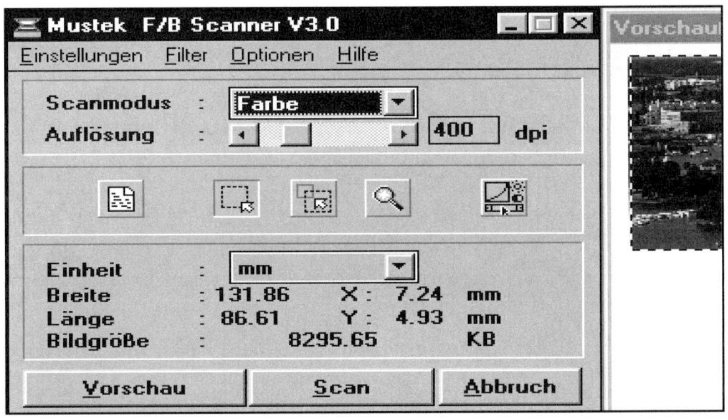

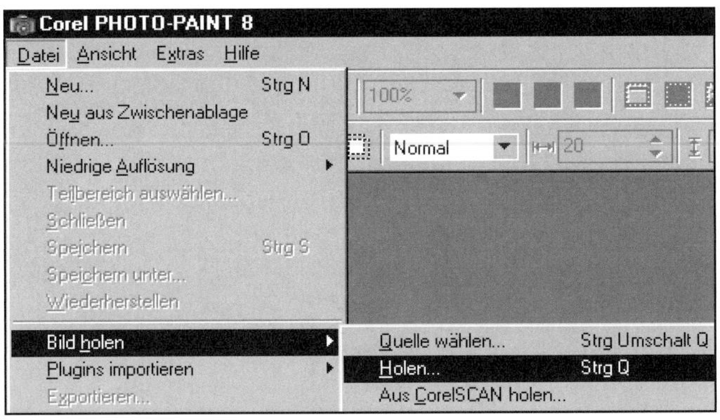

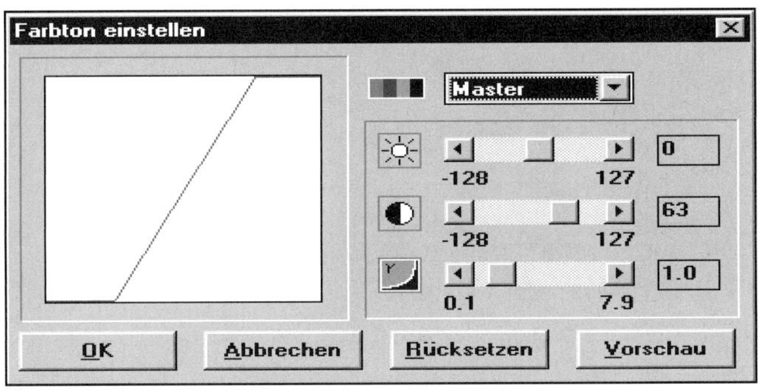

LCD-Flachbildschirme (Liquid Crystal Display) bestehen aus kleinen Flüssigkristallen, TFT-Schirme (Thin Film Transistor) aus Halbleitern, die aufleuchten können, ähnlich wie Leuchtdioden.

Bilder werden mit einem Scanner digitalisiert, oder direkt mit einer digitalen Fotokamera aufgenommen und in den Rechner übertragen. Mit einem Malprogramm wie MS Paint oder Corel Draw kann man digitale Kunstwerke auch selbst fabrizieren [8]. Wenn ein Scanner installiert ist, kann man über ein Bildbearbeitungsprogramm den Scanvorgang starten.[3] Stellvertretend für ähnliche Programme verwenden wir hier Corel Photo Paint. Über

```
Datei
Bild holen
Holen
```

wird der Treiber des Scanners angesprochen und eine Vorschau gescannt. Mit der Maus markiert man den gewünschten Bildausschnitt. Der voraussichtliche Platzbedarf wird angezeigt. Soll das Bild nur auf dem Bildschirm dargestellt und nicht vergrößert werden, so reicht beim Scannen eine Auflösung von 72 dpi. Für einen Ausdruck auf Papier reichen meist 300 dpi. Der Speicherbedarf ist sonst hoch.
Wenn die Qualität der Vorlage nicht befriedigend ist, stellt man beim Scannen den Farbton, die Helligkeit oder den Kontrast ein. Ist beispielsweise der Untergrund grau statt weiß und möchte man fast schwarze Bereiche zu schwarz machen, so stellt man die Tonkurve mit der Maus steiler ein (siehe Bild).

[3] Gebräuchliche Bildbearbeitungsprogramme sind beispielsweise Corel Photo Paint, Adobe Photoshop, Paintshop Pro, Micrographics Picture Publisher, GIMP [7], [8].

4.2 Bild-Formate

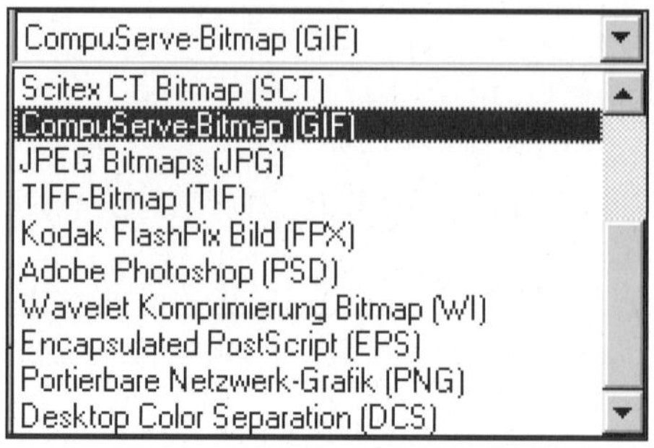

Bildbearbeitungsprogramme können gewöhnlich die Bilder in vielen Formaten abspeichern. Für die Weitergabe auf Webseiten muss man die Bilder komprimieren, um die Übertragungszeiten nicht zu sehr ansteigen zu lassen. Das Ziel ist dabei, die Dateigröße möglichst klein zu halten (<100 KB), ohne an Qualität zu verlieren.

BMP (Bitmap-Format):
In diesem Grafik-Format werden die Farbinformationen für jeden Punkt des Bildschirms als 8-Bit-Zahlen gespeichert. Das ist für Bilder in Fotoqualität wichtig. Bitmap-Grafiken können in einem Bildbearbeitungsprogramm Punkt für Punkt bearbeitet werden. Dafür ist der Speicherbedarf relativ groß. Wenn pro Punkt drei mal acht Bit für die Farbinformation benötigt werden, entsteht bei einem Schirm mit 1280 x 960 Punkten eine Dateigröße von 3,6 MB. Für eine Übertragung im Internet ist das zu viel. Es wurden deshalb Verfahren entwickelt, die den Speicherbedarf reduzieren.

JPEG (von Joint Photographic Experts Group)
ist ein sehr verbreiteter Standard für die Bildkompression. Bei diesem Komprimierungsverfahren wird ausgenutzt, dass das Auge mehr auf Helligkeitsunterschiede als auf Farbunterschiede reagiert. Die Helligkeit setzt sich zu 30 % aus rot, zu 60 % aus grün und zu 10 % aus blau zusammen. Das Bild wird aufgeteilt in Blöcke von Bildpixeln. Die Farbinformation wird so gemittelt, dass das Auge möglichst keinen Unterschied zum Original erkennen kann. Das lässt sich aber nicht wieder rückgängig machen. Die Kompressionsrate ist einstellbar. Dieses Verfahren eignet sich gut für Personen- oder Landschaftsaufnahmen, bei denen feine Farbabstufungen vorkommen.

GIF (Graphics Interchange Format)
ist ebenfalls ein weitverbreitetes Format zur komprimierten Speicherung von Bildern. Es wurde ursprünglich von der Firma Compuserve eingeführt und beruht auf dem LZW-Komprimierungsverfahren von Lempel, Ziv und Welch. Die Firma Unisys verfügt über ein Patent. GIF ist ein indiziertes Format, es verwendet eine 8 Bit-Farbtabelle, kann also maximal 256 Farben darstellen Es eignet sich daher weniger für Personen- oder Landschaftsaufnahmen, in denen geringe Farbnuancen langsam ineinander übergehen. Für Bilder, in denen große Flächen gleicher Farbe vorkommen, ist es ideal. Das Bild wird zeilenweise abgetastet und die Farbe einmal abgespeichert, zusammen mit der Information, wie oft sie sich wiederholt. Die Kompression lässt sich wieder rückgängig machen. Es können auch mehrere Bilder hintereinander in einer GIF-Datei gespeichert werden. Sie werden dann nacheinander angezeigt, wie in einem Daumenkino (animated GIF).

PNG (Portable Network Graphic)
wurde als Ersatz und als Weiterentwicklung des patentbelasteten GIF-Formats eingeführt und vereinigt die Vorteile von JPEG und GIF. Es speichert die Farben in 16 Bit, eignet sich also auch für Personen- und Landschaftsaufnahmen. Das Format MNG (Multiple Image Network Graphic) ist als Ergänzung zu PNG auch in der Lage, Animationen darzustellen.

TIFF (Tagged Image File Format)
ist ein vielseitiges Format zur Speicherung großer Bilder ohne Verlust, es ist von der Plattform unabhängig und wird in der professionellen Bildbearbeitung verwendet.

Vektorgrafik
besteht aus einzelnen Elementen wie Linien, Rechtecken, Kreisen, die mathematisch beschrieben werden. Zum Beispiel: Zeichnen einer Strecke (eines Vektors) von A bis B. Sie kann beliebig vergrößert werden, ohne an Schärfe zu verlieren und benötigt extrem wenig Speicherplatz. Grafikprogramme für Vektorgrafiken sind beispielsweise MS Draw (siehe Kapitel PowerPoint) und Corel Draw.

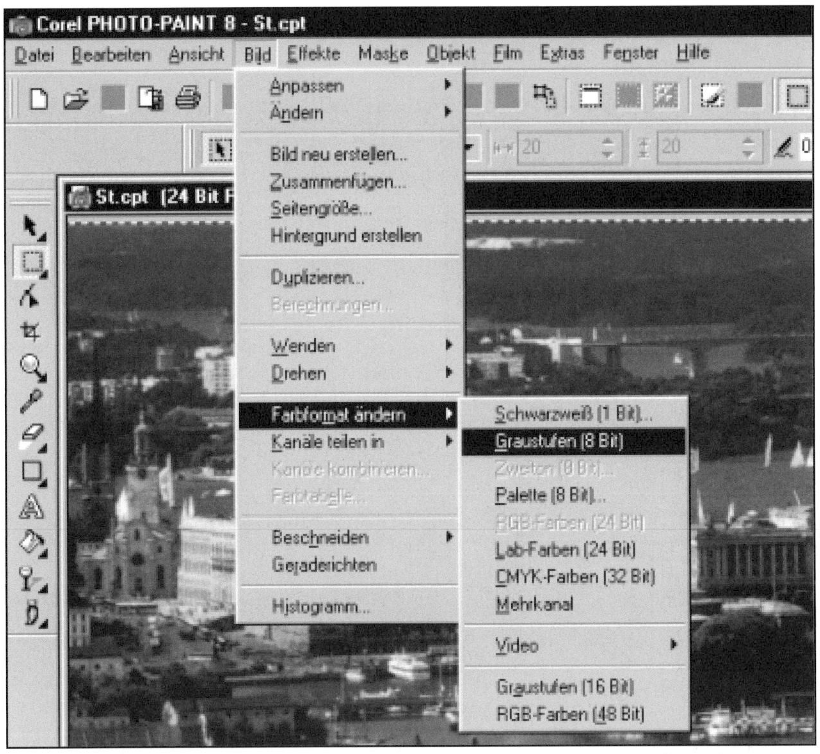

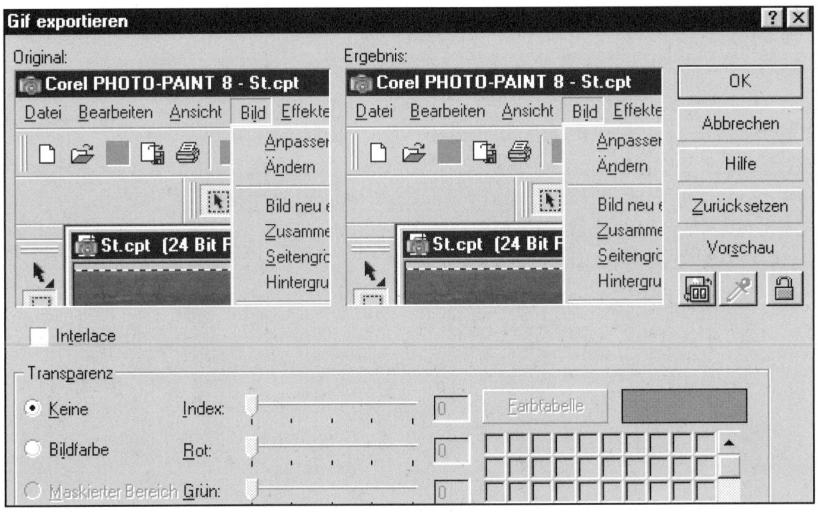

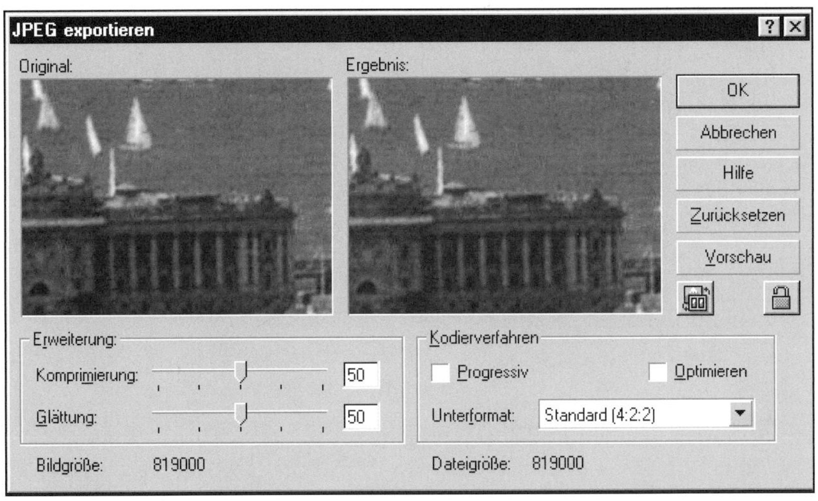

Bildkomprimierung

Der erste Schritt ist die Wahl des Bildausschnitts. Man markiert einen Bildausschnitt mit der Maus und kopiert ihn mit

```
Bearbeiten
kopieren
```

oder mit

```
Bearbeiten
in Datei kopieren.
```

Bilder können aus mehreren Teilbildern zusammengesetzt werden. Diese können gedreht, oder gespiegelt werden. Dann kann man die Qualität des Bildes durch Änderung der Helligkeit, des Kontrasts oder mit Hilfe von Spezialeffekten eventuell verbessern.

Dann kommt die Wahl des Farbformats. Für Schemazeichnungen sind nicht so viele Farben erforderlich, oder nur schwarz-weiß. Für die Speicherung im GIF-Format muss das Farbformat auf 8 Bit geändert werden.

Wir speichern das Bild mit verschiedenen Komprimierungsverfahren und vergleichen die entstandenen Dateigrößen. Das Ergebnis der Komprimierung muss man kontrollieren, das Bild sollte keine falschen Farben oder Unschärfe aufweisen. Vorsichtshalber speichert man das Original auf der Festplatte für den Fall, dass aus Versehen eine zu starke Komprimierung gewählt wurde und diese nicht mehr rückgängig zu machen ist.

Wird das Bild in eine HTML-Seite oder ein Office-Dokument eingefügt, so wird noch die Bildgröße angepasst, ebenso die Ausrichtung auf der Seite. Es ist zu entscheiden, ob es zentriert oder linksbündig erscheint, ob neben dem Bild noch Text steht und ob das Bild im Hintergrund hinter dem Text oder im Vordergrund über dem Text liegen soll.

4.3 Bildbearbeitung, Animationen

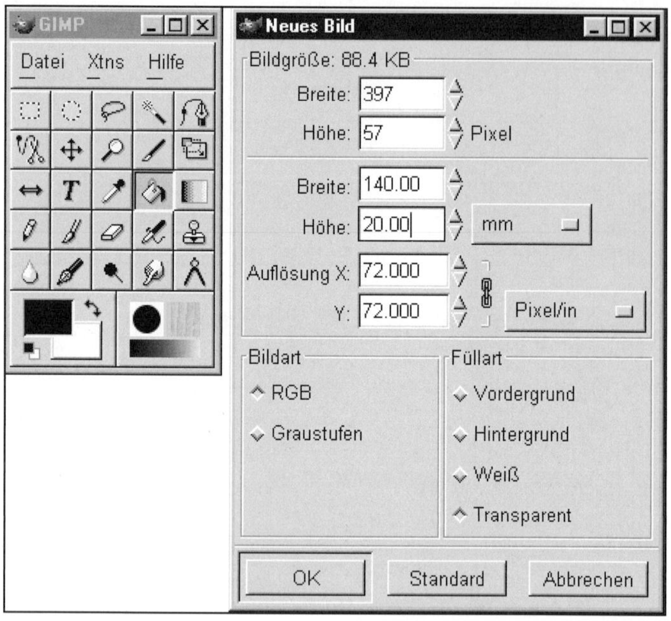

Ein Bildbearbeitungsprogramm dient zum

- Malen und zeichnen
- Scannen
- Konvertieren von Grafik-Formaten
- Fehler aus Bildern entfernen
- Bilder kombinieren
- Texte in Bilder einfügen
- Bildebenen verwenden
- Animationen erstellen

Charakteristisch für professionelle Bildbearbeitungsprogramme ist das Arbeiten mit mehreren **Bildebenen** (*Layer*). Ein Bild entsteht, wenn man alle diese Ebenen wie Schichten übereinander legt. Dieses Konzept hat mehrere Vorteile. Man experimentiert mit einer zusätzlichen transparenten Ebene und löscht sie wieder, wenn sie nicht gefällt. Die Wirkung einer einzelnen Schicht erkennt man am besten, wenn man sie alleine, ohne Hintergrundschicht betrachtet. Texte können auf einer eigenen Ebene erstellt und bearbeitet werden. Zeitlich aufeinanderfolgende Bildebenen können eine Animation bilden. In einer GIF-Datei kann man mehrere Bilder speichern (sogenannte animierte GIFs). So lassen sich eigene kleine Trickfilmchen (Daumenkino) herstellen. Solche Bewegtbilder werden häufig bei Werbebannern verwendet.
Ein zweites Konzept ist das Arbeiten mit **Masken**. Die Graustufen der Maske wirken wegen ihrer unterschiedlichen Durchlässigkeit wie Filter und lassen den Hintergrund heller oder dunkler erscheinen. Die weißen Stellen der Maske haben volle Deckkraft, während die schwarzen Stellen transparent sind.
Ein weiteres Konzept ist die **Auswahl**. Durch sie wird die Wirkung einer Operation auf einen Bildteil beschränkt. Man kann einen rechteckigen, elliptischen Bereich, oder einen Freihandbereich auswählen.

Erste Schritte

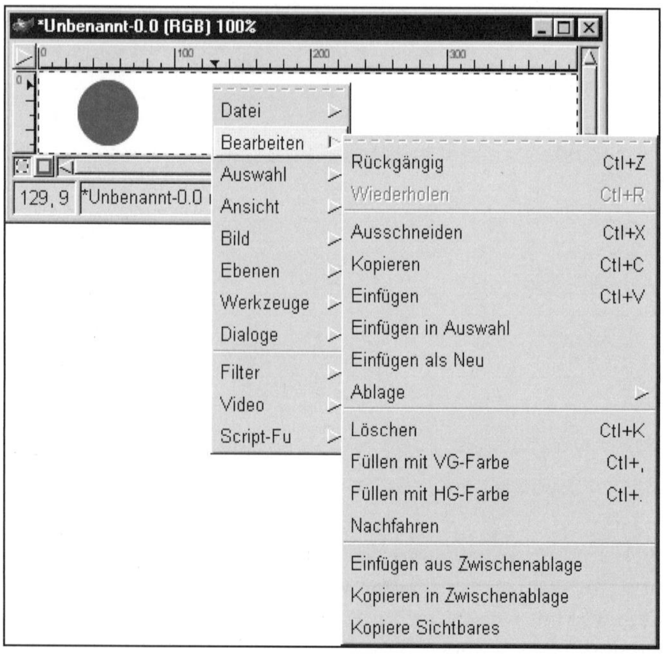

Wir benutzen hier das Bildbearbeitungsprogramm GIMP[4]. Nach dem Programmstart von GIMP ist ein Werkzeugkasten zu sehen, der aus einer Menüzeile und Symbolen für die Bildbearbeitung und Farbauswahl besteht. Mit *Datei - Neu* (siehe oben) öffnet sich ein Fenster, in dem man die Bildgröße festlegt. Wir haben hier 140 mm x 20 mm eingegeben, die Größe eines Banners. Es öffnet sich ein leeres Arbeitsfenster in dieser Größe.

Wählen wir nun das Kreissymbol (*Elliptischen Bereich wählen*) aus dem Werkzeugkasten und ziehen mit der Maus einen Kreis auf die Arbeitsfläche.

Ein Doppelklick auf das Symbol für die Vorder- und Hintergrundfarbe öffnet einen Dialog über die Farbauswahl. Hier wählen wir eine Farbe.

Dann klicken wir auf den Eimer und in den Kreis, um diesen mit einer Farbe zu füllen.

---

[4] GIMP (GNU Image Manipulation Program) ähnelt in der Bedienung dem Programm Photoshop [6], [7].

Das Kontextmenü

Klicken wir mit der *rechten* Maustaste in unsere Arbeitsfläche, so erhalten wir ein umfangreiches **Kontextmenü** (siehe Abbildung Seite 40). Die Funktion *Bearbeiten - Rückgängig* zum Rückgängigmachen eines Arbeitsschritts ist davon sicher eine der meistgenutzten.

Auswahl (Selektion)

Das Selektionswerkzeug Zauberstab (*zusammenhängenden Bereich wählen*) markiert einen Bereich mit ähnlichen Farbwerten. Ihn benutzt man, wenn man die Grenzen des auszuwählenden Bereichs nicht von Hand umfahren möchte.

Um den ausgewählten Bereich, oder die ganze Ebene zu verschieben oder zu kopieren gibt es den Button *„Ebenen und Auswahlen verschieben"*. Es entsteht eine *„schwebende Auswahl"*. Ehe man den ausgewählten Bereich verschiebt, kann man ihn mit Hilfe des Kontextmenüs auch kopieren (mit Bearbeiten - Kopieren und Bearbeiten - Einfügen). Dabei entsteht eine Kopie, die über dem ursprünglichen Bereich liegt. Nun gibt es zwei Möglichkeiten: Man kann den ausgewählten Bereich auf derselben Ebene verschieben oder ihn auf einer neuen Ebene einfügen.

Bildebenen

Mit *Ebenen - Ebenen, Kanäle und Pfade* (im Kontextmenü) wird eine Liste der benutzten Ebenen angezeigt. Dort fügen wir neue Ebenen hinzu. Nach Gestaltung einer Anzahl Ebenen, die die einzelnen Bilder (Frames) einer Animation darstellen sollen, gehen wir auf *Datei - sichern unter*, wählen das Format GIF und speichern als *Animation*.

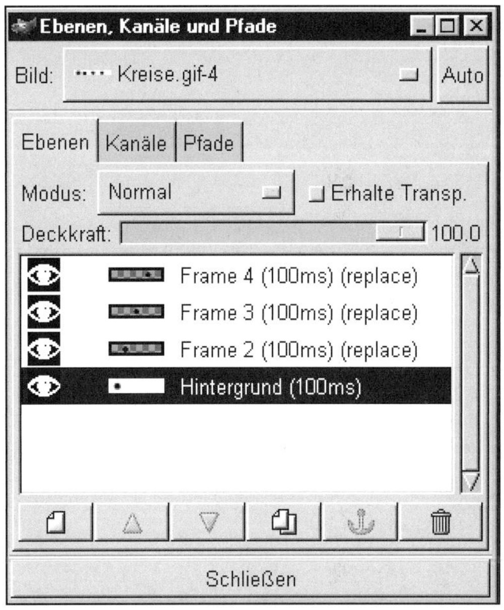

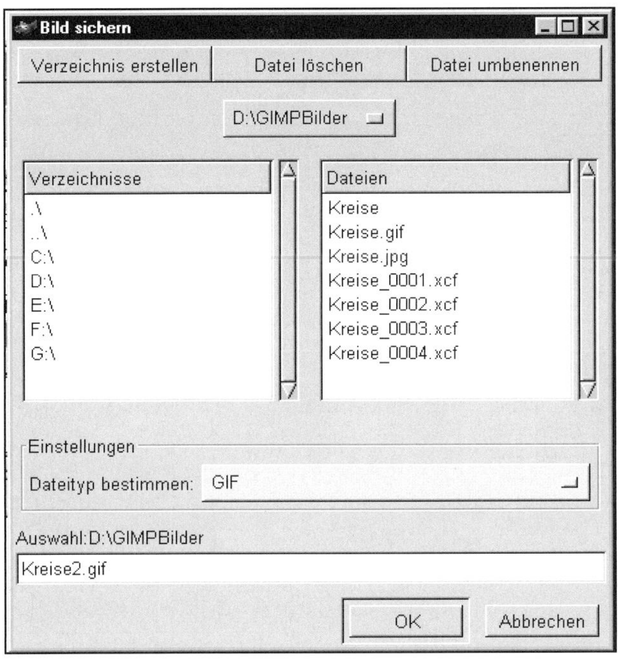

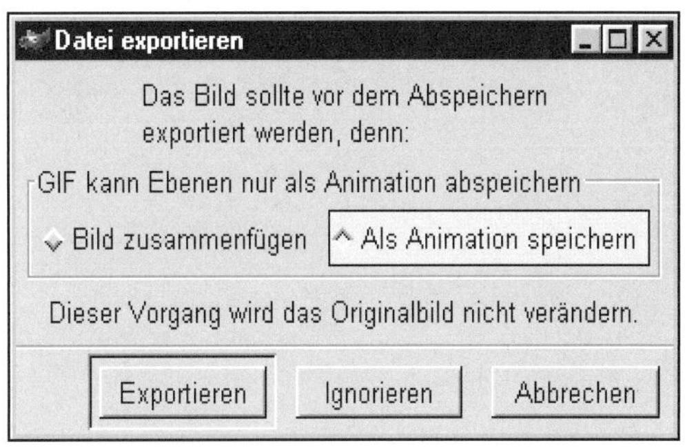

Nun spielen wir die Animation zur Kontrolle ab. Im Kontextmenü bewegen wir uns über *Filter - Animation* zu *Animation anspielen*. Wir stellen fest, dass die Bildfolge zu schnell abläuft. Die Zeiten, die die einzelnen Bilder angezeigt werden, lassen sich aber ändern. Wir klicken in dem Fenster Ebenen, Kanäle und Pfade auf eine Ebene und öffnen mit der rechten Maustaste das dazu gehörige Kontextmenü. Wir wählen Ebeneneigenschaften und erhöhen die im Textfenster Ebenenname angezeigte Zeit 100 ms auf 1000 ms.

Manche Bildbearbeitungsprogramme können keine animierten Bilder herstellen. Es gibt aber kleine Programme für diesen Zweck: GifMovieGear, oder Gif Construction Set [9]. Wir zeichnen also mit einem Malprogramm ein Bild, speichern es mehrere Male im Format GIF und verändern daran jeweils schrittweise den Bewegungsablauf.

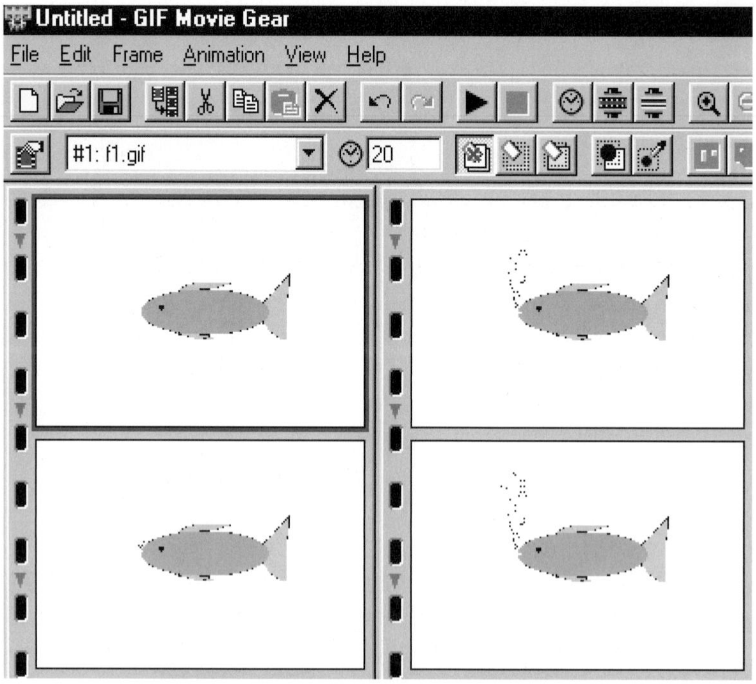

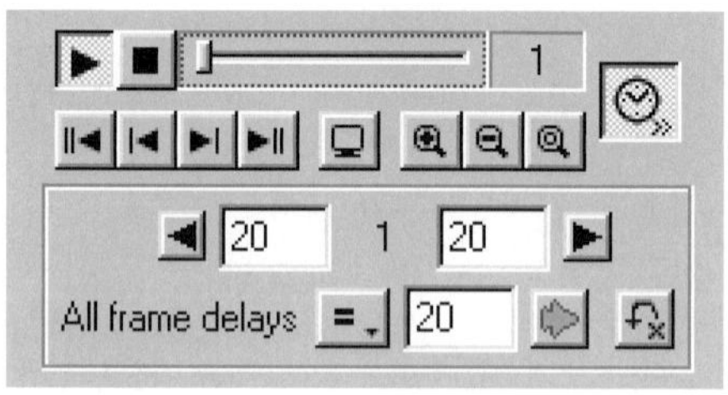

Als Beispiel wurden im obigen Fisch-Bild immer mehr Luftblasen hinzugefügt. Wir öffnen die Bildchen zum Beispiel in MOVGEAR, geben die Zeitdauer für jedes Bild in Hundertstel Sekunden an und speichern wieder.

Mit *reduce colors* und mit *optimize* kann man den Speicherplatz noch optimieren [9]. Wenn man sich die optimierten Bildchen in einer Reihe anschaut, sieht man, wie die Bildteile, die sich nicht ändern, nur einmal gespeichert werden.

⇨ Aufgabe 15: Zeichnen Sie ein Schrägbild eines Würfels. Speichern Sie es unter verschiedenen Formaten ab und vergleichen Sie die Dateigröße.

⇨ Aufgabe 16: Digitalisieren Sie ein Foto Ihrer Klasse und versuchen Sie, es möglichst stark zu komprimieren, ohne dass eine Qualitätsminderung feststellbar wird.

4.4 Audio-Digitalisierung

Wenn Musik oder Sprache mit einem Mikrofon aufgenommen werden, so liegen sie in Form von elektrischen Schwingungen vor und können analog auf Magnetband gespeichert werden oder mit einer Soundkarte digitalisiert und im Computer gespeichert werden. Die Schwingungshöhe (Amplitude) und die Anzahl der Schwingungen je Zeiteinheit (Frequenz) wechseln schnell. Die Schwingungen werden in ein computerlesbares Format, das heißt in eine Folge von Zahlen umgewandelt. Dazu wird die Schwingungshöhe in regelmäßigen Abständen aufgeschrieben. Für die Qualität der Aufzeichnung sind zwei Werte entscheidend:

- die Sample-Rate, die angibt, wie oft der Klang in der Sekunde abgetastet wird und
- die Anzahl der Bits pro Sample, das ist der Wertebereich, den die Amplitude annehmen kann.

Für eine gute Aufzeichnungsqualität muss man ein hohes Speichervolumen in Kauf nehmen.
Mit dem menschlichen Gehör sind Frequenzen zwischen 20 und 25000 Hz hörbar. Für die Übertragung von Sprache mit dem Telefon genügt eine kleinere Bandbreite von Frequenzen. Hier werden nur Frequenzen von 300 Hz bis 3400 Hz berücksichtigt. Bei ISDN wird über das Telefonkabel digital übertragen. Die Abtastrate beträgt 8000 Hz. Bei 8 Bits pro Abtastung sind also $2^8 = 256$ Werte zwischen minimaler und maximaler Amplitude möglich. Die Übertragungsrate von ISDN ist also 8 x 8000 Bits pro Sekunde (64000 bit/s).

4.5 Audio-Formate und Audio-Komprimierung

WAV
Das WAV-Format (eigentlich RIFF WAVE) wurde von Microsoft definiert. Die Sample-Rate beträgt bis zu 44100 Hz und es können 8, 12, oder 16 Bits pro Sample gespeichert werden. WAV-Dateien können je nach Feinheit der Aufzeichnung sehr groß werden, was lange Übertragungszeiten im Internet bedeutet. Deshalb wurden Komprimierungsverfahren entwickelt.

MP3
Bei der Kompression von Audio-Dateien hat das MP3-Format einen Siegeszug angetreten. Das am Fraunhofer-Institut für Integrierte Schaltungen in Erlangen entwickelte Verfahren eliminiert alle Informationen, die das menschliche Gehör nicht wahrnehmen kann aus der Tonaufnahme. Das sind insbesondere Töne, deren Frequenz über der hörbaren Grenze liegen. Dadurch ergibt sich kein Qualitätsverlust, aber eine Reduzierung der Datenmenge auf 1/10. Wenn ein Musikstück auf einer normalen CD ca. 30 MB umfasst, so nimmt es im MP3-Format nur noch 3 MB ein. MP3 eignet sich also zur Übertragung über das Internet und Speicherung auf der Festplatte. MP3-Dateien können von den Programmen Winamp, MS MediaPlayer und vielen anderen abgespielt werden. Es gibt mittlerweile auch MP3-Hardware-Player, vergleichbar dem Walkman.
Die MP3-Tauschbörse Napster ist eine Software, die von dem 18-jährigen Shawn Fanning geschrieben wurde und die aus drei Teilen besteht:

- einem Musik-Chat, in dem sich die Teilnehmer über ihre bevorzugten Musiktitel unterhalten können,
- einem MP3-Player, der die Musiktitel auch gleich abspielen kann und
- einem Programm, das den Pfad zu den privaten Rechnern festhält, mit denen man Musikstücke tauschen kann.

Wer solche Dateien anbietet, ohne die Rechte daran zu besitzen, verstößt gegen das Urheberrecht und macht sich strafbar. Napster wurde von Bertelsmann aufgekauft, sperrte den Download Copyright-geschützter Musikstücke und baute einen Kopierschutz ein [12], [13].
Napster wurde mehrfach kopiert. Neuere Tauschprogramme basieren auf einer Peer-To-Peer-Verbindung vieler privater Rechner ohne Speicherung der Dateien auf einem zentralen Server: limewire, kazaa, aimster, bearshare, gnotella.

AU
AU-Dateien sind nach einem von SUN entwickelten Verfahren komprimiert und werden von JAVA eingesetzt. Aufgrund der hohen Kompressionsrate und somit relativ geringen Dateigröße sind sie für die Verwendung auf Webseiten geeignet, sie übertragen aber nur in Mono. Die Sample-Rate beträgt 8 kHz und die Bitrate 8 Bits pro Sample.

MIDI

Das MIDI-Format (Musical Instrument Digital Interface) wird von Synthesizern benutzt. Es enthält Informationen über die einzelnen Töne wie Höhe, Dauer und Lautstärke.

Real Audio

Bei Real Audio handelt es sich um ein Streaming-Verfahren. Die Audio-Datei wird in einzelne Datenpakete zerlegt, vom Server über das Internet auf den Rechner des Nutzers übertragen, nur kurz zwischengespeichert und gleich abgespielt. Real Audio wird beim Internet-Radio eingesetzt. Wenn das Netz überlastet ist, kommt es während der Übertragung zu kurzen Unterbrechungen. Ein Programm zum Abspielen von RealAudio ist der RealAudio Player von Progressive Networks.
Mehr zu Audio-Formaten bei:

http://www-lehre.informatik.uni-osnabrueck.de/web_pub/web_pub_8/audioformats.html

4.6 Audio-Bearbeitung

Zur Bearbeitung von Audio-Dateien eignet sich beispielsweise das Programm GoldWave [14]. Man kann damit verschiedene Formate ineinander umwandeln, Musikstücke und Reportagen schneiden und Übergänge gestalten.

Multimedia

In Multimedia-Präsentationen werden Texte, Bilder, Töne und Videos miteinander verbunden. Wegen der großen Datenmenge speichert man sie auf CD. Dazu gibt es verschiedene Möglichkeiten:

- Man kann das Material in eine **PowerPoint-Präsentation** einbinden.

- Ein Multimedia-Projekt im **HTML**-Format zu erstellen hat den Vorteil, dass man es sowohl auf CD brennen als auch im Internet veröffentlichen kann. Ein weiterer Vorteil ist: Eingaben des Benutzers können von einem Programm weiterverarbeitet werden.

- Es gibt **Autorensysteme**, mit denen man ein Multimedia-Projekt erstellen und als lauffähige Version auf CD speichern kann. Dazu gehören Macromedia Director, Toolbook und Mediator. Abhängig von den Aktionen des Benutzers variiert der Gang durch die Multimedia-CD. Beim Klick auf Schaltflächen erscheint eine nähere Erklärung oder die nächste Seite. Beispiele für solche Multimedia-CDs sind „Der Kleine Prinz“ von Tivola, „Mathlantis“ von Cornelsen oder „A Brief History of Time: An Interactive Adventure/ Windows CD-Rom by Stephen W. Hawking“ [140], [141].

4.7 Video-Digitalisierung

Quellen für Videos sind:

- Mit einer analogen oder einer digitalen Videokamera aufgenommene Filme
- Fernsehsendungen oder auf Magnetbandkassetten gespeicherte Videos
- Digitale Videos aus dem Internet

Das Fernsehbild wird in Deutschland nach der PAL-Norm (Phase Alternate Line), in Frankreich und Osteuropa nach der SECAM-Norm (Sequential En Couleurs Avec Memoire), in USA und Japan nach der NTSC-Norm (National Television Standards Committee) ausgestrahlt. Die PAL-Norm verwendet das Format 764 x 575 Bildpunkte bei 25 Bildern pro Sekunde. Um das Flimmern gering zu halten werden nacheinander zwei Halbbilder kombiniert. Damit die Bilder auch schwarz-weiß angezeigt werden können, wird außer dem Farbsignal "Chrominanz" noch ein Leuchtdichtesignal "Luminanz" übertragen. Diese Signale liegen in analoger Form vor und können im VHS-Format auf Magnetband gespeichert werden.

Der Computerbildschirm arbeitet mit einer anderen Auflösung und mit digitalen Signalen. Die Darstellung eines normalen Farbbildes erfordert ca. 800 KByte Speicherplatz. Für 25 Bilder wären also je Sekunde 20 MByte notwendig. Eine Datenkomprimierung ist hier unumgänglich.

Im professionellen Bereich werden für Konstruktion, Animation und Bildbearbeitung leistungsstarke Computer benötigt, zum Beispiel von der Firma Silicon Graphics Inc. (SGI). Sie arbeiten mit dem Betriebssystem IRIX, einem Derivat von UNIX und setzen bis zu 36 RISC-Prozessoren parallel ein. Sie wurden auch dadurch bekannt, dass sie bei der Produktion der Filme Jurassic Parc, The Abyss, Terminator II und The Mask eingesetzt wurden. Aber auch mit einem leistungsstarken PC ist heute schon digitaler Videoschnitt möglich.

Wir bauen eine **Video-Capture-Karte**[5] in den PC ein und digitalisieren damit die mit einer Videokamera aufgenommenen Videos. Mit der Karte wird auch Schnittsoftware mitgeliefert. Manche Capture-Karten können die mit dem PC geschnittenen Videos auch wieder auf Magnetbandkasetten ausgeben. Je nachdem, in welchem Format die ursprünglichen Videos vorliegen, benutzt man drei verschiedene Kabelsteckverbindungen von der Quelle zum Computer: Ein normaler Videorekorder speichert Videos im VHS-Format, eine bessere Qualität haben Super-VHS- und Hi-8-Videos. Digitale Videokameras speichern im DV-Format auf DV-Kassetten. Für die mit einer digitalen Videokamera aufgenommenen Videos ist in der Regel ebenfalls eine Capture-Karte (Fire-Wire-Karte) erforderlich, falls der Computer nicht einen Fire-Wire-Eingang (i-Link) besitzt. Die Fire-Wire-Schnittstelle überträgt mit bis zu 400 Mbit/s und ist damit 33 mal so schnell wie der USB-Port, also für die Übertragung großer Datenmengen geeignet. Von der Karte werden die Videos auch komprimiert, meist in eines der folgenden Formate:

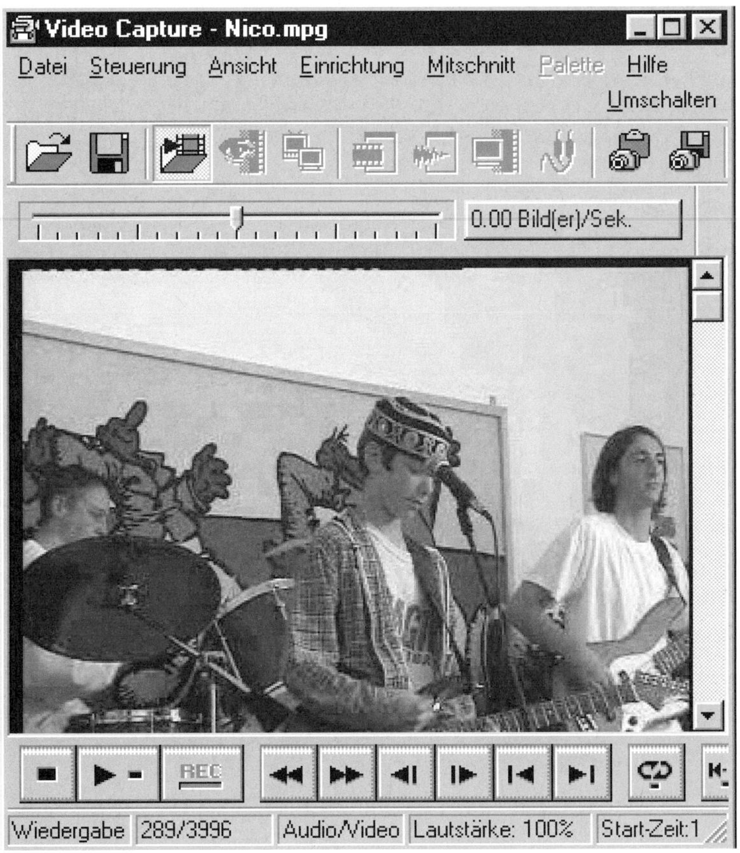

[5] Hersteller sind zum Beispiel Fast, Terratec, Electronic-Design, Western Digital, Miro (siehe deren Webseite)

4.8 Video-Formate und Video-Komprimierung

AVI
Das AVI-Datei-Format (Audio Video Interleaved) wird von Video for Windows von Microsoft benutzt. Es können dabei verschiedene Kompressionsalgorithmen eingesetzt werden (zum Beispiel Intel Indeo Video, Motion-JPEG). Zum Abspielen dient der MediaPlayer von Microsoft, der Real Player von Real Networks oder andere.

MOV
Die Firma Apple hat mit **QuickTime** einen Standard zur Medienintegration auf dem PC für Macintosh und Windows geschaffen: Das Movie-Format mit der Endung mov komprimiert Standbilder ungefähr mit dem Faktor 1:100 und Bewegtbilder mit 1:25. Es nutzt den Kompressionsalgorithmus von JPEG (Joint Photographic Experts Group). Auch MPEG wird unterstützt. Zum Abspielen dient der Movie Player von Apple.

MPEG
MPEG wurde von einem internationalen Normierungsgremium definiert, der Motion Pictures Expert Group. MPEG nutzt ebenfalls den Kompressionsalgorithmus von JPEG. Mit MPEG werden nicht nur die Videobilder komprimiert, sondern auch der dazu gehörige synchrone Ton. MPEG-1 ist auf die Datenübertragungsrate einer CD-ROM bei Single Speed mit 1,4 MBit/s abgestimmt und zeigt das Bild nur mit einem Viertel der Originalgröße, mit 352 x 288 Pixel. MPEG-2 passt die Übertragungsrate den Erfordernissen an, liefert also in Bewegungsphasen mehr Daten als in statischen Szenen. MPEG-2 überträgt 8 MBit/s, und ist auch für hochauflösendes Fernsehen und für DVD einsetzbar. Die Bildgröße ist 720 x 480, beziehungsweise 1280 x 720 Pixel. MPEG-4 komprimiert noch einmal mit einem Faktor 10, statt 6 GByte benötigt ein zweistündiger Film nun unter 700 MByte. Damit existiert ein Format, um Videos digital auf CD-ROM zu speichern und eine Übertragung im Internet über TCP/IP rückt in den Bereich des Möglichen. Auf MPEG-4 basiert die Technologie der Videoübertragung von Digital Video Express DivX [11].

4.9 Video-Bearbeitung

Als Beispiel wird hier MediaStudio Pro von Ulead [10] verwendet [6]. Mit Video-Bearbeitungs-Programmen kann man

- einen Film schneiden
- in verschiedenen Formaten speichern
- Einzelbilder herausschneiden
- Vor- und Abspänne mit Texten erstellen
- Übergänge und Überblendeffekte kreieren

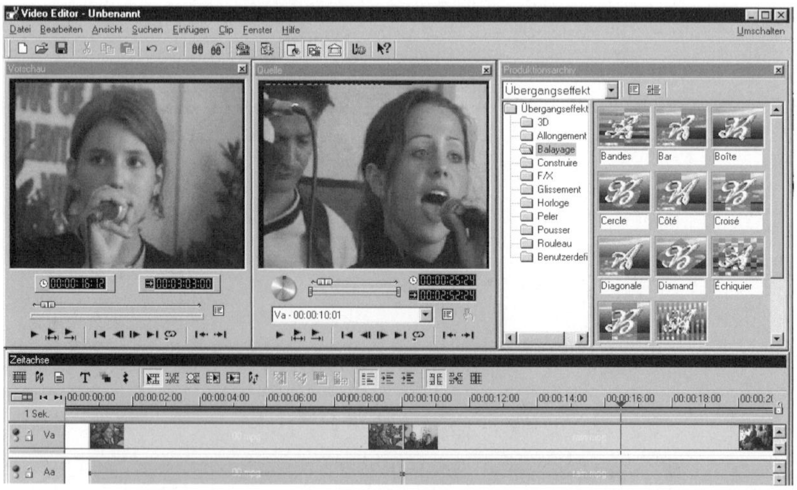

Der Video-Editor besteht aus mehreren Fenstern, das Zeitachsenfenster unten ist das wichtigste. Auf der Zeitachse werden die Schnipsel mit der Maus chronologisch angeordnet. Das können Videos, Bilder, Übergänge, Titel, Hintergrundfarben und Audiodateien sein.
Über das Menü `Einfügen` wählt man das einzufügende Video und zieht es mit der Maus auf die gewünschte Stelle der Zeitachse. Wenn die Videodatei auch einen Ton enthält, werden eine Video- und eine Audiospur untereinander angezeigt. Man kann die beiden auch trennen und die Audiodatei bearbeiten.

[6] Ähnliche Programme sind beispielsweise Premiere und After Effects von Adobe und Studio DV von Pinnacle.

5 HTML

HTML <Hyper Text Markup Language> ist das Alphabet des World Wide Web. Hypertext zu erstellen wird genauso wichtig, wie früher das Erstellen von normalem Text.
Hypertext ist nicht nur Text, sondern weit mehr. Er kann nicht nur Bilder, Videos und Musik enthalten, viele Hypertextseiten sind quer durch das Internet miteinander verknüpft durch sogenannte Links, Hypertextreferenzen. Das sind Einfügungen (auch Markups, oder Tags genannt), die auf andere Seiten verweisen. Man kann von einer Seite zur anderen springen und (hoffentlich) wieder zurück. Dadurch kann statt einer linearen Struktur des Dokuments eine netzartige entstehen.
Man kann eine HTML-Seite einfach mit einem normalen Editor schreiben, wie zum Beispiel Notepad, oder mit einem Textverarbeitungsprogramm wie Word. Es gibt auch spezielle HTML-Editoren [5]. Die Programme MS Frontpage und Netscape Composer erstellen HTML-Seiten bequem. Viele Programme sind in der Lage, ihre Dateien im HTML-Format zu speichern. Wir beschäftigen uns hier mit dem Quelltext.
`<HTML>` und `</HTML>` markieren Beginn und Ende der Hypertextseite. Sie besteht aus zwei Teilen: Kopf <HEAD> und Körper <BODY>.
Zwischen `<HEAD>` und `</HEAD>` können zum Beispiel ein Seitentitel und Stichworte für Suchmaschinen angegeben werden, sowie der Code von JavaScript-Programmen.
Der eigentliche Dokumentinhalt steht zwischen `<BODY>` und `</BODY>`:

```
<HTML>
<HEAD> <TITLE> leere Seite </TITLE>
</HEAD>
<BODY>
     Diese Seite ist fast leer.
</BODY>
</HTML>
```

In einen Text streuen wir in spitzer Klammer „**Tags**“ ein, das sind Anweisungen für den Browser, die er interpretieren und so den Text gestalten kann. Beispiele:

5.1 Text gestalten

`<BR>` erzwingt einen Zeilenumbruch.
`<P>` macht einen neuen Absatz.
`<HR>` zeichnet einen waagrechten Strich.
`<CENTER>` und `</CENTER>` begrenzen einen Textteil, der zentriert wird.
`<H1>, <H2>, <H3>, <H4>, <H5>` markieren eine Überschrift (unterschiedlich groß).
`<FONT SIZE=+1>` erhöht die Schriftgröße bis `</FONT>`.
`<FONT FACE="Courier">` ändert die Schriftart in Courier.

5.2 Hintergrund

Der Hintergrund (BG = background) kann farbig gestaltet werden, indem man im Body-Tag zum Beispiel angibt:

`<BODY BGCOLOR="# FF 00 00">`

Die Farben sind aus rot, grün und blau zusammengesetzt. Für jede dieser drei Farben gibt man eine Zahl zwischen 0 und 255 im Hexadezimalsystem an. FF=255 bedeutet hier also den höchsten Rotanteil, während grün und blau auf null gesetzt sind. 00 FF FF erzeugt türkis, während 80 80 80 grau ergibt.

5.3 Bilder einfügen

Mit `<IMG SRC="Meinsurfbrett.jpg">` wird ein Bild eingefügt (image=Bild, source=Quelle). Die Quelle, die die Bilddaten enthält, ist die Datei "Meinsurfbrett.jpg".

5.4 Verweise

<A> bedeutet Anker und verankert eine Hypertext-Referenz (Link), also einen anklickbaren Verweis zu einer anderen Seite:

```
<A HREF="Seite2.htm"> zur nächsten Seite </A>
```

5.5 Pfade

Befindet sich die zweite Seite im Internet, so ist der absolute Pfad mit der vollständigen Adresse des Rechners anzugeben. Befindet sich die zweite Seite oder das einzufügende Bild in einem anderen Unterverzeichnis, so gibt man den Pfad relativ zur aufrufenden Seite an. Beispiel: Der relative Pfad vom Verzeichnis "Homepage" ins Unterverzeichnis "Bilder" wird geschrieben:

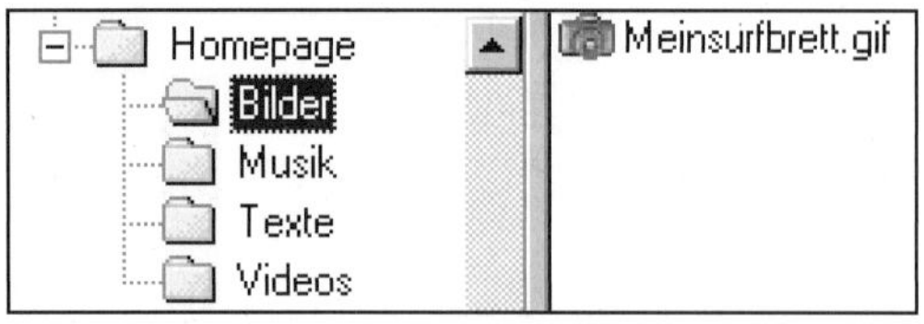


```
Bilder/Meinsurfbrett.gif
```

Der relative Pfad vom Unterverzeichnis "texte" ins Unterverzeichnis "Bilder" aber wird geschrieben:

```
../Bilder/Meinsurfbrett.gif
```

Die zwei Punkte führen also immer in das übergreifende Verzeichnis.

5.6 Ein anklickbares Bild

Wollen wir, dass anstatt eines Wortes ein Bild anklickbar sein soll und auf eine zweite Seite verweist, so schreiben wir die Quelle des Bildes zwischen die Anker-Tags:

```
<A HREF="Seite2.htm"> <IMG SRC="Meinsurfbrett.gif"> </A>
```

⇨ Aufgabe 17: Erstellen Sie auf Ihrem Rechner ein Verzeichnis für Ihre HTML-Seiten und ein Unterverzeichnis für Bilder. Schreiben Sie eine erste und eine zweite HTML-Seite mit Text und eingebetteten Bildern. Fügen Sie Links ein, die von einer Seite zur anderen und wieder zurück führen, sowie zu den Seiten eines Mitschülers.

Man kann auch verschiedene **Teile eines Bildes anklickbar machen**, indem man eine Landkarte (MAP) für das Bild benutzt. Ein Gebietsausschnitt von der Form eines Rechtecks wird darin mit seinen Pixel-Koordinaten angegeben. Die Zahlen sind die x-und y-Koordinaten der linken oberen sowie der rechten unteren Ecke. In unserem Beispiel hat das ganze Bild den Dateinamen infkurs3.jpg. Beim Klicken auf den ersten Bildausschnitt wird zur Datei Seite2.htm, beim Klicken auf den zweiten Bildausschnitt zur Datei Seite3.htm verzweigt:

```
<MAP NAME="Bild">
      <AREA SHAPE="rect" COORDS="2,30,30,100" HREF="Seite2.htm">
      <AREA SHAPE="rect" COORDS="30,30,50,100" HREF="Seite3.htm">
</MAP>
<IMG SRC="infkurs3.jpg" USEMAP="#Bild">
```

5.7 Musik einfügen

Statt eines Bildes kann auch eine Tondatei (Endung zum Beispiel wav) eingebettet werden. Soll sie gleich beim Laden der Seite gestartet werden, so lautet die Einfügung zum Beispiel:

```
<EMBED SRC="totalmix.wav" AUTOSTART=TRUE>
```

5.8 Video einfügen

Ein Video sollte man wegen der großen Datenmengen komprimieren. Ein komprimiertes Format ist zum Beispiel MPEG. Mit einer Videodigitalisierungskarte lässt sich eine Videodatei erzeugen. Die Einfügung ist dann:

```
<A HREF="videos/anna.mpg"> Unser RAP wird geprobt </A>
```

Ein Video im Quicktime-Format fügt man ein mit <EMBED SRC="video.mov">

5.9 Tabellen

Devisenkurse: 1 Euro =	
Britische Pfund	0,62
Schweizer Franken	1,52
Schwedische Kronen	9,00
Dänische Kronen	7,46
Polnische Zloty	3,60

Eine Tabelle wird von
<TABLE> und </TABLE>
eingeschlossen. Eine Tabellenüberschrift steht zwischen
<CAPTION und </CAPTION>.
<TR> und </TR>
begrenzen jede Tabellenzeile,
<TD> und </TD
eine Zelle in der Zeile.
<TH> und </TH>
umgeben eine Überschriftenzeile. Der Zellenrand kann eingestellt werden mit

```
BORDER CELLSPACING=1.
```

Beispiel:

```
<CAPTION> <H3> Devisenkurse: 1 Euro = </H3> </CAPTION>
<TABLE BORDER CELLSPACING=1>
<TR> <TD> Britische Pfund    </TD> <TD>0,62</TD> </TR>
<TR> <TD> Schweizer Franken  </TD> <TD>1,52</TD> </TR> ... </TABLE>
```

5.10 Frames

Soll das Browserfenster geteilt und in jedem Teil eine eigene Seite angezeigt werden, so verwenden wir das Frame-Tag:

```
<FRAMESET COLS="30%,70%">
```

Es teilt das Browserfenster in einen linken und einen rechten Teil im Verhältnis 30 zu 70. (columns=Spalten, rows=Zeilen). Mit

```
<FRAMESET ROWS="50%,50%">
```

wird also der Bildschirm in eine obere und eine untere Hälfte geteilt. Nun müssen wir noch angeben, was im linken, beziehungsweise rechten Teil erscheinen soll:

```
<FRAME SRC="fenli.htm" NAME="links">
<FRAME SRC="fenre.htm" NAME="rechts">
```

Es werden also die HTML-Seiten "fenli.htm" und "fenre.htm" angezeigt. Muss man sich auf den linken beziehungsweise rechten Teil beziehen, wenn man dort etwas ändern möchte, so gibt man ihm noch einen Namen, zum Beispiel "links". Um zu vermeiden, dass sich der Bildschirm immer weiter unterteilt, gibt man beim Laden in ein Frame das Ziel (TARGET) an mit

```
<A HREF="Klasse8.htm" TARGET="rechts">.
```

Ist also beispielsweise im linken Teil ein Inhaltsverzeichnis, das immer sichtbar sein soll, so lädt man die anzuzeigenden Seiten in den rechten Teil. Mit TARGET="_top" hebt man die Unterteilung wieder auf:

```
<A HREF="../Schule.htm" TARGET="_top">
```

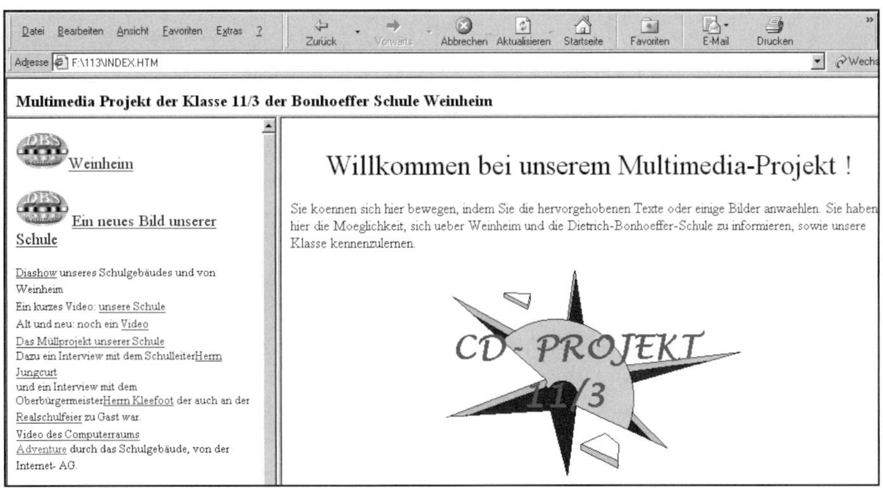

5.11 HTML-Eingabeformulare und JavaScript

Zwischen den Formular-Tags <FORM> und </FORM> lassen sich Eingabeobjekte unterbringen. Beispiel:

```
<INPUT TYPE="Text" SIZE=30>
```

fügt ein **Eingabefeld vom Typ Text** ein, das die Größe 30 Buchstaben hat. Wollen wir die Eingabe später auswerten, so geben wir dem jeweiligen Eingabeobjekt noch einen Namen:

```
<INPUT TYPE="Text" SIZE=30 NAME="Ergebnis">
```

„Ergebnis“ ist der Name einer Variablen, die dann einen bestimmten Wert annimmt, wenn in das Texteingabefeld etwas eingegeben wird.
Eine Anordnung (Array) von mehreren Textfeldern untereinander:

```
<INPUT NAME="Antwort[]"> <BR>
<INPUT NAME="Antwort[]"> <BR>
<INPUT NAME="Antwort[]"> <BR>
```

Die hier eingegebenen Texte werden alle in der Variablen Antwort gespeichert. Wir unterscheiden sie durch Nummerierung. Achtung: Die Nummerierung beginnt mit 0:

```
Antwort[0]
Antwort[1]
Antwort[2]
```

Radio Buttons sind runde Knöpfe, von denen nur einer ausgewählt werden kann. Beispiel:
Bitte Geschlecht eingeben:

```
<INPUT TYPE="radio" NAME="geschlecht" VALUE="m"> maennlich <BR>
<INPUT TYPE="radio" NAME="geschlecht" VALUE="w"> weiblich <BR>
```

Beim Anklicken des oberen Knopfs wird der Variablen *geschlecht* der Wert "m" zugewiesen: *geschlecht.value="m"*.
Checkboxes sind kleine Auswahlkästchen, die mit einem Häkchen versehen werden:
Was soll auf der Pizza sein?

```
<INPUT TYPE="checkbox" NAME="Auflage[0]" VALUE="Salami">Salami<BR>
<INPUT TYPE="checkbox" NAME="Auflage[1]" VALUE="Pilze"> Pilze <BR>
<INPUT TYPE="checkbox" NAME="Auflage[2]" VALUE="Käse"> Käse <BR>
```

Hier können mehrere Antworten gewählt werden. Fehlt die Angabe VALUE=, so wird beim Anklicken zum Beispiel des ersten Kästchens Auflage[0]=ON gesetzt.
Ein **Auswahl-Menü** kann auch mit SELECT realisiert werden:

```
<SELECT NAME="Sportart" MULTIPLE>
    <OPTION>Tennis
    <OPTION>Volleyball
    <OPTION>Klettern
```

Wenn das Attribut MULTIPLE fehlt, ist keine Mehrfachauswahl möglich.

Einen größeren **Texteingabebereich** mit 10 Zeilen zu je 70 Buchstaben erhält man mit

```
<TEXTAREA NAME="Bemerkungen" ROWS=10 COLS=70> Hier schreiben:
</TEXTAREA>.
```

Ein Eingabefeld vom Typ **Password**

```
<INPUT TYPE="Password" NAME="Passwd">
```

verhält sich wie ein Eingabefeld vom Typ Text, nur sind die eingegebenen Zeichen nicht auf dem Bildschirm zu sehen.
Ein **Reset-Knopf** macht alle Eingaben wieder rückgängig:

```
<INPUT TYPE="reset">
```

Einen **anklickbaren Knopf** fügt man ein mit

```
<INPUT TYPE="Button">
```

Wir können ihm auch einen Wert (VALUE) zuweisen, das ist dann die Aufschrift:

```
<INPUT TYPE="Button" VALUE="fertig">
```

Ein Knopf hat nicht nur einen Namen und einen Wert (Aufschrift), sondern kann auch eine Aktion auslösen:

```
<INPUT TYPE="Button" VALUE="Klick" onClick="alert('getroffen!');">
```

Beim Anklicken kommt ein Fensterchen mit einer Meldung.

JavaScript-Funktionen
Anstatt *alert* kann man auch eine eigene Funktion aufrufen. Solche Funktionen schreibt man gewöhnlich in der Sprache JavaScript und bringt sie im Kopf der HTML-Seite unter. JavaScript hat Ähnlichkeiten mit Java, jedoch einen viel kleineren Befehlsumfang. Es fehlen zum Beispiel Grafik-Befehle. JavaScript läuft innerhalb des Browsers ab (Client Side Include). Jeder kann sich den Quelltext ansehen und ihn auch verändern:

```
<HTML> <HEAD>
<SCRIPT LANGUAGE="JavaScript">
function pruefe(f) {
        if (f.Vorname.value=="Robert") alert("Na, wie gehts?");
        else alert("Du schon wieder!");
}
</SCRIPT> </HEAD>
<BODY>
<FORM NAME="Formular"> Wie heißt du?
<INPUT TYPE="TEXT" NAME="Vorname">
<INPUT TYPE="BUTTON" VALUE="Drück mich!" onClick="pruefe(Formular)">
</FORM> </BODY> </HTML>
```

Mehr dazu im Kapitel JavaScript!

Der Submit-Knopf

```
<INPUT TYPE="submit">
```

dient zum Absenden der eingegebenen Daten an einen Webserver im Internet. Der Server lauscht dort an einem Port. Vom Absender (Client) wird oft ein bestimmtes Programm auf dem Server gestartet, das die Daten verarbeitet und Ergebnisse zurückschickt. Das Programm muss dabei bestimmte Normen beachten. Es wird auch **CGI-Script** genannt (Common Gateway Interface).

```
<FORM METHOD="POST" ACTION=http://hostname/cgi-bin/user/pass.cgi>
```

Siehe dazu auch Kapitel Client-Server. Wir können unsere Post auch an ein PHP-Script schicken, das in eine HTML Seite auf dem Internetserver eingebunden ist (Server Side Include):

```
<FORM METHOD="POST" ACTION="http://hostname/Pfad/Antwort.php3" >
```

Mehr dazu im Kapitel PHP!
Eine weitere Möglichkeit ist, die eingegebenen Daten an ein Java-Servlet zu übermitteln:

```
<FORM METHOD="POST" ACTION="http://hostname/servlet/meinservlet">
```

Mehr dazu im Kapitel Java Servlets! Hier einige HTML-Elemente zusammengefasst auf einer Seite:

```
<HTML> <HEAD> </HEAD>
<BODY> <H3>Willkommen auf meiner lehrreichen Seite!</H3>
<FORM ACTION="zweiteSeite.html">
Ich bin ein Button: <INPUT TYPE="BUTTON" VALUE="Drück mich"
      onClick='alert("Hallo. Danke für das Klicken!")'>
<P> Ich bin ein Radiobutton: <INPUT TYPE="radio" NAME="rad1"> </P>
<P> Ich in eine Checkbox: <INPUT TYPE="checkbox" NAME="check1"> </P>
<P> Ich bin ein Texteingabefeld:
<INPUT TYPE="TEXT" SIZE=35
NAME="text1"
VALUE="Hier kannst du etwas
      schreiben" > <P>
Eine Auswahlbox: Wie alt bist du?
<SELECT NAME="Alter">
      <OPTION VALUE=13>13
      <OPTION VALUE=14>14
      <OPTION VALUE=15>15
</SELECT>
<INPUT TYPE="RESET">
<INPUT TYPE="SUBMIT">
</FORM>
</BODY> </HTML>
```

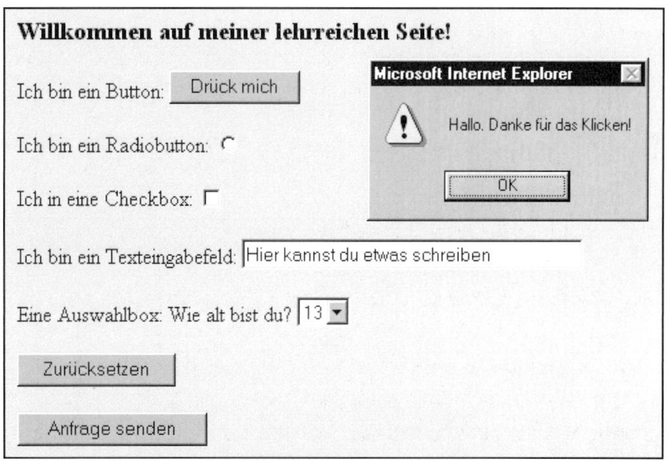

5.12 Übertragen der Homepage auf einen Host

Wenn die HTML-Seite fertig ist und alle Links korrekt sind, wird sie mit FTP auf einen Internet-Host übertragen („Upload“) [7]. Es gibt dafür komfortable Programme, wie zum Beispiel WS_FTP für Windows [3]. Man muss zuerst den Namen oder die IP-Nummer des Internet-Hosts wissen, auf dem man Webspace besitzt. Dann wird ein Loginname und ein Passwort erfragt. Es öffnet sich dann ein zweigeteiltes Fenster. Links ist dabei das Inhaltsverzeichnis des lokalen Rechners und rechts das Inhaltsverzeichnis des angewählten Rechners zu sehen. Man markiert links die Datei, die man übertragen will, und klickt auf den Pfeil nach rechts um die Datei zu senden.

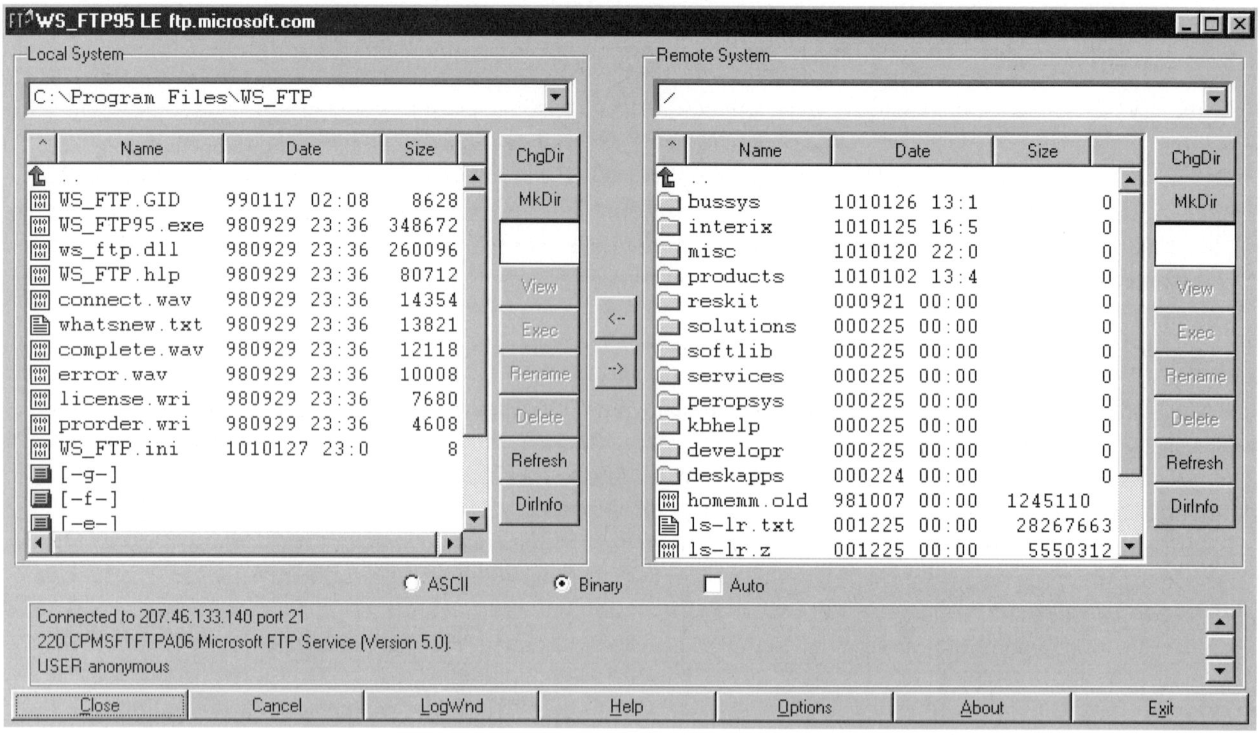

Freigabe der Benutzerrechte mit Telnet

Wenn man eigene HTML-Seiten veröffentlicht, kann man mit Telnet die Benutzerrechte für diese Seiten festlegen. Man benötigt natürlich wiederum Rechnername oder Rechneradresse, einen Loginnamen und ein Passwort. Häufig laufen die Internet-Server unter UNIX oder Linux. Im Kapitel Betriebssysteme kann man sich mit einigen Betriebssystembefehlen von Linux vertraut machen.

⇨ Aufgabe 18: Übertragen Sie Ihre HTML-Seiten auf einen Internet-Host. Wählen Sie die Seite im Browser an.

---

[7] Manche Diensteanbieter, bei denen man eine E-Mail-Adresse erhalten kann, stellen auch Webspace zur Verfügung [130], [131]. Hier kann man eine eigene Homepage unterbringen

6 Einführung in die Programmiersprache Java

Anwenderprogramme zu bedienen bringt vielleicht schnelle Erfolge. Aber es macht mehr Spaß, selbst ein kleines Programm zu schreiben, das andere bedienen. Dann gehorcht der Computer uns anstatt umgekehrt. Bringen wir der „universellen Maschine“ also etwas Neues bei und lernen dabei noch etwas.
Java wurde von einer Gruppe von Programmierern um James Gosling bei Sun Microsystems entwickelt. Ursprünglich war die Sprache für elektrische und elektronische Geräte vorgesehen, die immer wieder andere Prozessoren enthalten. Der Befehlssatz von Java ist nicht für eine tatsächliche, sondern für eine „virtuelle Maschine“ geschrieben (vgl. Kapitel Maschinensprache). Er ist deshalb Plattform-unabhängig. Java-Anwendungen (Applications) können sowohl auf einem Handy, als auch auf großen Unix-Rechnern in Firmen und Universitäten ausgeführt werden, oder auf dem PC unter Betriebssystemen wie Windows, OS2, Mac-OS und Linux. Dies hat unter anderem zu der großen Verbreitung der Sprache beigetragen. Und natürlich auch die Java-Applets, das sind kleine Anwendungen, die über das Internet transportiert werden und von allen Computern verstanden (interpretiert) werden können, unabhängig davon, wer den Prozessor hergestellt hat. Genauer gesagt: Applets werden vom jeweiligen Browser des Anwenders interpretiert. Das Internet hat auch dazu geführt, dass immer mehr im Netz programmiert wird, sich der Schwerpunkt also vom einzelnen PC weg verlagert auf die Server. Client-Server- Anwendungen (Servlets und Java Server Pages) im Zusammenspiel mit Datenbanken können die Trümpfe von Java richtig ausspielen.

Voraussetzungen

Die folgenden Kapitel wenden sich an Programmier-Anfänger. Es wird nicht der ganze Sprachumfang von Java behandelt, sondern es werden Teile des Sprachvokabulars ausgewählt, um Prinzipien der Programmierung mit Java auf möglichst einfachem Niveau kennen zu lernen. Die Beispielprogramme sind kurz und sollen zu selbstständigem Verbessern und Erweitern anregen.
Wir können zum Schreiben unserer Programmtexte einfach irgend einen Editor (zum Beispiel Notepad) benutzen. Zum Übersetzen in Maschinensprache eignet sich der Java-Compiler von Sun. Er ist auf der Seite von Sun kostenlos erhältlich, zum Download und zur Installation siehe Anhang [18]. Falls wir eine integrierte Entwicklungsumgebung benutzen möchten, es gibt eine ganze Reihe mächtiger Programmierwerkzeuge [19], [20], [21].

Von Klassen und Objekten

Java versucht als eine objektorientierte Programmiersprache die Objekte der tatsächlichen Welt nachzubilden. Die Java- Klassen sind sozusagen Bauanleitungen für diese Objekte. Wenn wir unsere Objekte ins Leben rufen, also das Programm starten, so laufen im Inneren des Computers Prozesse ab und jedem Prozess entspricht ein bestimmter Speicherbereich des Hauptspeichers, in dem Daten gespeichert und verarbeitet werden.

<u>Ein Beispiel:</u> Mein blaues Auto hat fünf Türen, Vierradantrieb und ein Autoradio. Wenn ich auf einen Knopf drücke, geht das Licht an. Es hat also die **Eigenschaften** (Daten): Farbe=blau, Räderzahl=4, Türenzahl=5. Es gibt einige Dinge, die bei meinem Auto funktionieren: Es kann laute Rockmusik machen, es kann die Strasse beleuchten, es kann sogar rückwärts fahren. Solche Funktionen nennt man auch **Methoden**. Mein Auto ist ein ganz brauchbares Objekt. Es hat Eigenschaften und Methoden. Jedes Objekt hat Eigenschaften und Methoden. Die Autofabrik hat mein Objekt konstruiert. Mein Objekt gehört zur **Klasse** der Personenwagen. Die Fabrik hat auch noch Baupläne für die Klasse Transporter und für die Klasse Lastwagen. Aber die Baupläne können nicht fahren. Für Objekt ist auch der Begriff **Instanz** gebräuchlich.

<u>Ein anderes Beispiel:</u> Vater backt Weihnachtsgebäck. Er benutzt Förmchen, um den Teig auszustechen und formt Sterne und Christkindchen. Das Stern-Förmchen entspricht der Klasse Stern. Das mit Schokolade überzogene, sternförmige Gebäck ist eine spezielle Instanz der Sternklasse, seine Farbe ist braun. Dieses Objekt ist essbar. Es gibt hoffentlich mehrere Exemplare von der Sternklasse. Doch genug der Theorie, erschaffen wir unsere eigenen Objekte! Schreiben wir Klassen, das sind Bauanleitungen dafür!

6.1 Die ersten Java-Applets

Schreiben des Programmtextes

In jeder Sprache gibt es Vokabeln, die allgemein vereinbart wurden. Sie werden benutzt, um sich verständlich auszudrücken. Wir benutzen Klassen, die der Computer schon kennt, um neue zu erfinden. Nach unserem Programmieren kann der Computer mehr als vorher. In einem ersten Beispiel benutzen wir die schon vorhandene **Klasse Button**, um anklickbare Knöpfe zu konstruieren:

```
Button knopfl = new Button("linker Knopf");
```

Wir nennen unseren Button *knopfl*. knopfli ist also ein neues Objekt der Klasse Button. Der Text in der Klammer ist die Aufschrift auf diesem Button. Mit

```
add(knopfl);
```

fügen wir den Button in die Appletfläche ein.
Der ganze Text unseres ersten selbstgeschriebenen Applets sieht im Editor so aus:

Versuch1.java - Editor

Datei Bearbeiten Format ?

```
import java.applet.*;
import java.awt.*;

public class Versuch1 extends Applet {
	public Versuch1() {
		Button knopfl = new Button("linker Knopf");
		Button knopfr = new Button("rechter Knopf");
		add(knopfl);
		add(knopfr);
	}
}
```

Zu Erklärung des Programmtextes:

Die vorgefertigte Klasse Button gehört zu einem Paket von Klassen, das *awt* heißt. *Abstract Windowing Toolkit* ist ein Werkzeugkasten der viele fertige Bausteine enthält, die für die Gestaltung einer Fensteroberfläche gedacht sind, und die das in Windows übliche Aussehen haben. Außer Buttons sind das Auswahlmenüs, Textfelder, und so weiter. Wir importieren das Paket mit *import java.awt.*;* Ein Applet wird in eine Browseroberfläche eingebettet. Das Paket *java.applet* regelt diese Einbettung.
Wir speichern den Text und geben ihm den gleichen Namen wie der Klasse: **Versuch1.java**.

⇨ Aufgabe 18: Drucken Sie Ihren Quelltext aus. Unterstreichen Sie mit einer Farbe die Vokabeln, die zur Sprache Java gehören, und mit einer anderen die, die Sie selbst gewählt haben.

⇨ Aufgabe 19: Fügen Sie zu obiger Klasse noch weitere Buttons hinzu.

Kompilieren

Nun wird dieser Quelltext in die Java-Maschinensprache übersetzt, kompiliert. Es entsteht die Maschinensprachdatei **Versuch1.class**. Man kann zum Kompilieren den Java-Compiler *javac* aus dem JDK benutzen. Einzelheiten siehe Anhang. An der DOS-Eingabeaufforderung schreibt man:

```
javac Versuch1.java
```

Benutzen wir eine integrierte Entwicklungsumgebung, so rufen wir den Compiler auf, indem wir auf `run` klicken (siehe Beschreibung im Anhang). Ein Debugger zeigt eventuelle Fehler an. Es ist normal, dass nicht immer alles gleich klappt. Beliebte Programmierfehler sind:

- Vergessenes Semikolon am Ende einer Zeile;
- Beginn-Klammer { ohne Ende-Klammer }
- Groß- und Kleinschreibung nicht beachtet.

Einbetten in eine HTML-Seite

Damit der Browser unser Applet anzeigt, müssen wir nun noch eine HTML-Seite schreiben, die ein Applet-Tag enthält. Diese HTML-Seite speichern wir unter dem Dateinamen **Versuch1.htm**. Das Applet-Tag enthält die Länge und Breite der gewünschten Appletfläche in Pixel, sowie den Dateinamen unserer Java-Klasse.

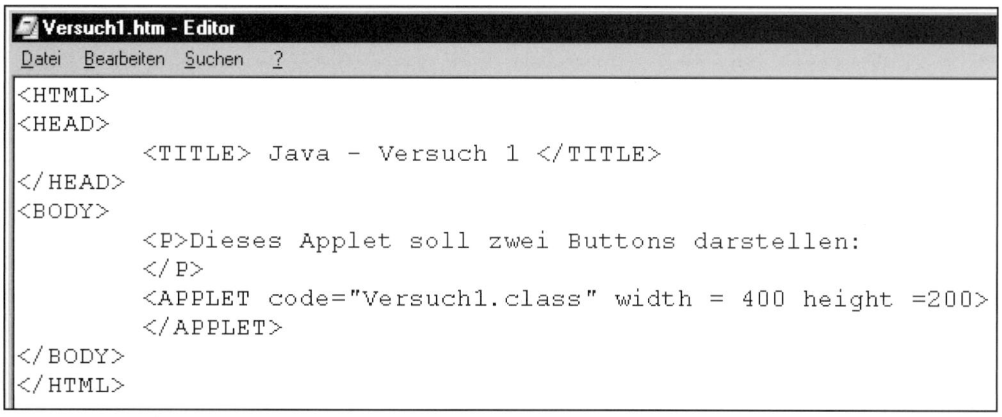


```
<HTML>
<HEAD>
        <TITLE> Java - Versuch 1 </TITLE>
</HEAD>
<BODY>
        <P>Dieses Applet soll zwei Buttons darstellen:
        </P>
        <APPLET code="Versuch1.class" width = 400 height =200>
        </APPLET>
</BODY>
</HTML>
```

Wir zeigen die HTML-Seite mit dem Browser an. Das Ergebnis unseres ersten Versuchs sollte so aussehen: Im Browser entsteht der Appletbereich mit den beiden Buttons:

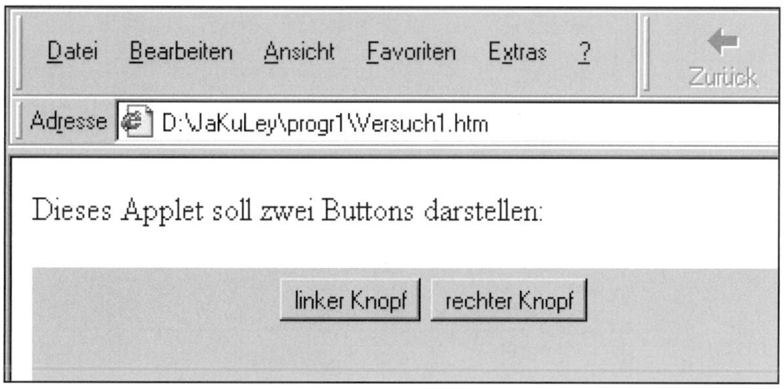

Wir fassen zusammen: Man benötigt drei Dateien, die erste enthält den Java-Quellcode und ist eine reine Textdatei. Die Vokabeln dieses Textes haben aber jeweils eine besondere Bedeutung, die der Computer erst nach der Übersetzung in die Java-Maschinensprache richtig interpretieren kann. Wir erhalten eine Class-Datei, die schließlich in eine HTML-Seite eingebunden wird.
Beim Programmieren arbeiten wir geschickterweise auf drei Ebenen und lassen immer gleichzeitig geöffnet:

- den Editor,
- das DOS-Fenster und
- den Browser.

Man kann mit Hilfe der Taskleiste zwischen diesen Fenstern hin- und herschalten, den Quellcode im Editor verbessern und neu kompilieren. Nach dem Korrigieren der Fehler muss man die korrigierte Fassung neu aufrufen, denn der Browser benutzt sonst eine Version, die er irgendwo zwischengespeichert hat.
Im Internet Explorer erzwingt man das *Neu-Laden* durch gleichzeitiges Drücken der Taste *Strg* und Klicken auf *Aktualisieren*, im Netscape Navigator mit *Shift - Reload.*

⇨ Aufgabe 20: Fügen Sie im Text der HTML-Seite Ihren Namen und das Datum hinzu.

Alles ein bisschen kompliziert? Wir hätten eben mit einem Hello-World-Programm beginnen sollen, wie es Tradition ist. Fangen wir jetzt also richtig an:

Hello World

Üblicherweise schreibt man als Erstes ein Programm, das den Schriftzug "Hello World" erzeugt. Ein Schriftzug wird in Java als Label bezeichnet:

```
Label schriftz = new Label("Hello World");
```

Wir nennen unser erstes Label *schriftz* und geben in der Klammer an, was geschrieben werden soll. *schriftz* ist also ein neues Objekt der **Klasse Label**. Der Quelltext des Applets sieht nun etwa so aus:

programm2.java - Editor

Datei Bearbeiten Suchen ?

```
import java.applet.*;
import java.awt.*;
public class Programm2 extends Applet {
	public Programm2() {
		Label schriftz = new Label("Hello World");
		schriftz.setBackground(Color.red);
		add(schriftz);
	}
}
```

Das Ergebnis, das der Browser darstellt:

Von Klassen und Objekten

schriftz ist ein neues **Objekt**, ein Exemplar der **Klasse Label**. Jedes Objekt hat charakteristische **Eigenschaften**, es trägt nämlich die Aufschrift „Hello World“. Seine Hintergrundfarbe und seine Schriftfarbe sind weitere Eigenschaften. Außer Eigenschaften besitzt es noch Fähigkeiten, **Methoden**. Was eine Methode ist, machen wir uns wieder am Beispiel meines Autos klar. Mein Auto hat die „*Funktion*“, dass es fährt. Ich kann ihm also befehlen:

```
meinAuto.fahre();
meinAuto.machHell(halogenleuchte.abblendlicht);
```

Unserem Label *schriftz* können wir auch etwas befehlen:

```
schriftz.setForeground(Color.blue);
```

Damit ändert es seine Schriftfarbe. Die Methode *setBackground(Color.green);* ändert die Hintergrundfarbe. Methoden erkennt man an den runden Klammern.

Auch jedes Exemplar der Klasse Button verfügt über die Methoden zum Ändern der Farben:

```
knopfr.setBackground(Color.yellow);
```

Wir ändern jetzt noch die Hintergrundfarbe der ganzen Appletfläche mit:

```
setBackground(Color.magenta);
```

Der Autohersteller baut die Scheinwerfer von einem Zulieferer ein. Im Bauplan der Personenwagen ist der Bauplan der Scheinwerfer enthalten. Genau so benutzen wir in der Klasse der Labels auch die Klasse der Farben. In obigem Programmtext ist immer noch nicht alles verständlich. Einiges wird später noch erklärt.

⇨ Aufgabe 21: Kopieren Sie den Programmtext, benennen Sie ihn um in *Programm3* und veränderen Sie ihn: fügen Sie Labels und Buttons in unterschiedlichen Farben hinzu.

Erste Grafiken

Anstatt vorgefertigte Buttons zu benutzen, können wir auch direkt auf den Bereich des Applets etwas Eigenes malen. Das Paket *awt* enthält eine **Klasse Graphics**, die Methoden zum Zeichnen besitzt. Wer zeichnet auf ein Blatt Papier? Es ist ein Bleistift. Nennen wir also ein Objekt der Klasse Graphics einfach *stift*. Ähnlich wie die Buttons und Labels hat unser Stift Eigenschaften, beispielsweise hat er eine Farbe. Ähnlich wie unser Auto funktioniert er, er kann etwas tun, er beherrscht die Methode, eine Linie zu zeichnen. Wir befehlen ihm:

```
stift.drawLine(0, 0, 200, 100);
```

und er zeichnet eine Linie vom Punkt (0,0) zum Punkt (200,100). Punkt (0, 0) ist in der linken oberen Ecke und Punkt (200, 100) ist von dort aus 200 Pixel nach rechts und 100 Pixel nach unten.
Die **Klasse Quadrat** veranlasst das Zeichnen von vier Strecken, die ein Quadrat bilden und fügt eine Überschrift hinzu:

```
import java.applet.*;
import java.awt.*;
public class Quadrat extends Applet {
    public Quadrat() {
        Label ueberschr = new Label("Ein Quadrat:");
        add(ueberschr);
    }
    public void paint(Graphics stift) {
        stift.setColor(Color.blue);
        stift.drawLine(10, 50, 10, 150);
        stift.drawLine(10, 150, 110, 150);
        stift.drawLine(110, 150, 110, 50);
        stift.drawLine(110, 50, 10, 50);
    }
}
```

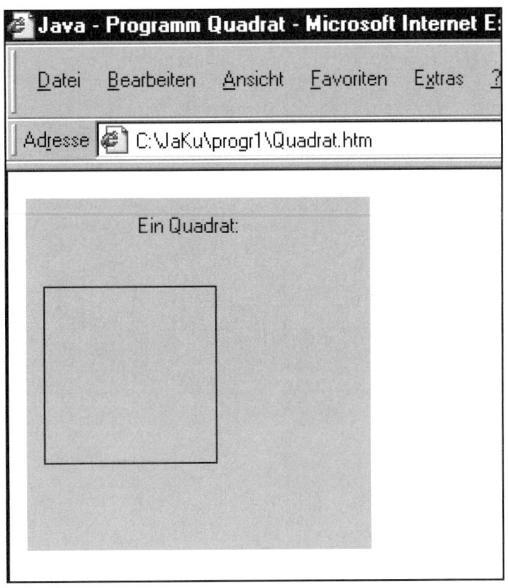

Die Methode paint

Im Leben eines Applets muss des Öfteren neu gezeichnet werde, beispielsweise, wenn man das Browserfenster vorübergehend durch ein anderes Fenster verdeckt hat. Vielleicht ist gerade eine wichtige E-Mail eingegangen. Schaut man sich dann das Applet im Browser noch mal an, so ist es wiederhergestellt. Das geschieht dadurch, dass die Methode *paint* des Applets bei Bedarf automatisch aufgerufen wird. Zwischen Beginn- und Ende- Klammer von *paint* bringen wir deshalb die Anweisungen an unseren Stift unter.

⇨ Aufgabe 22: Ergänzen Sie die Klasse *Quadrat* so, dass die Diagonalen des Quadrats in roter Farbe gezeichnet werden.

Methoden zum Zeichnen

drawRect(x, y, a, b); zeichnet ein Rechteck, dabei sind *x* und *y* die Koordinaten des oberen linken Eckpunktes, *a* die Breite und *b* die Höhe des Rechtecks.
fillRect(x, y, a, b); füllt das Rechteck mit der Farbe des Stifts.
drawOval(x, y, a, b); zeichnet ein Oval innerhalb einer Rechteckfläche, deren linker oberer Eckpunkt (x, y), deren Breite *a* und deren Höhe *b* ist (für *a* = *b* einen Kreis). `fillOval` entsprechend.
drawString("Hier ein Text", x, y); schreibt an der Stelle (x, y) einen Text. Weitere Methoden der Klasse Graphics siehe Anhang: Sprachelemente von Java.

Man beachte, dass der Ursprung des Koordinatensystems die linke obere Ecke des Applets ist, *x* also nach rechts und *y* nach unten geht. Die Zahlen stellen Bildschirmpixel dar, das sind also Pünktchen, die je nach Bildschirmauflösung kleiner als 1 mm sind. Wenn als Ausdehnung des Applet beispielsweise 600 x 400 Pixel gewählt wird, so zeichnet

```
stift.drawRect(100,100,200,100);
```

ein Rechteck der Breite 200 und der Höhe 100, die Koordinaten des linken oberen Eckpunktes sind (100,100):

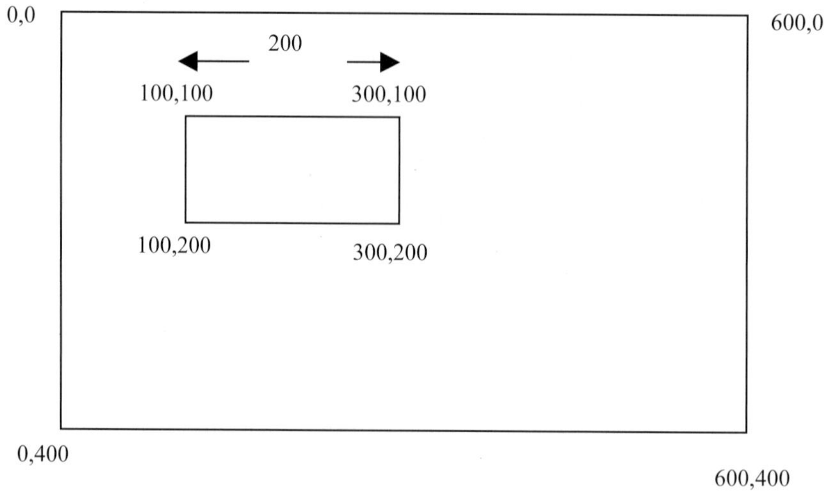

⇨Aufgabe 23: Beschreiben Sie zuerst, was das folgende *Applet* darstellen wird und prüfen Sie anschließend nach:

```
import java.applet.*; import java.awt.*;
public class Demo1 extends Applet {
    public Demo1() {
        setBackground(Color.green);
    }
    public void paint(Graphics stift) {
        stift.setColor(Color.yellow);
        stift.fillRect(10, 50, 100, 100);
        stift.setColor(Color.blue);
        stift.fillOval(10, 50, 100, 100);
        stift.setColor(Color.red);
        stift.drawString("Dies ist ein", 10, 60);
    }
}
```

⇨ Aufgabe 24: Zeichnen Sie eine Treppe aus gefüllten Rechtecken. Skizzieren Sie sie zuerst auf einem Blatt Papier und überlegen Sie sich die Koordinaten.

An dieser Stelle wünscht man sich eine Möglichkeit, Wiederholungen zu programmieren. Dazu benötigen wir Variablen, die wir im nächsten Abschnitt besprechen.

6.2 Grundlegende Elemente der Programmiersprache

Auf den nächsten Seiten wenden wir uns den verschiedenen Typen von Variablen zu, sowie den Wiederholungsschleifen und Verzweigungen. Diese Elemente sind in vielen Programmiersprachen ähnlich.

Zahlenvariable

Eigentlich haben wir schon Variablenwerte verwendet. In der Anweisung

```
stift.fillRect(10, 50, 100, 100);
```

müssen vier Zahlen angegeben werden. Wir hätten auch schreiben können:

```
x = 10; y = 50; a = 100;
stift.fillRect(x, y, a, a);
```

Eine Variable hat einen Namen, hier *x*, und einen Inhalt, hier 10. Für den Computer entspricht einer Variable ein bestimmter Speicherbereich, in dem er einen Wert speichern kann. Man kann sich einen Speicherbereich auch als Behälter vorstellen, ähnlich einer Schublade, die mit einem Schild "*Socken*" beschriftet ist und einen frisch gewaschenen Inhalt hat.

Wertzuweisung

Durch die Anweisung

```
x = 10;
```

weisen wir der Variable *x* einen Wert zu. Wir legen also in die Schublade mit der Aufschrift *x* den Inhalt 10 hinein. Beim ersten Mal nennt man das auch initialisieren, einen Anfangswert zuweisen. Eventuell wird dieser später geändert. Nehmen wir beispielsweise ein Rechteck mit den Variablen Länge und Breite. $a = 30$ und $b = 60$ soll dann bedeuten, in den Speicher mit der Bezeichnung *a* legen wir die Zahl 30 und in den Speicher mit der Aufschrift *b* die Zahl 60. Damit der Rechner weiß, wie viel Speicherplatz die Variable benötigt, muss man sie deklarieren, so wie man an der Grenze die mitgebrachten Waren deklarieren (anmelden) muss.

Deklaration

Die Deklaration gibt an, von welchem Typ die Variable ist. Sie kann zum Beispiel vom Typ **integer** sein, das ist eine ganze Zahl [8]:

```
int b;
```

Eine Kommazahl braucht schon mehr Platz. Man deklariert sie als Fließkommazahl, Typ **float**:

```
float z;
```

Beim Rechnen mit doppelter Genauigkeit nehmen wir den Typ **double** [9]:

```
double z;
```

Beispiel:

```
import java.applet.*; import java.awt.*;
public class Rechtecke extends Applet {
	public void paint(Graphics stift) {
		int x, y, a, b;
		x = 10; y = 100; a = 30; b = 60;
		stift.fillRect(x, y, a, b);
		stift.fillRect(x+100, y, a, b);
		stift.fillRect(x+200, y, a, b);
		stift.fillRect(x+300, y, a, b);
	}
}
```

Man kann eine Variable deklarieren und ihr auch gleich einen Anfangswert zuweisen (sie initialisieren):

```
int x = 10;
```

---

[8] Genauer gesagt liegt eine Zahl vom Typ Integer zwischen -2147483648 und +2147483647, denn der Rechner kann ja keine beliebig langen Ziffernfolgen schreiben. Im binären Zahlensystem benötigt diese Zahl 32 Bit, also 32 Stellen, in denen eine 0 oder eine 1 stehen kann. Reicht dies nicht aus, so kann man den Zahlentyp als long deklarieren, das entspricht dann einer 64 Bit- Zahl.

[9] Fließkommazahlen, also Zahlen vom Typ float, liegen zwischen $\pm 1.4 * 10^{-45}$ und $3.4 * 10^{38}$. Reicht dies nicht aus, so kann man wieder statt mit 32 Bit mit 64 Bit, also mit doppelter Genauigkeit rechnen, das entspricht dem Typ double.

Programmstruktur: Sequenz, Auswahl, Iteration

Die Lösungsvorschrift, nach der der Computer ein Problem erfolgreich lösen kann, nennt man auch Algorithmus. Beispiele für **Algorithmen** finden sich weiter hinter in diesem Buch: Verschlüsselungsverfahren Seite 121, Sortierverfahren Seite 140, Computer-Simulation ab Seite 201. Bisher haben wir in unseren Programmen einfach Anweisungen hintereinander geschrieben. Man nennt das eine Sequenz. Um Probleme mit einem Computerprogramm zu lösen, benötigen wir jedoch noch andere Strukturen. Bei der Auswahl wird das Zutreffen einer Bedingung geprüft und dann unterschiedlich darauf reagiert, indem zu verschiedenen Programmteilen verzweigt wird (WENN - DANN - SONST). Siehe Beispiel Seite 63. Bei einer Iteration werden eine Reihe von Anweisungen immer wieder wiederholt, bis die Abbruchbedingung erfüllt ist.

Wiederholungsschleifen mit for

Für das Durchlaufen der Schleife werden drei Angaben in der *for*-Anweisung benötigt: ein Anfangswert, die Abbruchbedingung und die Veränderung, die bei jedem Durchlauf erfolgen soll.

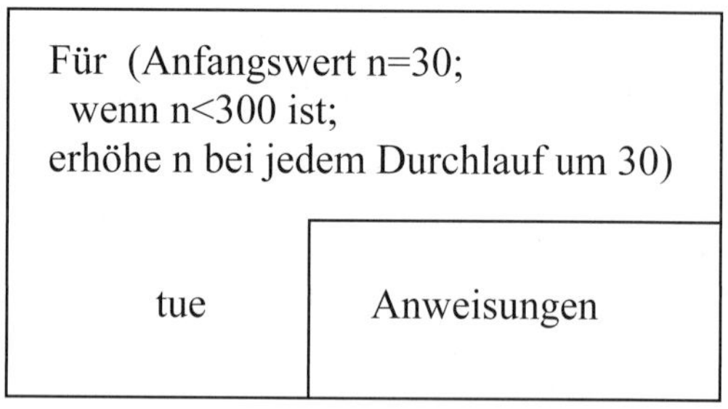


```
import java.applet.*; import java.awt.*;
public class Fordemo extends Applet {
    public void paint (Graphics stift) {
        for (int n=30; n<300; n=n+30)
            stift.drawLine(n, 100, n, 300);
    }
}
```

In unserem Beispiel werden nebeneinander Striche gezeichnet, bis der rechte Rand erreicht ist. Wir fangen an mit $n=30$ und wiederholen, solange $n<300$ ist. Bei jeder Wiederholung wird zur Zahl n 30 addiert:

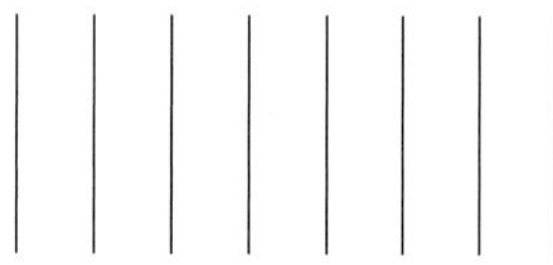

```
n = n + 30;
```

Diese Anweisung darf nicht mit einer mathematischen Gleichung verwechselt werden. Es handelt sich um eine Wertzuweisung. In der Speicherstelle n wird der Wert gespeichert, der entsteht, wenn man zum Inhalt von n 30 addiert. Die linke Seite und die rechte Seite dieses Ausdrucks haben also unterschiedliche Bedeutung. Wenn die Variable n rechts steht, wird der Wert von n aus der Speicherstelle geholt, verarbeitet und der Variablen links zugewiesen.

Die While-Schleife

```
import java.applet.*; import java.awt.*;
public class Whiledemo extends Applet {
    int x = 1; int y;
    public void paint (Graphics stift) {
        while (y<=100) {
            y = x*x;
            stift.fillRect( x*10, 100-y, 10, y );
            x=x+1;
        }
    }
}
```

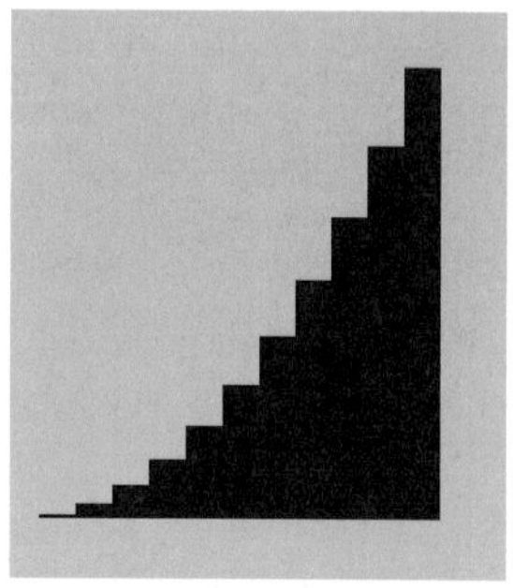

Die Anweisungen zwischen den geschweiften Klammern der *While-Schleife* werden wiederholt, solange y kleiner oder gleich 100 ist. Bei jedem Durchlauf wird x um 1 erhöht. Es wird die Folge der Quadratzahlen grafisch dargestellt.

⇨ Aufgabe 25: Berechnen Sie von Hand die Werte von x*10, 100-y und y in obiger *While-Schleife* für die ersten drei Durchläufe und schreiben Sie sie in einer Tabelle auf.

⇨ Aufgabe 26: Zeichnen Sie mit Hilfe einer *For-Schleife* eine Treppe aus gefüllten Rechtecken. Eine Variable h gebe die Höhe der Treppenstufen an.

⇨ Aufgabe 27: Zeichnen Sie mit Hilfe einer *While-Schleife* konzentrische Kreise.

Zahlenfolgen mit Wiederholungsschleifen

Im nächsten Beispiel werden die **Quadratzahlen** auf *Label* geschrieben:

```
import java.applet.*;  import java.awt.*;
public class QuadZahlen extends Applet {
	public QuadZahlen() {
		for (int n=0; n<5; n=n+1) {
			int z = n*n;
			Label l = new Label("Quadratzahl " + z);
			add(l);
		}
	}
}
```

Hinter den Text "Quadratzahl " wird mit plus die Zahl z angehängt. Ergebnis:

Quadratzahl 0   Quadratzahl 1   Quadratzahl 4   Quadratzahl 9   Quadratzahl 16

Beispiel: **Fibonacci-Folge**. Die Fibonacci-Folge ist eine Zahlenfolge, die mit 1; 1; beginnt. Das nächste Glied berechnet sich jeweils als Summe der beiden vorhergehenden:

```
import java.applet.*; import java.awt.*;
public class Fibonacci extends Applet {
	public Fibonacci() {
		int a=1; int b=1;
		for (int n=0; n<10; n=n+1) {
			int c = a + b;
			Label l = new Label(" " + a );
			add(l);
			a=b;
			b=c;
		}
	}
}
```

⇨ Aufgabe 28: Schreiben Sie eine Klasse für die Folge der ungeraden Zahlen.

⇨ Aufgabe 29: Die Zahlenfolge (a_n) soll die Summe der ersten n ungeraden Zahlen darstellen. Schreiben Sie eine Klasse.

Arrays

Arrays (Felder) benutzt man, um mehrere Zahlen anzuordnen und zu speichern, wie beispielsweise die Glieder einer Folge. Das müssen aber nicht Zahlen sein. Auch *Labels* oder *Buttons* lassen sich in *Arrays* ablegen. Mehrere gleichartige Objekte werden mit einer Nummer versehen und über sie zugänglich.

Deklaration:

Arrays erkennt man an den eckigen Klammern. Ein Array a, das fünf ganze Zahlen enthält, wird so deklariert:

```
int a[] = new int[5];
```

Wertzuweisung :

```
a[0]=0; a[1]=1; a[2]=4; a[3]=9; a[4]=16;
```

Die Nummerierung beginnt mit 0, also ist `a[4]` ist das fünfte Element. Meist benutzt man eine For-Schleife zur Wertzuweisung. Deklaration und Wertzuweisung können auch in einer Zeile erfolgen:

```
int a[] = { 0, 1, 4, 9, 16 };
```

Ein zweidimensionales Array entsteht so:

Deklaration: `int a[] = new int[5][5];`

Wertzuweisung: `a[0][4] = 13;`

⇨ Aufgabe 30: Berechnen Sie die Fakultäten bis 10! und speichern Sie sie in einem Array. (Unter 5!, gesprochen „Fünf Fakultät", versteht man $1*2*3*4*5 = 120$. Es wird definiert: $0! = 1$)

Typumwandlung

Die Grafikmethoden wie zum Beispiel *drawLine(...)* verlangen ganze Zahlen als Eingabeparameter. Man wandelt die Kommazahl in eine ganze Zahl um durch voranstellen der Klammer: *(int)*

```
int i;
double x = 132.6;
i = (int) x;
```

i wird dann 132, das heißt die Nachkommastellen werden einfach abgeschnitten. Diese Typumwandlung nennt man **Type Casting**.

⇨ Aufgabe 31: Ein beliebiges Dreieck soll gezeichnet und an einer vertikalen Achse gespiegelt werden.

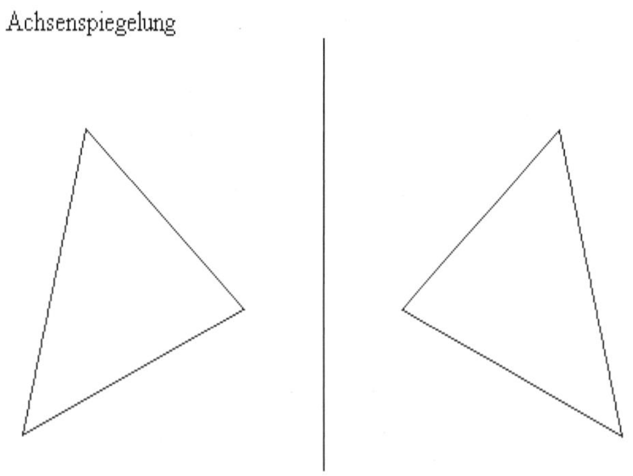

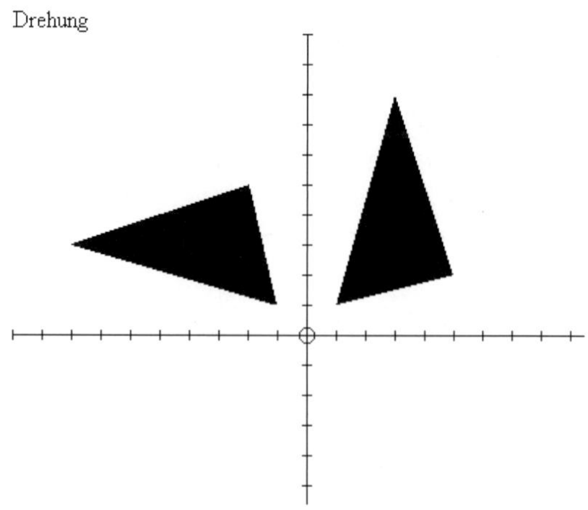

Methoden aus der Klasse Math

Der Umgang mit Zahlenvariablen erfordert oft mathematische Methoden. Die Klasse *Math* enthält eine ganze Reihe nützlicher Methoden, wie beispielsweise *round*, oder die Sinus-, Cosinus- und Wurzel-Funktionen. Sie sind im Anhang aufgelistet. Ein Beispiel:

Zufallszahlen

Die Methode *Math.random()* liefert eine zufällige Zahl aus dem Intervall [0 ; 1 [. Soll die Zufallszahl zwischen 0 und 9 liegen, multiplizieren wir mit 10. Benötigen wir eine ganze Zahl, so wandeln wir unsere Dezimalzahl um mit dem Cast *(int)* :

```
import java.applet.*; import java.awt.*;
public class Zufall extends Applet {
    public Zufall() {
        for (int n=0; n<10; n=n+1) {
            double z = Math.random();
            int z10 = (int)(z*10);
            Label l = new Label("" + z10); add(l);
        }
    }
}
```

⇨ Aufgabe 32: Würfeln Sie unter Verwendung einer *For-Schleife* 10 mal. Berechnen Sie die Summe der 10 Würfelzahlen und geben Sie zum Schluss den Durchschnitt aus.

⇨ Aufgabe 33: Erzeugen Sie Zufallszahlen von 1 bis 6 (Würfelzahlen). Stellen Sie mit Hilfe eines *Arrays* ihre Häufigkeitsverteilung dar.

⇨ Aufgabe 34: Erzeugen Sie eine Zufallsgrafik aus Kreisen mit zufälligem Radius oder einen Sternhimmel. Benutzen Sie für die x- beziehungsweise y-Koordinaten jeweils geeignete Zufallszahlen.

Zeichenvariablen

Zeichenvariablen sind wie die Zahlenvariablen von einfachem Datentyp. Ein einzelnes Zeichen (englisch *character*) deklariert man so:

```
char buchstabe;
```

Wertzuweisung:

```
buchstabe = 'A';
```

Zur Unterscheidung von einem Text der Klasse *String* (siehe unten) werden hier einfache Anführungszeichen geschrieben. Ein Zeichen kann ein Buchstaben, ein Sonderzeichen wie beispielsweise Fragezeichen, Komma, Leerzeichen, Eurozeichen, Dollarzeichen, oder ein Schriftzeichen einer anderen Sprache sein. Für die Speicherung werden 16 Bit verwendet, so dass die meisten Sprachen der Erde erfassbar sind. Die Codierung wurde international vereinbart im *Unicode* (siehe Einschub über Ziffernsysteme Seite 8 und Anhang 17.1).

Die Klasse String

Ein Text besteht aus einer Kette von Zeichen (Englisch *String*).
Deklaration: `String s;`
Wertzuweisung:
Zeichenketten kann man explizit angeben. Dann schreibt man sie zwischen Anführungszeichen:

```
s = "klicken!";
```

Zeichenketten kann man wieder verketten:

```
s2 = "hier";
s3 = s2 + s;
```

Wenn man eine Zeichenkette und eine Zahl verkettet, wird die Zahl automatisch ebenfalls in eine Zeichenkette umgewandelt. Eine Zeichenkette besitzt eine Länge. Eine Zeichenkette besitzt Eigenschaften und Methoden, sie ist ein Objekt der Klasse *String*.

Methoden der Klasse String:
Man kann die Länge des Strings ermitteln lassen mit der Methode *length():*

```
n = s.length();
```

in unserem Fall oben wird für n die ganze Zahl 8 geliefert. Mit der Methode *equals(...)* kann man zwei Strings auf Gleichheit prüfen:

```
s.equals("klicken!");
```

wäre eine wahre Aussage, `s.equals(s2)` wäre falsch. Weitere Methoden sind im Anhang beschrieben.

Boolsche Variable

Ein anderer einfacher Datentyp ist der Boolsche Typ, nach dem Mathematiker George Boole, benannt [69].
Deklaration: `boolean fertig;`
Eine Boole'sche Variable kann nur zwei Werte annehmen: wahr (true) oder falsch (false).
Wertzuweisung: `fertig = false;`
In unseren For-Schleifen kamen bereits logische Ausdrücke vor: n<10 ist entweder wahr oder falsch. Bei

Verzweigungen mit if

steht in der Klammer hinter if ein logischer Ausdruck:

```
int z = (int)(Math.random()*6)+1;
String s;
if (n==6) { s="Gewonnen!" }
else { s="Verloren!" }
```

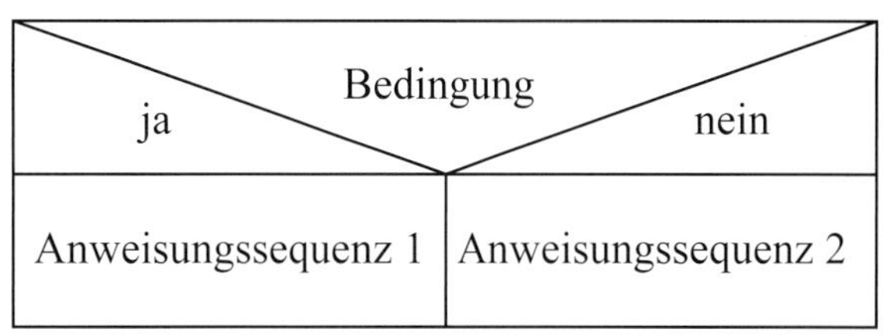

Zur Unterscheidung von einer Wertzuweisung mit einem Gleichheitszeichen schreibt man bei der Prüfung auf Gleichheit zwei Gleichheitszeichen. Ein Beispiel für eine Mehrfach-Auswahl befindet sich auf Seite 79.

Sichtbarkeit von Variablen:

```
import java.applet.*; import java.awt.*;
public class Rechteck extends Applet{
  int a, b;  String s;
  String beschriftung="Rechteck";
  public Rechteck() {
      a = 80;  b = 50;
      int f = a * b;
      s="Laenge:"+a+"Breite:"+b+"Flaeche:"+f;
  }
  public void paint (Graphics stift) {
      stift.drawString(beschriftung,20,20);
      stift.drawString(s , 20, 40);
      stift.fillRect( 20 , 80 , a , b );
  }
}
```

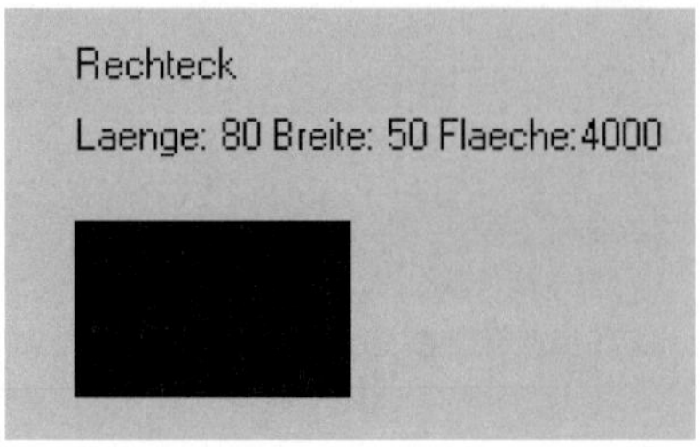

Die Ganzzahlvariablen *a* und *b* sind für die ganze Klasse *Rechteck* deklariert, auch die beiden Strings *beschriftung* und *s*, während *f* nur in der Methode *Rechteck()* innerhalb der geschweiften Klammern bekannt ist. *f* wird auch außerhalb dieser Methode nicht gebraucht. *stift* existiert nur innerhalb der Methode *paint*. Man sollte Variable immer nur in einem möglichst engen Bereich bekannt machen, um Verwechslungen und gegenseitige Beeinflussungen auszuschließen.

6.3 Methoden

Der Konstruktor

Die obige Methode *Rechteck()* wird auch Konstruktor genannt. Der **Konstruktor** trägt den gleichen Namen wie die Klasse. Bei jeder Klasse wird zuerst der Konstruktor aufgerufen. Man benutzt deshalb diese Methode zum Initialisieren der Variaben. Hier bekommen also die Klassenvariablen *a* und *b* ihre Anfangswerte zugewiesen. Der Konstruktor einer Klasse wird für die Erstellung einer Instanz der Klasse gebraucht.
Im Leben eines Applets wird die Methode *init()*, wenn sie vorhanden ist, als erste ausgeführt. Man benutzt sie ebenfalls zum Festlegen von Anfangswerten und dem anfänglichen Aussehen der Appletoberfläche.

Unsere erste eigene Methode:

Von vorgefertigten Methoden war schon die Rede. Nun programmieren wir selbst neue Methoden. Wenn wir so „komplizierte“ Berechnungen anzustellen haben, wie die Berechnung der Rechteckfläche, dann lohnt es sich, sie in eine extra Methode *berechneFlaeche()* auszulagern. Das Programm wird gleich übersichtlicher. Der Aufruf der Methode erfolgt mit *berechneFlaeche();*

```
import java.applet.*; import java.awt.*;
public class Rechteck2 extends Applet {
        int a, b, f; String s;
        public void init() {
                a = 80; b = 50;
                berechneFlaeche();
                setBackground(Color.green);
        }
        public void berechneFlaeche() {
                f = a * b;
        }
        public void paint (Graphics stift) {
                s="Laenge: "+a+" Breite: "+b+" Flaeche:"+f;
                stift.drawString(s , 20, 40);
                stift.fillRect( 20 , 80 , a , b );
        }
}
```

Methoden mit Rückgabe:

Da unsere Methode zu dem Zweck geschrieben wurde, den Flächeninhalt zu liefern, gib es die Möglichkeit, diese errechnete Zahl genau an der Stelle des Methodenaufrufs einzusetzen.

```
import java.applet.*; import java.awt.*;
public class Rechteck3 extends Applet {
        int a, b; String s;
        public void init() {
               a = 80; b = 50;
               setBackground(Color.green);
        }
        public int berechneFlaeche() {
               int f = a * b;
               return f;
        }
       public void paint (Graphics stift) {
               int fl=berechneFlaeche();
               s="Laenge: "+a+" Breite: "+b+" Flaeche:"+fl;
               stift.drawString(s , 20, 40);
               stift.fillRect( 20 , 80 , a , b );
       }
}
```

Zwei Dinge wurden geändert: Der Methodenaufruf lautet jetzt anders, die zurückgegebene Zahl wird *fl* zugewiesen und *f* ist nur lokal bekannt:

```
fl=berechneFlaeche();
```

Der Rückgabewert muss im Kopf der Methode deklariert werden, hier als ganze Zahl:

```
public int berechneFlaeche() {
```

Wenn es keinen Rückgabewert gibt, wie im Beispiel davor, lautet die Deklaration:

```
public void berechneFlaeche() {
```

„void“ bedeutet im Englischen „leer“.

Methoden mit Eingaben:

In unserer Methode ist es sinnvoll, auch eine Eingabe vorzusehen, denn die Fläche hängt ja von den Variablen *a* und *b* ab. Die Methode ist dann allgemeiner verwendbar. Immer wenn zwei ganze Zahlen multipliziert werden sollen, können wir sie benutzen. Im Methodenaufruf werden die Eingabeparameter mitgegeben:

```
fl=berechneFlaeche(a,b);
```

Unsere Methode empfängt die Eingaben, wobei Anzahl und Typ der Variablen übereinstimmen müssen:

```
public int berechneFlaeche(int l, int b) {
     int f = l * b;
     return f
}
```

l, *b* und *f* sind nur innerhalb dieser Funktion bekannt, in der Namenswahl sind wir deshalb frei.

⇨ Aufgabe 35: Ergänzen Sie in obiger Klasse *Rechteck3* eine Methode *berechneUmfang()*.

⇨ Aufgabe 36: Zeichnen Sie ein gleichseitiges Dreieck. Gegeben sind die Koordinaten eines Eckpunkts A und die Seitenlänge s. Bestimmen Sie die Höhe h nach dem Satz von Pythagoras. Dafür ist eine Methode für das Berechnen der Quadratwurzel aus der Klasse Math erforderlich.

⇨ Aufgabe 37: Schreiben Sie eine Methode *koordinatensystem()*.

⇨ Aufgabe 38: Schreiben Sie eine Klasse, die die Drehung eines Dreiecks um den Ursprung ausführen kann.

⇨ Aufgabe 39: Schreiben Sie eine Klasse, die das Schaubild einer quadratischen Funktion darstellt.

6.4 Ereignisse

Unser erstes Programm war ja eine Mogelpackung. Ein Button - und wenn man ihn angeklickt hatte, passierte nichts! Moderne Anwenderprogramme mit grafischer Oberfläche haben im Hintergrund Klassen, die auf ein Ereignis wie beispielweise einen Mausklick, eine Mausbewegung oder eine Texteingabe lauern und dies dann melden. Genauso wie wir früher einfach einen vorgefertigten Button benutzt haben, anstatt ihn neu zu zeichnen, benutzen wir nun diese unsichtbaren Klassen, auch Lauscher genannt. Sie sind in dem Paket *java.awt.event* enthalten, das wir importieren.
Wir fügen nun zu unserem Button einen Lauscher (**ActionListener**) hinzu, der in diesem Applet lauert:

```
knopf.addActionListener(this);
```

Wenn das Ereignis (**ActionEvent**) eingetreten ist (**actionPerformed**), werden die Anweisungen der Methode actionPerformed ausgeführt:

```
import java.applet.*; import java.awt.*; import java.awt.event.*;
public class Einfach1 extends Applet implements ActionListener{
      Graphics stift;
      public void init() {
            stift=getGraphics();
            Button knopf=new Button("zeichne!");
            knopf.addActionListener(this);
            add(knopf);
      }
      public void actionPerformed(ActionEvent e) {
            stift.fillRect(10, 200, 300, 50);
      }
}
```

Im Kopf unserer Klasse müssen wir den *ActionListener* einbauen, implementieren, sonst steht die Methode *actionPerformed* nicht zur Verfügung. Sie erhält als Eingabe das Ereignis. Wenn es eingetreten ist, wird hier ein Rechteck gezeichnet.
Das Grafik-Paket wird diesmal auf andere Weise bereitgestellt, nämlich innerhalb der Methode *init()* mit

```
stift=getGraphics();
```

Das Grafik-Objekt *stift* muss in der ganzen Klasse bekannt sein, deshalb wird es außerhalb der Methoden deklariert. Im folgenden Beispiel wird jeweils nach Knopfdruck eine neue Würfelzahl erzeugt. Die Klasse *Label* verfügt über die Methode *setText(...)*, mit der wir die Aufschrift jeweils ändern:

```
import java.applet.*; import java.awt.*; import java.awt.event.*;
public class Zufall3 extends Applet implements ActionListener{
      Label anzeige=new Label("Würfeln");
      public void init() {
            add(anzeige);
            Button knopf=new Button("weiter!");
            knopf.addActionListener(this);
            add(knopf);
      }
      public void actionPerformed(ActionEvent e) {
            int z6=(int)(Math.random()*6)+1;
            anzeige.setText(""+z6);
      }
}
```

Ereignismethoden

Verknüpfen wir mehrere Buttons mit dem ActionListener so unterscheiden wir sie durch ihre jeweilige Beschriftung mit der Methode **`getActionCommand()`**, über die das Ereignis *e* verfügt:

```
String s = e.getActionCommand();
if (s.equals("weiter!") anzeige.setText(""+z6);
```

Eingabefelder und ihre Methoden

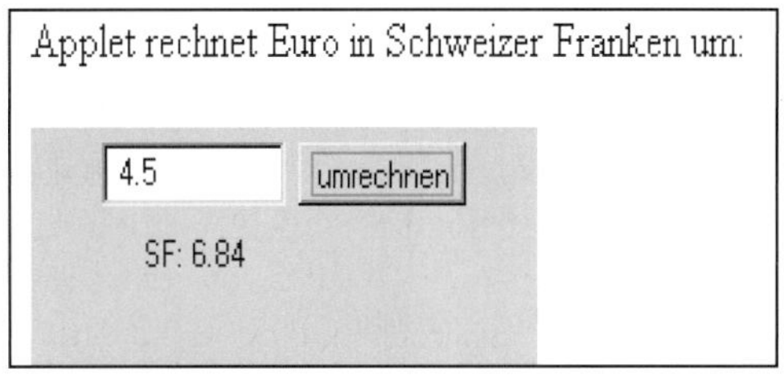

Das folgende Programm soll Euro in Schweizer Franken umrechnen. Die Oberfläche erhält ein Textfeld zur Eingabe, einen Button und ein Label zum Ausgeben eines Textes. Das Texteingabefeld eingabe enthält zunächst keinen Text und hat Platz für 8 Zeichen. Der Benutzer tippt den Euro-Betrag ein. Die Methode

`eingabe.getText()`

ermittelt den Text, der in das Textfeld geschrieben wurde und weist ihn der Variablen s zu. Da nur Zeichenketten eingelesen werden können, müssen wir diese in eine Dezimalzahl umwandeln:

Typumwandlung:

Mit

`double euro = Double.valueOf(s).doubleValue();`

wandeln wir einen eingegebenen Text in eine Dezimalzahl um. Das String-Objekt *s* wird dabei zunächst in ein Double-Objekt umgewandelt mit *Double.valueOf* und *doubleValue()* macht daraus den Wert der einfachen Variablen double, also die Dezimalzahl. Mit

`int i = Integer.parseInt(s);`

würde man die eingegebene Zeichenkette in eine ganze Zahl umwandeln. Umgekehrt kann mit

`String s = Integer.toString(i)`

eine ganze Zahl in eine Zeichenkette verwandeln. Diese Methoden sind im Anhang beschrieben.

```
import java.awt.*; import java.applet.*; import java.awt.event.*;
public class Umr extends Applet implements ActionListener{
       double euro, sf;
       String s;
       TextField eingabe = new TextField(" ", 8);
       Label ausgabe = new Label("____________________");
       public void init() {
              add(eingabe);
              Button b = new Button("umrechnen");
              b.addActionListener(this);
              add(b);
              add(ausgabe);
       }
       public void actionPerformed(ActionEvent e) {
              s = eingabe.getText();
              euro = Double.valueOf(s).doubleValue();
              sf = euro * 1.52;
              sf = (double)Math.round(sf*100)/100;
              ausgabe.setText("SF: " + sf);
}      }
```

⇨ Aufgabe 40: Schreiben Sie die Klasse *Begruessung*: Ein Eingabefeld soll den Namen des Benutzers aufnehmen. Ein Button soll anklickbar sein. Beim Anklicken soll ein Label erscheinen, das in roten Buchstaben vor blauem Hintergrund den Benutzer mit seinem Namen begrüßt.

⇨ Aufgabe 41: Erweitern Sie die obige Klasse *Umr* so, dass wahlweise Dollar in Euro und Euro in Dollar umgerechnet werden können.

⇨ Aufgabe 42: Entwickeln Sie ein Lernprogramm zum Prozentrechnen. Wahlweise soll eine Aufgabe zur Berechnung des Prozentwerts, des Prozentsatzes oder des Grundwertes gestellt werden und bei richtiger Lösung ein Lob ausgegeben werden. Verwenden Sie dazu eigene Methoden.

⇨ Aufgabe 43: Erweiteren Sie das Programm um weitere Klassen. *Zinsrechnung*: Das Anfangskapital, der Zinssatz und die Zeit in Jahren sollen eingegeben werden, das Endkapital nach dieser Zeit berechnet und ausgegeben werden.

Rollbalken und ihre Ereignismethoden

Mit einem Rollbalken (*Scrollbar*) lassen sich Zahlenwerte mit der Maus einstellen. Wir verbinden unseren Rollbalken mit dem Lauscher *AdjustmentListener*. Wird der eingestellte Wert geändert, so tritt das *AdjustmentEvent* ein. Der *AdjustmentListener* bemerkt dies und reagiert darauf mit seiner Methode *adjustmentValueChanged(AdjustmentEvent)*:

```
import java.applet.*; import java.awt.*; import java.awt.event.*;
public class Ev1 extends Applet implements AdjustmentListener{
      Scrollbar skala;
      int skalenwert;
      Label ausgabe;
      public Ev1() {
            setLayout(new GridLayout(2,1));
            skala = new Scrollbar(Scrollbar.HORIZONTAL,0,3,0,100);
            skala.addAdjustmentListener(this);
            add(skala);
            ausgabe = new Label(); add(ausgabe);
      }
      public void adjustmentValueChanged(AdjustmentEvent e){
            skalenwert=skala.getValue();
            ausgabe.setText("Skalenwert: " + skalenwert);
      }
}
```

Bei einer Scrollbar wird die Orientierung, der aktuelle Wert, die Breite des Zeigers, der untere und der obere Wert angegeben. Weitere Komponenten zur Eingabe und ihre Methoden siehe Anhang.

Ereignismethoden des Mauszeigers - Malen mit der Maus

Fügen wir dem Applet einen *MouseMotionListener* hinzu, so müssen wir die Methoden *mouseDragged* und *mouseMoved* schreiben, die angeben, was beim Maus-Ziehen beziehungsweise Maus-Bewegen passieren soll. Im folgenden Applet wird die Mausposition abgefragt, wenn die linke Maustaste gedrückt ist. Bei gedrückter Maustaste kann man so eine Freihandzeichnung anfertigen. Mit *getX* und *getY* erhalten wir die Pixel-Koordinaten des Punktes:

```
import java.applet.*; import java.awt.*; import java.awt.event.*;
public class Malen2 extends Applet implements MouseMotionListener{
   Graphics stift;
   public void init() {
      Label ueberschrift = new Label("Malen mit der Maus:");
      ueberschrift.setBackground(Color.green);
      add(ueberschrift);
      addMouseMotionListener(this);
      stift=getGraphics();
   }
   public void mouseDragged(MouseEvent e){
      int x=e.getX(); int y=e.getY();
      stift.fillRect(x,y,4,4);
   }
      public void mouseMoved(MouseEvent e){}
}
```

(Die letzte Methode *mouseMoved* darf nicht weggelassen werden, auch wenn sie leer ist.)

6.5 Klassen

Im Folgenden besprechen wir noch einige nützliche Klassen und kommen dann zur Konstruktion eigener Klassen. Wenn ein neues Objekt (eine Instanz) einer Klasse gebildet wird, so wird nach der Deklaration der Konstruktor der Klasse mit *new* aufgerufen und das Objekt initialisiert:

```
Label schriftzug;
schriftzug = new Label("Überschrift");
```

Das ist genauso bei den folgenden Klassen.

Die Klasse Color:

In der Klasse *Color* gibt es bereits eine ganze Reihe vordefinierter Farben (siehe Tabelle im Anhang). Wir können jedoch auch eigene Farben mischen. Alle Farben werden aus den drei Grundfarben rot grün und blau (RGB) zusammengesetzt. Für jeden der drei Anteile kann man eine Zahl zwischen 0 und 255 (ein Byte) angeben: Rot hat den RGB-Wert (255,0,0), grün (0,255,0), blau (0,0,255) und pink (255,90,200). Man konstruiert ein neues Objekt der Klasse *Color* so:

```
Color meineFarbe;
meineFarbe = new Color(255,255,0);
stift.setColor(meineFarbe);
```

Diese Farbe ist also zu gleichen Teilen aus rot und grün zusammengesetzt und heißt auch *Color.yellow*.

⇨ Aufgabe 44: Zeichnen Sie drei farbige Kreise, einen roten, einen grünen und einen blauen als Ecken eines Dreiecks. Zeichnen Sie zwischen den roten und den grünen Kreis einen, der aus rot und grün zusammengesetzt ist. Ebenso jeweils zwischen die anderen Kreise mit aus ihnen zusammengesetzten Farben. Wie erhält man schwarz, wie weiß?

Die Klasse Font

verwendet man, um bestimmte Schriftarten festzulegen. Der Konstruktor der *Font*-Klasse verlangt die Angabe von Schriftart, Schriftstil und Schriftgrad:

- Die voreingestellte Schriftart ist **"Serif"**. Für "Serif" kann man auch "TimesRoman" schreiben. **"SansSerif"** oder "Helvetica" ist eine Schriftart ohne Serifen, das heißt die Buchstaben haben keine Füßchen, sie wird manchmal auch Arial genannt. **"Monospaced"** oder `"Courier"` ist eine Schriftart, bei der jeder Buchstabe gleichviel Platz erhält.
- Schriftstil: `Font.PLAIN` bedeutet normal, `Font.ITALIC` *kursiv* und `Font.BOLD` **fett**.
- Schriftgrad ist die Schriftgröße in Pixel.

Beispiel:

```
Font f1;
f1 = new Font("Serif", Font.PLAIN, 20);
```

Wie bei der Klasse Color gibt es auch hier die Methoden *set* und *get*.
Verwenden wir Farben und eine größere Schrift, so sieht unser Hello-World-Programm gleich besser aus:

```
import java.applet.*; import java.awt.*;
public class Programm2b extends Applet {
    public Programm2b() {
        Label schriftz = new Label("Hello World");
        Font f1 = new Font("SansSerif",Font.PLAIN,30);
        schriftz.setBackground(Color.red);
        schriftz.setForeground(Color.white);
        schriftz.setFont(f1);
        add(schriftz);
    }
}
```

Die Klasse Polygon

Zum Zeichnen von Streckenzügen (Polygonen) mit der Methode *drawPolygon* benötigen wir Arrays. Wir geben die x-Koordinaten aller Punkte als Array an, genauso die y-Koordinaten. Im folgenden Beispiel definieren wir zwei Arrays mit den Koordinaten von drei Punkten:

```
import java.applet.*; import java.awt.*;
public class Pdreieck extends Applet {
        int x[]={100,200,150};
        int y[]={50,60,170};
        public void paint (Graphics stift) {
                stift.drawPolygon(x,y,3);
        }
}
```

Es gibt auch eine vordefinierte **Klasse Polygon**. Wir konstruieren sie aus den beiden Arrays *x* und *y* und der Angabe ihrer Dimension, also wie lang die Arrays sind: *new Polygon(x,y,3)*. Unser Polygon nennen wir *dreieck*. Das Polygon kann dann mit *drawPolygon(dreieck)* gezeichnet werden.

```
import java.applet.*; import java.awt.*;
public class Pdreieck2 extends Applet {
        int x[]={100,200,150};
        int y[]={50,60,170};
        Polygon dreieck;
        public void paint (Graphics stift) {
                dreieck = new Polygon(x, y, 3);
                stift.drawPolygon(dreieck);
}       }
```

Im nächsten Programm wird ein gleichseitiges Dreieck als Polygon gezeichnet, wobei die Koordinaten der Ecken aus den gegebenen Koordinaten *xa* und *ya* des linken unteren Eckpunkts und der Seitenlänge *s* des Dreiecks nach Pythagoras berechnet werden:

```
import java.applet.*; import java.awt.*;
public class GleichsDreieck extends Applet{
        int s;
        int x[]=new int[3];
        int y[]=new int[3];
        public GleichsDreieck() {
                s=100;
        }
        public void berechneEcken(int xa, int ya){
                int h=(int)((Math.sqrt(3)/2)*s);
                x[0]=xa;
                x[1]=xa+(int)s/2;
                x[2]=xa+s;
                y[0]=ya;
                y[1]=ya-h;
                y[2]=ya;
        }
        public void paint(Graphics stift) {
                berechneEcken(50,100);
                stift.fillPolygon(x, y, 3);
        }
}
```

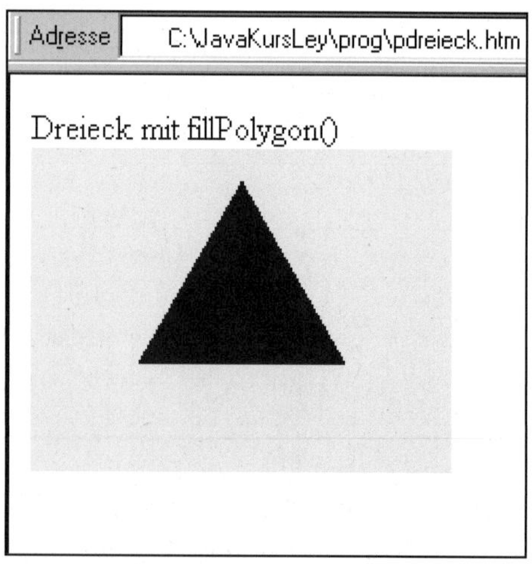

⇨ Aufgabe 45: Zeichnen Sie einen Lastwagen als Polygon.

Die ersten eigenen wiederverwendbaren Klassen

Eine Klasse für ein gleichseitiges Dreieck können wir bestimmt noch des öfteren gebrauchen. Zum Beispiel als Hausdach. Machen wir sie also wiederverwendbar! Wir nennen sie *GDreieck* und geben ihr anstatt *paint* eine Methode *zeichnedich*. Dann können wir einem *GDreieck d* befehlen: *d.zeichnedich*! Diese Methode erhält als Eingabe die Koordinaten der linken unteren Ecke, ebenso das Grafikobjekt *stift*, das die Methoden zum Zeichnen bereitstellt, damit das gleichseitige Dreieck sich künftig selbst zeichnen kann.

```
import java.applet.*; import java.awt.*;
public class GDreieck{
        int s;
        int x[]=new int[3];
        int y[]=new int[3];
        public GDreieck() {
                s=100;
        }
        private void berechneEcken(int xa, int ya){
                int h=(int)((Math.sqrt(3)/2)*s);
                x[0]=xa;
                x[1]=xa+(int)s/2;
                x[2]=xa+s;
                y[0]=ya;
                y[1]=ya-h;
                y[2]=ya;
        }
        public void zeichnedich(Graphics stift, int xa, int ya) {
                berechneEcken(xa, ya);
                stift.fillPolygon(x, y, 3);
        }
}
```

Private und public

Auf die Methode *zeichnedich* wird von außen zugegriffen, sie ist öffentlich, **public**. Auf die Methode *berechneEcken* wird nur von innen zugegriffen, sie ist **`privat`**. Private Daten und Methoden sind geschützt gegen möglicherweise unabsichtliche Veränderungen von außen.

Wir fügen noch eine Klasse *Quadrat* hinzu, um aus den beiden Klassen ein Haus zu konstruieren. Es fehlt jeweils *extends Applet* in der zweiten Zeile, denn das *GDreieck* und das *Quadrat* sollen in der Appletfläche von *Haus* erscheinen.

```
import java.applet.*; import java.awt.*;
public class Quadrat{
        int s;
        public Quadrat() {
                s=100;
        }
        public Quadrat(int seite) {
                s=seite;
        }
        public void zeichnedich(Graphics stift, int x, int y) {
                stift.fillRect(x, y, s, s);
        }
}
```

Da unser Programm aus mehreren Klassen besteht, entsteht nach dem Kompilieren für jede Klasse eine eigene Datei mit der Endung **.class*, die im Folgenden weiter verwendet wird.

Konstruktor mit Eingabeparametern

Wenn wir mit *new* ein neues Dreieck oder Quadrat erzeugen, können wir dem Konstruktor auch gleich Daten (Argumente, Parameter) mitgeben, zum Beispiel die Seitenlänge:

```
Quadrat q1 = new Quadrat(100);
```

Der Konstruktor erwartet sie so:

```
public Quadrat(int seite) {
     s = Seite;
}
```

Überladen

„Überladen von Methoden“ bedeutet, dass mehrere Methoden mit dem gleichen Namen in einer Klasse definiert werden, welche sich aber durch verschiedene Parameterlisten unterscheiden. Unsere obige Klasse *Quadrat* besitzt **zwei Konstruktoren**. Das Programm sucht sich bei Bedarf die Methode mit der korrekten Parameterliste automatisch heraus.

⇨ Aufgabe 46: Fügen Sie in der Klasse *GDreieck* noch einen zweiten Konstruktor hinzu, so dass man ihm die Seitenlänge übergeben kann.

Die Klasse Haus

```
import java.applet.*; import java.awt.*;
public class Haus extends Applet {
        public Haus() {
                setBackground(Color.white);
        }
        public void paint(Graphics stift) {
                GDreieck d = new GDreieck();
                d.zeichnedich(stift,20,100);
                Quadrat q = new Quadrat();
                q.zeichnedich(stift,20,100);
        }
}
```

⇨ Aufgabe 47: Schreiben Sie eine Klasse *Rechteck.* Im Konstruktor sollen Breite, Höhe und Farbe angegeben werden.

⇨ Aufgabe 48: Konstruieren Sie einen Baum aus Rechteck und Dreiecken. Verwenden Sie obige Klassen.

Mehrere Instanzen von einer Klasse erzeugen

Wir erstellen ein neues Verzeichnis und kopieren die Klassen *GDreieck.class* und *Quadrat.class* dorthin. Auch die Klasse *Haus* machen wir wiederverwendbar:

```
import java.applet.*; import java.awt.*;
public class Haus {
       int s;
       public Haus() {
              s=100;
       }
       public Haus(int seite) {
              s=seite;
       }
       public void zeichnedich(Graphics stift, int xa, int ya) {
              GDreieck d = new GDreieck();
              d.zeichnedich(stift, xa ,ya );
              Quadrat q = new Quadrat(s);
              q.zeichnedich(stift, xa ,ya );
       }
}
```

Die Klasse Häuserreihe

Wir erzeugen nun eine Reihe Häuser mit einer *For*-Schleife.

```
import java.applet.*; import java.awt.*;
public class HaeuserReihe extends Applet{
       int s, xa;
       public HaeuserReihe() {
              s=100;
              xa=50;
       }
       public void paint(Graphics stift) {
              for (int i=0; i<4; i=i+1) {
                  Haus h = new Haus(s);
                  h.zeichnedich(stift, xa, 100);
                  xa = xa + 150;
              }
        }
}
```

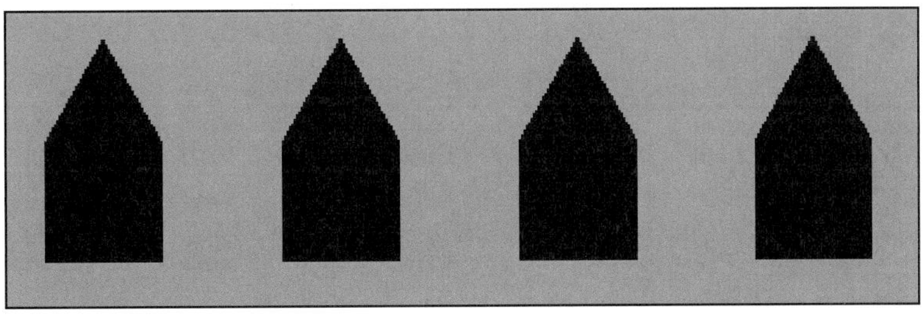

⇨ Aufgabe 49: Zeichnen Sie eine Häuserzeile aus unterschiedlich großen Häusern. Verwenden Sie auch Farben.

⇨ Aufgabe 50: Zeichnen Sie einen Stern mit zwei übereinandergelegten und gedrehten gleichseitigen Dreiecken.

⇨ Aufgabe 51: Zeichnen Sie einen Sternhimmel aus den Sternen von Aufgabe 50. Erzeugen Sie für die *x*- beziehungsweise *y*-Koordinaten jeweils geeignete Zufallszahlen.

6.6 Vererbung

Im nächsten Beispiel wird eine Mutterklasse als **abstrakte Klasse** definiert. Die Klassen *Rechteck*, *Quadrat* und *Kreis* erben von ihr Eigenschaften und Methoden, die für alle diese Klassen gleich sein sollen: die Länge und die Breite der Figur.

Die Mutterklasse heißt auch **Superklasse**. Die Vererbung erfolgt über das Schlüsselwort *extends*. Eine erbende Klasse enthält immer genauso viele oder mehr Methoden und Eigenschaften als die *Superklasse*.
Der Konstruktor *Figur* übernimmt in unsrem Beispiel die Übergabewerte *x* und *y* (die Koordinaten, die angeben, wo das Quadrat zum Beispiel gezeichnet werden soll).

Die **abstrakte Methode** *zeichnedich()* macht zunächst gar nichts. In den einzelnen Klassen *Rechteck, Quadrat, Dreieck* haben wir sie **überschrieben** mit den jeweils gleichnamigen Methoden *zeichnedich()*. Mit dem Schlüsselwort *super.methodenname(Parameter)* wird eine Methode der *Superklasse* aufgerufen. Wenn man den Konstruktor der *Superklasse* aufruft, so reicht die Angabe *super(Parameter)*.

Superklasse Figur

```
import java.applet.*; import java.awt.*;
public class Figuren extends Applet {
     public void init() {
          setBackground(Color.yellow);
     }
     public void paint(Graphics g) {
          Rechteck a = new Rechteck(g,20,100);
          Quadrat b = new Quadrat(g, 100, 30);
          Kreis c = new Kreis(g,150,30);
          Kreis d = new Kreis(g,150,130);
          a.zeichnedich();
          b.zeichnedich();
          c.zeichnedich();
          d.zeichnedich();
     }
}
abstract class Figur{
     Graphics mg;
     int mx, my, laenge, breite;
     public Figur( Graphics g, int x, int y ) {
          mg = g;
          mx = x;
          my = y;
          laenge=20;
          breite=10;
     }
     abstract void zeichnedich();
}
class Rechteck extends Figur{
     public Rechteck( Graphics g, int x, int y ) {
          super(g, x, y);
     }
     public void zeichnedich() {
          mg.fillRect(mx, my, laenge, breite);
     }
}
class Quadrat extends Figur{
     public Quadrat( Graphics g, int x, int y ) {
          super(g, x, y);
     }
     public void zeichnedich() {
          mg.fillRect(mx, my, breite, breite);
     }
}
class Kreis extends Figur{
     public Kreis( Graphics g, int x, int y ) {
          super(g, x, y);
     }
     public void zeichnedich() {
          mg.fillOval(mx, my, breite, breite);
     }
}
```

⇨ Aufgabe 52: Welche Unterschiede bestehen zwischen *a.zeichnedich* und *b.zeichnedich* ?

⇨ Aufgabe 53: Welche Variable hat die Unterklasse *Rechteck* von der abstrakten Klasse *Figur* geerbt?

⇨ Aufgabe 54: Welche Methode hat die Unterklasse *Rechteck* von der abstrakten Klasse *Figur* geerbt?

⇨ Aufgabe 55: Welche Methode der Klasse *Figur* wird von der Unterklasse *Rechteck* überschrieben?

Ergänzung

Wir fügen der abstrakten Klasse *Figur* eine Methode *zeichnedichdreidim() hinzu.* Wenn jetzt in der Methode *paint* von *Figuren*

```
a.zeichnedichdreidim();
```

aufgerufen wird, so entsteht ein räumlicher Eindruck von den Figuren. Wir verschieben einfach die ebenen Flächen schräg um den Winkel 45 Grad versetzt. Dazu wiederholen wir mehrmals die Zeichnung und verändern die Koordinaten:

```
abstract class Figur{
        Graphics mg;
        int mx, my, laenge, breite;
        public Figur( Graphics g, int x, int y ) {
                mg = g;
                mx = x; my = y;
                laenge=20; breite=10;
        }
        public void zeichnedichdreidim() {
                int i;
                Color mfarbe;
                mfarbe = new Color(30, 155, 30);
                mg.setColor(mfarbe);
                for (i=1; i<6; i=i+1) {
                        mx=mx-1;
                        my=my+1;
                        zeichnedich();
                }
                mg.setColor(Color.green);
                        zeichnedich();
        }
        abstract void zeichnedich();
}
```

⇨ Aufgabe 56: Welche Unterschiede bestehen zwischen *a.zeichnedich()* und *a.zeichnedichdreidim()?*

⇨ Aufgabe 57: Welche Verwandtschaftsbeziehungen bestehen zwischen den Vierecken? Wie können sie voneinander erben?

6.7 Gestaltung der grafischen Oberfläche

Das FlowLayout:

Bisher haben wir uns nicht um die Anordnung der Komponenten auf der grafischen Oberfläche gekümmert. Das macht auch automatisch der **Layout-Manager**. Wenn wir kein besonderes Layout vorsehen, ordnet er alles der Reihe nach an (*FlowLayout*). Wir können jedoch auch andere Layouts wählen.

Das BorderLayout:

```
setLayout(new BorderLayout());
```

Hiermit wird in mehrere Bereiche eingeteilt, und zwar einen Bereich in der Mitte ("*Center*") und vier Bereiche außen herum ("*North*", "*East*", "*South*" und "*West*"). Wollen wir einen Button *b* im östlichen Bereich unterbringen, so schreiben wir:

```
add("East",b);
```

Das GridLayout:

```
setLayout(new GridLayout(5,10));
```

Hier wird gitterförmig in 5 Zeilen und 10 Spalten eingeteilt. Im folgenden Beispiel wird ein zweidimensionales Array verwendet und in 10 Zeilen und 10 Spalten die Zeilen- und Spaltennummer eingetragen. Der horizontale und der vertikale Abstand zwischen den Zellen ist jeweils 5 Pixel.

```
import java.awt.*; import java.applet.*;
public class Layout extends Applet {
    Label t[][] = new Label[10][10];
    public void init() {
        setLayout(new GridLayout(10,10,5,5));
        for (int n=0; n<10; n++) {
            for (int m=0; m<10; m++) {
                t[n][m] = new Label(" "+n+" "+m);
                t[n][m].setBackground(Color.white);
                add(t[n][m]);
            }
        }
    }
}
```

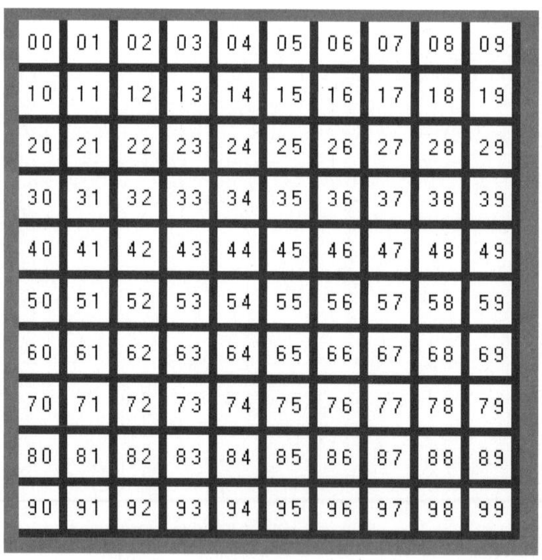

⇨ Aufgabe 58: Gestalten Sie eine Oberfläche für ein Schachspiel.

Einteilung der Oberfläche mit Panel

Ein Panel ist ein Teilbereich des Applets, in dem mehrere Komponenten untergebracht werden, die zusammengehören. Die Benutzeroberfläche wird dadurch übersichtlicher.

```
Panel bereich1= new Panel();
```

Ein einfaches Beispiel soll dies veranschaulichen:

Beispiel Mathetraining

Wir teilen die Appletfläche nun in die Bereiche *bereich1* und *bereich2*. In *bereich2* bringen wir nur einen Button unter:

```
bereich2.add(knopf);
```

bereich1 unterteilen wir in 4 Zeilen und 4 Spalten mit Hilfe von

```
bereich1.setLayout(new GridLayout(4,4);
```

In jeder Zeile bringen wir zwei Labels, ein Texteingabefeld und noch ein Label unter. In Tabellenform werden Multiplikationsaufgaben gestellt. Im ersten und zweiten Label werden zufällig erzeugte Zahlen *zahl1* und *zahl2* dargestellt (siehe die Methode *stellen*, die die Aufgaben stellen soll). Die richtige Lösung wird in dem Array *r* gespeichert, die Eingabe im Array *e*. In diesem einfachen Beispiel werden jedoch nicht alle Möglichkeiten unsinniger Eingaben berücksichtigt, wie man es in einem komfortablen Lernprogramm tun sollte. In der Methode *actionPerformed* wird die Eingabe mit der richtigen Lösung verglichen und der Kommentar *k* ausgegeben.

Häufig kann man Programme in drei Teile einteilen. Man spricht von dem **Model-View-Controller-Prinzip** (MVC). "*View*" bedeutet die Darstellung der Oberfläche und ist hier in der Methode *init* verwirklicht. "*Controller*" fasst das Kontrollieren der Eingabeaktionen und das Reagieren darauf zusammen und wird in der Methode *actionPerformed* beschrieben. Das "*Model*" modelliert die Daten, verarbeitet sie, hier in der Methode *stellen()*.

```
import java.applet.*; import java.awt.*; import java.awt.event.*;
public class Multi extends Applet implements ActionListener{
     Label ueberschrift = new Label("Multipliziere die Zahlen:");
     Label erste[] = new Label[4];
     Label zweite[] = new Label[4];
     int r[]= new int[4];
     TextField eingabe[] = new TextField[4];
     Label k[] = new Label[4];
     String s;
     int i,j;
     Button knopf;
     public void init() {
          add(ueberschrift);
          Panel bereich1= new Panel();
          Panel bereich2= new Panel();
          add(bereich1);
          add(bereich2);
          bereich1.setLayout(new GridLayout(4,4,5,15));
          bereich1.setBackground(Color.yellow);
          for (i=0; i<4; i=i+1) {
               erste[i] = new Label(" ");
               zweite[i] = new Label(" ");
               eingabe[i] = new TextField("", 8);
               eingabe[i].setBackground(Color.white);
               k[i] = new Label("       ");
```

```
                    bereich1.add(erste[i]);
                    bereich1.add(zweite[i]);
                    bereich1.add(eingabe[i]);
                    bereich1.add(k[i]);
               }
               bereich2.setLayout(new GridLayout(4,1,10,15));
               bereich2.setBackground(Color.magenta);
               knopf = new Button("fertig");
               bereich2.add(knopf);
               knopf.addActionListener(this);
               stellen();
          }
          public void stellen() {
               int z;
               int zahl1[]= new int[4];
               int zahl2[]= new int[4];
               for (i=0; i<4; i=i+1) {
                    zahl1[i]=(int)(Math.random()*100);
                    zahl2[i]=(int)(Math.random()*10);
                    r[i]=zahl1[i]*zahl2[i];
                    erste[i].setText("          "+zahl1[i]);
                    zweite[i].setText("*     "+zahl2[i]);
               }
          }
          public void actionPerformed(ActionEvent ev){
               int e[]= new int[4];
               for (i=0; i<4; i=i+1) {
                    s=eingabe[i].getText();
                    e[i]=Integer.parseInt(s);
                    if (e[i]==r[i]) k[i].setText("richtig!");
                    else k[i].setText("falsch!");
               }
               repaint();
          }
     }
```

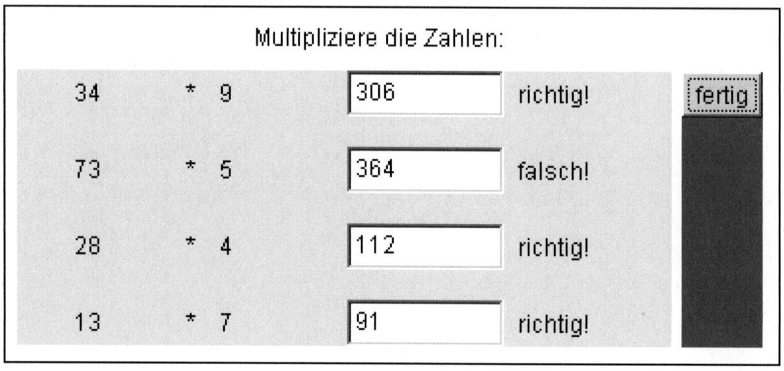

⇨ Aufgabe 59: Verbessern Sie das Lernprogramm, zum Beispiel indem Sie zwei Schwierigkeitsgrade einfügen.

⇨ Aufgabe 60: Schreiben Sie eine Klasse Lotto. Der Benutzer soll seine Zahlen durch Anklicken wie auf einem Tippschein tippen können, danach werden Zufallszahlen erzeugt und verglichen.

⇨ Aufgabe 61: Schreiben Sie eine Klasse Roulette. Der Benutzer soll durch Anklicken auf Felder setzen können.

Eine Klasse, die von Canvas erbt

Canvas (englisch Leinwand) ist ein rechteckiger Bereich, in den zum Beispiel gezeichnet wird. Im folgenden Programm ordnen wir der besseren Übersichtlichkeit halber die Knöpfe in einem seitlichen Kontrollbereich an.
Für den Malbereich sehen wir eine extra Klasse vor, die wir Leinwand nennen. Sie erbt von der Klasse Canvas alles, was wir zum Zeichnen brauchen, wir können also die Methoden *getGraphics*, oder auch *paint* aufrufen. Mit dem Aufruf des Konstruktors legen wir die Hintergrundfarbe, mit *setSize* die Größe fest. Mit dem Aufruf der Methode *gibF* übergeben wir die Stiftfarbe.

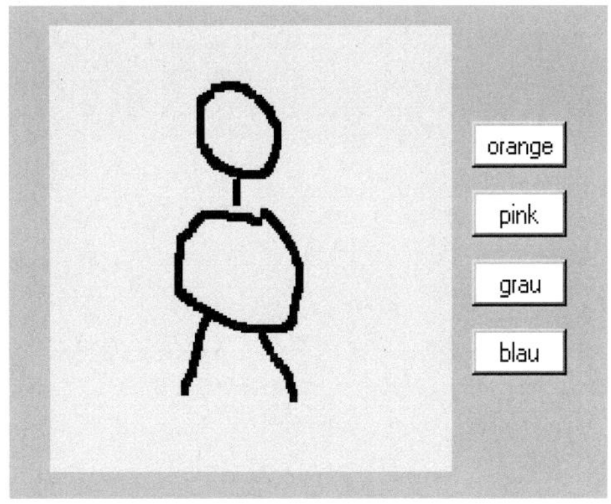


```
import java.applet.*; import java.awt.*;
import java.awt.event.*;
public class MalenNeu2 extends Applet implements ActionListener{
      Panel bereich1, bereich2;
      Button a,b,c,d;
      Leinwand l;
      public void init() {
            bereich1 = new Panel(); bereich2 = new Panel();
            add(bereich1); add(bereich2);
            l = new Leinwand(Color.yellow); l.setSize(200,200);
            bereich1.add(l);
            bereich2.setLayout(new GridLayout(4,1,10,10));
            a = new Button("orange"); a.setBackground(Color.white);
            b = new Button("pink");   b.setBackground(Color.white);
            c = new Button("grau");   c.setBackground(Color.white);
            d = new Button("blau");   d.setBackground(Color.white);
            bereich2.add(a); bereich2.add(b);
            bereich2.add(c); bereich2.add(d);
            a.addActionListener(this); b.addActionListener(this);
            c.addActionListener(this); d.addActionListener(this);
      }
      public void actionPerformed(ActionEvent e) {
            String s=e.getActionCommand();
            char ch=s.charAt(0);
            Color f;
            switch ((int)ch) {
                  case 111 :   f=Color.orange; break;
                  case 112 :   f=Color.pink;   break;
                  case 103 :   f=Color.gray;   break;
                  case 98  :   f=Color.blue;   break;
                  default  :   f=Color.black;
            }
            l.gibF(f);
      }
}
class Leinwand extends Canvas implements MouseMotionListener{
      Color farbe=Color.black;;
      public Leinwand(Color hgFarbe) {
            addMouseMotionListener(this);
            setBackground(hgFarbe);
      }
      public void mouseDragged(MouseEvent e){
            int x=e.getX(); int y=e.getY();
```

```
        Graphics stift=getGraphics();
        stift.setColor(farbe);
        stift.fillRect(x, y, 4, 4);
    }
    public void mouseMoved(MouseEvent e){}
    public void gibF(Color fa) {
        farbe=fa;
    }
}
```

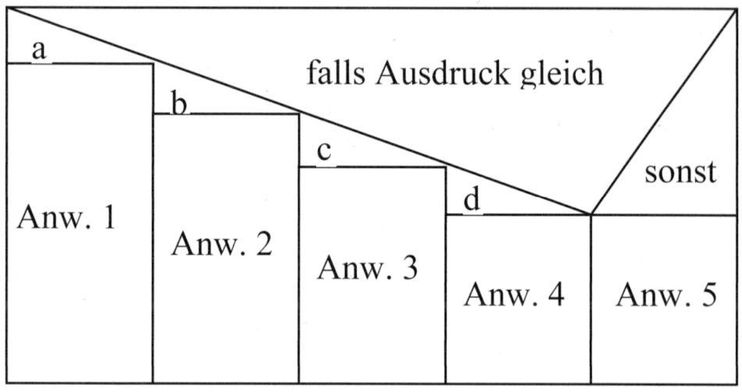

Die **Mehrfach-Auswahl** wurde mit *switch - case* programmiert (Verzweige zu ... falls Ausdruck gleich ...). Es wird zu Anweisungsblock 1 verzweigt, wenn die erste Bedingung von *case* erfüllt ist, und so weiter. In unserem Fall also, wenn der erste Buchstabe der Aufschrift des angeklickten Buttons ein o ist. o entspricht im Unicode der Zahl 111. Unicode siehe Anhang Seite 216. String-Methoden siehe Anhang Seite 226.

Klassen für Lauscher

Im nächsten Beispiel setzt der Benutzer verschieden große Bausteine aufeinander. Er kann mit der Maus einen Button, einen Rollbalken und eine Liste (Combobox) anklicken. Es gibt als eigene Klassen *Bauklotz*, *Leinwand* und zwei Lauscher,.

```
import java.applet.*; import java.awt.*; import java.awt.event.*;
public class Turm2 extends Applet{
    Panel bereich1, bereich2;
    Button b;
    List farbwahl;
    Leinwand malbereich= new Leinwand();
    int x= 100; int y= 300; int breite= 20;
    Color farbe;
    Label farbfrage, groesse;
    Scrollbar balken = new Scrollbar(0, 20, 10, 2, 70);
    Lauscher1 l1 = new Lauscher1();
    Lauscher2 l2 = new Lauscher2();
    public void init(){
        setLayout(new FlowLayout());
        bereich1 = new Panel();
        bereich2 = new Panel();
        add(bereich1);
        add(bereich2);
        malbereich.setBackground(Color.yellow);
        malbereich.setSize(150,350);
        bereich1.add(malbereich);
        bereich2.setLayout(new GridLayout(3,2,10,10));
        farbwahl = new List(3,false);
        farbwahl.add("Schwarz");
        farbwahl.add("Weiß");
        farbwahl.add("Grün");
        farbwahl.select(0);
        farbwahl.addActionListener(l1);
        balken.addAdjustmentListener(l2);
        farbfrage = new Label("Welche Farbe ?");
```

```
            groesse = new Label("Breite: " + breite);
            b = new Button("Klötzchen her");
            b.setBackground(Color.red);
            b.addActionListener(l1);
            bereich2.add(farbfrage);
            bereich2.add(farbwahl);
            bereich2.add(groesse);
            bereich2.add(balken);
            bereich2.add(b);
      }
public class Lauscher1 implements ActionListener {
      public void actionPerformed(ActionEvent e){
            int i=farbwahl.getSelectedIndex();
            switch (i) {
                  case 0 :   farbe=Color.black; break;
                  case 1 :   farbe=Color.pink;  break;
                  case 2 :   farbe=Color.gray;  break;
                  default :  farbe=Color.red;
            }
            y=y-breite;
            x=100-(int)(breite/2);
            if (b.getLabel()=="Klötzchen her")
                  malbereich.malKlotz(x, y, breite, farbe);
      }
}
public class Lauscher2 implements AdjustmentListener{
      public void adjustmentValueChanged(AdjustmentEvent e){
            breite = balken.getValue();
            groesse.setText("Breite:"+breite);
      }
}
public class Bauklotz {
      Graphics stift;
      Color f;
      int b;
      public Bauklotz(Graphics gr, int breite, Color farbe){
            stift = gr;
            f = farbe;
            b = breite;
      }
      public void zeichnedich(int x,int y) {
            stift.setColor(f);
            stift.fillRect(x, y, b, b);
      }
}
public class Leinwand extends Canvas {
      Bauklotz meinKlotz;
      public void malKlotz(int x, int y, int breite, Color farbe) {
            Graphics g=getGraphics();
            meinKlotz = new Bauklotz(g, breite, farbe);
            meinKlotz.zeichnedich(x, y);
      }
}
}
```

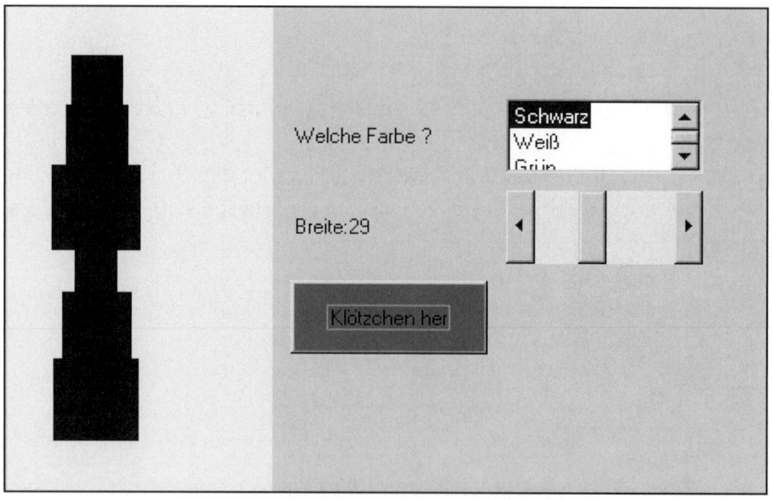

Zunächst ist der Appletbereich in zwei Panel aufgeteilt. Im Malbereich werden die Bauklötze aufeinandergestellt. Im zweiten Bereich erscheinen ein Button, eine Liste zur Farbwahl und ein Rollbalken zur Wahl der Größe des Bauklotzes. Die Lauscher warten im Hintergrund auf Aktionen des Benutzers. Wenn der Button angeklickt wird, wird ein Bauklotz mit den eingestellten Eigenschaften fabriziert und im Malbereich aufgeschichtet.

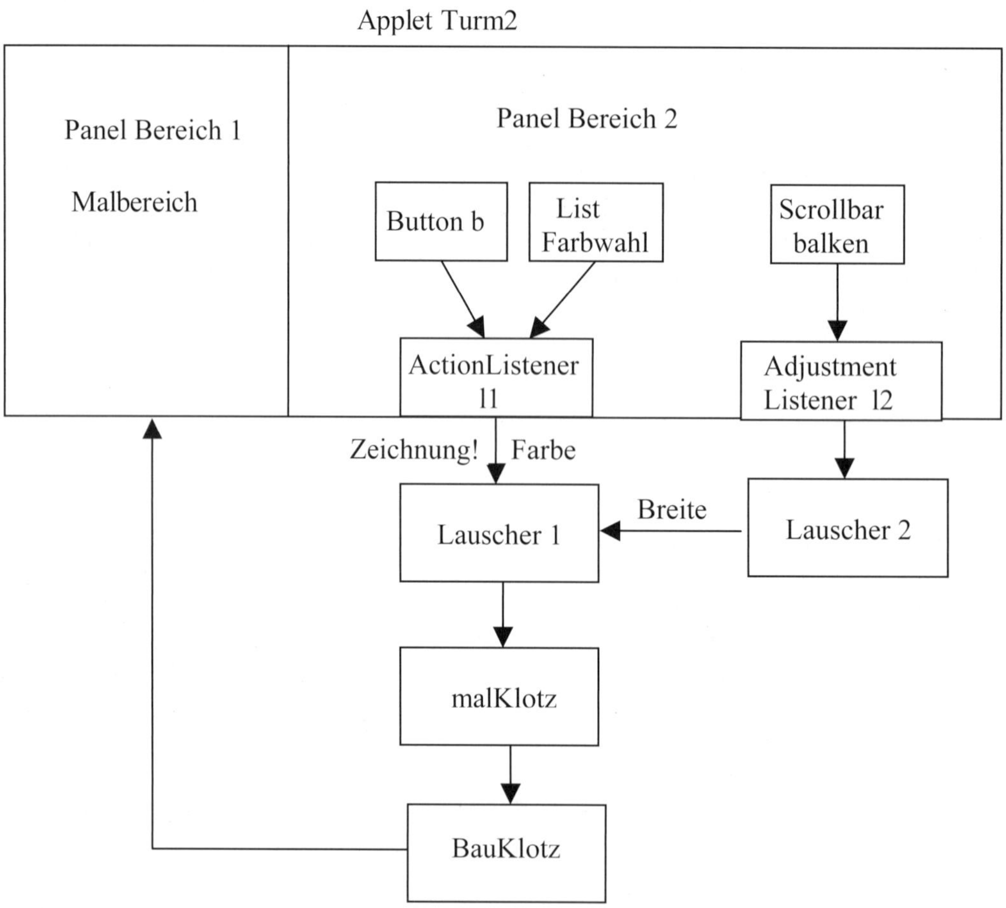

⇨ Aufgabe 62: Kennzeichnen Sie in obigem Programm *Turm2* jeweils den Aufruf von Methoden der Klasse *Bauklotz* und *Leinwand*.

⇨ Aufgabe 63: Schreiben Sie ein Programm, bei dem man durch Betätigen eines Rollbalkens einen Kreis größer oder kleiner machen kann.

6.8 Animationen

Animationen sind zum Leben erweckte Grafiken, sie unterliegen also zeitabhängigen Veränderungen. Wir wollen nun unseren Grafiken Leben einhauchen, sie in Bewegung setzen. Wir zeichnen eine Kreisscheibe und erhöhen in einer For-Schleife die *x*-Koordinate immer um 1. Nach einer Zeitverzögerung wird die Kreisscheibe in der Farbe des Hintergrundes wieder gezeichnet, sie verschwindet also, bis sie an der nach rechts verschobenen Stelle wieder erscheint:

```
import java.applet.*; import java.awt.*;
public class Scheibea extends Applet {
	public Scheibea() {
		setBackground(Color.green);
	}
	void zeitschleife() {
		for (int j=0;j<1000000;j=j+1);
	}
	public void paint(Graphics stift) {
		for (int x=50;x<500;x=x+1){
			stift.setColor(Color.red);
			stift.drawOval(x,100,30,30);
			zeitschleife();
			stift.setColor(Color.green);
			stift.drawOval(x,100,30,30);
		}
	}
}
```

Die Zeitverzögerung ist in obiger Methode als Wiederholungsschleife programmiert, in der gar nichts passiert. Die Kreisscheibe würde sich sonst zu schnell bewegen, abhängig von der Computerhardware. Allerdings ist der Prozessor die meiste Zeit nur mit dem Hochzählen beschäftigt und kann auf nichts anderes reagieren. Besser ist es, die Zeitverzögerung absolut, also nur von der Systemzeit abhängig zu machen. Unsere Kreisscheibe hat dann eine „innere Uhr".

Nebenläufige Prozesse, Threads

Auf einem Rechner mit mindestens 32-Bit-Betriebssystem können mehrere Aufgaben gleichzeitig erledigt werden (Multitasking). Das Betriebssystem verteilt die Zeit entsprechend den Sektoren auf einer rotierenden Zeitscheibe auf die einzelnen in verschiedenen Speicherbereichen gleichzeitig laufenden Programme (Prozesse) durch Hin- und Herschalten. Ein Java-Programm kann man aber selbst auch in nebenläufige Prozesse aufteilen, sogenannte Threads. Ein Thread ist wie ein Faden. Fäden können nebeneinander her- und wieder zusammenlaufen. Der Benutzer hat den Eindruck, dass mehrere Dinge gleichzeitig ablaufen. Die Threads eines Programms laufen in dem gleichen Speicherbereich (Speicherseiten) ab, sie können also die selben Klassen verwenden und miteinander Daten austauschen. Mit der Methode ***Thread.sleep(10)*** wird der Hauptthread für zehn Millisekunden zum Einschlafen gebracht und der Prozessor ist dadurch entlastet, er kann anderen Dingen seine Aufmerksamkeit widmen. Unter Umständen kann der Schlaf von einem anderen Thread unterbrochen oder beendet werden. Dieser Fall muss standardmäßig abgefangen werden.

```
	void zeitschleife() {
		try {Thread.sleep(10);}
		catch(InterruptedException e) {return;}
	}
```

⇨ Aufgabe 64: Verbessern Sie die Klasse *scheibea*. Die Zeitverzögerung soll mit *Thread.sleep* bewirkt werden. Der Radius soll im Konstruktor initialisiert werden. Die Scheibe soll sich schräg bewegen und an der Wand reflektiert werden.

⇨ Aufgabe 65: Schreiben Sie eine Klasse, die eine Laufschrift über den Bildschirm bewegt.

Eine Klasse Auto und ihre Methoden

Basteln wir eine Klasse *Auto*. Die Autos sollen sich zeichnen können und vor allem: sie sollen fahren können! Die Klasse *Autofahrt* konstruiert zwei Autos *a* und *b* und lässt sie fahren. Mit *a = new Auto(stift,20,60);* wird der Konstruktor der Klasse *Auto* aufgerufen. Es werden die Anfangskoordinaten eines speziellen Autos *a* an die Klasse der Autos übergeben, sowie die Möglichkeiten des Grafikpakets *stift*, damit sich das Auto auch zeichnen kann. Eine Klasse besteht aus Variablen und Methoden. Die Klasse Auto enthält die Variablen Koordinaten, Geschwindigkeit, Länge und Breite und die Methoden *zeichnedich(Color c), zeitschleife()* und *fahre()*. Ein Auto wird abwechselnd rot und in der Farbe des Hintergrundes gezeichnet. Dann rückt es ein Pünktchen nach rechts.

```
import java.applet.*; import java.awt.*; import java.awt.event.*;
public class AutoThread extends Applet implements ActionListener{
      Button knopf1;
      Auto a, b;
      Graphics stift;
      public void init() {
            knopf1=new Button("Los!");
            add(knopf1);
            knopf1.addActionListener(this);
            stift=getGraphics();
            a = new Auto(stift,20,60);
            b = new Auto(stift,20,120);
      }
      public void actionPerformed(ActionEvent e) {
            a.fahre(); b.fahre();
      }
}
class Auto{
      Graphics stift;
      int x, y, v;
      public Auto(Graphics g, int xa, int ya) {
            stift=g;
            x=xa; y=ya; v=1;
      }
      private void zeichnedich(Color c) {
            stift.setColor(c);
            stift.fillRect(x, y, 60, 20);
            stift.fillRect(x+10, y-10, 30, 10);
            stift.fillOval(x+10, y+15, 10, 10);
            stift.fillOval(x+40, y+15, 10, 10);
      }
      private void zeitschleife() {
            try {Thread.sleep(10);}
            catch(InterruptedException e) {}
      }
      public void fahre() {
            for (int i=0; i<500; i=i+1){
                  zeichnedich(Color.lightGray);
                  x=x+v;
                  zeichnedich(Color.red);
                  zeitschleife();
            }
      }
}
```

Deklaration der Auto-Objekte (zu `Auto a, b;`)

Aufruf des Konstruktors der Klasse Auto, Initialisierung (zu `a = new Auto(stift,20,60);`)

Aufruf der Methode fahre() (zu `a.fahre(); b.fahre();`)

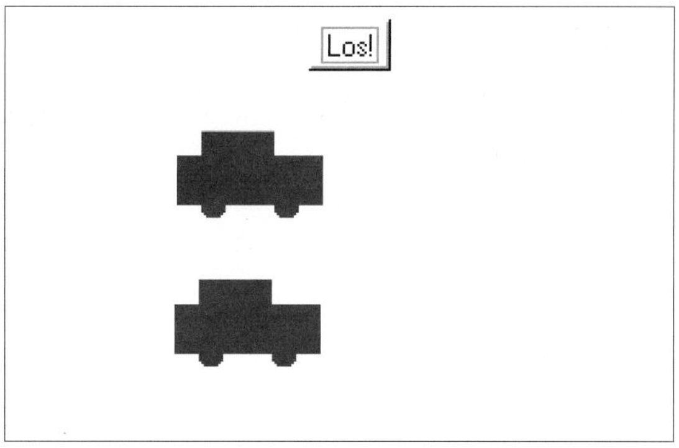

Leider fahren die beiden Autos nacheinander und nicht gleichzeitig. Wir benötigen außer dem Hauptthread noch einen zweiten Thread, damit Dinge unabhängig voneinander passieren können:

Mehrere Threads:

Wir leiten die Klasse *Auto* von *Thread* ab:

```
class Auto extends Thread{
```

Dann müssen wir eine Methode ***run*** definieren. Anstatt

```
public void fahre() {
```

schreiben wir nun

```
public void run() {
```

Jetzt wird mit dem Aufruf des Konstruktors Auto *a=new Auto(...)* beziehungsweise *Auto b=new Auto(...)* jedes mal ein unabhängiges Objekt der Klasse Auto ins Leben gerufen. Es erwartet die Methode ***start***, dann läuft es los. Anstatt

```
a.fahre();
```

schreiben wir also

```
a.start();
```

Starten wir jetzt das Programm, so fahren die beiden Autos tatsächlich gleichzeitig!

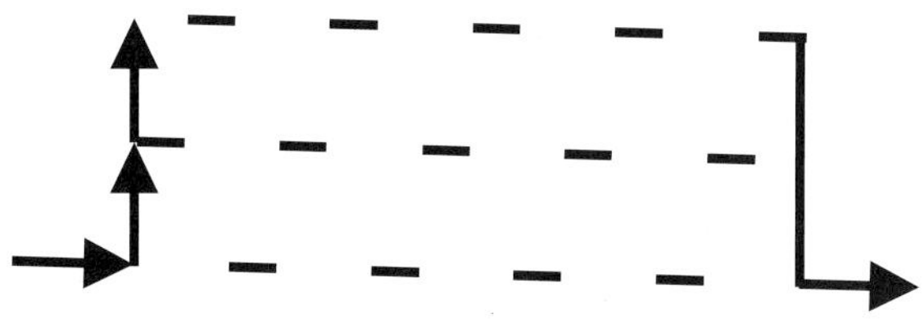

Man kann sich die Threads wie parallele Fäden vorstellen, die sich die Prozessorzeit aufteilen. Immer wenn ein Thread schläft, kann der nächste arbeiten. Wir können sie sogar unabhängig voneinander steuern, wie es ja auch im Straßenverkehr vorkommt und zur Kontrolle der Bewegungen im Hauptthread weitere Buttons unterbringen, zum Beispiel einen Stop-Button oder Buttons, um die Geschwindigkeit zu erhöhen.

```
import java.applet.*; import java.awt.*; import java.awt.event.*;
public class AutoThread4 extends Applet implements ActionListener{
     Button knopf1, knopf2, knopf3, knopf4, knopf5;
     Auto a, b; Graphics stift;
     public void init() {
          knopf1=new Button("Los!"); add(knopf1);
          knopf1.addActionListener(this);
          knopf2=new Button("A Halt!"); add(knopf2);
          knopf2.addActionListener(this);
          knopf3=new Button("B Halt!"); add(knopf3);
          knopf3.addActionListener(this);
          knopf4=new Button("A Schneller!"); add(knopf4);
          knopf4.addActionListener(this);
          knopf5=new Button("B Schneller!"); add(knopf5);
          knopf5.addActionListener(this);
          stift=getGraphics();
          a = new Auto(stift,20,60);
          b = new Auto(stift,20,120);
```

```
        }
        public void actionPerformed(ActionEvent e) {
                if (e.getActionCommand()=="Los!") {
                        a.start(); b.start();
                }
                if (e.getActionCommand()=="A Halt!") a.anhalten();
                if (e.getActionCommand()=="B Halt!") b.anhalten();
                if (e.getActionCommand()=="A Schneller!") a.schneller();
                if (e.getActionCommand()=="B Schneller!") b.schneller();
        }
}
class Auto extends Thread{
        Graphics stift; int x, y, v; boolean halt;
        public Auto(Graphics g, int xa, int ya) {
                stift=g; x=xa; y=ya; v=1;
                halt=false;
        }
        void zeichnedich(Color c) {
                stift.setColor(c);
                stift.fillRect(x, y, 60, 20);
                stift.fillRect(x+10, y-10, 30, 10);
                stift.fillOval(x+10, y+15, 10, 10);
                stift.fillOval(x+40, y+15, 10, 10);
        }
        void zeitschleife() {
                try {Thread.sleep(10);}
                catch(InterruptedException e) {}
        }
        public void run() {
                while(halt==false){
                        zeichnedich(Color.lightGray);
                        x=x+v;
                        zeichnedich(Color.red);
                        zeitschleife();
                }
        }
        public void anhalten() {
                halt=true;
        }
        public void schneller() {
                v=v+1;
        }
}
```

Wir gehen nun daran, das Programm zu verbessern. Die Klasse *Auto* brauchen wir nicht jedes mal neu zu kompilieren, falls wir an ihr nichts geändert haben. Wir müssen nur darauf achten, dass sie sich im richtigen Verzeichnis befindet. Wir sollten für jedes Projekt ein eigenes Unterverzeichnis anlegen, dann gibt es keine Verwechslungen.

⇨ Aufgabe 66: Bauen Sie einen Rollbalken als Geschwindigkeitsregler ein.

⇨ Aufgabe 67: Konstruieren Sie eine eigene Klasse *Kreisscheibe* mit einer Methode *zeichnedich()*, die die Koordinaten des Kreismittelpunkts und die Farbe übergeben werden.

⇨ Aufgabe 68: Mehrere Objekte der Klasse *Scheibe* sollen nun in einem rechteckigen Bereich erscheinen. Verwende *Canvas*. Die Scheiben sollen sich schräg bewegen. Falls eine Scheibe irgendwo anstößt, soll sie reflektiert werden.

6.9 Multimedia-Dateien anzeigen

Klangdatei abspielen

Zu einer Animation gehören auch Multimedia-Elemente wie eine Hintergrundmusik. Wir gehen davon aus, dass die Musik in einer Klangdatei auf dem Rechner gespeichert ist. Die Methode *ton.loop();* wiederholt das Abspielen der Klangdatei fortwährend, *ton.stop();* beendet es.

```
import java.applet.*; import java.awt.*; import java.awt.event.*;
public class Musik extends Applet implements ActionListener {
AudioClip ton;
      Button b=new Button("Musik!");
public void init() {
      add(b); b.addActionListener(this);
      ton=getAudioClip(getDocumentBase(),"JavaJive-part.au");
}
public void actionPerformed(ActionEvent e) {
      ton.play();
      }
}
```

getDocumentBase() gibt die URL zurück, in der sich das Applet befindet. Dort muss dann auch die Klangdatei mit der Endung *.au* liegen.

Bilder anzeigen

Wir können für unsere Animationen auch Hintergrundbilder verwenden. Ein Bild, das im Format *gif* oder *jpg* gespeichert ist, läßt sich mit der Grafik-Methode *drawImage* anzeigen. Mit *drawString* schreiben wir einfach einen Text hinein:

```
import java.applet.*; import java.awt.*;
public class Bildi extends Applet {
Image bild1;
public void init() {
      bild1=getImage(getDocumentBase(),"ggate.gif");
}
public void paint(Graphics g) {
      g.drawImage(bild1, 20, 20,this);
      g.drawString("Die Wachenburg",20, 35);
      }
}
```

Der MediaTracker

Mehrere Bilder hintereinander bilden eine Diashow oder einen Trickfilm. Das Laden der Bilder nimmt Zeit in Anspruch, besonders, wenn sie aus dem Internet kommen. Mit der vordefinierten Klasse *MediaTracker* kann man das Laden mehrerer Bilder hintereinander veranlassen und überwachen. Wenn sie geladen sind, geht das Anzeigen schnell. *addImage* fügt ein Bild hinzu, *waitForAll* wartet, bis alle Bilder geladen sind.

Beispiel:

```
import java.applet.*; import java.awt.*; import java.awt.event.*;
public class Bild2 extends Applet implements ActionListener{
      Button knopf;
      int i=-1;
      Image bild1, bild2;
```

```
        Graphics stift;
        MediaTracker mt=new MediaTracker(this);
        public void init() {
              knopf=new Button("zeichne");
              add(knopf);
              knopf.addActionListener(this);
              bild1=getImage(getCodeBase(),"bpark.jpg");
              mt.addImage(bild1,0);
              bild2=getImage(getCodeBase(),"Wachenbl.gif");
              mt.addImage(bild2,1);
              try { mt.waitForAll(); }
              catch(InterruptedException e) { }
              stift=getGraphics();
        }
        public void actionPerformed(ActionEvent e) {
              if (i>0) stift.drawImage(bild1,0,0,this);
              else stift.drawImage(bild2,0,0,this);
              i=i*(-1);
        }
}
```

6.10 Applikationen

Da Java-Applets über das Internet verbreitet werden, dürfen sie aus Sicherheitsgründen nicht auf lokale Festplatten zugreifen und können Netzwerkverbindungen nur zu dem Rechner aufbauen, von dem aus sie gestartet oder geladen wurden.

Java-Applikationen dagegen sind eigenständige Programme. Sie unterliegen nicht den Beschränkungen, denen Applets unterworfen sind.

Ausführen im DOS-Fenster:
Der Quelltext wird wie gewohnt mit dem Java-Compiler kompiliert, entweder in einer Entwicklungsumgebung oder **auf der Betriebssystemebene** (MS-DOS-Eingabeaufforderung) mit:

```
javac HalloWelt.java
```

Applikationen benötigen zu ihrer Ausführung keinen Browser. Sie benötigen den Java-Interpreter, der den virtuellen Bytecode der Class-Datei in den Code des jeweiligen Prozessors übersetzt. Der Java-Interpreter des JDK befindet sich wie der Compiler im Unterverzeichnis *bin* des JDK. Wenn der Pfad richtig gesetzt ist (Setzen der Pfade siehe Anhang) wird der Compiler **auf der Betriebssystemebene** aufgerufen mit

```
java HalloWelt
```

Ausführen unter Windows:
Wenn die auszuführende Klasse HalloWelt.class im gleichen Ordner wie die Datei java.exe liegt, geht man zum Start-Menü und wählt Ausführen. Dann zieht man das Symbol von java.exe in das Eingabefeld mit dem Namen Öffnen und schreibt dahinter nach einem Leerzeichen den Programmnamen ohne *.class*. Nach Klick auf OK wird das Programm ausgeführt.

Standardausgabe mit System.out :

Wie auch die Applets bestehen Applikationen aus Klassen. In einer der Klassen muss die Methode *main* enthalten sein, das ist dann die Hauptklasse. Der Name der Hauptklasse und der Dateiname müssen übereinstimmen. Mit der Methode main beginnt der Ablauf des Programms. Die Applikation kann auch mit Eingabeparametern (einem Array von Strings) aufgerufen werden. Deshalb hat die Methode *main* immer als Argument *String[] args*.

```
class HalloWelt {
	public static void main(String[] args) {
		System.out.println("HalloWelt");
	}
}
```

```
C:\JavaKursLey\Applikat>java HalloWelt
HalloWelt
```

Standardeingabe über die Tastatur mit System.in :

Die Eingabe über die Tastatur klingt ein bisschen kompliziert, denn jede Taste der Tastatur wird als Byte im **ASCII-Code** (eine ganze Zahl zwishen 0 und 255) verschlüsselt. Wenn wir analog zu `System.out.print` die Methode `System.in.read` verwenden, erhalten wir diese Bytes:
A entspricht 65, B 66, Wagenrücklauf 13, neue Zeile 10. Dem Drücken der Enter-Taste entspricht also 13, 10.

```
import java.io.*;
class Lies {
	public static void main(String[] args) throws IOException {
		int i=0;
		while (i!=63){
			i=System.in.read();
			System.out.print(i+" ");
		}
	}
}
```

Input-Output-Operationen holen Daten von der Tastatur oder einem Speichermedium und sie geben Daten auf einem Bildschirm oder anderem Gerät aus. Dabei können Störungen auftreten wie zum Beispiel Stromausfall, Wackelkontakt der Verbindungskabel, oder andere. *main* erzeugt bei Fehlern während der Laufzeit eine Instanz der Klasse Exception, ohne dass das Programm abstürtzt. Die Ausnahmen können abgefangen werden, das heißt, falls sie eintreten, kann eine Meldung an den Anwender gemacht werden und das Programm beendet, oder ein anderes Programm aufgerufen werden. Wir haben hier in unserem kurzen Programm diese Möglichkeit nicht weiter verfolgt.

Unser Programm endet ordnungsgemäß, wenn ein Fragezeichen eingegeben wird. Ein Fragezeichen entspricht im ASCII-Code der Zahl 63. (Der ASCII-Code ist Teil des Unicodes, siehe Anhang.)

```
C:\JavaKursLey\Applikat>java lies
ABC
65 66 67 13 10 _
```

Applikationen mit grafischer Benutzeroberfläche

Konsolenapplikationen sind unmodern geworden. Fensterapplikationen lassen sich in Java ganz leicht erstellen. Man kann sie so formulieren, dass die Unterschiede zu einem Applet gering sind:

```
import java.awt.*;
public class FenAppl extends Frame {
  Label l = new Label("Hallo Welt!");
  public FenAppl() {
    add(l);
    setSize(500, 400);       // Fenstergröße
    setVisible(true);        // Fenster sichtbar machen
  }
  public static void main(String[] args) {
    new FenAppl();           // Erzeugung des Objekts
  }
}
```

Für Fenster-Applikationen, auch **GUI**-Applikationen genannt (Grafical User Interface GUI), wird das Abstract Windowing Toolkit **AWT** importiert. Unsere Klasse wird von Frame abgeleitet. Die **Klasse Frame** hat alles, was ein Fenster so braucht. Mit *new FenApp1();* wird unser Fenster erzeugt, das als einzige Komponente ein Label enthält.

Es fehlt allerdings noch eine Möglichkeit, das aufgemachte Fenster zu schließen. Wir müssen dies brutal mit *Strg-C* erledigen. Üblicherweise Klickt man zum Schließen mit der Maus in die rechte obere Ecke des Fensters. Nur - darauf hört niemand. Wir brauchen einen Lauscher, der auf dieses Event lauscht. Er findet sich in dem Package *Java.awt.event.* Die spezielle Klasse zum Schließen des Fensters leiten wir von der Hilfsklasse *WindowAdapter* ab.

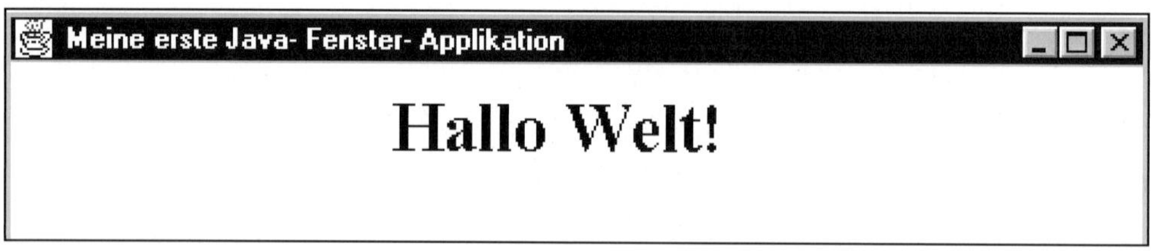


```
import java.awt.*; import java.awt.event.*;
public class FenApp2 extends Frame {
     public FenApp2() {
          super(" Meine erste Fenster-Applikation");  // Titel
          Label l = new Label("Hallo Welt!");  add(L);
          l.setFont(new Font("Monospaced",Font.BOLD,30)); // Schriftart
          setSize(500, 200);
          setVisible(true);
          addWindowListener(new FensterLauscher());
     }
     class FensterLauscher extends WindowAdapter {
          public void windowClosing(WindowEvent e) { System.exit(0); }
     }
     public static void main(String[] args) {
          new FenApp2();
     }
}
```

super ruft den Konstruktor von *frame* auf und übergibt den Fenstertitel. Hier könnte man auch die Breite und Höhe festlegen (siehe Anhang).

Ein- und Ausgabe in einer grafischen Benutzeroberfläche

In der folgenden Applikation werden ein Eingabe- und ein Ausgabefeld in der in Windows üblichen Form mit Scrollbalken jeweils am rechten und unteren Rand zur Verfügung gestellt. *TextArea* ist eine vordefinierte Klasse, um in einer Anzahl Zeilen und Spalten Text darzustellen. Der Text dieser Klasse kann editierbar sein, oder nur zum Lesen bestimmt sein, was durch *setEditable* eingestellt wird. *append(String)* gibt einen String in einem Textfeld aus.

```
import java.awt.*;
import java.awt.event.*;
public class FenApp3 extends Frame implements ActionListener{
      Label l = new Label("Hallo Welt!");
      Button b = new Button("Los!");
      TextArea textEin = new TextArea("Eingabe hier:", 3, 40);
      TextArea textAus = new TextArea("Ausgabe: ");
      public FenApp3() {
            super("Java-Fenster-Applikation");
            setLayout(new FlowLayout());
            add(l);
            add(textEin);
            add(b);
            b.addActionListener(this);
            add(textAus);
            textAus.setEditable(false);
            setSize(500, 300);
            setVisible(true);
            addWindowListener(new FensterLauscher());
      }
      class FensterLauscher extends WindowAdapter {
            public void windowClosing(WindowEvent e) {
                  System.exit(0);
            }
      }
      public void actionPerformed(ActionEvent e) {
            String s = TextEin.getText();
            TextAus.append(s);
      }
      public static void main(String[] args) {
            new FenApp3();
      }
}
```

3 Zeilen,
40 Spalten

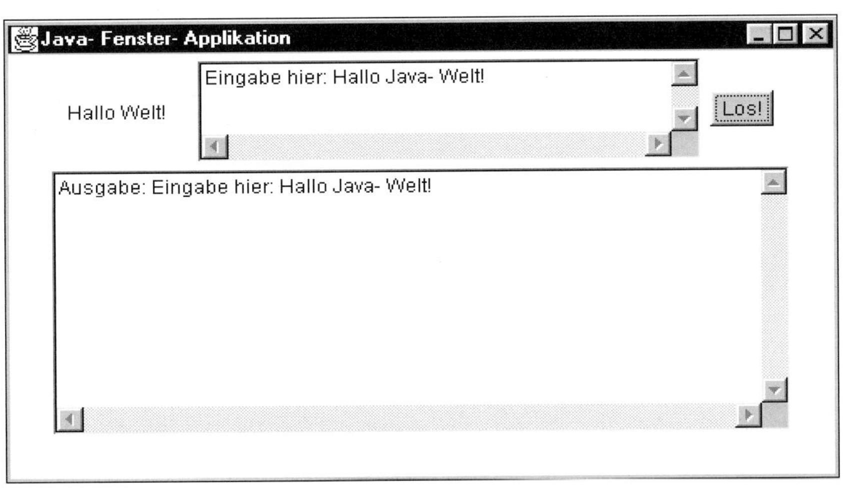

6.11 Datenströme, Schreiben in Dateien

Ein **Stream** ist ein Kommunikationskanal zwischen einem Sender und einem Empfänger. Dabei braucht man sich nicht um Quelle oder Ziel zu kümmern, ein Byte-Stream kann aus einer beliebigen Quelle stammen. Die Klasse **InputStreamReader** ist dafür vorgesehen, die einströmenden Bytes aufzufangen und in spezifizierte characters zu verwandeln. Da man nicht weiß, wie lang der Datenstrom ist, verwendet man als Puffer ein Exemplar der Klasse **BufferedReader**. Sie verfügt über die Methode *readLine.* Ein Puffer ist also ein Zwischenspeicher. *readLine* liest genau eine Zeile ein. **PrintWriter** ist eine Klasse zur Ausgabe von Objekten auf einen Ausgabe-Strom. *printLine* gibt genau eine Zeile aus. *close* beendet das Einlesen beziehungsweise Ausgeben des Datenstroms und gibt den Speicherbereich des Puffers wieder frei. Nehmen wir noch einmal unser Programm lies, das Daten von der Tastatur abholt und verbessern es. Es versteht jetzt auch den Tastatur-Code:

```
import java.io.*;
public class StandardEinAus {
   public static void main(String[] args) throws IOException {
      InputStreamReader tastaturLeser = new InputStreamReader(System.in);
      BufferedReader eingabe = new BufferedReader(TastaturLeser);
      String s=eingabe.readLine();
      eingabe.close();
      PrintWriter ausgabe = new PrintWriter(System.out);
      ausgabe.println(s);
      ausgabe.close();
}}
```

```
C:\JaKu\files>java StandardEinAus
Hallo Welt
Hallo Welt
```

System.out wird oft Standardausgabe genannt, **System.in** Standardeingabe. Dabei sind Bildschirm und Tastatur nicht die einzigen Richtungen, von beziehungsweise zu denen Datenströme fließen. Einen Buffered Reader kann man genau so gut für die Eingabe von Daten aus einer Datei (File) benutzen, oder um Daten über einen Socket aus dem Netzwerk oder dem Internet zu lesen. (Vgl. Kapitel Client-Server.) Kehren wir noch einmal zurück zur Bildschirmausgabe des Hallo-Welt-Programms. Wir hätten dort auch schreiben können:

```
import java.io.*;
public class StandardAus {
   public static void main(String[] args) throws IOException {
      PrintWriter ausgabe = new PrintWriter(System.out);
      ausgabe.println("Hallo Fans");
      ausgabe.close();
}}
```

Schreiben auf einen Datenträger

Benutzen wir nun wieder den PrintWriter zur Ausgabe. Ein **FileWriter** lenkt den Datenstrom in die Datei:

```
FileWriter dateiSchreiber=new FileWriter(Datei1);
```

Die Daten strömen mit großer Geschwindigkeit durch die Datenleitungen (Bus) auf die Festplatte oder die Diskette. Wir deklarieren eine Datei (englisch *file*) und geben ihr einen Dateinamen. Die Endung ist beliebig. Wir können die Datei später zur Kontrolle auch mit einem Texteditor öffnen.

```
File datei1=new File("Test1.txt");
```

Die Methode *println* unseres PrintWriters *Ausgabe* schreibt den Text in die Datei. Zum Schluss muss mit *close* eine Ende-Markierung gesetzt werden. Während des Schreibens darf keine Störung eintreten, denn wenn eine Datei geöffnet, aber nicht geschlossen ist, können die Daten verloren gehen, im Inhaltsverzeichnis des Datenträgers kann die Dateigröße nicht angegeben werden und es können hinter der Datei keine weiteren Dateien angelegt werden. Die Methode main „wirft“ also Input-Output-Fehler (*throws IOException*).

```
import java.io.*;
public class SchreibInDatei {
   public static void main(String[]args) throws IOException {
      File datei = new File("Test.txt");
      FileWriter dateiSchreiber=new FileWriter(datei);
      PrintWriter ausgabe = new PrintWriter(dateiSchreiber);
      ausgabe.println("Hier wird auf die Festplatte geschrieben.");
      ausgabe.close();
} }
```

Lesen von einem Datenträger

Der Text wurde verschlüsselt mit dem ASCII-Code auf die Festplatte geschrieben. Das können wir untersuchen. Wir lesen hier nur das erste Zeichen:

```
import java.io.*;
public class LiesAusDatei {
   public static void main(String[]args) throws IOException {
      int z=0;
      File datei = new File("Test.txt");
      FileReader dateiLeser=new FileReader(datei);
      z=dateiLeser.read();
} }
```

Dem FileWriter entspricht der **FileReader**. Das Ende der Datei wird durch die Zahl -1 markiert. Wir geben das Gelesene noch auf dem Bildschirm aus (*System.out*). Dazu benutzen wir wieder den **PrintWriter** (wie beim Schreiben auf Datenträger):

```
import java.io.*;
public class LiesAusDatei2 {
   public static void main(String[]args) throws IOException {
      int z=0;
      File datei = new File("Test.txt");
      FileReader dateiLeser=new FileReader(datei);
      PrintWriter ausgabe = new PrintWriter(System.out);
      while(z!=-1) {
            z=dateiLeser.read();
            ausgabe.print(" "+z);
      }
      ausgabe.close();
} }
```

Ergebnis:

```
 68 105 101 115 101 114 32 84 101 115 114 116 32 115 118 104 114 101 105 98 116
32 85 110 115 105 110 110 32 97 117 102 32 80 108 97 116 116 101 33 13 10 -1
```

Wir sehen, wir erhalten nur Zahlen, also den Text im ASCII-Code.
Wir können mit unserem Programm auch andere Dateien auf der Festplatte untersuchen. Schauen wir uns spaßeshalber ein Bild an, das im bmp-Format auf der Festplatte gespeichert ist. 255 bedeutet weiß:

```
 66 77 46 207 26 0 0 0 0 0 54 0 0 0 40 0 0 0 38 3 0 0 214 2 0 0 1 0 24 0 0 0 0 0
 248 206 26 0 196 13 10 0 0 196 13 10 0 0 0 0 0 0 0 0 0 0 255 255 255 255 255 25
5 255 255 255 255 255 255 255 255 255 255 255 255 255 255 255 255 255 255 255 25
5 255 255 255 255 255 255 255 255 255 255 255 255 255 255 255 255 255 255 255 25
5 255 255 255 255 255 255 255 255 255 255 255 255 255 255 255 255 255 255 255 25
5 255 255 255 255 255 255 255 255 255 255 255 255 255 255 255 255 255 255 255 25
5 255 255 255 255 255 255 255 255 255 255 255 255 255 255 255 255 255 255 255 25
5 255 255 255 255 255 255 255 255 255 255 255 255 255 255 255 255 255 255 255 25
5 255 255 255 255 255 255 255 255 255 255 255 255 255 255 255 255 255 255 255 25
```

Wir können die ASCII-Zahlen wieder in Buchstaben und andere Zeichen umwandeln mit *(char)*. Man nennt das *type cast*. Wenn wir nicht wissen, wie lang der ankommende Datenstrom sein wird, wählen wir als Auffanggefäß einen **StringBuffer**, an den wir die gelesenen Zeichen fortlaufend anhängen:

```
import java.io.*;
public class LiesAusDatei2b {
  public static void main(String[]args) throws IOException {
      int z=0;
      File datei = new File("Test.txt");
      FileReader dateiLeser=new FileReader(datei);
      PrintWriter ausgabe = new PrintWriter(System.out);
      StringBuffer text=new StringBuffer(10);
      while(z!=-1) {
           z=dateiLeser.read();
           text.append((char)z);
      }
      ausgabe.println(Text);
      ausgabe.close();
}}
```

Lesen wir nun aber ohne While-Schleife die Textzeile mit der Methode *readLine*, die uns die Klasse *BufferedReader* zur Verfügung stellt:

```
import java.io.*;
public class LiesAusDatei3 {
  public static void main(String[]args) throws IOException {
      String z;
      File datei = new File("Test.txt");
      FileReader dateiLeser=new FileReader(datei);
      BufferedReader eingabe=new BufferedReader(dateiLeser);
      z=eingabe.readLine();
      eingabe.close();
}}
```

Jetzt fehlt nur noch unser *PrintWriter* zur Ausgabe, dann ist unser Programm fertig. Diesmal schreibt er auf den Bildschirm:

```
import java.io.*;
public class LiesAusDatei4 {
  public static void main(String[]args) throws IOException {
      String z;
      File datei = new File("Test.txt");
      FileReader dateiLeser=new FileReader(datei);
      BufferedReader eingabe=new BufferedReader(dateiLeser);
      z=eingabe.readLine();
      eingabe.close();
      PrintWriter ausgabe = new PrintWriter(System.out);
      ausgabe.println(z);
      ausgabe.close();
}}
```

⇨ Aufgabe 69: Schreiben Sie eine Applikation, die eine Zahl aus einer Datei von der Festplatte liest, sie um 1 erhöht und wieder auf Platte schreibt.

⇨ Aufgabe 70: Ergänzen Sie die GUI-Applikation vom vorigen Abschnitt so, dass der eingegebene Text in einer Datei auf der Festplatte gespeichert wird, beziehungsweise von der Festplatte gelesen und in der zweiten *TextArea* angezeigt wird.

Weitere Themen im Informatik-Unterricht

Nach Erlangung einiger Grundkenntnisse in Java kann man sich auf den folgenden Seiten schwerpunktmäßig verschiedenen Gebieten - eventuell auch in Teamarbeit - zuwenden. Dabei werden wichtige Programmiertechniken ergänzt.
Erforderlich sind
- Gründliche Beschäftigung mit einem Thema
- Anwendung von Grundkenntnissen im eigenen Programmieren
- Darstellung der Ergebnisse vor der Klasse

Die folgenden Themen werden nun nicht erschöpfend behandelt, es soll vielmehr zum selbstständigen Beschäftigen mit ihnen angeregt werden.

- Turtle-Grafik, Fraktale, Wachstum, Chaos

Die Rekursion als eine weitreichende Programmiertechnik wird besonders anschaulich in schönen geometrischen Figuren und Fraktalen. Verschiedene Arten von Wachstum bis hin zum chaotischen Wachstum sind für Modellvorstellungen und Voraussagen einzukalkulieren. Hier werden auch komplexe Zahlen gestreift, die für Julia- und Mandelbrotmengen benötigt werden.

- Verschlüsselung

Verschlüsselungen sind nicht zuletzt bei Finanztransaktionen im Internet ein Gebot. Wie können wir selbst eine Botschaft mit Hilfe eines Java-Programms verschlüsseln?

- Abstrakte Datentypen, Listen, Stapel, Bäume

Höhere Datentypen wie Liste Stapel, Baum sind ein zentraler Bestandteil eines gründlichen Informatikkurses. Hier wird nur eine kleine Einführung gegeben. Einige dieser Datentypen sind in Java bereits realisiert, dennoch fördert der Selbstbau mit Hilfe von Referenzen ein tieferes Verständnis.

- Sortierverfahren

Sortierverfahren sind Beispiele für Algorithmen, an denen man auch grundsätzliche Überlegungen anstellen kann, wie zum Beispiel über Effizienz.

- Client-Server-Programme, Datenbanken, Servlets, E-Commerce

Die Vernetzung von Computern in den Schulen, beziehungsweise in Behörden und Firmen zu einem Intranet und die Vernetzung weltweit im Internet ermöglichen Client-Server-Programme, die die Fähigkeiten der Computer wesentlich erweitern.
- In einem ersten Schritt testen wir Client- und Server-Programme auf demselben Rechner.
- Im zweiten Schritt nehmen wir Verbindung zu einem anderen Rechner im schulinternen Netz auf. Hier lassen sich auch Datenbanken installieren und abfragen. Richtet man im Schulnetz einen Rechner ein, der sich wie ein Internet-Host verhält (zum Beispiel mit Linux als Betriebssystem und einem Apache-Webserver), so lassen sich hier die Verhältnisse im Internet simulieren. Das Spannendste ist aber der dritte Schritt.
- Im dritten Schritt fabrizieren wir Programme, die von Benutzern in aller Welt aufgerufen werden können. Dienste, die im Internet angeboten werden, beruhen oft auf Serverprogrammen, die einerseits mit den Browsern des Kunden und andererseits mit Datenbanken Verbindung haben. Ob Surfer nun die Abgabe einer Steuererklärung, das Buchen einer Flugreise oder das Suchen des billigsten Zulieferers für eine Fabrik interessiert, die unter dem Stichwort E-Commerce zusammengefassten Möglichkeiten sind noch nicht ausgelotet.

- Hardware

Wie kommt es, dass tote Materie wie Halbleiterkristalle ein Gedächtnis haben, logische Schlüsse ziehen und den Eindruck von Intelligenz vermitteln können? Vom Transistor zum Computer führt ein faszinierender Weg, den man teilweise mit dem Lötkolben nachvollziehen kann.

- Maschinensprache

Das Programm aus Nullen und Einsen, das die „universelle Maschine" versteht, läuft in der untersten Schicht immer ab, auch wenn wir in einer künstlichen „Hochsprache" programmieren. Die Funktionsweise von einigen elementaren Maschinenbefehlen kann in einem kleinen Java-Programm simuliert und geübt werden.

7 Rekursionen

Einführung

Die Rekursion ist ein Bauprinzip, das in vielen Dingen steckt. Wir lernen es hier kennen und experimentieren dann damit in der Igelgrafik. Es führt uns bis zu den Fraktalen. In der deutschen Sprache ist es leicht Rekursionen, die die Eigenschaft, Schachtelsätze bilden zu können, ausnutzen, zu veranschaulichen: Man kann zwischen Kommas Nebensätze einfügen. Wird die Tiefe der Schachtelung größer, werden sie leicht unübersichtlich. Fehlt die Abbruchbedingung in einem rekursiven Programm, so erhalten wir eine Endlosschleife und der Rechner „hängt sich auf". (Man betrachte sich einmal zwischen zwei parallelen Spiegeln.)

Beispiel 1: Spiegelfechterei:

```
import java.applet.*; import java.awt.*;
class Reku1 extends Applet{
      Label l; String s;
      Reku1(){
            s="Vor dem Spiegel: Es war einmal ein Mann";
            l=new Label(s); add(l);
            s=", der sich rasierte ";
            l=new Label(s); add(l);
      }
}
```

Zwischen die beiden Satzteile "Es war einmal ein Mann" und ", der sich rasierte " fügen wir nun weitere Nebensätze mit der rekursiven Methode rekutext() ein und zeigen sie an:

```
import java.applet.*; import java.awt.*;
class Reku2 extends Applet{
      String text=""; String s; Label l;
      Reku2(){
            s="Vor dem Spiegel: Es war einmal ein Mann";
            l=new Label(s); add(l);
            s=Rekutext(3);
            l=new Label(s); add(l);
            s=", der sich rasierte ";
            l=new Label(s); add(l);
      }
      String rekutext(int m){
            if (m>0){
                  text=text + ", der einen Mann sah " + m;
                  rekutext(m-1);
                  text=text + ", der sich rasierte " + m;
            }
            return text;
      }
}
```

In der Methode *rekutext(int m)* ist das Bemerkenswerte der **Selbstaufruf** *rekutext(m-1)*. Die Zahl m zählt dabei die Zahl der Wiederholungen mit, damit wir den Überblick behalten. Beim Ausdruck des Ergebnisses stellen wir mit "Aha" fest, dass nicht nur die Anweisungen bis zum Selbstaufruf wiederholt werden, sondern dass auch der Rest des Satzes ausgegeben wird:

Vor dem Spiegel: Es war einmal ein Mann,
der einen Mann sah (3), der einen Mann sah (2), der einen Mann sah (1),
der sich rasierte (1), der sich rasierte (2), der sich rasierte (3),
der sich rasierte.

Wenn man schrittweise tiefer in den Keller geht, muss man die gleiche Anzahl Stufen wieder hoch!

Beispiel 2: Fakultät

Viele mathematische Zusammenhänge werden durch rekursive Vorschriften beschrieben. Sie lassen sich elegant in Programmcode übertragen, in dem ein Selbstaufruf vorkommt. Die folgende Klasse zur Berechnung von Fakultäten enthält wieder eine rekursive Methode. Für ganze Zahlen größer als 1 ist n Fakultät

$n! = n * (n-1) * ... * 1$

n! wird gleich 1 gesetzt, wenn n=0, sonst wird n mit der Fakultät von n-1, also mit (n-1)! multipliziert:

```
import java.applet.*; import java.awt.*;
public class Faku extends Applet{
int n=4;
public Faku(){
      int y=f(n);
      Label l=new Label(""+y); add(l);
}
public int f(int n){
      if (n==0) return 1;
      else return n*f(n-1);    // Selbstaufruf
}
}
```

Verfolgen wir den Ablauf und steigen in den Keller! Im Konstruktor *Faku()* wird die Methode *f* mit dem Eingabeparameter *n=4* aufgerufen: *y=f(n).*

4! ist 4*3!	(1. Ebene) in Java formuliert: *n*f(n-1);* Die Multiplikation wird zunächst zurück gestellt und *f* noch mal aufgerufen, diesmal mit der Eingabe 3. n merkt man sich.
3! ist aber 3*2!	(2. Ebene) *f* wird mit der Eingabe 2 aufgerufen, n merkt man sich.
2! ist aber 2*1!	(3. Ebene) *f* wird mit der Eingabe 1 aufgerufen, n merkt man sich.
1! ist aber 1*0!	(4. Ebene) *f* wird mit der Eingabe 0 aufgerufen. n merkt man sich.
0! ist aber 1.	(5. Ebene) if (n==0) return 1; kein Selbstaufruf mehr.

Nun wieder zurück an die frische Luft. Die einzelnen Multiplikationen mit dem gespeicherten n werden dabei ausgeführt. Im Arbeitsspeicher ist jeweils eine Kopie der Methode `f` vorhanden, wenn sie noch nicht vollständig abgearbeitet wurde.

1*1=1	(4.Ebene)
1*1*2=2	(3.Ebene)
1*1*2*3=6	(2. Ebene)
1*1*2*3*4=24	(1. Ebene)

Bemerkung: Dieses Problem lässt sich auch nicht-rekursiv lösen. (Man beachte außerdem, dass die Werte der Fakultätsfunktion schnell den Bereich der darstellbaren Zahlen überschreiten.)

Beispiel 3, Euklids Satz: "Es gibt unendlich viele Primzahlen" lässt sich so beweisen:
Wir nehmen eine Zahl Z und bilden die Fakultät Z! Dazu addieren wir 1. Die Zahl Z!+1 ist offensichtlich nicht durch 2 teilbar, da beim Dividieren durch 2 der Rest 1 bleibt. Sie ist nicht durch 3, nicht durch 4, und so weiter, nicht durch Z teilbar, da immer der Rest 1 bleibt. Zu jeder Zahl Z gibt es also eine Zahl, die größer als Z ist und entweder Primzahl ist oder, wenn sie keine Primzahl ist, ist sie durch eine Primzahl teilbar, die größer als Z ist. Es gibt also eine größere Primzahl als Z. Das gilt für beliebiges Z.

Ein Beispiel für Rekursionen wird von **Hofstadter** so beschrieben:
Ein Manager besitzt ein besonders raffiniertes Telefon, auf dem er viele Anrufe empfängt. Wenn er gerade telefoniert, was er so gut wie immer tut, empfängt er einen Anruf von einem noch wichtigeren Manager. Er unterbricht sein Gespräch deshalb vorläufig, um sich dem zweiten zu widmen. Da kommt ein Anruf von noch weiter oben und es geschieht das Gleiche...

Oder: Ein Mops lief in die Küche und stahl dem Koch ein Ei. Da nahm der Koch den Löffel und schlug den Mops zu Brei. Da kamen viele Möpse und gruben ihm ein Grab. Sie setzten einen Grabstein, worauf geschrieben stand: Ein Mops lief in die Küche ...

⇨ Aufgabe 71: Schreiben Sie eine Klasse Mops, die sich selbst aufruft.

7.1 Igelgrafik

Ein einfacher Igel in Java

Rekursionen lassen sich in der Igelgeometrie am elegantesten veranschaulichen, denn Selbstaufrufe führen zu reizvollen selbstähnlichen Figuren. Große Formen wiederholen sich im Kleinen.
Was heißt zeichnen mit dem Igel? Der Begriff kommt aus dem Englischen, von Turtle-Grafik (turtle = Schildkröte). Die Programmiersprache LOGO war ein Vorreiter. Schon im Kindergarten gaben die Kinder der LOGO-Schildkröte Befehle wie "`vor 50`" oder "`rechts 90`". Sie geht dann 50 Pixel vor, dreht sich um die eigene Achse um 90° und hinterlässt ihre Spur als Strich auf dem Bildschirm:
Durch das LOGO-Programm

```
      vor 50 rechts 120 vor 50 rechts 120 vor 50 rechts 120
```

entsteht ein gleichseitiges Dreieck.
Wiederholungen werden rekursiv geschrieben. Ohne Abbruchbedingung, also ohne Ende springt der Igel beim folgenden LOGO-Programm im Quadrat:

```
Pr Quadrat
      vor 50
      rechts 90
      Quadrat
```

Realisieren wir einen eigenen Igel in Java, also ein Objekt, das zeichnen kann und über Methoden wie *vor(...)* und *rechts(...)* verfügt! Im folgenden Programm geht der Igel I auf Knopfdruck einfach nur 10 Pixel vor:

```
import java.applet.*; import java.awt.*; import java.awt.event.*;
public class Igel0 extends Applet implements ActionListener{
      Igel i= new Igel();
      public Igel0() {
            i.setSize(400,400); i.setBackground(Color.yellow); add(i);
            Button b = new Button("zeichne!"); add(b);
            b.addActionListener(this);
      }
      public void actionPerformed(ActionEvent e){
            i.vor(10);
      }
public class Igel extends Canvas {
      int xa=200; int ya=200;
      public void vor(int d) {
            Graphics stift=getGraphics();
            int ye=ya-d;
            stift.drawLine(xa,ya,xa,ye);
            ya=ye;
      }
}}
```

Der Igelbereich hat hier die Größe 400 x 400 Pixel und einen gelben Hintergrund. Beim Drücken des Buttons B geht der Igel 10 Pixel vorwärts. Die Klasse Igel ist von der Klasse Canvas (engl. Leinwand) abgeleitet. Sie stellt die Grafik-Befehle des Pakets Graphics zur Verfügung. x_a und y_a sind die Anfangskoordinaten, x_e und y_e die Endkoordinatern des Igelweges.

⇨ Aufgabe 72: Schreiben Sie eine Methode *rechts()*. Der Igel soll sich um seine eigene Achse drehen können und in die Richtung, in die er schaut, gehen. Die Klasse Igel braucht also als Daten die Position (x,y) und den Winkel relativ zur Nordrichtung. Als Methoden werden benötigt: 1. vor mit der Angabe, wieweit und 2. rechts mit der Angabe um welchen Winkel gedreht werden soll. Das Winkelmaß wandeln wir um vom Gradmaß ins Bogenmaß, da die Sinusfunktion ihr Argument im Bogenmaß verlangt.

Igel- Figuren

Hier ein Igel, der sich auch drehen kann:

```
import java.applet.*;
import java.awt.*;
public class Igel extends Canvas {
	int xa=300; int ya=300;
	int phi=0;
	double b=0;
	public void vor(int d) {
		Graphics stift=getGraphics();
		int dx=(int)(d*Math.sin(b));
		int dy=(int)(d*Math.cos(b));
		int xe=xa+dx; int ye=ya-dy;
		stift.drawLine(xa,ya,xe,ye);
		xa=xe; ya=ye;
	}
	public void rechts(int Winkel) {
		phi=phi+Winkel;
		b=2*Math.PI*phi/360;

	}
}
```

Zur Erklärung: Anfangs wird ein Punkt in der Mitte der Zeichenfläche (bei Pixel 300/300) als Ausgangspunkt gewählt. Wenn die Eingabe d, die Distanz, um die der Igel vorwärts gehen soll, gegeben ist, berechnen wir die Koordinaten des Endpunktes, indem wir dx nach rechts und dy nach oben gehen. dx und dy berechnen wir im rechtwinkligen Dreieck (siehe Abbildung). Es gilt

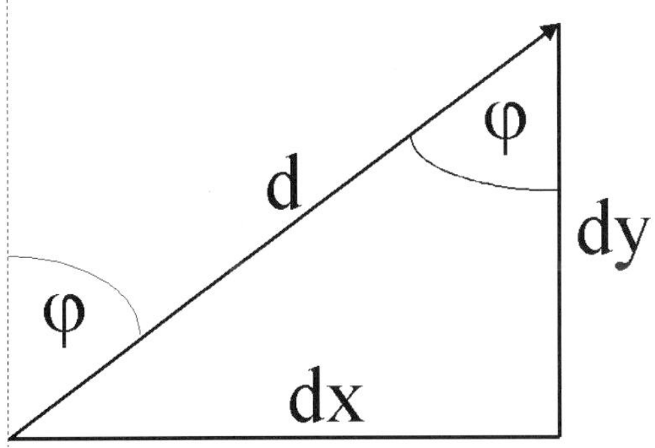

$$\sin \varphi = dx / d$$

$$dx = d \sin \varphi$$

Die Sinusfunktion aus dem Mathematikpaket Math benötigt allerdings den Winkel im Bogenmaß. Für das Bogenmaß b gilt:

$$b / 2\pi = \varphi / 360°$$

$$b = \pi \varphi / 180°$$

Ist die Verbindungslinie zwischen Anfangs-und Endpunkt gezogen, so werden die Koordinaten des Endpunktes xe und ye als neue Anfangskoordinaten gespeichert.
Der Igel soll sich auf der Stelle drehen können. Wenn φ die Richtung ist, in die der Igel schaut (immer bezogen auf die Nordrichtung, also auf dem Bildschirm nach oben), dann müssen wir den Drehwinkel einfach addieren. Wird in der Methode *rechts(...)* eine negative Zahl eingegeben, so bedeutet dies eine Drehung nach links.
Dieser Igel ist in vielen Programmen wieder verwendbar. Am besten wir speichern den Igel zusammen mit den Programmen, die ihn aufrufen wollen in ein extra Verzeichnis. Dazu wird die Klasse Igel compiliert und kann dann zum Beispiel von der Klasse Figur2 benutzt werden, da sie im gleichen Verzeichnis liegt. Das Verzeichnis enthält dann zwei Dateien mit der Endung *.class und die aufrufende HTML-Datei.

Im folgenden Programm geht der Igel jedes Mal um 100 Pixel vor und dreht sich um 100°, wenn man einen Button anklickt. Die Igelmethoden *vor* und *rechts* werden in actionPerformed aufgerufen:

```
import java.applet.*; import java.awt.*;
import java.awt.event.*;
public class Figur2 extends Applet implements ActionListener{
	Igel i= new Igel();
	public Figur2() {
		i.setSize(400,400); add(i);
```

```
        Button b = new Button("zeichne!");
        b.addActionListener(this);
        add(b);
    }
    public void actionPerformed(ActionEvent e){
        i.vor(100); i.rechts(100);
    }
}
```

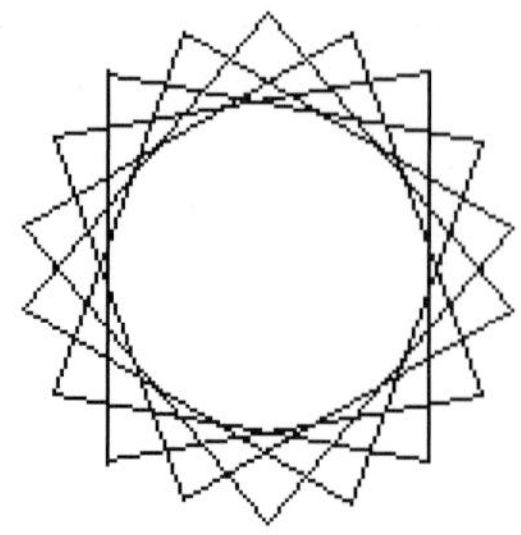

Im nächsten Programm ist eine Klasse Quadrat rekursiv definiert. Ihre Methode `zeichne` bekommt die Anzahl der Strecken als Argument. Die Klasse Quadrat enthält einen Selbstaufruf. Dabei wird n immer um 1 reduziert, bis es Null wird. Im Hauptspeicher des Rechners wird jedesmal beim Selbstaufruf eine Kopie der Methode zeichne angelegt, in der die Anweisungen noch mal abgearbeitet werden. Es wiederholt sich 4 mal, dass der Igel 50 Pixel vorwärts geht und sich um 90 Grad dreht:

```
import java.applet.*; import java.awt.*; import java.awt.event.*;
public class Grafik1 extends Applet implements ActionListener{
    Igel i= new Igel();
    Quadrat qu= new Quadrat();
    public Grafik1() {
        i.setSize(400,400); add(i);
        Button b = new Button("Start");
        b.addActionListener(this);
        add(b);
    }
    public void actionPerformed(ActionEvent e){
            qu.zeichne(4);
    }
class Quadrat{
    public void zeichne(int n){
        if (n>0){
            i.vor(50); i.rechts(90);
            zeichne(n-1);
        }
    }
}
}
```

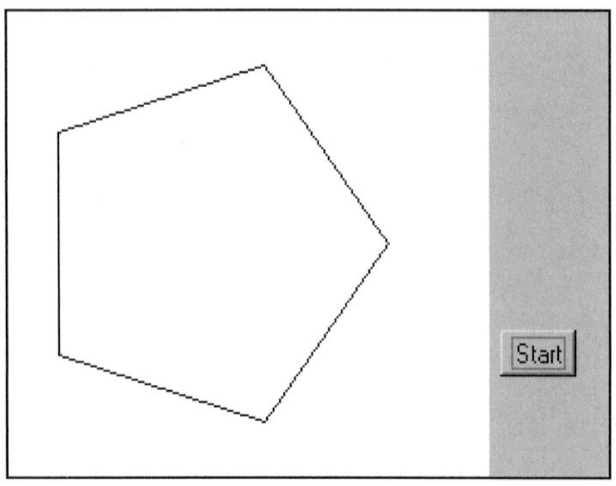

Nicht-rekursiv lässt sich die Wiederholung auch mit einer For-Schleife bewirken:

```
class Vieleck{
   public void zeichne(int n){
      for (int k=0; k<n; k=k+1){
            i.vor(50); i.rechts(360/n);
      }
   }
}
```

In der Abbildung erfolgte der Aufruf mit n = 5.

⇨ Aufgabe 73: Ändern Sie die Klasse Quadrat so, dass anstatt der 4 die Seitenlänge angegeben werden kann. Falls keine Seitenlänge angegeben wird, sollen 100 Pixel angenommen werden.

⇨ Aufgabe 74: Definieren Sie eine Klasse VielQuadrat, so dass viele Quadrate erzeugt werden können. Sie sollen jeweils um beispielsweise 10° gedreht sein:

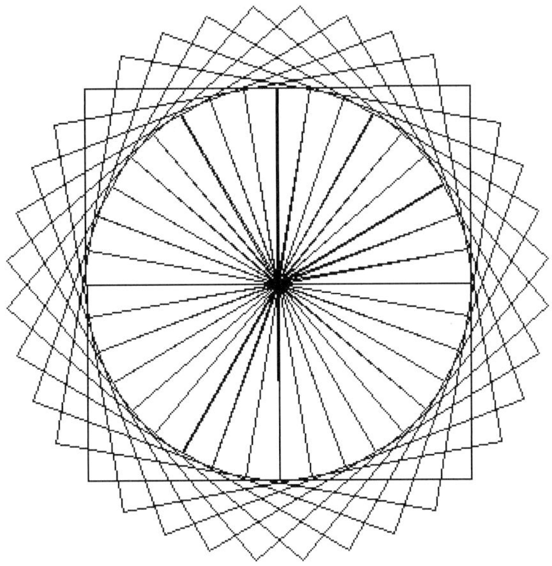

Rekursive Igelgrafiken, ein Baum

Wir stellen uns einen Baum vor, der aus Ästen besteht, die sich immer in je zwei Äste verzweigen, die sich wiederum in je zwei Äste verzweigen, und so weiter. Damit sie nicht in den Himmel wachsen nehmen wir an, dass sich ihre Länge dabei immer halbiert und damit das Wachstum auch ein zeitliches Ende hat, hören wir bei der Länge 2 Pixel auf.

```
import java.applet.*;
import java.awt.*;
import java.awt.event.*;
public class Grafik3 extends Applet implements ActionListener{
      Igel i= new Igel();
      BiBaum bb= new BiBaum();
      public Grafik3() {
            i.setSize(600,400); i.setBackground(Color.yellow);
            add(i);
            Button b = new Button("Start"); b.addActionListener(this);
            add(b);
      }
      public void actionPerformed(ActionEvent e){
                  bb.zeichne(140);
      }
class BiBaum{
      public void zeichne(int l){
            if (l>2){
                  i.vor(l);
                  i.rechts(90); i.vor(l); i.rechts(-90);
                  zeichne(l/2);
                  i.rechts(90); i.vor(-2*l); i.rechts(-90);
                  zeichne(l/2);
                  i.rechts(90); i.vor(l); i.rechts(-90);
                  i.vor(-l);
            }
      }
}
}
```

Der Igel geht zuerst eine Längeneinheit vor, wendet sich nach rechts, geht vor, dreht sich (-90) und schaut nach oben. An dieser Stelle kann nun ein neuer Ast ansetzen, der allerdings die Länge L/2 hat. Dies wird durch den Selbstaufruf `zeichne(L/2)` bewerkstelligt. Der Igel geht nun wieder zurück bis zur Abzweigung und die gleiche Strecke darüber hinaus (-2*L). Dort wendet er sich wieder nach oben. Da hier wieder ein neuer Ast ansetzen soll, kommt also ein Selbstaufruf. Nun sputet sich der Igel, um schleunigst wieder zum Ausgangspunkt zurückzukehren.

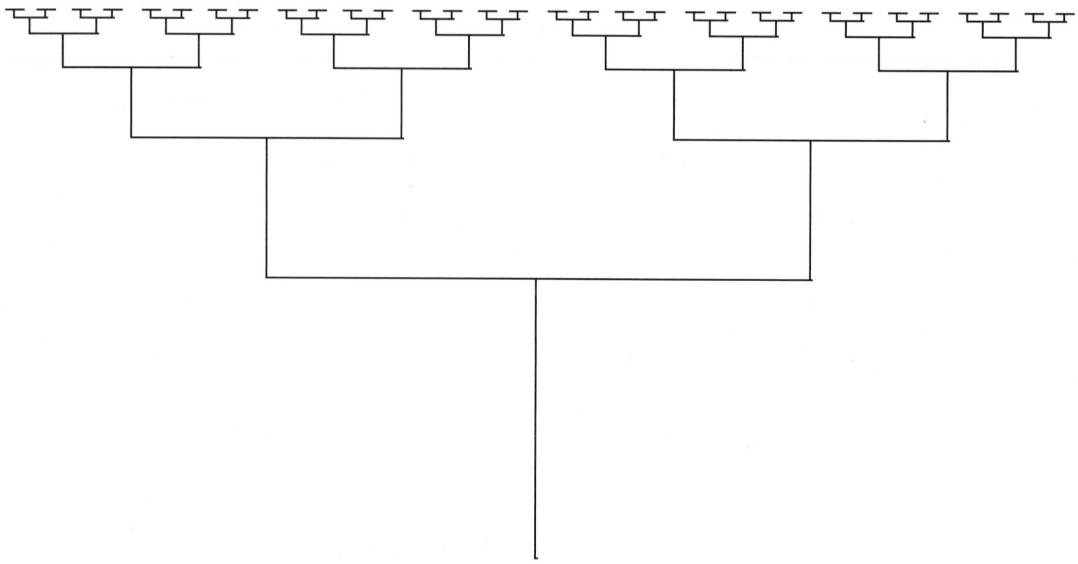

Ein ternärer Baum hat immer drei statt zwei Verzweigungen. Es entsteht ein Dreieck, aus dem Dreiecke ausgeschnitten sind, das sogenannte Sierpinski-Dreieck:

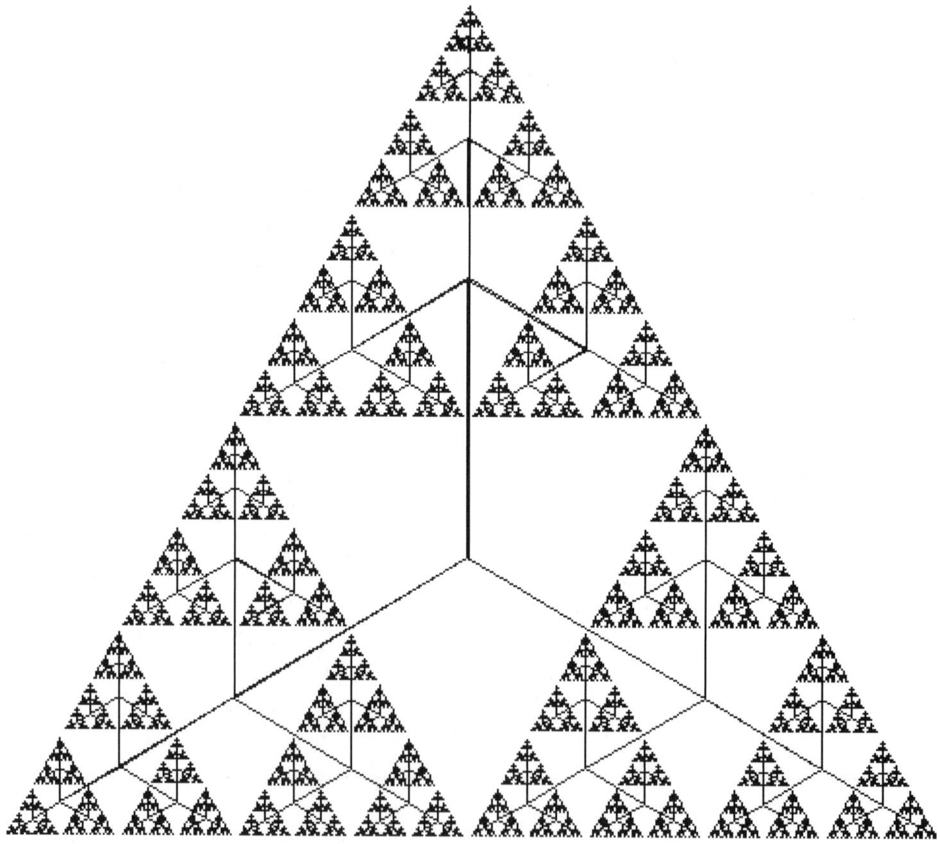

7.2 Fraktale

Es gibt Kurven mit der Eigenschaft, unendlich lang zu sein, aber eine endliche Fläche einzuschließen. Diese Kurven wurden von Mathematikern wie Peano, Hilbert, von Koch und Sierpinski untersucht. Die Kurven lassen sich durch sogenannte L-Systeme erzeugen, das sind Beschreibungen, die der dänische Biologe Aristid Lindenmayer (1925-1989) im Jahr 1968 für die Beschreibung von Pflanzenformen eingeführt hat Ein L-System besteht aus folgenden Regeln zur Erzeugung solcher Kurven per Vereinbarung:

Zeichnen von Strecken

F Zeichnen einer Linie bestimmter Länge (Forward)
M Vorwärtsbewegung ohne zu zeichnen (Move)
s Streckungsfaktor
* Die Linienlänge wird mit s multipliziert
: die Linienlänge wird durch s dividiert

Drehungen

a Drehwinkel
+ Drehung um a entgegen dem Uhrzeigersinn
- Drehung um a im Uhrzeigersinn
| Drehung um 180°

Selbstähnliche Kurven, also Kurven, die im Groben wie im Feinen ähnlich aussehen, heißen **Fraktale** [10].

Wir erzeugen ein Fraktal durch das L-System F + F - - F + F mit a=60°. Wir ersetzen jede Strecke nach der Regel Regel F → F + F - - F + F, dividieren ihre Länge aber zuvor durch 3. Das wiederholen wir und erreichen eine immer feinere Zergliederung. Die entstehende Kurve heißt auch Koch-Kurve nach dem Mathematiker Koch:

[10] Der Name kommt aus dem Lateinischen und bedeutet gebrochen. Das Gebrochene an einem Fraktal ist seine Dimension, wir gehen hier jedoch nicht näher darauf ein, siehe [93].

Programmcode für die Koch-Kurve:

```
import java.applet.*; import java.awt.*; import java.awt.event.*;
public class Grafik4 extends Applet implements ActionListener{
      Igel i= new Igel();
      KochKurve kk= new KochKurve();
      public Grafik4() {
         i.setSize(600,300); i.setBackground(Color.yellow); add(i);
         Button b= new Button("Start"); b.addActionListener(this); add(b);
      }
      public void actionPerformed(ActionEvent e){
            i.rechts(90); k.zeichne(600);
      }
class KochKurve{
      public void zeichne(int l){
            if (l<20) I.vor(l);
            else {
                  l=l/3;
                  zeichne(l); i.rechts(-60); zeichne(l); i.rechts(120);
                  zeichne(l); i.rechts(-60); zeichne(l);
            }
      }
}}
```

⇨ Aufgabe 75: Überlegen Sie sich das L-System für folgendes Fraktal und erstellen Sie das Java-Programm: Ergänzen Sie einige Zeilen! Schreiben Sie die Längen der Zeilen jeweils daneben! Was fällt auf?

Peano und Hilbert untersuchten Kurven, die eine Ebene füllen. Ein Quadrat wird in vier Teile unterteilt und jedes Teil von der Kurve besucht. Unterteilt man wieder jedes Teilquadrat, so hat die Kurve immer mehr Punkte zu besuchen. Je feiner man die Unterteilung macht, desto besser füllt die Kurve die Ebene. Beim Abtasten eines Grautonbildes kann man nun dieses Prinzip anwenden. Ein Drucker, der nur schwarz oder weiß drucken kann, druckt bestimmte Punktmuster. Diese Technik wird Dithering genannt. Tastet man ein Bild in quadratischen Blöcken ab, so entstehen bei geraden Linien unerwünschte Muster. Die kann man vermeiden, indem man die Ebene beispielsweise entlang einer solchen Hilbertkurve abtastet:

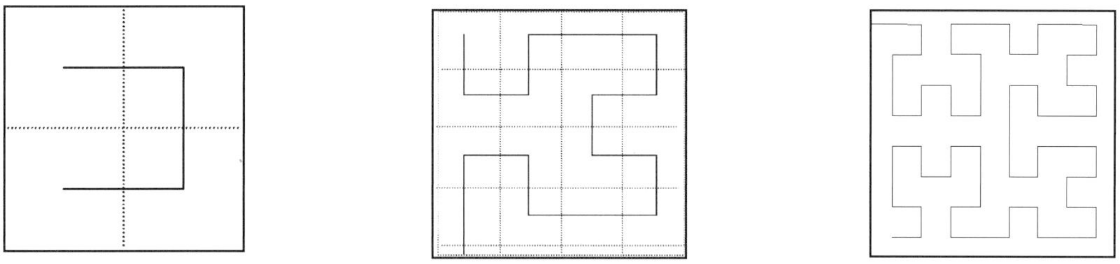

⇨ Aufgabe 76: Zeichnen Sie ein Quadrat und darauf ein rechtwinkliges Dreieck und auf jeder Kathete ein Quadrat und darauf ein rechtwinkliges Dreieck, und so weiter. Es wird behauptet es entstünde eine Broccoli-ähnliche Figur. Sie heißt auch Pythagoras-Baum.

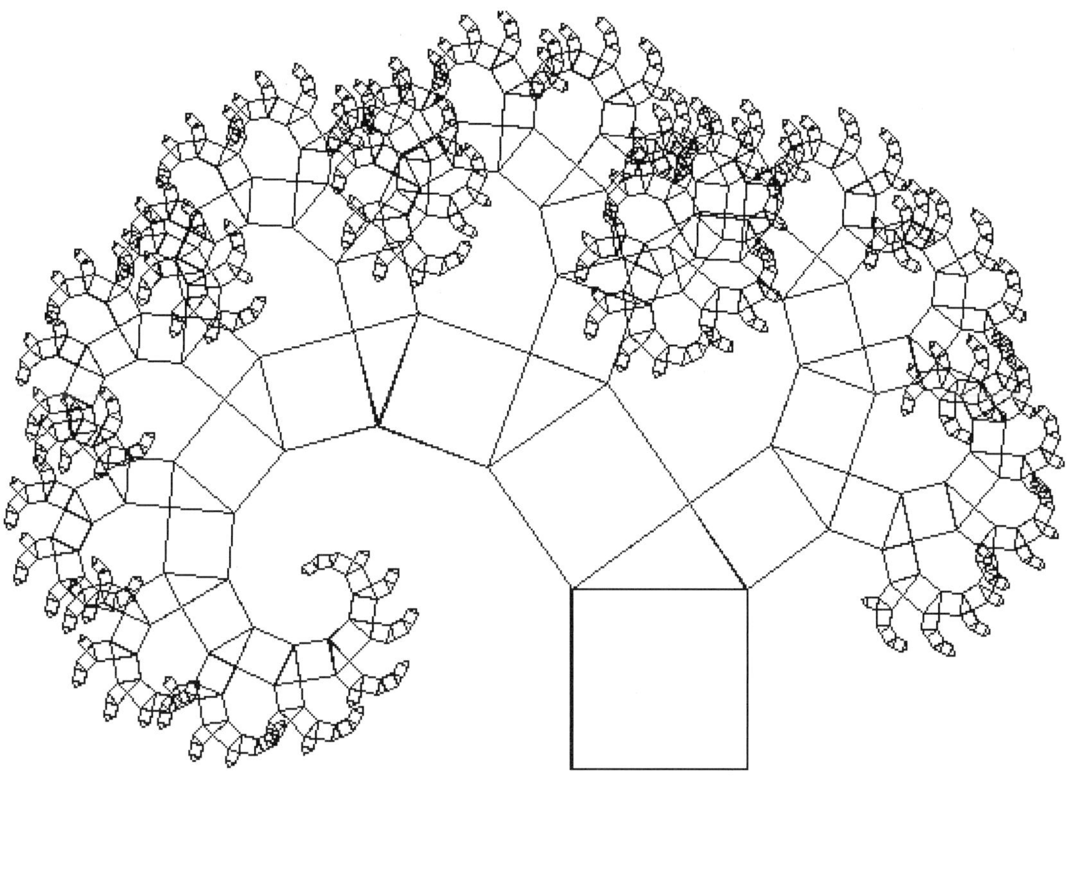

7.3 Wachstum

Zahlenfolgen

Verfahren von Newton zur Berechnung von Quadratwurzeln:

Das Verfahren war übrigens bereits den Sumerern vor 4000 Jahren bekannt. Gesucht ist die Wurzel aus a (a ist eine positive Zahl). Man berechnet Zahlen, die sich immer mehr an $\sqrt{a}$ annähern. Das nächste Glied der Zahlenfolge berechnet sich aus dem vorhergehenden. Die gesuchte Zahl sei x = $\sqrt{a}$. Dann ist $x^2 = a$ und $x = \frac{a}{x}$. Wir beginnen mit einem Schätzwert x_0. Aus einem schlechten Schätzwert x_n erhalten wir einen besseren x_n, indem wir das folgende arithmetische Mittel bilden:

$$x_{n+1} = \frac{1}{2}\left(x_n + \frac{a}{x_n}\right)$$

Dabei ist x_0 irgendein Anfangswert, zum Beispiel 1. Berechnen wir $\sqrt{2}$ so ist also

$$x_{n+1} = \frac{1}{2}\left(x_n + \frac{2}{x_n}\right)$$

$$x_0 = 1$$

$$x_1 = \frac{1}{2}\left(1+\frac{2}{1}\right) = 1{,}5$$

$$x_2 = \frac{1}{2}\left(1{,}5+\frac{2}{1{,}5}\right) = \frac{17}{12} = 1{,}41667$$

und so weiter.

Rückkopplung bedeutet hier: Eine Zahl x_n ist die Eingabe. Nach einer Vorschrift f (siehe oben) wird aus dieser Zahl die nächste Zahl x_{n+1} berechnet. Das ist die Ausgabe. Diese dient jeweils wieder als Eingabe.

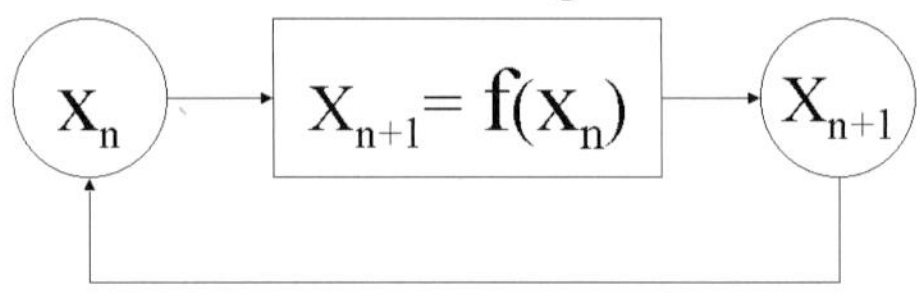

Ein Java-Programm dazu :

```
import java.applet.*;
import java.awt.*;
public class Wurzel extends Applet {
      int n=5;
      double x=1;
      Label L;
      public Wurzel() {
            l=new Label("Wurzel aus 2 mit Newtonverfahren:"); add(l);
            f(x);
      }
      public void f(double x) {
            if (n>0) {
                  x=0.5*(x+2/x);
                  l=new Label(""+x); add(l);
                  n=n-1;
                  f(x);
            }
}     }
```

Das Ergebnis:

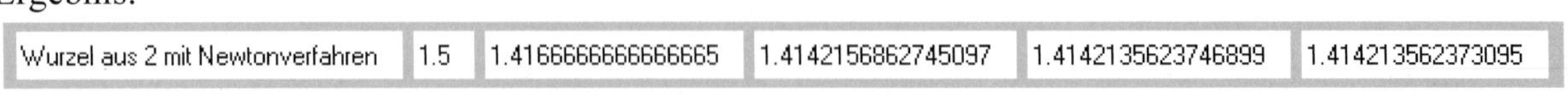

⇨ Aufgabe 77: Schreiben Sie ein Programm, das abbricht, wenn die Differenz zweier aufeinanderfolgenden Glieder der obigen Zahlenfolge kleiner als d=0,001 ist. Verändern Sie das Programm so, dass man die Zahlen a und d eingeben kann.

Die Fibonacci-Folge:

Der berühmte Mathematiker Leonardo Pisano, genannt Fibonacci, machte nach vielen Reisen Europa mit den arabischen Ziffern bekannt. Nach ihm ist auch eine Zahlenfolge benannt, die er untersuchte. Er dachte sich ein Kaninchenpaar, das nach jedem Monat wieder ein Kaninchenpaar als Nachkommen in die Welt setzt. Jedes neue Kaninchenpaar benötigt einen Monat zur Zeugungsfähigkeit, kann also erst nach dem zweiten Lebensmonat für Nachwuchs sorgen. Wir nennen die Zahl der Elternpaare x und die Zahl der Kinderpaare y. Die Zahl der jungen Paare ist nach einem Zeitschritt gleich der Zahl der Elternpaare vorher:

$$y_{n+1} = x_n$$

Die Jungen verfahren aber genauso wie die Alten. Nach einem Zeitschritt ist also die Zahl der Elternpaare:

$$x_{n+1} = x_n + y_n$$

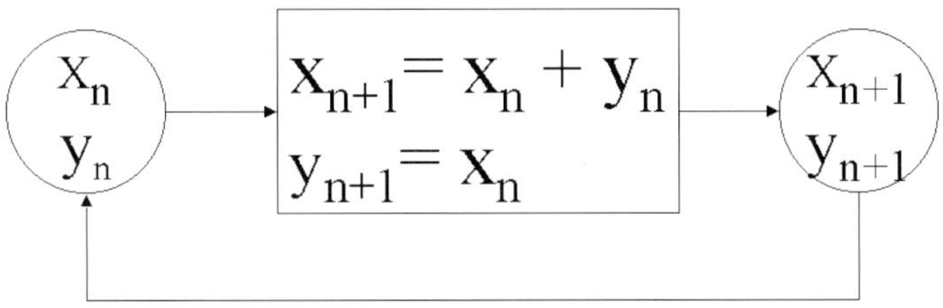

Aus den beiden Gleichungen könnte man eine machen:

$$x_{n+1} = x_n + x_{n-1}$$

Das nächste Glied der Folge berechnet sich also als Summe der beiden vorhergehenden.
Ein Java-Programm dazu :

```
import java.applet.*;
import java.awt.*;
public class Fibo extends Applet {
      int n=8; int xneu, yneu;
      int xalt=1; int yalt=1;
      Label l;
      public Fibo() {
            l=new Label("Fibonacci-Folge:");
            l.setBackground(Color.white); add(l);
            f(xalt,yalt);
      }
      public void f(int xalt, int yalt) {
            if (n>0) {
                  yneu=xalt;
                  xneu=xalt+yalt;
                  l=new Label(""+yalt);
                  l.setBackground(Color.white); add(l);
                  n=n-1;
                  f(xneu, yneu);
            }
      }
}
```

Das Ergebnis:

Fibonacci- Folge: 1 1 2 3 5 8 13 21 34 55 89 144 233 377 610 987

⇨ Aufgabe 78: Schreiben Sie ein Programm für die Berechnung des Wachstums eines Kapitals, wenn a) jährliche, b) vierteljährliche c) tägliche Verzinsung zugrunde gelegt wird. Kapital und jährlicher Zinssatz sollen eingegeben werden können. Wählen Sie als Kapital 1 Euro bei einem jährlichen Zinssatz von 100 %. Was erkennen Sie?

Wachstum

Das Verhulst-Modell für das logistische Wachstum

Wenn man ein Modell für das Wachstum aufstellt, muss man beachten, dass Wachstum eine Grenze hat. Unbegrenztes exponentielles Wachstum wird beispielsweise der Zinsrechnung zugrundegelegt. Eine Bakterienpopulation wächst in einem Bereich ebenfalls exponentiell. Dabei wird angenommen, dass die Zunahme proportional zur vorhandenen Population ist:

$$P_{n+1} = P_n + \text{Zunahme} , \quad \text{wobei} \quad \text{Zunahme} = r\ P_n$$
$$P_{n+1} = P_n + r\ P_n$$
$$P_{n+1} = (1 + r)\ P_n$$

In einer expliziten Formel:

$$P_n = (1 + r)^n\ P_0$$

$r = \frac{P_{n+1} - P_n}{P_n}$ heißt auch Wachstumsrate.

Das Modell des Mathematikers Verhulst nimmt an, dass die Wachstumsrate auch noch proportional zur Differenz aus aktueller Population und maximaler Population ist. Das ist realistischer, denn das Wachstum wird langsamer, wenn sich die Bevölkerung ihrem maximal möglichen Wert annähert. Ein solches Wachstum nennt man logistisches Wachstum.

Also einerseits $P_{n+1} - P_n = r_1\ P_n$ und andererseits $P_{n+1} - P_n = r_2\ (Max - P_n)$

zusammen: $P_{n+1} - P_n = r_1\ P_n\ r_2\ (Max - P_n)$

Fassen wir die Proportionalitätskonstanten zu einer Konstante zusammen, so erhalten wir:

$$P_{n+1} = P_n + r\ P_n\ (Max - P_n)$$

Statt der absoluten Population P ist es üblich, eine relative $\mathbf{p = P/Max}$ anzugeben:

$$\mathbf{p_{n+1} = p_n + r\ p_n\ (1 - p_n)}$$

Während beim exponentiellen Wachstum eine explizite Formel angegeben werden kann, ist dies beim logistischen Wachstum in der Regel nicht möglich. Wir müssen also wieder schrittweise vorgehen:

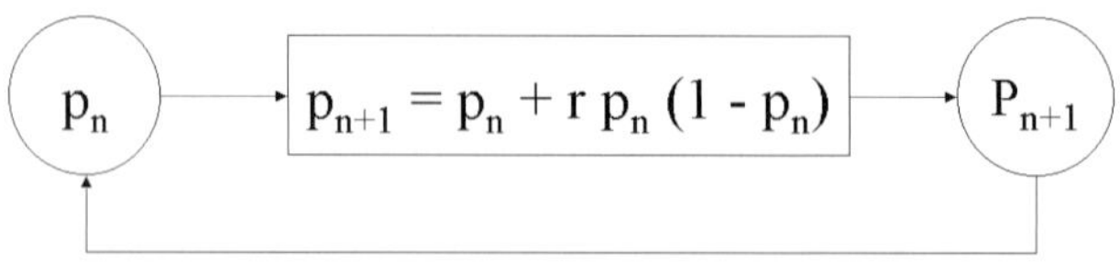

Bei Markteinführung eines neuen Produkts können ähnliche zeitliche Verläufe auftreten. Wenn das Produkt bekannt wird steigen die Verkäufe immer schneller und wenn Marktsättigung eintritt nähert sich die Kurve der Horizontalen:

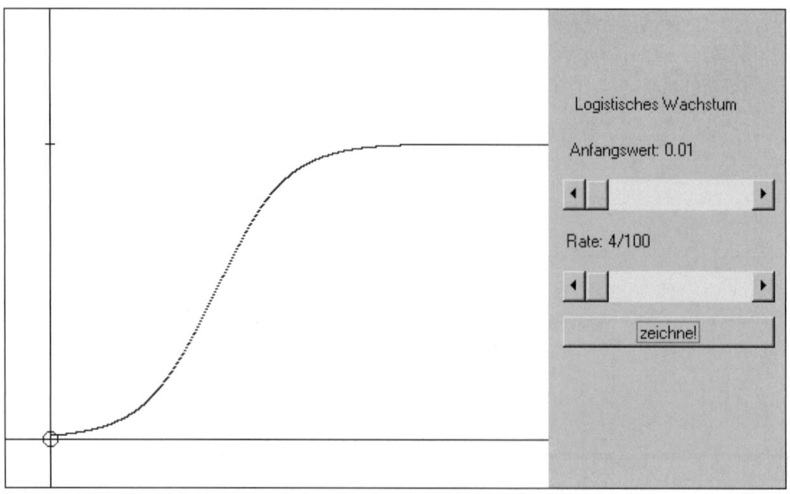

Unsere Wachstumsvorschrift enthält einen quadratischen Ausdruck. Denn wenn wir die Klammer ausmultiplizieren erhalten wir

$$p_{n+1} = p_n + r\ p_n - r\ p_n^2$$

Man hat beim Quadrieren immer mehr Dezimalstellen zu berücksichtigen. Irgendwann können wir nicht mehr alle Stellen anzeigen und müssen runden. Eine kleine Änderung hinter dem Komma führt aber später zu völlig anderen Ergebnissen. Früher oder später wird also jede Vorhersage gänzlich unzuverlässig. Das entdeckte schon der polnische Mathematiker Stan Ulam bei seinen Untersuchungen von Zufallszahlen mit dem ENIAC. Die Nicht-Vorhersagbarkeit liegt nicht an der Ungenauigkeit der Rechnung, sondern in der Natur der Sache begründet. Untersuchen wir den zeitlichen Verlauf der Population für verschiedene Konstanten r:

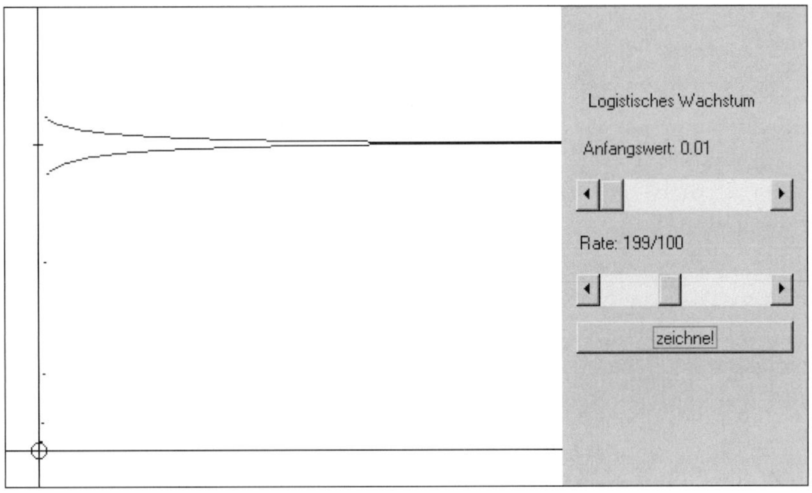

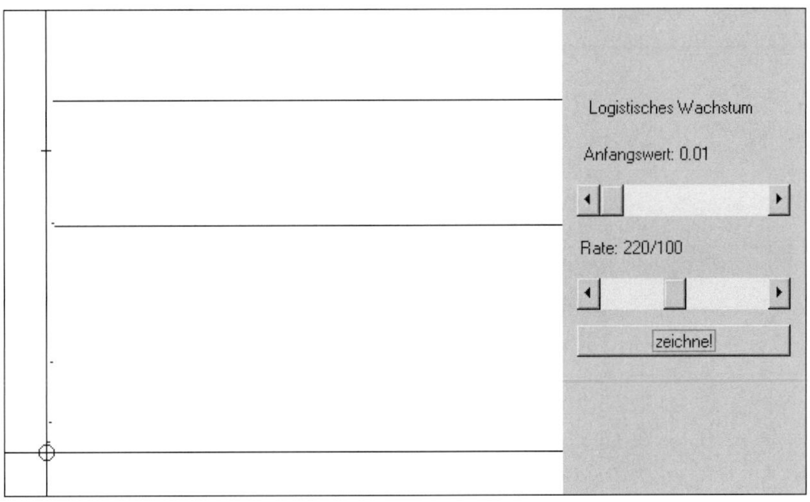

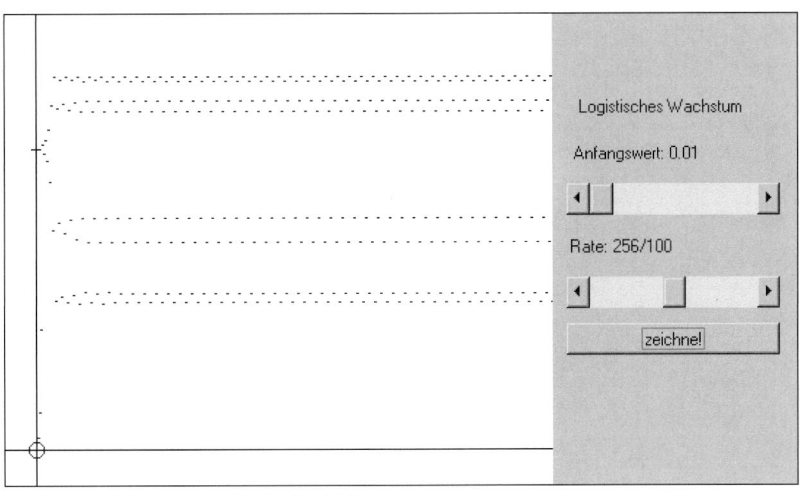

Die Population kann sich, wie man sieht, an einen Grenzwert annähern, oder zwischen zwei oder mehreren Werten hin-und herspringen, oder völlig chaotisch werden:

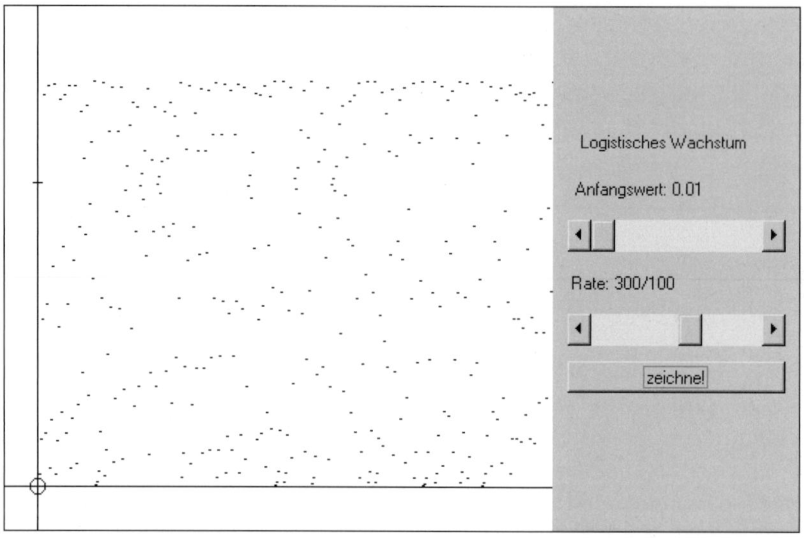

Auch eine kleine Variation des Anfangswertes kann zu einem völlig anderen Verlauf führen.
Der Meteorologe E. Lorenz stieß 1956 auf diesen Effekt, als er die Einflussgrößen auf das Wetter mit einem Gleichungssystem beschrieb, in dem auch quadratische Ausdrücke vorkommen. Er wird auch deterministisches Chaos genannt. Es gibt Wetterlagen, die eine relativ zuverlässige Vorhersage erlauben und Wetterlagen, bei denen dies unmöglich ist.
Sogar die Bewegung der Himmelskörper unterliegt diesem Phänomen.
Hier ein kleines Programm, bei dem man den Anfangswert p_0 und die Rate r variieren und so Entdeckungen machen kann:

```
import java.applet.*;
import java.awt.*;
import java.awt.event.*;
public class logist extends Applet implements ActionListener{
      Leinwand p= new Leinwand();
      int n; int aWert=1; int rate=10; double r; double y;
      Label thema, groesse1, groesse2;
      Lauscher l = new Lauscher();
      Scrollbar balken1 = new Scrollbar(0, 1, 0, 1, 100);
      Scrollbar balken2 = new Scrollbar(0, 1, 0, 1, 500);
      public void init(){
            Panel bereich1 = new Panel(); add(bereich1);
            Panel bereich2 = new Panel(); add(bereich2);
            p.setSize(400,400); bereich1.add(p);
            bereich2.setLayout(new GridLayout(6,1,10,10));
            thema = new Label("  Logistisches Wachstum      ");
            bereich2.add(thema);
            groesse1 = new Label(" Anfangswert: 0.01");
            bereich2.add(groesse1);
            balken1.addAdjustmentListener(L); bereich2.add(balken1);
            groesse2 = new Label(" Rate: 0.1"); bereich2.add(groesse2);
            balken2.addAdjustmentListener(l); bereich2.add(balken2);
            Button b = new Button("zeichne!"); b.addActionListener(this);
            bereich2.add(b);
      }
      public void actionPerformed(ActionEvent e){
            this.repaint();
            n=0;
```

```
        p.zeichneAchsen();
        r=(double)rate/100;
        double a=(double)aWert/100;
        f(a);
    }
    public void f(double x) {
        if (n<400) {
            n=n+1;
            y=x+r*x*(1-x);
            p.punkt(n,y);
            f(y);
        }
    }
public class Lauscher implements AdjustmentListener{
    public void adjustmentValueChanged(AdjustmentEvent er){
        if (er.getSource()==balken1) {
            aWert= balken1.getValue();
            groesse1.setText("Anfangswert: "+aWert+"/100");
        }
        if (er.getSource()==balken2) {
            rate= balken2.getValue();
            groesse2.setText("Rate: "+rate+"/100");
        }
    }
}
public class Leinwand extends Canvas {
    int x0=50; int y0=350; int m=200;
    Graphics stift;
    public void zeichneAchsen() {
        setBackground(Color.white);
        stift=getGraphics();
        stift.drawLine(0,y0,400,y0);
        stift.drawLine(x0,0,x0,400);
        stift.drawOval(x0-5,y0-5,10,10);
        for (int i=0; i<=10; i=i+1)
            stift.drawLine(x0-3,ySchirm(i),x0+3,ySchirm(i));
    }
    int ySchirm(double y){
        return (int)(y0-m*y);
    }
    public void punkt(int n, double fu) {
        int x=x0+n;
        int y=(int)(y0-m*fu);
        if (y>0)
        stift.drawLine(x,y,x+1,y);
    }
}
}
```

Das Chaos-Spiel, Attraktoren

Zufall und Bilderzeugung

Gegeben sind drei Punkte P_1, P_2 und P_3 auf unserem Spielbrett und ein beliebiger Punkt A als Anfangspunkt. Nun wird gewürfelt, eine der Zahlen 1, 2, 3 als Zufallszahl erzeugt. Wird die 1 gewürfelt, so rückt Punkt A in Richtung P_1 vor, und zwar bis auf die Hälfte des ursprünglichen Abstandes. Wird die 2 oder 3 gewürfelt, rückt der Spielpunkt entsprechend gegen P_2 beziehungsweise P_3 vor.
Das folgende Programm untersucht, wie die grafische Entwicklung dieses Systems nach langer Zeit aussieht:

```
import java.applet.*;  import java.awt.*;
import java.awt.event.*;
public class Zufallspunkte extends Applet implements ActionListener {
      Leinwand l=new Leinwand();
      Zug z=new Zug();
      Punkt a=new Punkt(100,100);
      public void init() {
            l.setSize(400,400); l.setBackground(Color.white); add(l);
            Button b1 = new Button("Nächster Punkt!");
            b1.addActionListener(this); add(b1);
            Button b2 = new Button("100 Punkte!");
            b2.addActionListener(this); add(b2);
            Button b3 = new Button("1000 Punkte!");
            b3.addActionListener(this); add(b3);
            l.zeichnePunkt(a);
      }
      public void actionPerformed(ActionEvent e){
            String s=e.getActionCommand();
            if (s.equals("Nächster Punkt!")) {
                  a=z.berechnePunkt();
                  l.zeichnePunkt(a);
            }
            if (s.equals("100 Punkte!"))
                  for (int i=0; i<100; i=i+1) {
                        a=z.berechnePunkt();
                        l.zeichnePunkt(a);
                  }
            if (s.equals("1000 Punkte!"))
                  for (int i=0; i<1000; i=i+1) {
                        a=z.berechnePunkt();
                        l.zeichnePunkt(a);
                  }
      }
public class Zug {
      int zz;
      int xP[]=new int[3];
      int yP[]=new int[3];
      public Zug() {
            xP[0]=50; yP[0]=350;
            xP[1]=350; yP[1]=350;
            xP[2]=200; yP[2]=50;
      }
      public punkt berechnePunkt() {
            zz=(int)(Math.random()*3);
            a.x=(a.x+xP[zz])/2;
            a.y=(a.y+yP[zz])/2;
```

```
return a;
      }
}
public class Punkt {
      int x, y;
      public Punkt(double xa, double ya) {
            x=(int)xa; y=(int)ya;
      }
}
public class Leinwand extends Canvas {
      int xa=200; int ya=200;
      Graphics stift;
      public void zeichnePunkt(Punkt a) {
            stift=getGraphics();
            stift.fillRect(a.x,a.y,2,2);
      }
}
}
```

Wir erkennen, dass das System im Langzeitverhalten eine Struktur aufweist, da der Spielpunkt von gewissen Punkten angezogen wird. Diese Punkte heißen auch Attraktoren.

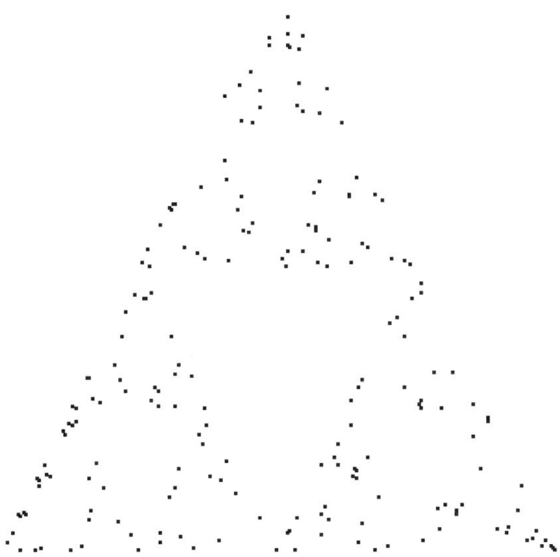

7.4 Komplexe Zahlen

Die imaginäre Zahl i ist definiert durch die Gleichung

$$i^2 = -1$$

Eine komplexe Zahl c hat einen Realteil und einen Imaginärteil. Man kann sie in der Form schreiben:

$$c = a + b\,i$$

Dabei ist a der Realteil und b der Imaginärteil. Häufig werden komplexe Zahlen in einem rechtwinkligen (kartesischen) Koordinatensystem dargestellt. Nach rechts der Realteil und nach oben der Imaginärteil. Die x-Achse heißt dann reelle Achse und die y-Achse imaginäre Achse.

⇨ Aufgabe 79: Zeichnen Sie in der komplexen Zahlenebene die Zahlen: $3 + 2\,i$; $4\,i$; i^2 ; $-i$; 5

Rechnen mit komplexen Zahlen:

Die **Addition**:

$$z_1 = a_1 + b_1 i \quad ; \quad z_2 = a_2 + b_2 i$$

$$z_1 + z_2 = a_1 + a_2 + (b_1 + b_2)\,i,$$

das heißt man addiert komplexe Zahlen ähnlich wie Vektoren in der zweidimensionalen Ebene.

Beispiel:

$$z_1 = 4 + 3i \; ; \; z_2 = 2 + i$$

$$z_1 + z_2 = 4 + 3i + 2 + i = 6 + 4i$$

Allgemein:

$$z_1 = a_1 + b_1 i \quad ; \quad z_2 = a_2 + b_2 i$$

$$z_1 + z_2 = a_1 + a_2 + (b_1 + b_2)\,i$$

Der **Betrag** einer komplexen Zahl:

$|z| = (a^2 + b^2)^{1/2}$ nach Pythagoras.

$$z = 4 + 3i$$

$$|z| = (4^2 + 3^2)^{1/2} = 5$$

Die **Multiplikation** zweier komplexen Zahlen:

$$z_1 = 4 + 3i \; ; \; z_2 = 2 + i$$

$$z_1 * z_2 = 8 + 4i + 6i - 3 = 5 + 10i$$

⇨ Aufgabe 80: Wie multipliziert man allgemein zwei komplexe Zahlen?

Eine andere Schreibweise für komplexe Zahlen ist die unter Verwendung von Polarkoordinaten:
Im rechtwinkligen Dreieck (siehe Abbildung) gilt

$a = |z| \cos \varphi$ und $b = |z| \sin \varphi$,

also $z = |z| (\cos \varphi + i \sin \varphi)$.

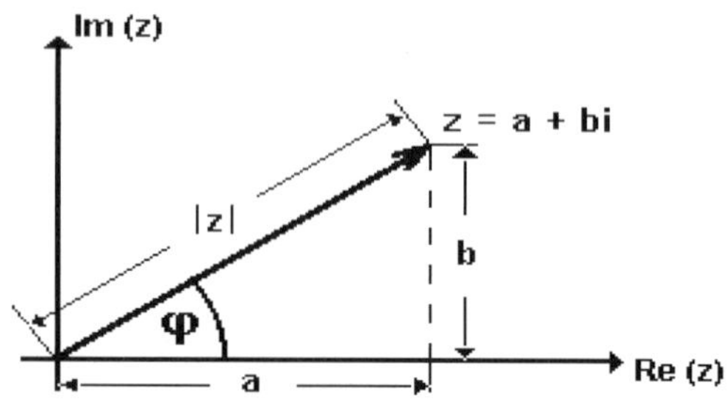

Multiplikation:

$$z_1 = |z_1| (\cos \alpha + i \sin \alpha) \quad ; \quad z_2 = |z_2| (\cos \beta + i \sin \beta)$$

$$z_1 * z_2 = |z_1|\,|z_2|\,(\cos\alpha \cos\beta + i \cos\alpha \sin\beta + i \sin\alpha \cos\beta - \sin\alpha \sin\beta)$$

$$= |z_1|\,|z_2|\,(\cos(\alpha + \beta) + i \sin(\alpha + \beta))$$

Man multipliziert komplexe Zahlen einfach, indem man die Beträge multipliziert und die Winkel addiert.

⇨ Aufgabe 81: Gegeben sind die komplexen Zahlen $z_1 = 3 + 2\,i$ und $z_2 = -1 + 2\,i$. Bilden Sie a) die Summe $z_1 + z_2$ und b) das Produkt $z_1 * z_2$ und zeichnen Sie jeweils (auf Papier)!

⇨ Aufgabe 82: Berechnen Sie die Glieder der reellen Zahlenfolge $x_{n+1} = x_n^2 - 1$. Stellen Sie x als Funktion von n grafisch dar. Setzen Sie für den Anfangswert x_0 a) 0,5 b) 1,6 c) 1,62 d) 1,272 e) 0.

⇨ Aufgabe 83: Untersuchen Sie das Verhalten der komplexen Zahlenfolge $z_{n+1} = z_n^2 + i$. Nehmen Sie als Anfangswerte die Zahlen $z_0 = a_0 + i\,b_0$ mit $a_0 = 1$ und $b_0 = 0$. Variieren Sie den Anfangswert.

⇨ Aufgabe 84: Zeigen Sie: Das Bild einer komplexen Zahl mit dem Betrag 1 liegt auf dem Einheitskreis. Das Quadrat dieser Zahl liegt wieder auf dem Einheitskreis, der Winkel zur reellen Achse verdoppelt sich.

Eine Klasse KomplexeZahl, Addition und Subtraktion

Das Produkt zweier komplexer Zahlen in kartesischen Koordinaten ist allgemein

$$z_1 = a_1 + b_1 i \quad ; \quad z_2 = a_2 + b_2 i$$
$$z_1 * z_2 = (a_1 + b_1 i)*(a_2 + b_2 i)$$
$$= a_1*a_2 - b_1*b_2 + i(a_1*b_2 + b_1*a_2)$$

Das Quadrat einer komplexen Zahl $z = a + b\ i$
und hat deshalb den Realteil $a^2 - b^2$ und den Imaginärteil $2ab$.

Im folgenden Programm wird eine Klasse für komplexe Zahlen definiert, die jeweils die Angabe von Real- und Imaginärteil der Zahl verlangt. Mit `z.Betrag` kann auf den Betrag der Zahl z zugegriffen werden:

```
import java.applet.*;
import java.awt.*;
public class Komplex extends Applet{
     komplexeZahl z1, z2, zs;
     Label l;
     Rechnen r= new Rechnen();
     public Komplex(){
          z1=new KomplexeZahl(1,0);
          l=new Label("Die komplexe Zahl hat den Betrag "+z1.betrag);
          add(l);
          z2=new KomplexeZahl(0,1);
          zs=r.summe(z1,z2);
          l=new Label("Die komplexe Summe hat den Betrag "+zs.betrag);
          add(l);
}
public class KomplexeZahl{
     double re, im, betrag;
     public KomplexeZahl(double real, double imag) {
          re=real; im=imag;
          betrag=Math.sqrt(re*re+im*im);
     }
}
public class Rechnen{
     public KomplexeZahl summe(KomplexeZahl k1, KomplexeZahl k2){
          KomplexeZahl k=new KomplexeZahl(k1.re+k2.re,k1.im+k2.im);
          return k;
     }
     public KomplexeZahl produkt(komplexeZahl k1, komplexeZahl k2){
          KomplexeZahl k=new KomplexeZahl(k1.re*k2.re-k1.im*k2.im,
               k1.re*k2.im+k1.im*k2.re);
          return k;
     }
}}
```

In der Klasse Rechnen erhalten die Methoden Summe und Produkt jeweils zwei komplexe Zahlen als Eingabe. Sie haben auch jeweils einen Rückgabewert, nämlich eine komplexe Zahl k.

⇨ Aufgabe 85: Schreiben Sie das Programm um, so dass der Betrag des Produkts zweier Zahlen berechnet wird.

⇨ Aufgabe 86: Ergänzen Sie die Klasse Rechnen durch eine Methode "Quadrieren".

⇨ Aufgabe 87: Bei welchen komplexen Zahlen wird der Betrag durch Quadrieren größer beziehungsweise kleiner?

⇨ Aufgabe 88: Definieren Sie auch eine Klasse für komplexe Zahlen, bei der der Betrag und der Winkel φ angegeben wird und Realteil und Imaginärteil berechnet werden.

Komplexe Zahlen fortlaufend quadrieren

Gefangenenmenge und Fluchtmenge

Das Programm KomplexQ zeichnet auf Knopfdruck ein ebenes Koordinatensystem für die komplexe Zahlenebene. Mit der Maus kann man einen Punkt markieren. Der Punkt stellt also eine komplexe Zahl z dar. Auf einen weiteren Knopfdruck hin wird das Quadrat z*z berechnet und in dieser Zahlenebene dargestellt. Ein wiederholter Knopfdruck quadriert fortlaufend. Man erkennt, dass die Punkte entweder zum Ursprung streben, oder nach außen aus dem Bild verschwinden. Das hängt von der Wahl des ersten Punktes ab. Man kann also versuchen, Stellen zu finden, für die die Folge der Zahlen konvergiert. Das ist die Gefangenenmenge. Die andere heißt Fluchtmenge.

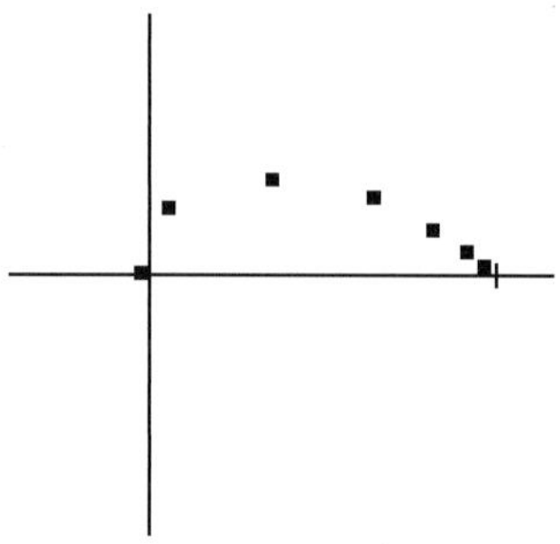

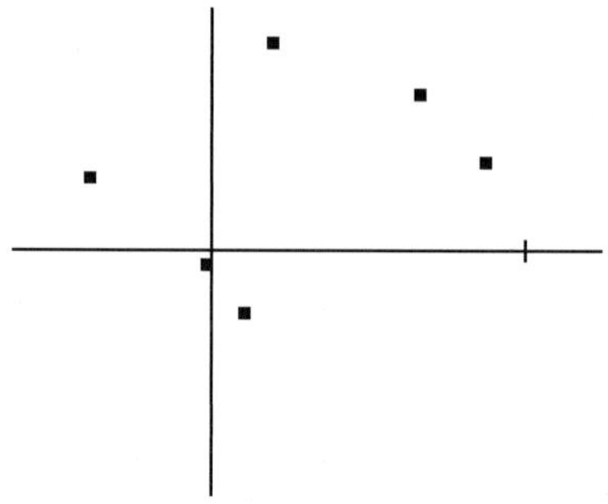

```
import java.applet.*; import java.awt.*; import java.awt.event.*;
class KomplexQ extends Applet implements ActionListener{
      Leinwand p=new Leinwand();
      KomplexeZahl z=new KomplexeZahl(0,1);
      KomplexeZahl z2;
      Rechnen r= new Rechnen();
      Label l;
      KomplexQ(){
            p.setSize(400,400); p.setBackground(Color.yellow); add(p);
            Button b1 = new Button("Achsenkreuz");
            b1.addActionListener(this); add(b1);
            Button b3 = new Button("quadriere!");
            b3.addActionListener(this); add(b3);
            l=new Label("     z        Betrag     "); add(l);
      }
      public void actionPerformed(ActionEvent e){
            String s=e.getActionCommand();
            if (s.equals("Achsenkreuz")) p.achsen();
            if (s.equals("quadriere!")){
                  z2=r.produkt(z,z);
                  z=z2;
                  z.zeichne();
                  int b=(int)(100*z.betrag);
                  l.setText("Betrag "+(double)(b)/100);
            }         // Runden auf zwei Dezimalstellen
      }
class KomplexeZahl{
      double re, im, betrag;
      public KomplexeZahl(double real, double imag) {
            re=real; im=imag;
            betrag=Math.sqrt(re*re+im*im);
      }
      void zeichne(){
            p.punkt(re,im);
}}
```

```
class Rechnen{
     KomplexeZahl summe(KomplexeZahl k1, KomplexeZahl k2){
          KomplexeZahl k=new KomplexeZahl(k1.re+k2.re,k1.im+k2.im);
          return k;
     }
     KomplexeZahl produkt(KomplexeZahl k1, KomplexeZahl k2){
          KomplexeZahl k=new KomplexeZahl(k1.re*k2.re-
               k1.im*k2.im,k1.re*k2.im+k1.im*k2.re);
          return k;
     }
}
class Leinwand extends Canvas{
     int xa=200; int ya=200; double m=100;
     Graphics stift;
     public Leinwand(){
          addMouseListener(new WoIstMaus());
     }
     public void achsen(){
          stift=getGraphics();
          stift.setColor(Color.blue);
          stift.drawLine(0,ya,2*xa,ya);
          stift.drawLine(xa,0,xa,2*ya);
          stift.drawLine(xa+(int)m,ya-3,xa+(int)m,ya+3);
          stift.drawLine(xa-(int)m,ya-3,xa-(int)m,ya+3);
          stift.drawLine(xa-3,ya-(int)m,xa+3,ya-(int)m);
          stift.drawLine(xa-3,ya+(int)m,xa+3,ya+(int)m);
     }
     public void punkt(double re, double im) {
          stift.setColor(Color.red);
          int x=(int)(xa+m*re);
          int y=(int)(ya-m*im);
          stift.fillRect(x,y,4,4);
     }
     class WoIstMaus extends MouseAdapter{
          public void mousePressed(MouseEvent e){
               int x=e.getX(); int y=e.getY();
               z.re=(double)(x-xa)/m;
               z.im=(double)(ya-y)/m;
               punkt(z.re,z.im);
          }
     }
}}
```

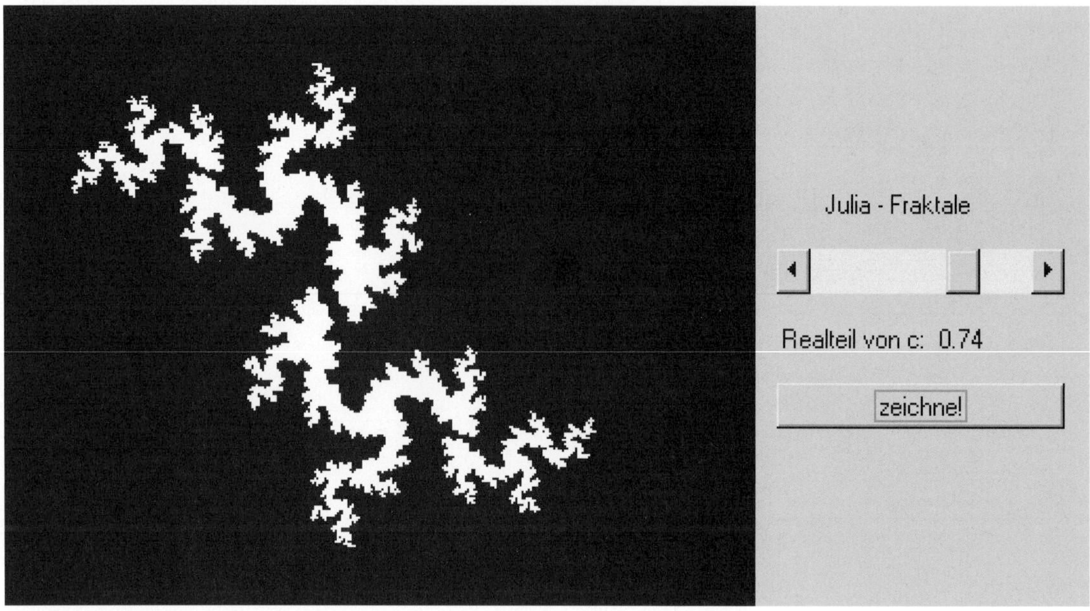

Die Julia-Menge

Wir betrachten die Folge von komplexen Zahlen z_n mit n = 0, 1, 2, 3, ... und der Vorschrift

$$z_{n+1} = z_n^2 + c$$

wobei c ebenfalls eine komplexe Zahl ist. Diese Folge hat Ähnlichkeiten mit der Wachtumsvorschrift beim logistischen Wachstum (Seite 108). Stellt man die komplexen Zahlen z_n als Punkte in der komplexen Zahlenebene dar, so bemerkt man, dass die Punkte (infolge des Quadrierens und Addierens einer Zahl) wandern. Entweder sie bleiben in der Umgebung des Ursprungs, oder sie verlassen jeden Kreis um den Ursprung. Das hängt vom Anfangswert x_0 und von der Konstanten c ab. Die Menge der Punkte z_0 , deren Folge ins Unendliche flieht, heißt Fluchtmenge, die zweite Menge der Anfangspunkte heißt Gefangenenmenge, oder Juliamenge nach dem Mathematiker Gaston Julia [91].

Das Programm besteht aus den folgenden Teilen: Im ersten Teil wird die grafische Oberfläche festgelegt. Sie enthält eine Leinwand mit 400 mal 400 Pixel zum Zeichnen im linken Bereich und im rechten Bereich sind die Kontrollelemente untergebracht. Mit einem Rollbalken kann man die Zahl c verändern. Zwei Lauscher hören auf das Verändern der Rollbalkenstellung und auf den Knopfdruck zum Starten der Zeichnung.
In der Klasse JFraktal wird für jeden Punkt x,y der Zeichenfläche geprüft, ob die entsprechende komplexe Zahl durch fortgesetztes Quadrieren und Addieren von c immer größer wird. Genauer gesagt: es wird geprüft, ob nach zwanzigfacher Anwendung der Vorschrift der Abstand vom Ursprung noch kleiner als 3 ist. Wenn ja, wird der entsprechende Anfangspunkt rot gefärbt. Die schwarzen Punkte stellen also die Fluchtmenge dar. Die restlichen Klassen sind aus früheren Programmen bekannt.

```
import java.applet.*; import java.awt.*; import java.awt.event.*;
public class Julia2 extends Applet{
      Leinwand p= new Leinwand();
      KomplexeZahl z, z2, c; double ima=0.9;
      Rechnen r= new Rechnen();
      JFraktal j= new JFraktal();
      Label thema, groesse;
      Lauscher1 l1 = new Lauscher1(); Lauscher2 l2 = new Lauscher2();
      Scrollbar balken = new Scrollbar(0, 90, 10, 2, 100);
      public Julia2(){
            Panel bereich1 = new Panel(); add(bereich1);
            Panel bereich2 = new Panel(); add(bereich2);
            p.setSize(400,400); p.setBackground(Color.black);
            bereich1.add(p);
            bereich2.setLayout(new GridLayout(4,1,10,10));
```

```
            thema = new Label("       Julia - Fraktale           ");
            balken.addAdjustmentListener(L2); bereich2.add(balken);
            groesse = new Label(" Realteil von c:  " + ima);
            Button b = new Button("zeichne!"); b.addActionListener(l1);
            bereich2.add(thema); bereich2.add(groesse); bereich2.add(b);
            c=new KomplexeZahl(0,ima); z=new KomplexeZahl(0,0);
      }
public class Lauscher1 implements ActionListener {
      public void actionPerformed(ActionEvent e){
            p.Achsen();
            j.berechneJFraktal();
}     }
public class Lauscher2 implements AdjustmentListener{
      public void adjustmentValueChanged(AdjustmentEvent e){
            int wert= balken.getValue();
            ima=(double) wert/100;
            c=new KomplexeZahl(0,ima);
            groesse.setText("Realteil von c:  "+ima);
}     }
public class JFraktal {
      public void berechneJFraktal(){
            for (int x=0; x<600; x++){
                  z.re=-1.5+0.005*x;
                  for (int y=0; y<600; y++){
                        z.im=-1.5+0.005*y;
                        z2=z;
                        for (int i=0; i<20; i++){
                              z2=r.produkt(z2,z2);
                              z2=r.summe(z2,c);
                        }
                        if (z2.betrag<3) z.zeichne();
                  }
            }
}     }
public class KomplexeZahl{
      double re, im, betrag;
      public KomplexeZahl(double real, double imag) {
            re=real; im=imag;
            betrag=Math.sqrt(re*re+im*im);
      }
      public void zeichne(){
            p.punkt(re,im);
}     }
public class Rechnen{
      public KomplexeZahl Summe(KomplexeZahl k1, KomplexeZahl k2){
            KomplexeZahl k=new KomplexeZahl(k1.re+k2.re,k1.im+k2.im);
            return k;
      }
      public KomplexeZahl Produkt(KomplexeZahl k1, KomplexeZahl k2){
            KomplexeZahl k=new KomplexeZahl(k1.re*k2.re-k1.im*k2.im,
            k1.re*k2.im+k1.im*k2.re);
            return k;
}     }
public class Leinwand extends Canvas {
      int xa=200; int ya=200; int m=100; Graphics stift;
```

```
        public void achsen(){
                stift=getGraphics(); stift.setColor(Color.blue);
                stift.drawLine(0,ya,2*xa,ya);
                stift.drawLine(xa,0,xa,2*ya);
        }
        public void punkt(double re, double im) {
                stift.setColor(Color.red);
                int x=(int)(xa+m*re);
                int y=(int)(ya-m*im);
                stift.drawLine(x,y,x,y);
        }
}}
```

Die Mandelbrot-Menge

Wir betrachten wieder die Folge der komplexen Zahlen z_n mit n = 0, 1, 2, 3, ... und der Vorschrift

$$z_{n+1} = z_n^2 + c$$

Zeichnet man die komplexen Zahlen c als Punkte in der komplexen Zahlenebene ein, für die die Zahlenfolge konvergiert, so erhält man die sogenannte Mandelbrotmenge, nach dem Mathematiker Benoit Mandelbrot:

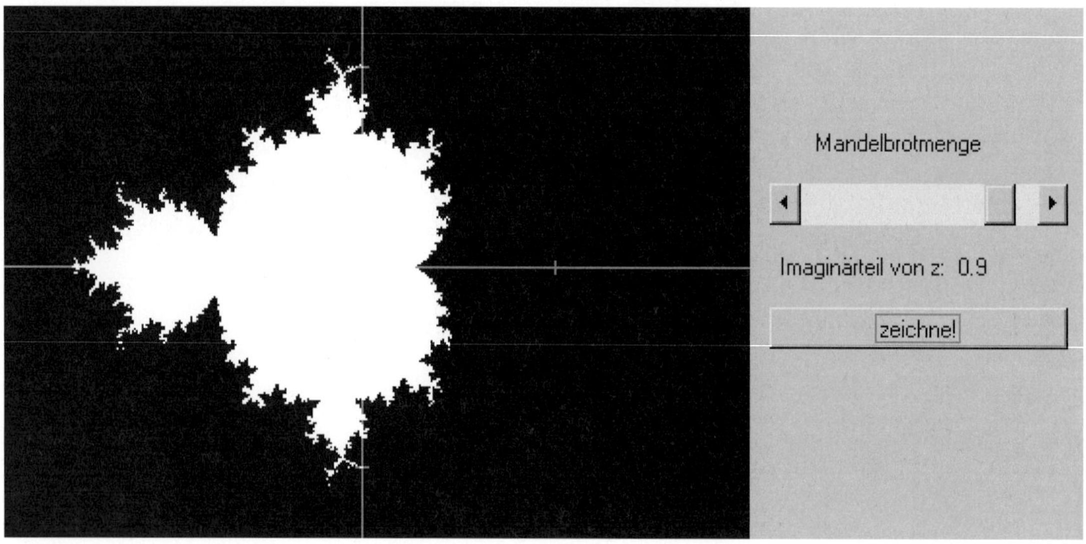

Im Programm für die Julia-Menge ist nur sehr wenig zu ändern: Ersetzen Sie die Klasse *Jfraktal* durch die folgende Klasse *Mfraktal*, passen Sie in der Klasse *Julia2* die Deklaration an und ändern Sie den Aufruf in der Klasse *Lauscher1*.

```
public class MFraktal {
        public void berechneMFraktal(){
                for (int x=0; x<600; x++){
                        c.re=-1.5+0.005*x;
                        for (int y=0; y<600; y++){
                                c.im=-1.5+0.005*y;
                                z2=z;
                                for (int i=0; i<20; i++){
                                        z2=r.produkt(z2,z2);
                                        z2=r.summe(z2,c);
                                }
                                if (z2.betrag<3) c.zeichne();
                        }
                }
}       }
```

8 Verschlüsselung

Bereits im alten Indien waren Codes bekannt und in der Kamasutra wird Kryptographie als eine der Fähigkeiten beschrieben, über die eine Frau verfügen sollte. Verschlüsselung von Nachrichten spielt heute eine zunehmend wichtige Rolle, nachdem zum Beispiel auch Geldtransaktionen im Internet stattfinden.

Heute genügt nicht mehr die Verschlüsselungsmethode von Cäsar, die er in vertraulichen Briefen an Cicero anwandte. Er schrieb unter die Buchstaben des Alphabets noch mal das Alphabet, allerdings um drei Stellen nach links verschoben.

FLFHUR

Bei einem Alphabet mit 26 Buchstaben gibt es 25 verschiedene Verschlüsselungen. Das müsste doch zu knacken sein. Nimmt man noch ein Codewort hinzu, so wird die Sache schon schwieriger. Wir versetzen wieder den Anfang um eine Anzahl Buchstaben, zum Beispiel 3 nach vorn, schreiben dort das Merkwort unter das Alphabet, wobei wir doppelt vorkommende Buchstaben weglassen, und füllen dann mit den restlichen Buchstaben des Alphabets der Reihe nach auf, die nicht im Codewort vorkommen.

A	B	C	D	E	F	G	H	I	J	K	L	M	N	O	P	Q	R	S	T	U	V	W	X	Y	Z
X	Y	Z	G	E	H	I	M	W	O	R	T	A	B	C	D	F	J	K	L	N	P	Q	S	U	V

Wenn jedem Buchstaben eindeutig ein Geheimbuchstabe zugeordnet wird, spricht man von *monoalphabetischer Verschlüsselung*. Einer der Nachteile ist offensichtlich, dass die Buchstaben in der für eine Sprache charakteristischen Häufigkeitsverteilung vorkommen.

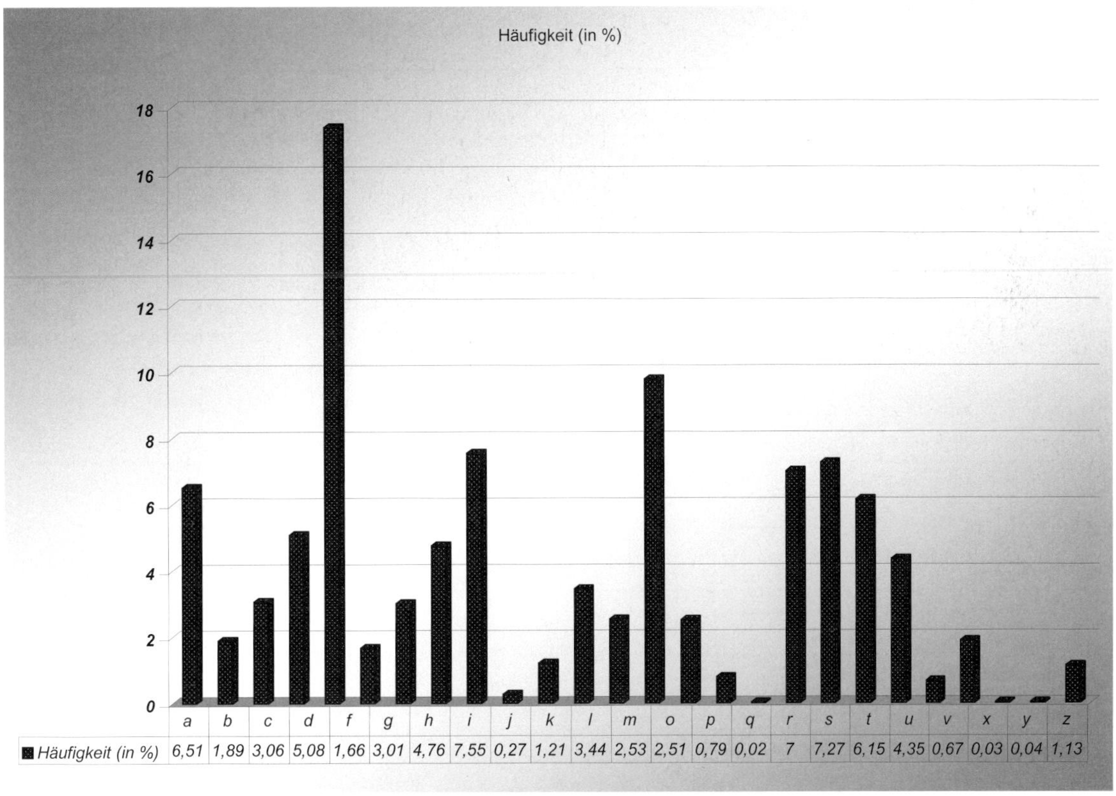

Johannes Trithemius und später Blaise de Vigenère benutzten *polyalphabetische* Verschlüsselungsmethoden. Schreibt man das Alphabet und die 25 Verschiebemöglichkeiten untereinander, so erhält man ein Quadrat der Seitenlänge 26 Buchstaben, die Vigenère-Tafel. Wieder wählt man ein Schlüsselwort. Man nimmt nun zum Verschlüsseln eines Buchstabens die Zeile des Quadrats, die mit dem ersten Buchstaben des Schlüsselworts beginnt. Für den zweiten Buchstaben nimmt man die Zeile, die mit dem zweiten Buchstaben des Schlüsselworts beginnt, und so weiter. Am Ende des Schlüsselworts fängt man wieder mit dem Anfang an. Es gilt also für jeden Buchstaben eine andere Codeumsetzung. Bei längeren Schlüsselworten ist dann das Vorkommen der einzelnen Buchstaben nahezu gleich.

A	B	C	D	E	F	G	H	I	J	K	L	M	N	O	P	Q	R	S	T	U	V	W	X	Y	Z
B	C	D	E	F	G	H	I	J	K	L	M	N	O	P	Q	R	S	T	U	V	W	X	Y	Z	A
C	D	E	F	G	H	I	J	K	L	M	N	O	P	Q	R	S	T	U	V	W	X	Y	Z	A	B
D	E	F	G	H	I	J	K	L	M	N	O	P	Q	R	S	T	U	V	W	X	Y	Z	A	B	C
E	F	G	H	I	J	K	L	M	N	O	P	Q	R	S	T	U	V	W	X	Y	Z	A	B	C	D
F	G	H	I	J	K	L	M	N	O	P	Q	R	S	T	U	V	W	X	Y	Z	A	B	C	D	E
G	H	I	J	K	L	M	N	O	P	Q	R	S	T	U	V	W	X	Y	Z	A	B	C	D	E	F
H	I	J	K	L	M	N	O	P	Q	R	S	T	U	V	W	X	Y	Z	A	B	C	D	E	F	G
I	J	K	L	M	N	O	P	Q	R	S	T	U	V	W	X	Y	Z	A	B	C	D	E	F	G	H
J	K	L	M	N	O	P	Q	R	S	T	U	V	W	X	Y	Z	A	B	C	D	E	F	G	H	I
K	L	M	N	O	P	Q	R	S	T	U	V	W	X	Y	Z	A	B	C	D	E	F	G	H	I	J
L	M	N	O	P	Q	R	S	T	U	V	W	X	Y	Z	A	B	C	D	E	F	G	H	I	J	K
M	N	O	P	Q	R	S	T	U	V	W	X	Y	Z	A	B	C	D	E	F	G	H	I	J	K	L
N	O	P	Q	R	S	T	U	V	W	X	Y	Z	A	B	C	D	E	F	G	H	I	J	K	L	M
O	P	Q	R	S	T	U	V	W	X	Y	Z	A	B	C	D	E	F	G	H	I	J	K	L	M	N
P	Q	R	S	T	U	V	W	X	Y	Z	A	B	C	D	E	F	G	H	I	J	K	L	M	N	O
Q	R	S	T	U	V	W	X	Y	Z	A	B	C	D	E	F	G	H	I	J	K	L	M	N	O	P
R	S	T	U	V	W	X	Y	Z	A	B	C	D	E	F	G	H	I	J	K	L	M	N	O	P	Q
S	T	U	V	W	X	Y	Z	A	B	C	D	E	F	G	H	I	J	K	L	M	N	O	P	Q	R
T	U	V	W	X	Y	Z	A	B	C	D	E	F	G	H	I	J	K	L	M	N	O	P	Q	R	S
U	V	W	X	Y	Z	A	B	C	D	E	F	G	H	I	J	K	L	M	N	O	P	Q	R	S	T
V	W	X	Y	Z	A	B	C	D	E	F	G	H	I	J	K	L	M	N	O	P	Q	R	S	T	U
W	X	Y	Z	A	B	C	D	E	F	G	H	I	J	K	L	M	N	O	P	Q	R	S	T	U	V
X	Y	Z	A	B	C	D	E	F	G	H	I	J	K	L	M	N	O	P	Q	R	S	T	U	V	W
Y	Z	A	B	C	D	E	F	G	H	I	J	K	L	M	N	O	P	Q	R	S	T	U	V	W	X
Z	A	B	C	D	E	F	G	H	I	J	K	L	M	N	O	P	Q	R	S	T	U	V	W	X	Y

Die Vigenère-Tafel

⇨ Aufgabe 89: Tragen Sie in die erste Zeile der folgenden Tabelle ein sich wiederholendes Schlüsselwort ein. In die zweite Zeile kommt der zu verschlüsselnde Text. Verschlüsseln Sie die Buchstaben mit obiger Vigenère-Tafel und tragen Sie den Geheimtext in Zeile drei ein:

8.1 Verschlüsselung nach Caesar

Im nächsten Programm wird in einem Texteingabebereich TextArea ein Text eingelesen. Dieser soll nach der Methode von Cäsar verschlüsselt werden, das heißt jeder Buchstabe soll durch den um drei Stellen weiter hinten im Alphabet stehenden Buchstaben ersetzt werden. Die Umlaute ä, ö, ü, wollen wir später durch ae, oe und ue ersetzen und die Sonderzeichen ?,!... weglassen. Die Länge des Textes ändert sich dadurch.
Es werden hier eine ganze Reihe Methoden der Klasse String und StringBuffer verwendet. Siehe dazu auch die Zusammenstellung der Sprachelemente von Java im Anhang.

StringBuffer

Wenn man nicht weiß, wie lang die Zeichenkette wird und wenn man immer wieder etwas anhängen will, ist es praktisch, anstatt Strings einen StringBuffer zu verwenden. Ein StringBuffer wirkt wie ein Puffer. Er besitzt zum Anhängen die Methode append. (Zwei Strings kann man zwar auch addieren, aber dadurch entsteht ein dritter String.) Zum Schluss geben wir die verschlüsselte Botschaft in einem Textbereich aus. Dazu müssen wir den StringBuffer (wir nennen ihn Text) wieder in einen String zurück verwandeln mit *Text.toString()*.

```
import java.applet.*; import java.awt.*; import java.awt.event.*;
public class Caesar extends Applet {
     TextArea textEin = new TextArea(3,40);
     TextArea textAus = new TextArea(3,40);
     TextLauscher tL = new TextLauscher();
     Verschl v = new Verschl();
     public Caesar() {
          Label l = new Label("Bitte Text eingeben:");  add(l);
          Button b = new Button("Los!"); add(b);
          b.addActionListener(tL);
          add(textEin); add(textAus);
          textAus.setEditable(false);
     }
     class TextLauscher implements ActionListener {
          public void actionPerformed(ActionEvent e) {
               v.ein(); v.aus();
          }
     }
     class Verschl {
          String s; char ch;
          StringBuffer text= new StringBuffer();
          int x, l0;
          void ein(){
               s = textEin.getText();
               s=s.toUpperCase();
               l0=s.length();
               ver();
          }
          void ver() {
               int i=0;
               while (i<L0) {
                    ch=s.charAt(i);
                    x=(int)ch-65;
                    x=x + 3;
                    x=x % 26;
     text.append((char)(x+65));
```

toUpperCase transformiert Text in Text mit nur Großbuchstaben

charAt gibt von einer Zeichenkette das Zeichen an einer Stelle aus.

(int)ch-65 wird benutzt, weil im ASCII-Code die Großbuchstaben ab der Zahl 65 losgehen.

x % 26 sorgt dafür, dass man am Ende des Alphabets wieder von vorne anfängt

```
                        i=i+1;
                  }
            }
            void aus() { textAus.append(text.toString());
            }
      }
}
```

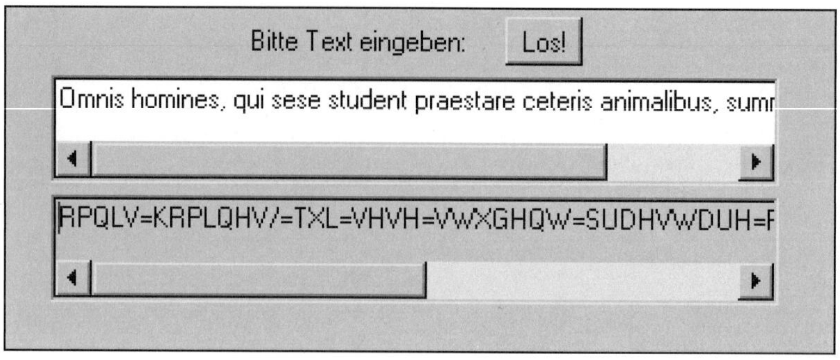

⇨ Aufgabe 90: Fügen Sie zwischen beide Textfelder noch ein drittes ein, in dem das Alphabet und zu jedem Buchstaben sein entsprechend Verschlüsselter steht (Codetabelle).

⇨ Aufgabe 91: Die Zahl der Stellen, um die verschoben wird, soll durch Eingabe wählbar sein. Verbessern Sie das Programm.

⇨ Aufgabe 92: In der Codetabelle soll ein Codewort eingetragen werden, wobei mehrfach vorkommende Buchstaben dann weggelassen werden. Anschließend sollen die restlichen Stellen mit den übrig gebliebenen Buchstaben der Reihe nach aufgefüllt werden. Programmieren Sie diese Verschlüsselungsmethode.

In einer besseren Methode *ein()* ersetzen wir die Umlaute ä, ö, ü durch ae, oe, ue. Wir lassen die Sonderzeichen ?,!... weg und lassen nur die Buchstaben von A bis Z zu (`&&` steht für logisch *und*):

```
      char ch2;
      StringBuffer sb;
      void ein(){
            boolean istUmlaut=false;
            ch2='E';
            String s = textEin.getText();
            s=s.toUpperCase();
            sb= new StringBuffer();
            l0=s.length();
            int i=0; int j=0;
            while (i<L0) {
                  ch=s.charAt(i);
                  if (ch=='Ä') {ch='A'; istUmlaut=true;}
                  if (ch=='Ö') {ch='O'; istUmlaut=true;}
                  if (ch=='Ü') {ch='U'; istUmlaut=true;}
                  x=(int)ch-65;
                  if ((x>=0)&&(x<26)) { sb.append(ch);  j=j+1;}
                  if (istUmlaut) {j=j+1; sb.append(ch2);istUmlaut=false;}
                  i=i+1;
            }
            l0=j;
            ver();
      }
```

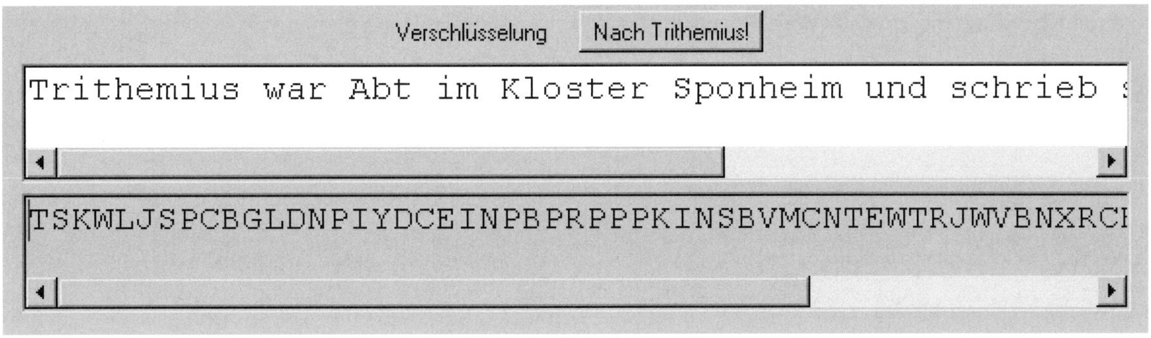

⇨ Aufgabe 93: Schreiben Sie je ein Verschlüsselungsprogramm nach der Methode von Trithemius und nach Vigenère.

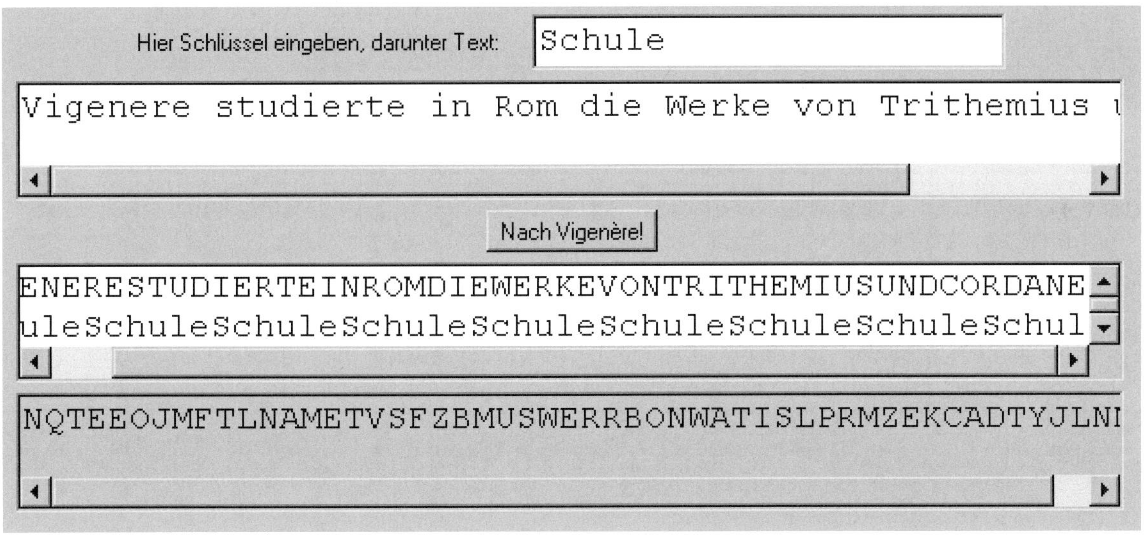

8.2 Das RSA-Verfahren

Wie selbstverständlich nahm man zweitausend Jahre lang an, dass zuerst ein gemeinsamer geheimer Schlüssel vorhanden sein müsse, damit verschlüsselte Nachrichten zwischen zwei Stationen ausgetauscht werden können. Die Übergabe des Schlüssels ist naturgemäß ein Schwachpunkt, wenn der Empfänger beispielsweise weit entfernt ist. Es löste daher eine regelrechte Revolution in der Kryptographie aus, als Diffie und Hellman 1976 ihre Arbeit herausbrachten, in der sie beschrieben, wie man Nachrichten verschlüsseln und entschlüsseln kann, ohne einen geheimen Schlüssel zu vereinbaren. Man nennt das Verfahren asymmetrisch, weil Sender und Empfänger verschiedene Schlüssel benutzen.

Der Trick besteht darin, eine Funktion zu finden, die leicht zu berechnen ist, aber nur sehr schwer wieder rückgängig zu machen ist. Stellen wir uns das Färben eines Stoffes vor, oder das Aufschlagen eines rohen Eies. Der Absender (Alice) färbt seine Nachricht mit seiner geheimen Farbe. Der Empänger (Bob) färbt sie noch mal, aber mit seiner nur ihm bekannten Farbe. Schickt Bob seinerseits wieder eine neue gefärbte Botschaft zurück, so färbt sie Alice erneut und das Ergebnis hat auf beiden Seite die gleiche Farbe, kann also zur Identifizierung dienen. Eine derartige Funktion ist in der Mathematik beispielsweise das Berechnen des Restes bei der Division. Wenn wir sagen: bei der Division einer geheimen Zahl x durch 10 erhalten wir den Rest 3, so kommen viele Möglichkeiten für x in Frage (kurz: x modulo 10 gleich 3).

Nach dem Konzept von Diffie und Hellman hat jeder einen Schlüssel, der veröffentlicht wird (public key) und einen Schlüssel, der nie übertragen wird (privat key). Alice verschlüsselt mit ihrem privaten und dem öffentlichen Schlüssel. Bob entschlüsselt mit seinem privaten und dem öffentlichen Schlüssel [87], [88].

1977 beschrieben Rivest, Shamir und Adleman ein praktikables Verfahren, das die Verwendung asymmetrischer Schlüssel in die Tat umsetzte, das nach ihren Anfangsbuchstaben benannte RSA-Verfahren. Bei RSA werden statt Buchstabenvertauschungen Methoden der Zahlentheorie angewandt. Die Beschäftigung mit den natürlichen Zahlen galt lange als reine, nutzlose Wissenschaft. Rivest, Shamir und Adleman benutzen Primzahlen für ihr Verfahren, also Zahlen die nur durch eins und durch sich selbst ohne Rest teilbar sind. Zwei Primzahlen p und q, werden miteinander multipliziert. Wir nennen das Ergebnis N. N ist der öffentliche Schlüssel. Wenn N eine sehr große Zahl ist, ist es sehr schwierig, die zwei Primzahlen p und q zu finden.

Um es uns ein wenig leichter zu machen, verwenden wir kleinere Zahlen zur Veranschaulichung: Zum Beispiel p = 47 und q = 59. Ihr Produkt ist N = 2773. Nach dem Verfahren, das Rivest, Shamir und Adleman ausgearbeitet haben, ermittelt man zwei Schlüssel E = 17 (encryption key) und D = 157 (decryption key), wie weiter unten beschrieben. Die Verschlüsselung eines Textes geht dann so:
Text:

```
its all greek to me
```

Der Text wird in Zahlen umgewandelt (nach der Stellung der Buchstaben im Alphabet). Für die Zwischenräume nimmt man zwei Nullen. Der Text wird in Viererblöcke zerlegt.

0920 1900 0112 1200 0718 0505 1100 2015 0013 0500

Jeder Viererblock wird mit E potenziert, also 920^{17}, dann der Rest modulo N gebildet, also durch 2773 geteilt und der Rest ist der Geheimtext: 0948.

920^{17} modulo 2773 = 948

So mit jedem Viererblock:

0948 2342 1084 1444 2663 2390 0778 0774 0219 1655

Der Empfänger der Nachricht entschlüsselt sie mit seinem Schlüssel D, indem er wieder jeden Viererblock mit D potenziert, also 948^{157} und dann den Rest modulo N bildet.

948^{157} modulo 2773 = 920

Ein mit dem privaten Schlüssel E und dem öffentlichen Schlüssel N verschlüsselter Text kann nur mit dem öffentlichen Schlüssel N und dem privaten Schlüssel D entschlüsselt werden.

Es gibt bislang kein kurzes Rezept dafür, wie man zum Beispiel eine hundertstellige Zahl in ihre Primfaktoren zerlegt. Man muss der Reihe nach durchprobieren, also durch 2, 3, 5, 7, 11, 13, ... teilen und prüfen, ob die Division aufgeht. Mit zunehmender Stellenzahl wird die Zeit, die man selbst mit einem schnellen Rechner zur Entschlüsselung braucht, sehr groß, und wer will schon Millionen Jahre am Rechner sitzen.

Man kann drei eigene Zahlen N, E und D so finden: Man wählt zwei willkürliche Primzahlen p und q und multipliziert sie: N = p * q. Dann errechnet man eine Hilfszahl

```
Z = (p-1)*(q-1)
```

Jetzt gilt es eine Primzahl E zu finden, die Z nicht teilt. Das ist nicht schwer. Zu ihr muss nun eine Primzahl D passen, so dass das Produkt D*E dividiert durch Z den Rest 1 lässt. Beispiel:

```
p * q = 3 * 5 = 15 = N
Z = (3-1)*(5-1) = 2 * 4 = 8
E = 3
E * D = k * Z + 1 = k * 8 + 1 = 33
```
für k = 4

Also D = 11

„12“ sei die Originalbotschaft.

Verschlüsseln mit E = 3:

12^3 = 1728

1728 mod 15 = 3

„3“ ist also die verschlüsselte Nachricht.

Entschlüsseln mit D = 11:

3^{11} = 177147

177147 mod 15 = 12

„12“ ist also die entschlüsselte Nachricht.

Der Beweis für das RSA-Verfahren kann in der Literatur nachgelesen werden. Java-Applets zum Finden von Schlüsseln und zum Verschlüsseln finden sich unter den Links im Anhang.

Pretty Good Privacy

Da RSA sehr viel Rechnerzeit in Anspruch nimmt, verwendet das Verfahren PGP nur zur Übertragung eines Schlüssels RSA. Für die eigentliche Botschaft wird dann ein symmetrisches Verfahren benutzt.

⇨ Aufgabe 94: Gegeben sind die Primzahlen p = 11 und q = 13. Ihr Produkt p*q = 143 ist der öffentliche Schlüssel N. Wie lautet der zu E = 7 passende Schlüssel D?

⇨ Aufgabe 95: Ermitteln Sie eigene Zahlen N, E und D.

⇨ Aufgabe 96: Verschlüsseln Sie den Text JAVA mit dem Schlüssel aus Aufgabe 94!

Teiler

Wir nähern uns einem RSA-Programm schrittweise. Im folgenden Programm sollen die Teiler einer natürlichen Zahl z gesucht werden.

```
z % i
```

führt eine **Ganzzahldivision** durch und ergibt den **Rest**. Das Prozentzeichen steht für "modulo". Also

```
13 % 4 = 1.
```

Für die Gestaltung des Aussehens benutzen wir das *BorderLayout*. Im oberen Bereich ordnen wir ein Label und ein Texteingabefeld an, in der Mitte platzieren wir ein Textgebiet für die Ausgabe und rechts einen Button. Aus dem Texteingabefeld (wir nennen es *zEin*) lesen wir einen String s mit der Methode *getText()* so:

```
s=zEin.getText();
```

Um den String in eine ganze Zahl umzuwandeln verwenden wir die Methode

```
Integer.parseInt(s).
```

In den Ausgabe-Textbereich (wir deklarieren ihn TextArea Ausgabe) schreiben wir einen String s mit

```
ausgabe.append(s);
```

```
import java.applet.*; import java.awt.*; import java.awt.event.*;
public class Reste extends Applet {
     Label anweisung = new Label("Hier Zahl eingeben:");
     Button b = new Button("los!");
     TextField zEin = new TextField(10);
     TextArea ausgabe = new TextArea(10,20);
     Lauscher l = new Lauscher();
     TeilerSucher tS = new TeilerSucher();
     public Reste() {
          setLayout(new BorderLayout());
          Panel bereich1 = new Panel();
          bereich1.add(anweisung);
          bereich1.add(zEin); add("North",bereich1);
          add("Center",ausgabe); ausgabe.setEditable(false);
          add("East",b);
          b.addActionListener(l);
     }
class Lauscher implements ActionListener {
     public void actionPerformed(ActionEvent e) {
          tS.ein();
          tS.ermittle();
     }
}
class TeilerSucher {
     int z;
     void ein(){
          String s = zEin.getText();
          z=Integer.parseInt(s);
     }
     void ermittle(){
          for (int i=2; i<z; i=i+1){
              int r=z%i;
              ausgabe.append("\n: "+i+" Rest "+r);
              if (r==0) ausgabe.append("  --> "+i+" ist Teiler von "+z);
          }
     }
}}
```

\n bedeutet *new line*, neue Zeile

⇨ Aufgabe 97: Deklarieren Sie eine bool'sche Variable *istPrimzahl.* Setzen Sie sie anfangs gleich *true* und - wenn ein Teiler gefunden wird - *false*. Geben Sie in der Ausgabe dann an, ob die eingegebene Zahl eine Primzahl ist oder nicht.

⇨ Aufgabe 98: Ergänzen Sie die Eingabe um eine zweite Zahl. Es sollen alle Primzahlen zwischen den beiden eingegebenen Zahlen gesucht werden.

Prueft, ob Primzahl:

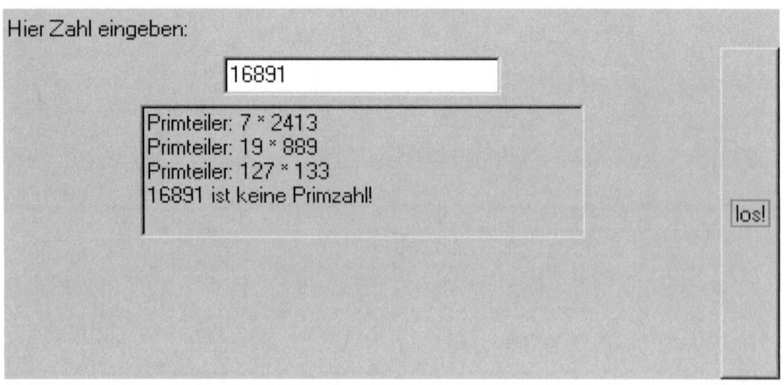

Sucht die Primzahlen zwischen:

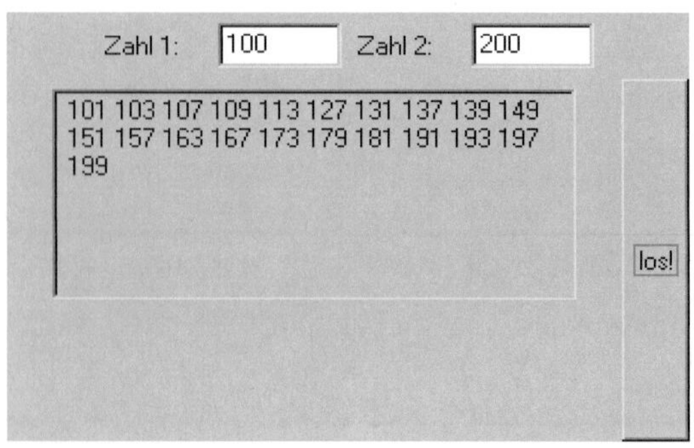

RSA mit Java

Die zu verschlüsselnde Zahl, die "Klarzahl", wird mit dem Schlüssel E potenziert und der Rest bezüglich Division durch N berechnet. Das ist die verschlüsselte Zahl. Hier ein Programm, das dies für kleine Zahlen erledigt. In der Methode `ermittle()` wird der Rest ermittelt, der entsteht, wenn man die Klarzahl durch N teilt. Dieser Rest wird dann wieder mit der Klarzahl multipliziert, der Rest modulo N ermittelt, und so weiter. Die Anzahl dieser Durchläufe ist durch E bestimmt:

```
import java.applet.*; import java.awt.*; import java.awt.event.*;
public class Reste2 extends Applet {
      TextField zahlEin = new TextField(10);
      TextField zahlE = new TextField(10);
      TextField zahlN = new TextField(10);
      TextArea ausgabe = new TextArea(15,30);
      TextField zahlAus = new TextField(10);
      Lauscher l = new Lauscher();
      TeilerSucher tS = new TeilerSucher();
      public Reste2() {
            setLayout(new BorderLayout());
            Label anweisung=new Label("Hier Klarzahl, E und N eingeben:");
            add("North",anweisung);
            Panel bereich1=new Panel();
            bereich1.add(zahlEin); bereich1.add(zahlE);
            bereich1.add(zahlN); bereich1.add(ausgabe);
            Label ergebnis=new Label("Geheimzahl:");
            bereich1.add(ergebnis); bereich1.add(zahlAus);
            add("Center",bereich1);
            Button b = new Button("los!"); add("East",b);
            b.addActionListener(l);
            ausgabe.setEditable(false);
      }
class TeilerSucher {
      int zahl, n, e, r;
      void ein(){
            String s = zahlEin.getText();
            zahl=Integer.parseInt(s);
            s = zahlE.getText();
            e=Integer.parseInt(s);
            s = zahlN.getText();
            n=Integer.parseInt(s);
      }
      void ermittle(){
            int zahlneu=zahl;
            for(int i=0; i<e; i++) {
                  r=zahlneu%n;
                  ausgabe.append(zahlneu+"  "+r+ "\n");
                  zahlneu=r*zahl;
            }
            ausgabe.append("\n");
            zahlAus.setText(" "+r);
}     }
class Lauscher implements ActionListener {
        public void actionPerformed(ActionEvent e) {
            tS.ein();
            tS.ermittle();}}}
```

Hier wird aus der Klarzahl *zahl* die Geheimzahl *zahlneu* ermittelt.

Verschlüsselt Zahlen nach RSA:

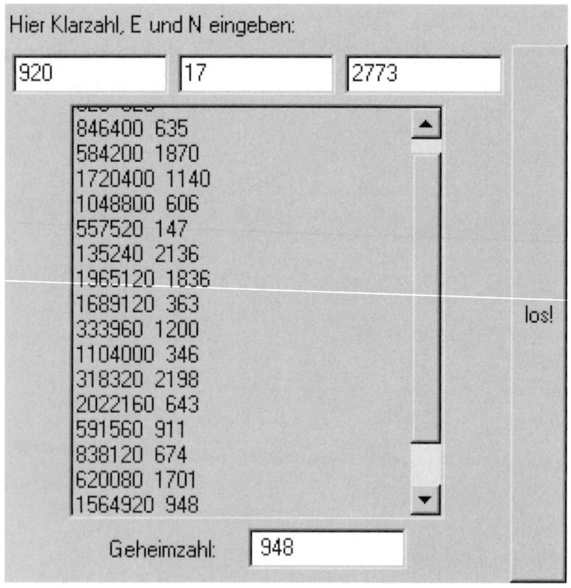

⇨ Aufgabe 99: Schreiben Sie ein Programm, das aus einem **Verschlüsseler** und einem **Entschlüsseler** besteht. Der Verschlüsseler setzt den Text in eine Zahlenfolge um und verschlüsselt dann die Zahlenblöcke nach RSA wie oben. Der Entschlüsseler wendet das RSA-Verfahren an und setzt die entschlüsselten Zahlenblöcke wieder in Text um.

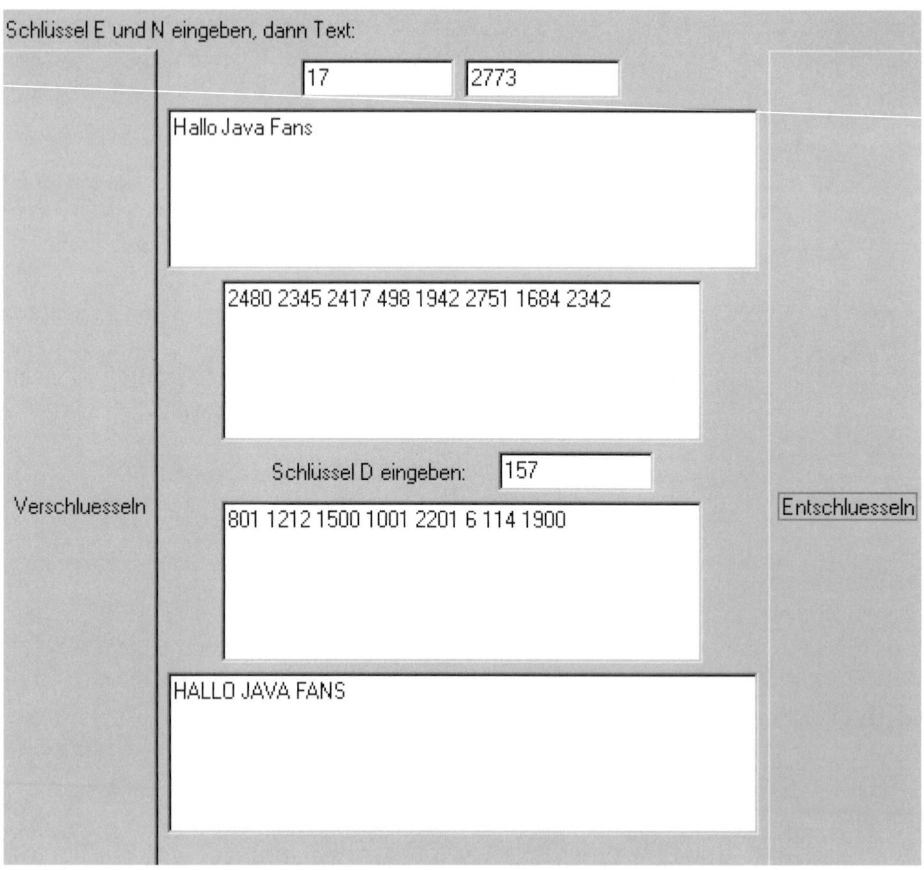

8.3 Heutige Verschlüsselungen, elektronisches Geld

Elektronisches Geld ist immer mehr auf dem Vormarsch. Die **Kreditkarte** hat als Erkennungsmerkmal eine Kreditkartennummer in Hochprägung. Für die Abbuchung vom Konto ist noch die Unterschrift erforderlich.

Die **Plastikkarte mit Magnetstreifen** enthält Kontonummer und Kreditinstitut auf einem Magnetstreifen, den man mit einem einfachen Lesegerät lesen kann. Sie erfordert zusätzlich die Eingabe einer Geheimnummer (PIN). Die Bank kann die Kunden-PINs verschlüsseln. Wenn sie das RSA-Verfahren anwendet, verschlüsselt sie mit den Schlüsseln N und E. Nach Ausgabe der Klar-Nummern an die Kunden kann sie die Liste mit den Klar-PINs vernichten. Dann kann sie in der Bank niemand mehr entschlüsseln. Am Automaten tippe ich meine Klar-PIN ein. Der Bankcomputer verschlüsselt sie, vergleicht sie mit der gespeicherten Liste der verschlüsselten PINs und zahlt den Betrag aus. Die Schwachstelle ist hierbei noch die Übermittlung der Klar-PIN vom Automaten zur Bank. Diese Übermittlung sollte ebenfalls in verschlüsselter Form stattfinden.

Magnetkarten werden immer mehr durch **Chipkarten** oder **Smartcards** ersetzt, die einen Mikroprozessor von wenigen Quadratmillimetern Größe enthalten. Dieser Chip kann schnell rechnen, während der Magnetstreifen relativ dumm ist. Manche Smartcards sind bereits wesentlich leistungsfähiger als die ersten PCs. Siemens-Tochter Infineon berichtet zum Beispiel über eine Smartcard mit 32 Bit RISC-CPU und 66 MHz Taktfrequenz, 128 MB Speicherplatz und einer Krypto-Einheit, die mit Schlüsseln von 2048 Bit Länge codieren kann [90].
Eine relativ sichere Methode könnte so ablaufen: Die Bank teilt mir einen privaten Schlüssel E zu, speichert ihn und berechnet mit ihm und mit dem öffentlichen Schlüssel N meine verschlüsselte PIN. Diese verschlüsselte PIN schreibt sie zusammen mit N und E in den Speicher meines Chip. In der Bank wird meine Klar-PIN und meine verschlüsselte PIN gelöscht. Am Automaten tippe ich bei Geldnot die Klar-PIN ein. Mein Chip berechnet daraus mit N und E meine verschlüsselte PIN und vergleicht sie mit der auf der Karte gespeicherten. Stimmen sie überein und habe ich die Geheimnummer niemandem verraten, so erkennt mich der Automat als den rechtmäßigen Besitzer der Karte. Jetzt muss noch der Bankcomputer meine Karte akzeptieren. Der Bankcomputer schickt irgend eine Zufallszahl an meine Karte. Mein Chip verschlüsselt sie mit E und N und schickt sie wieder zurück. Der Bankcomputer verschlüsselt sie ebenfalls mit E und N und vergleicht. Bei Übereinstimmung weiß er, dass die Karte zu meinem Konto gehört. So wird vermieden, dass PINs gespeichert oder übertragen werden.

Verschlüsselte Zahlen als Geld auf einer Geldkarte oder im Internet übermittelt können in weit höherem Maße fälschungssicher sein als Geldscheine. Eine Möglichkeit, eine geeignete Zahl herzustellen wäre etwa: Eine Zufallszahl, zweimal hintereinander geschrieben, soll einhundert DM wert sein. Die Bank bucht den Betrag vom Konto ab, verschlüsselt diese registrierte Doppelzahl mit den Schlüsseln N und D. Der Händler, dem ich die Geldkarte zum Bezahlen vorlege, entschlüsselt die Zahl mit N und E. Erhält er eine Doppelzahl, so weiß er dass das elektronische Geld echt ist, die Zahl wird gelöscht und ich habe die Ware. Der Händler schickt die verschlüsselte Zahl zur Bank, diese entschlüsselt mit N und E und schreibt dem Händler einhundert DM gut. Die Society for Worldwide Interbank Telecommunication (SWIFT) hat eine Zertifizierungsstelle in Belgien eingerichtet, mit deren Hilfe die Banken international ihr Chiffrierverfahren festlegen. Auch sie benutzen RSA-Verfahren.
Nach dem gleichen Prinzip sind **elektronische Unterschriften** und **elektronische Personalausweise** möglich. Es gibt inzwischen ein Gesetz auf nationaler Ebene und auf europäischer Ebene, das die Zertifizierung von Schlüsseln regelt. Bisher sind die Telekom und die deutsche Post solche Zertifizierungsstellen. Dort kann man öffentliche Schlüssel erhalten und registrieren lassen. Geschäftpartner können dann anhand der öffentlichen Schlüssel feststellen, ob auf einem übermittelten Dokument die mit einem privaten Schlüssel verschlüsselte Unterschrift echt ist. Eine Gruppe niederländischer Wissenschaftler hat kürzlich einen RSA-Code geknackt, indem sie über 300 Hochleistungsrechner, unter anderem von Silicon Graphics und Sun, sowie den Supercomputer Cray sieben Monate lang ununterbrochen rechnen ließen. Weiterentwickelte, schnellere Computer können in der Zukunft zum Entschlüsseln von Nachrichten verwendet werden, es können damit jedoch auch noch längere Schlüssel eingesetzt werden.

Die **Quantenkryptographie** ist ein neues Forschungsgebiet. Bei ihrer Anwendung werden Bits durch einzelne Photonen kodiert. Jedes feindliche Abhören zerstört die Übertragung der Information. Das Prinzip ist, erst nach der erfolgreichen Übertragung den Schlüssel auszutauschen und das kann dann öffentlich geschehen.

9 Abstrakte Datentypen - rekursive Klassen

9.1 Referenzen

Bei der Deklaration eines Objektes "entsteht" noch kein Objekt, sondern lediglich ein **Verweis** auf das Objekt (eine **Referenz** auf das Objekt). Das ist eine Information, die auf die Stelle im Speicher zeigt, wo die Daten des Objekts abgelegt sind. (Die Daten können bei jedem Aufruf des Programms wieder woanders stehen. Man kann in Java aus Sicherheitsgründen nicht auf eine physikalische Adresse zugreifen.) Erst beim Aufruf des Konstruktors `new` ... bekommt das Objekt sein Aussehen, ihm werden die tatsächlichen Daten übergeben. Betrachten wir die Klasse Spende.

```
public class Spende{
      String name;
      int euro, cent;
```

name, euro und cent sind nur Verweise auf eine Zeichenkette und zwei ganze Zahlen. Erst wenn der Konstruktor des Objekts Spende1 aufgerufen wird und die Daten übergeben werden, enthält die Variable name den Inhalt "Hansi". Im folgenden Beispiel enthält die Klasse Spende drei Daten: den Namen des Geldspenders, den Euro-Betrag und den Cent-Betrag. Mit `spende1.name` kann man von außen auf den Inhalt der Objektvariablen name zugreifen, mit `spende1.gibAus()` kann man die Objektmethode gibAus benutzen.:

```
import java.applet.*;
import java.awt.*;
public class Bank extends Applet{
      Spende spende1;
      public Bank(){
            spende1=new Spende("Hansi",13,80);
            spende1.gibAus();
      }
public class Spende{
      String name;
      int euro, cent;
      public Spende(String n, int e, int c) {
            name=n;
            euro=e; cent=c;
      }
      public void gibAus() {
            Label l;
            l=new Label(name); add(l);
            l=new Label(""+euro); add(l);
            l=new Label(""+cent); add(l);
      }
}}
```

Die Ausgabe ist: **Hansi 13 80**
Man kann eine Referenz auch ins Leere zeigen lassen:

```
      Spende spende1;
      spende1=new Spende("Hansi",13,80);
      spende1=null;
```

Hier zeigt *spende1* zuerst auf ein konkretes Objekt, wird dann aber von ihm gelöst. ***null*** wird verwendet, wenn eine Referenz auf kein Objekt zeigen soll.

Rekursive Referenzen

Wir verwenden nun Referenzen, um rekursive Objekte zu konstruieren. Ein Teil der Klasse besteht wieder aus einem Exemplar der eigenen Klasse. Die folgende Klasse *Element* beherbergt in sich wieder ein *Element*. Sie hat einen *Inhalt* und einen *Verweis* auf sich selbst:

```
public class Element{
        int inhalt;
        Element naechstes;
        public Element(int n) {
                inhalt=n;
                naechstes=null;
        }
}
```

Verweis

Der Einfachheit halber beinhaltet unser Element nur eine Zahl (int Inhalt), hier können aber auch andere Objekte sein, zum Beispiel die Daten eines Spenders. Die Referenz *naechstes* zeigt auf kein Objekt, der Verweis auf das neue Element führt also nirgendwohin. Mit

```
naechstes=new Element(m)
```

erschaffen wir jedoch ein neues Exemplar von *Element*. In ihm ist die Zahl m. Das ist so, als hätten wir einen Eisenbahnwaggon mit einem Inhalt und mit einer Kupplung. Die Kupplung zeigt ins Leere. Nun hängen wir den nächsten Waggon an:

```
public class Element{
        int inhalt;
        Element naechstes;
        public Element(int n) {
                inhalt=n;
                naechstes=null;
        }
        public void haengeAn(int m){
                naechstes=new Element(m);
        }
}
```

Im folgenden untersuchen wir diese Elemente genauer. Wir geben dem Element *eins* den Inhalt 10 und konstruieren mit der Methode *haengeAn* jeweils das nächste Element. Wir lassen uns den Inhalt von *eins.inhalt* ausgeben. Dann den Inhalt von *eins.naechstes*. Dies ist aber keine Zahl, sondern ein Verweis auf die Speicherstelle, an der sich das nächste Element befindet, also eine Referenz. Die Adresse dieser Speicherstelle wird als Hexadezimalzahl verschlüsselt (a1=161, vergleiche Einschub Seite 8). Ein Element besteht also aus einem Inhalt und einem Verweis auf das nächste. Dann lassen wir uns den Inhalt von *eins.naechstes.Inhalt* ausgeben. Das ist tatsächlich wieder eine Zahl. Der letzte Verweis schließlich zeigt ins Leere (null):

```
import java.applet.*; import java.awt.*;
public class Liste3b extends Applet{
        Element eins; Label l;
        public Liste3b(){
                eins=new Element(10);
                eins.haengeAn(20);
                eins.naechstes.haengeAn(30);
                l=new Label(""+eins.inhalt); add(l);
                l=new Label(""+Eins.Naechstes); add(l);
                l=new Label(""+Eins.Naechstes.Inhalt); add(l);
                l=new Label(""+Eins.Naechstes.Naechstes); add(l);
                l=new Label(""+Eins.Naechstes.Naechstes.Inhalt); add(l);
                l=new Label(""+Eins.Naechstes.Naechstes.Naechstes); add(l);
}}
```

Die Ausgabe ist zum Beispiel:

10
Liste3b$Element@a1
20
Liste3b$Element@95
30
null

Die Speicheradressen sind bei jedem Aufruf verschieden.
Ersetzen wir nun die Zahl *inhalt* durch die Daten eines Spender, so sieht das Programm so aus:

```
import java.applet.*;
import java.awt.*;
public class Bank2 extends Applet{
      Spende spende1, spende2;
      Element eins;
      public Bank2(){
            spende1=new Spende("Hansi",13,80);
            spende2=new Spende("Eva",29,50);
            eins=new Element(spende1);
            eins.haengeAn(spende2);
            eins.inhalt.gibAus();
            eins.naechstes.inhalt.gibAus();
      }
public class Element{
      Spende inhalt;
      Element naechstes;
      public Element(Spende n) {
            inhalt=n;
            naechstes=null;
      }
      public void haengeAn(Spende m){
            naechstes=new Element(m);
      }
}
public class Spende{
      String name;
      int euro, cent;
      public Spende(String n, int e, int c) {
            name=n;
            euro=e;
            cent=c;
      }
      public void gibAus() {
            Label l;
            l=new Label(name); add(l);
            l=new Label(""+euro); add(l);
            l=new Label(""+cent); add(l);
      }
}}
```

⇨ Aufgabe 100: Schreiben Sie eine Methode *fuegeEin* für die Klasse *Element*.

⇨ Aufgabe 101: Schreiben Sie eine Methode *gibAlleAus* fur die Klasse *Spende*.

9.2 Lineare Listen

Oft weiß man die Anzahl der Elemente einer Liste nicht im Voraus. Ein Array eignet sich also nicht zur Aufnahme der Daten. Eine lineare Liste schon eher. Wir erzeugen ein erstes Element und hängen dann weitere an. Solange der Verweis auf das nächste Element nicht ins Leere zeigt, wandern wir von diesem zum nächsten. Zeigt die Referenz ins Leere, erstellen wir als nächstes ein neues Element:

```
    public void haengeAn(Spende m){
        if (naechstes != null) naechstes.haengeAn(m);
        else naechstes=new Element(m);
    }
```

Zur Ausgabe der ganzen Liste lassen wir ein Hilfselement alle Elemente der Reihe nach durchlaufen und geben sie aus:

```
import java.applet.*; import java.awt.*;
public class Bank3 extends Applet{
        Spende spende1, spende2;
        Element eins, hilf;
        public Bank3(){
                spende1=new Spende("Hansi",13,80);
                spende2=new Spende("Eva",29,50);
                eins=new Element(spende1);
                eins.haengeAn(spende2);
                hilf=eins;
                while (hilf != null){
                        hilf.inhalt.gibAus();
                        hilf=hilf.naechstes;
                }
        }
public class Element{
        Spende inhalt;
        Element naechstes;
        public Element(Spende n) {
                inhalt=n;
                naechstes=null;
        }
        public void haengeAn(Spende m){
                if (naechstes != null) naechstes.haengeAn(m);
                else naechstes=new Element(m);
        }
}
public class Spende{
        String name; int euro, cent;
        public Spende(String n, int e, int c) {
                name=n; euro=e; cent=c;
        }
        public void gibAus() {
                Label l;
                l=new Label(name); add(l);
                l=new Label(""+euro); add(l);
                l=new Label(""+cent); add(l);
        }
}}
```

⇨ Aufgabe 102: Schreiben Sie einen zweiten Konstruktor für *Element*, so dass die Daten einer Spendenliste aufgenommen werden können.

⇨ Aufgabe 103: Schreiben Sie eine Methode *gibEin*, so dass man die Daten mit der Tastatur eingeben kann.

9.3 Stapel

Ein Stapel (auch Kellerspeicher oder Stack genannt) hat die sogenannte LIFO-Eigenschaft: Last In First Out. Beispiel: Legen wir die eingegangene Post auf einen Stapel und bearbeiten sie von oben, so kommt die zuletzt eingegangene zuerst dran. Das Ablegen eines Elements auf dem Stapel nennt man *push*, das Entfernen des obersten Elements heißt *pop*. Hier ein einfacher Stapel. Wenn ein neues Element mit Inhalt n auf den Stapel gelegt wird (*push*), zeigt die Referenz *naechstes* von diesem neuen Element auf den ganzen bisherigen Stapel, er wird also zum Rest. Wenn ein Element vom Stapel geholt wird (*pop*), wird das nächste Element zum obersten und der bisherige Rest ist jetzt der ganze Stapel. Das Programm besteht aus einer Klasse *Stapel* für die Oberfläche und das Auslösen der Aktionen, sowie den Klassen *Stack* und *Element*.

```
import java.applet.*; import java.awt.*; import java.awt.event.*;
public class Stapel extends Applet implements ActionListener{
     int z, a; String s; Stack stack1;
     TextField ein = new TextField("", 8);
     Button pushKnopf= new Button("   push  ");
     Button popKnopf= new Button("   pop   ");
     Label aus = new Label("      ");
     public Stapel(){
          add(ein); add(pushKnopf); add(popKnopf); add(aus);
          pushKnopf.addActionListener(this);
          popKnopf.addActionListener(this);
          stack1=new Stack();
     }
     public void actionPerformed(ActionEvent e){
          if (e.getSource() == pushKnopf) {
               s = ein.getText(); a = Integer.parseInt(s);
               stack1.push(a);
          }
          if (e.getSource() == popKnopf) {
               z=stack1.pop();
               aus.setText(""+z);
          }
     }
}
import java.applet.*; import java.awt.*;
public class Stack{
     private Element meinStack;
     Stack() { meinStack=null; }
     void push(int n) { meinStack=new Element(n, meinStack); }
     int pop(){
          int oben=meinStack.gibInhalt();
          meinStack=meinStack.gibRest();
          return oben;
}    }
import java.applet.*; import java.awt.*;
public class Element{
     private int inhalt;
     Element naechstes;
     Element(int n, Element rest){
          inhalt=n;
          naechstes=rest;
     }
     int gibInhalt() { return inhalt; }
     Element gibRest() { return naechstes; }}
```

Es fehlen noch eine ganze Reihe Methoden. Das Anschauen des obersten Elements nennt man *top*.

⇨ Aufgabe 104: Realisieren Sie die Methode *top()*.

Bemerkung: *Pop* und *top* führen zu einem Fehler, wenn der Stapel leer ist. Geben Sie in diesem Fall der Einfachheit halber die Zahl 0 zurück. (Um den Fehler richtig abzufangen oder weiterzuleiten sollte man eine geeignete Ausnahmeklasse erzeugen, für die Java Möglichkeiten vorsieht, zum Beispiel durch Ableiten von der Klasse *RuntimeException*.)
Im Programm *Stapel2* wird zusätzlich der Inhalt des Stapels dargestellt, wenn gepusht und gepopt wird. Die Darstellung wird mit einem Array aus Labeln realisiert. Die Klassen Stack und Element werden unverändert weiter benutzt.

```
import java.applet.*; import java.awt.*; import java.awt.event.*;
public class Stapel2 extends Applet implements ActionListener{
        int z, a; int max = 12; int n = max-1; String s;
        Stack stack1;
        TextField ein = new TextField("", 8);
        Label zStapel[] = new Label[max];
        Button pushKnopf= new Button("   push   ");
        Button popKnopf= new Button("   pop    ");
        Label aus = new Label("      ");
        Stapel2(){
                setBackground(Color.yellow);
                Panel bereich1 = new Panel();
                Panel bereich2 = new Panel();
                Panel bereich3 = new Panel();
                add(bereich1); add(bereich2); add(bereich3);
                bereich2.setLayout(new GridLayout(max+2,1,10,5));
                bereich1.add(ein);
                ein.setBackground(Color.white);
                for (int i=0; i<max; i=i+1) {
                        zStapel[i] = new Label("              ");
                        bereich2.add(zStapel[i]);
                }
                bereich1.add(pushKnopf); bereich3.add(popKnopf);
                pushKnopf.addActionListener(this);
                popKnopf.addActionListener(this);
                bereich3.add(aus);
                stack1=new Stack();
        }
        public void actionPerformed(ActionEvent e){
                if (e.getSource() == pushKnopf) {
                        s = ein.getText();
                        a = Integer.parseInt(s);
                        stack1.push(a);
                        zStapel[n].setText(""+a);
                        zStapel[n].setBackground(Color.green);
                        n=n-1;
                }
                if (e.getSource() == popKnopf) {
                        n=n+1;
                        zStapel[n].setText("             ");
                        zStapel[n].setBackground(Color.yellow);
                        z=stack1.pop();
                        aus.setText(""+z);
                }
}    }
```

9.4 Bäume

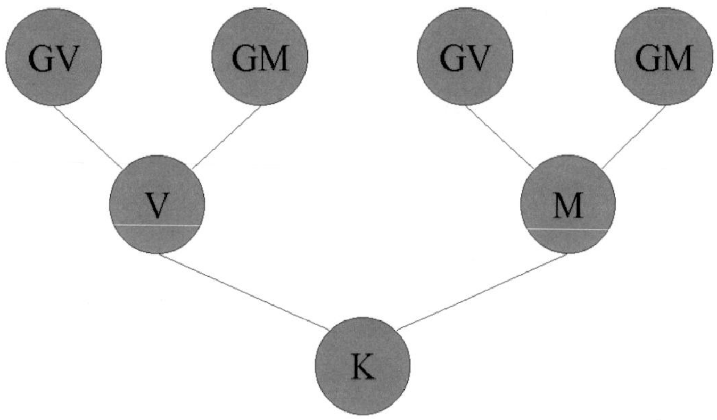

Vorfahren einer Person mit Vater, Mutter, Großvater, Großmutter.

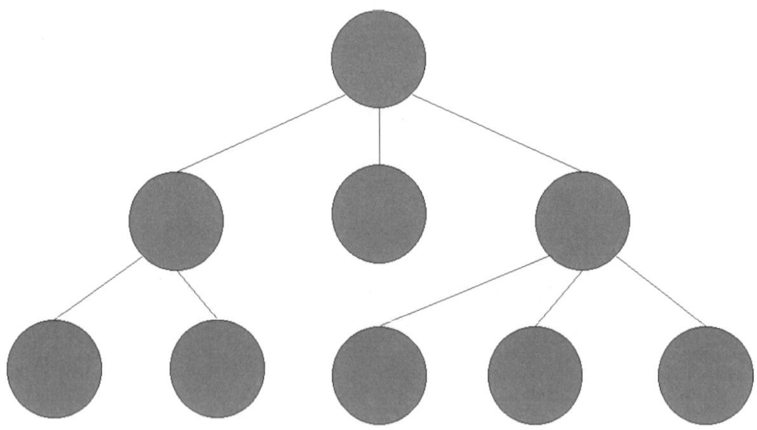

Nachkommen einer Person.

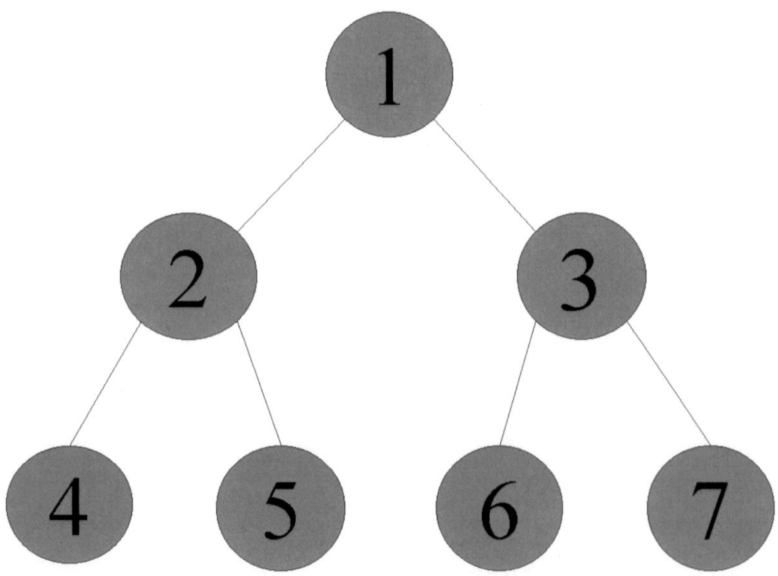

Binärer Baum mit 7 Knoten.

Ein Baum eignet sich oft besser zur Darstellung von Zusammenhängen als eine lineare Liste. Insbesondere Suchvorgänge laufen darin schneller ab. Baumstrukturen treten uns in vielen Bereichen gegenüber. Beispiel Stammbaum: Betrachtet man die Vorfahren eines Menschen, so läßt sich ein Baum zeichnen, der sich nach oben in je zwei Äste verzweigt, Vater V und Mutter M.

Betrachtet man aber die Nachkommen eines Menschen, so lässt sich ein auf dem Kopf stehender Baum erkennen. Um alle möglichen Ursachen eines Krankheitssymptoms abzuklären, könnte man eine Baumdarstellung verwenden. Das Auto fährt nicht mehr: welche Funktionen werden durchgeprüft? Die Hierarchie in einer Firma läßt sich ähnlich darstellen, oder die Klassifikation der Tierarten.
Unser Baum hat seine Wurzel oben. Die Enden heißen auch Blätter. Dazwischen liegen die Knoten. Die Knoten sind verbunden durch Kanten. Die maximale Anzahl der Kanten, die zum Durchlaufen des Baums von der Wurzel bis zu einem Blatt passiert wird, heißt Tiefe des Baums. Hackt man den Baum an irgendeiner Kante entzwei, so hat man zwei Bäume.

Es liegt also nahe, das Prinzip der Rekursion anzuwenden, was wir im folgenden tun.

Ein **binärer Baum** hat immer höchstens zwei Verzweigungen je Knoten. Man kann also sagen:
Ein binärer Baum besteht aus einer Wurzel und höchstens zwei binären Bäumen.
Wenn beide Bäume leer sind, haben wir ein Blatt erreicht. Der links abgebildete binäre Baum hat beispielsweise 7 Knoten. Er hat vier Blätter.

Ein Suchbaum

Wir wollen nun die Knoten eines binären Baumes mit Inhalt, mit Zahlen füllen. Ein Knoten hat - im Unterschied zu dem Element einer Liste - einen Inhalt und **zwei Verweise**. Bei einem *binären Suchbaum* muss gelten: Der linke und der rechte Unterbaum der Wurzel sind wiederum binäre Suchbäume und können rekursiv durchlaufen werden. Die Inhalte im linken Unterbaum sollen kleiner und die Inhalte im rechten Unterbaum sollen größer als die in der Wurzel sein.

```
import java.applet.*; import java.awt.*;
public class Knoten {
        int inhalt;
        Knoten links, rechts;
        public Knoten(int n) {
                inhalt=n;
                links=null;
                rechts=null;
        }
        public void haengeAn(Knoten k, int m){
                if (m < Inhalt)
                        if (links != null) links.haengeAn(k.links, m);
                        else links=new Knoten(m);

                if (m >= Inhalt)
                        if (rechts != null) rechts.haengeAn(k.rechts, m);
                        else rechts=new Knoten(m);

        }
}
```

In unserem Programm *Baum* wird ein Baum mit Zahlen gefüllt und die Inhalte dargestellt. Der Konstruktor von *Baum* erzeugt den ersten Knoten, also die Wurzel mit Inhalt 20. Dann werden drei Zahlen an der richtigen Stelle angehängt. Mit *wurzel.links* können wir den Verweis auf den linken Nachfolger anzeigen, mit *wurzel.links.inhalt* seinen Inhalt, und so weiter:

```
import java.applet.*;
import java.awt.*;
public class Baum extends Applet{
        Knoten wurzel;
        Label L;
        public Baum(){
              wurzel=null;
              wurzel=new Knoten(20);
              wurzel.haengeAn(wurzel,24);
              wurzel.haengeAn(wurzel,17);
              wurzel.haengeAn(wurzel,28);
              l=new Label("Inhalt: "+wurzel.inhalt); add(l);
              l=new Label("links: "+wurzel.links.inhalt); add(l);
              l=new Label("rechts: "+wurzel.rechts.inhalt); add(l);
              l=new Label("rechts:"+wurzel.rechts.rechts.inhalt); add(l);
        }
}
```

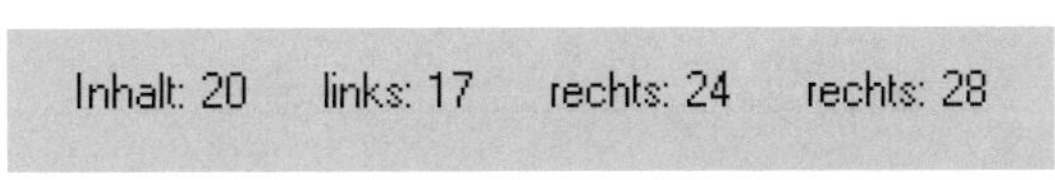

Im folgenden Programm werden 10 Zufallszahlen wie oben beschrieben angehängt. Die Ausgabe erfolgt *In-Order*, das heißt zuerst wird der linke Sohn, dann der Knoten, dann der rechte Sohn ausgegeben.

```
import java.applet.*;
import java.awt.*;
public class Baum4 extends Applet{
        public Baum4(){
                Knoten wurzel=new Knoten(50);
                for (int i=0; i<10; i=i+1) {
                        int zz=(int)(Math.random()*100);
                        wurzel.haengeAn(wurzel,zz);
                }
                gibAus(wurzel);
        }
        public void gibAus(Knoten k) {
                if (k.links != null) gibAus(k.links);
                Label l=new Label(""+k.inhalt); add(l);
                if (k.rechts != null) gibAus(k.rechts);
        }
}
```

Ausgabe zum Beispiel:

2 14 20 27 34 50 74 79 83 84 87

9.5 Sortierverfahren

In der Datenverarbeitung werden einige Algorithmen häufig benötigt. Dazu gehören Sortieralgorithmen. Wir besprechen das Sortieren von Zahlen nach ihrer Größe. Buchstaben und andere Zeichen wie *?!.>* und auch Ziffern werden nach dem sogenannten ASCII-Code oder nach dem Unicode als Zahlen verschlüsselt und können deshalb wie Zahlen sortiert werden. Will man Namen sortieren, so faßt man sie als Zeichenkette auf. Es soll nun eine Menge von Zahlen, zum Beispiel

4	8	3	3	1	7	9	2	5

der Größe nach angeordnet werden.

Ein einfaches Sortierverfahren beruht auf dem Vertauschen von Elementen. Man vergleicht das erste Element links mit dem nächsten und vertauscht sie, wenn das zweite größer ist:

8	4	3	3	1	7	9	2	5

Dann vergleicht man es weiter der Reihe nach mit den restlichen Elementen:

9	4	3	3	1	7	8	2	5

Jetzt kommt die zweite Zahl an die Reihe:

9	7	3	3	1	4	8	2	5

9	8	3	3	1	4	7	2	5

Dann die dritte:

9	8	7	3	1	4	3	2	5

und so weiter, bis

9	8	7	5	4	3	3	2	1

Betrachten wir die Funktion *sortiere()* im folgenden Java-Programm. Sie weist zwei ineinander geschachtelte Schleifen auf:

```
import java.applet.Applet; import java.awt.*; import java.awt.event.*;
public class Sort extends Applet implements ActionListener{
      int n = 9;
      TextField ein[] = new TextField[n];
      int [] a = new int [n];
      Label aus[] = new Label[n];
      Button b= new Button("sortieren");
      String s;
      public Sort() {
            setLayout(new GridLayout(n+1,2,10,5));
            for (int i=0; i<n; i=i+1) {
                  ein[i] = new TextField("", 8);
                  aus[i] = new Label("       ");
                  add(ein[i]);
                  add(aus[i]);
            }
            add(b);
            b.addActionListener(this);
      }
      public void actionPerformed(ActionEvent e){
            for (int i=0; i<n; i=i+1) {
                  s = ein[i].getText();
                  a[i] = Integer.parseInt(s);
            }
            sortiere();
            for (int i=0; i<n; i=i+1) {
                  aus[i].setText(" "+a[i]);
            }
      }
      public void sortiere() {
            int i; int j=0; int h=0;
            for (i=0; i<n-1; i=i+1)
                  for (j=i+1; j<n; j=j+1)
                        if (a[i] > a[j]) {
                              h = a[i]; a[i] = a[j]; a[j] = h;
                        }
      }
}
```

Die äußere Schleife hat den Laufindex i. Der innere Laufindex j durchläuft die Zahlen von i+1 bis n. Wenn a[i] größer als a[j] ist, werden die beiden Werte vertauscht. h ist eine Hilfsvariable, in die der Inhalt von a[i] zwischengespeichert wird. Dann kommt der Inhalt von a[j] in a[i] und der Inhalt von h in a[j].

Wenn n die Zahl der zu sortierenden Elemente ist, so wird die innere Schleife zuerst (n-1) mal, dann (n-2) mal, dann (n-3) mal, und so weiter durchlaufen.

Bubble-Sort:

Man vergleicht, unten angefangen, ein Element mit dem nächst oberen und vertauscht, wenn das obere größer ist. Beispiel: n=4

7	7	7	1
3	3	1	7
1	1	3	3
6	6	6	6

Dann wiederholt man die Prozedur mit dem nächst oberen, vergleicht also mit dessen oberem, und so weiter. Das kleinste wandert so an die oberste Stelle, ähnlich wie Blasen in einer Flüssigkeit.

1	1	1
7	7	3
3	3	7
6	6	6

Beim nächsten Durchgang wandert das zweitkleinste Element an die zweitoberste Stelle, und so weiter.

1	1
3	3
7	6
6	7

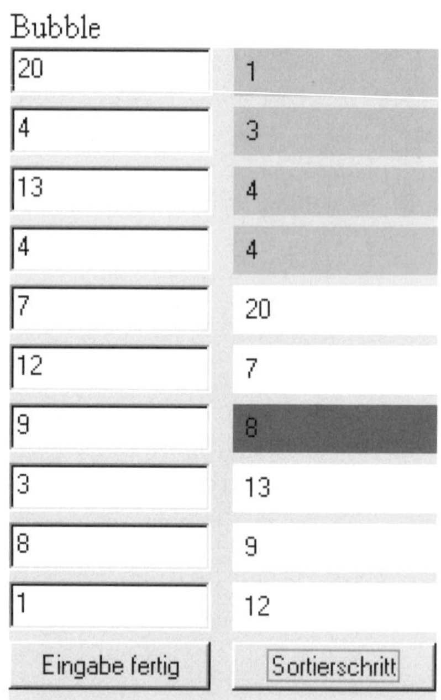

Das Programm zum Bubble-Sort:

```
import java.applet.*; import java.awt.*; import java.awt.event.*;
public class Bubble2 extends Applet implements ActionListener{
     int max = 10; int n, m;
     TextField ein[] = new TextField[max];
     int [] a = new int [max];
     Label aus[] = new Label[max];
     Button ein= new Button("Eingabe fertig");
     Button so= new Button("Sortierschritt");
     String s;
     public Bubble2() {
          n=max-1; m=0;
          setLayout(new GridLayout(max+1,2,10,5));
          for (int i=0; i<max; i=i+1) {
               ein[i] = new TextField("", 8);
               aus[i] = new Label("      ");
               add(ein[i]);
               add(aus[i]);
               aus[i].setBackground(Color.white);
          }
          add(ein);
          Ein.addActionListener(this);
          add(so);
          so.addActionListener(this);
     }
     public void actionPerformed(ActionEvent e){
          if (e.getSource() == ein) {
               for (int i=0; i<max; i=i+1) {
                    s = ein[i].getText();
                    a[i] = Integer.parseInt(s);
               }
          }
          if (e.getSource() == So) {
               if (n>m) {
                    tausche();
                    n=n-1;
               }
               else {
                    aus[m].setBackground(Color.green);
                    n=max-1;
                    m=m+1;
               }
          }
          for (int i=0; i<max; i=i+1) aus[i].setText(" "+a[i]);
     }
     public void tausche() {
          int h;
          aus[n].setBackground(Color.white);
          if (a[n] < a[n-1]) {
               h = a[n]; a[n] = a[n-1]; a[n-1] = h;
               aus[n-1].setBackground(Color.red);
          }
     }
}
```

Heap-Sort:

Ein Heap ist ein binärer Baum, bei dem der Inhalt jedes Knotens kleiner als der der unter ihm liegenden Knoten ist. An der Spitze, der Wurzel steht folglich immer das kleinste Element.
Wir haben beispielsweise die Zahlen

4	8	3	3	1	7	9	2	5

zu sortieren, das sind 9 Zahlen. Wir füllen sie von rechts nach links und von unten nach oben in einen binären Baum. Dann ordnen wir sie zu einem Heap, indem wir sie jeweils mit den darunter liegenden vergleichen. Das entfällt natürlich für die Elemente in den Blättern:

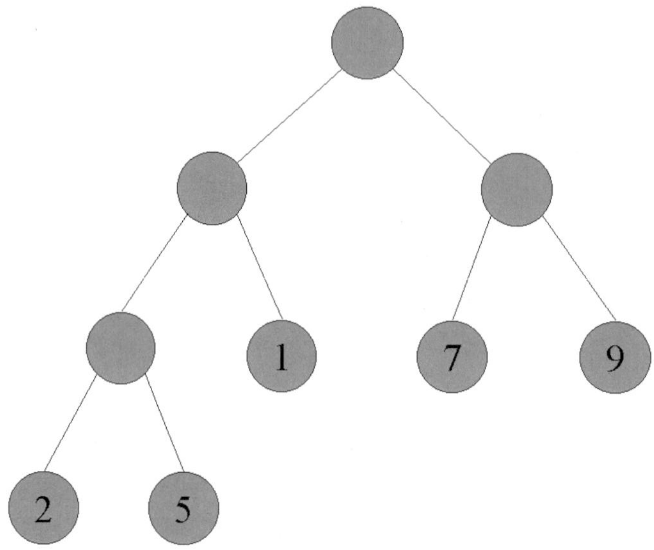

Wenn ein weiteres Element einsortiert wird, tauscht es - falls es größer ist - mit dem kleineren der beiden Kinder den Platz:

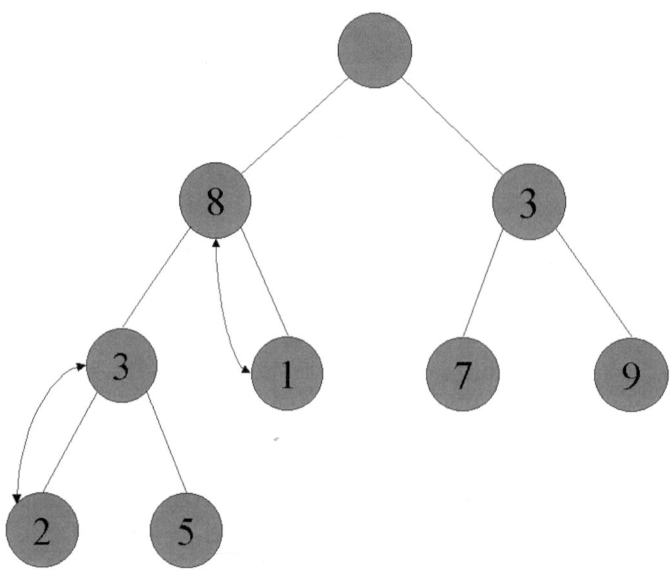

Die 3 tauscht also den Platz mit der 2, die 8 tauscht dann mit der 1.

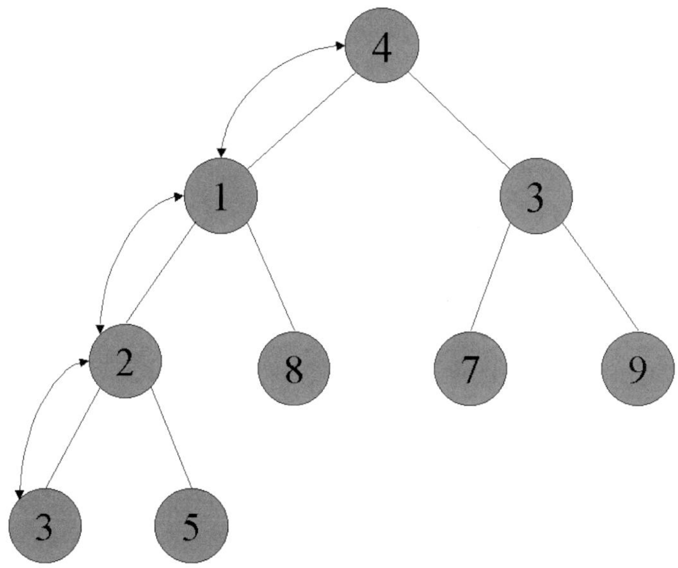

Die 4 schließlich tauscht mit der 1, mit der 2 und mit der 3. Heap!
An der Wurzel steht jetzt das kleinste Element die 1. Wir nehmen es weg, tauscht den Platz mit dem Element aus dem letzten Blatt, mit der 5. Dieses Blatt müssen wir nicht mehr beachten und die 1 können wir schon mal auf dem letzten Platz unseres Arrays speichern:

								1

Der Baum hat nun ein Blatt weniger:

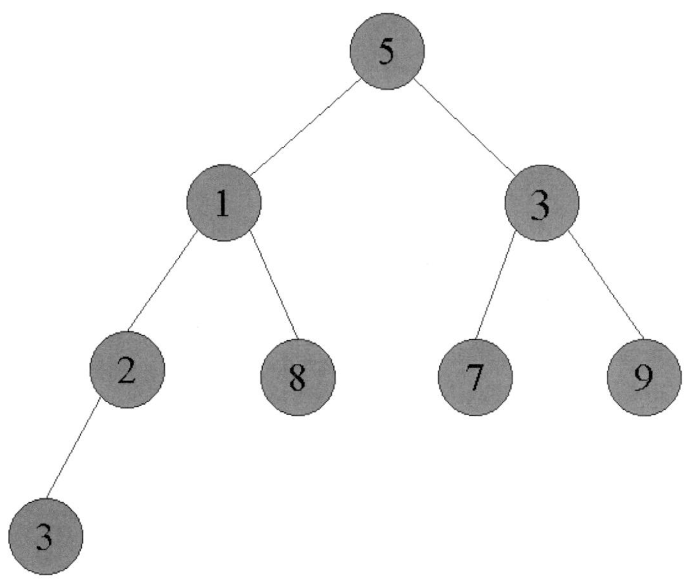

Wir ordnen ihn wieder zum Heap wie oben. Das Element, das dann in der Wurzel steht, ist wieder das kleinste und kommt an den vorletzten Platz unseres Arrays:

							2	**1**

Wir nehmen wieder das letzte Blatt, setzen seinen Inhalt an die Spitze und lassen ihn ordnungsgemäß "einsinken", bis die Heapbedingung erfüllt ist, und so weiter.

Java- Programm zum Heapsort

```
import java.applet.*; import java.awt.*; import java.awt.event.*;
public class HeapSort extends Applet implements ActionListener{
        int anzahl=7; int zmax; int[] b = new int[10];
        Heap h1;
        Baum bauma, baume, baumn;
        Panel ka;
        CardLayout cL;
        Panel pa;
        Label anz=new Label("          0   ",1);
        public HeapSort(){
                setLayout(new BorderLayout());
                ka = new Panel(); add("Center",ka);
                Panel u = new Panel(); add("North", u);
                Button bu = new Button("erster"); u.add(bu);
                bu.addActionListener(this);
                bu = new Button("nächster"); u.add(bu);
                bu.addActionListener(this);
                bu = new Button("vorheriger"); u.add(bu);
                bu.addActionListener(this);
                bu = new Button("letzter"); u.add(bu);
                bu.addActionListener(this);
                u.add(anz);
                        cL=new CardLayout();
                        ka.setLayout(CL);
                        zmax=ermittleZeilenzahl(anzahl);
                        h1 = new Heap(anzahl);
                        h1.zeige();
                        setzeZufallswerte();
                        h1.zeige();
                        h1.sortiere();
                        holErgebnisse();
                        h1.zeige();
        }
        int ermittleZeilenzahl(int anz){
                int x=0; int y=anz;
                while (y>=1){
                        x=x+1;
                        y=(int)(y/2);
                }
                return x;
        }
        void setzeZufallswerte(){
                for (int i=1; i<=anzahl; i=i+1){
                        b[i]=(int)(Math.random()*100);
                        h1.setze(i,b[i]);
                }
        }
        void holErgebnisse(){
                for (int i=1; i<=anzahl; i=i+1) b[i]=h1.gib(i);
        }
    public void actionPerformed(ActionEvent e) {
        String aufschrift = e.getActionCommand();
        if ("erster".equals(aufschrift)) cL.first(ka);
        else if ("nächster".equals(aufschrift)) cL.next(ka);
```

```
        else if ("vorheriger".equals(aufschrift)) cL.previous(ka);
        else if ("letzter".equals(aufschrift)) cL.last(ka);
        else cL.show(ka,(String)aufschrift);
    }
public class Baum{
        int max, zmax; int i=0; int s=1;
        public Panel p[]=new Panel[zmax+1];
        public Label l[]= new Label[s];
        public Font f1;
        public GridLayout g1, g2;
        public Baum(int anzahl, int m, int[] a){
                max=anzahl; zmax=m; s=1; i=0;
                f1=new Font("Helvetica",Font.BOLD,24);
                g1=new GridLayout(zmax+1,1);
                g2=new GridLayout(1,s);
                Panel p[]=new Panel[zmax+1];
                pa.setLayout(g1);
                pa.setFont(f1);
                s=(int)Math.pow(2,zmax);
                Label l[] = new Label[s];
                for (int z=0; z<zmax; z=z+1){
                        p[z] = new Panel(); pa.add(p[z]);
                        s=(int)Math.pow(2,z);
                        p[z].setLayout(g2);
                        for(int j=0; j<s; j=j+1){
                                i=i+1;
                                l[i]=new Label("    ",1);
                                l[i].setText(a[i]+" ");
                                p[z].add(l[i]);
                        }
                }
        }
}
public class Heap{
        int[] a; int n=0;
        public Heap(int k){
                a = new int[k+1];
        }
        void setze(int i, int x){
                a[i]=x;
        }
        int gib(int i){
                return a[i];
        }
        private void tausche(int eins, int zwei){
                int t = a[eins];
                a[eins]=a[zwei];
                a[zwei]=t;
        }
        void heapify(int dieserKnoten, int heapGröße){
                int links=2*dieserKnoten;
                int rechts=links + 1;
                int derSohn;
                if (links <=heapGröße && rechts > heapGröße){
                      if (a[dieserKnoten] > a[links]) {
```

```
                              tausche(dieserKnoten, links);
                        }
                  }
                  else if (rechts <= heapGröße){
                        derSohn = (a[links] < a[rechts] ? links : rechts);
                        if (a[derSohn] < a[dieserKnoten]){
                              tausche(dieserKnoten, derSohn);
                              heapify(derSohn, heapGröße);
                        }
                  }
      }
      void baueHeap(){
                  for (int i = a.length/2; i>=1;i=i-1)
                        heapify(i,a.length-1);
      }
      void sortiere(){
                  baueHeap();
                  for (int i=a.length-1; i>1; i=i-1){
                        tausche(1,i);
                        heapify(1,i-1);
                  }
      }
      void zeige(){
                  String s=String.valueOf(n);
                  pa=new Panel();
                  baumn = new Baum(anzahl,zmax,a);
                  ka.add(s,pa);
                  anz.setText(s);
                  n=n+1;
      }
}
}
```

In diesem Programm wird als Layout das CardLayout verwendet. Wie bei Karteikarten oder bei einem Kartenspiel werden mehrere Ebenen übereinander angelegt und bei Bedarf geblättert. Die erste Karte enthält einen leeren Baum. Klickt man auf den Button *„nächster“*, so wird der Baum mit zufälligen Zahlen gefüllt. Klickt man erneut auf den Button *„nächster“*, so werden die Zahlen mit Hilfe des Heapsort-Verfahrens sortiert.

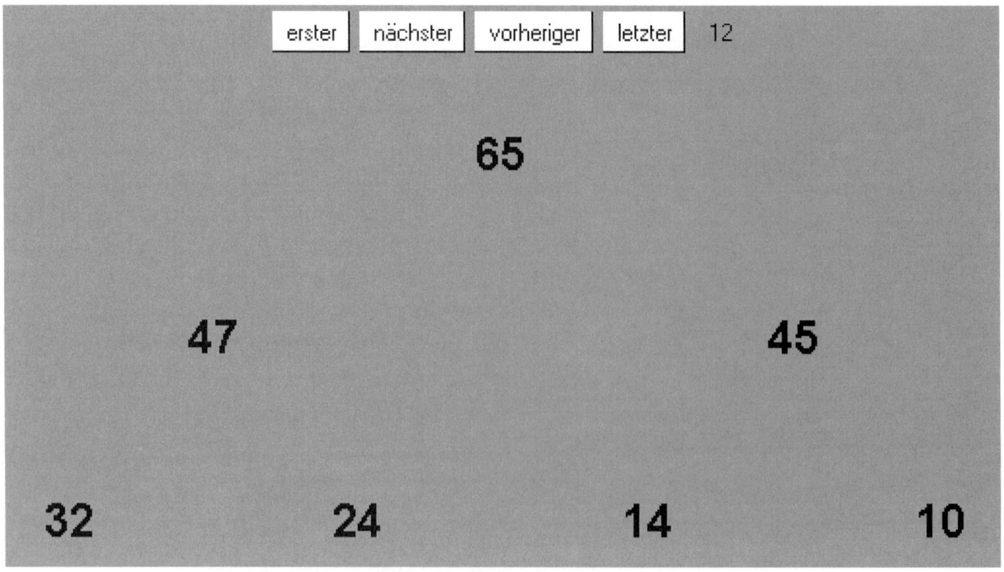

Kurze Diskussion der Sortierverfahren

Die Zahl der Vergleiche, die angestellt werden, unterscheiden sich bei den Sortierverfahren erheblich, und damit die Bearbeitungsdauer. Sie ist natürlich von n abhängig. Beim ersten Verfahren wurde das erste Element mit allen restlichen verglichen, also n-1 mal. Das zweite Element wurde mit n-2 Elementen verglichen, und so weiter. Die Zahl der Vergleiche ist also

$$(n-1)+(n-2)+...+1 = n(n-1)/2 = (n^2 - n)/2.$$

Das ist ein quadratischer Ausdruck. Bei großer Anzahl n der Elemente wird das Verfahren sehr lange dauern.

Dass demgegenüber das Einsortieren in Bäume bei großer Anzahl n sehr viel schneller ist, wird anschaulich leicht klar, wenn man folgendes bedenkt: Die Anzahl der Elemente im Baum wächst von Generation zu Generation mit der Zweierpotenz. Wenn wir die Zahl der Generationen mit k bezeichnen, ist die Anzahl a der Elemente einer Generation

$$a = 2^k$$
$$k = \log_2(a)$$

Ein Element sinkt beim Einsortieren vertikal tiefer, es wird nicht horizontal mit jedem Element einer Generation verglichen, sondern nur mit den im Teilbaum unter ihm liegendenElementen. Das sind weit weniger, als beim ersten Verfahren. Es lässt sich zeigen, dass im Mittel die Zahl der Vergleiche

$$n*\log(n)$$

beträgt [127]. Die Logarithmusfunktion wächst sehr viel langsamer als die Quadratfunktion oder die lineare Funktion. Ohne eine genaue Rechnung wird also offensichtlich, welchen Vorteil Bäume besitzen.

Noch etwas schneller als das Heap-Sort-Verfahren, jedoch auch komplizierter ist das **Quick-Sort**-Verfahren (Sortieren durch Teilen und Trennen). Es wird ein mittleres Element bestimmt und mit diesem verglichen. Die Elemente, die größer sind, kommen nach rechts, die kleineren nach links. Mit dem linken und dem rechten Teil wird jeweils das gleiche Verfahren wiederholt. Man erkennt auch hier, dass durch das fortgesetzte Teilen durch 2 die Anzahl der Wiederholungen vom Logarithmus von n zur Basis 2 abhängen wird.

10 Client - Server- Programmierung

10.1 Server Sockets

Ein Rechner im Internet oder Intranet, der einen Dienst anbietet, heißt Server. Server heißt aber auch das dafür erforderliche Programm auf dem Server. Ein Rechner, der einen Dienst in Anspruch nimmt, heißt Client, wie auch sein Programm, das die Verbindung zum Server aufnimmt.
Wir nehmen zunächst zur Übung den eigenen Rechner, auf dem wir beide, das Server-Programm und das Client-Programm gleichzeitig laufen lassen. Dazu öffnen wir zwei DOS-Eingabefenster und starten in dem einen den Server und in dem anderen den Client. Der Client schickt eine Textzeile „Guten Tag" zum Server.

Einfacher Client:

```
import java.net.*; import java.io.*;
public class JavaClient {
 public static void main (String[] args)
          throws IOException, UnknownHostException {
  Socket anschluss = new Socket("127.0.0.1",6000);
  PrintWriter ausgabe= new PrintWriter(anschluss.getOutputStream(),true);
  ausgabe.println("Guten Tag und viel Spass!");
}}
```

Die Verbindung von Client und Server erfolgt über einen Socket. Ein Socket - die Steckdose - ist durch Adresse und Port des Internetrechners definiert. Die Adresse kann als Name oder als Nummer (IP-Adresse) angegeben werden. Die Nummer „`127.0.0.1`" ist immer der lokale Rechner, man kann dafür auch „`localhost`" schreiben. Port 21 ist für FTP reserviert, Port 23 für Telnet. Die Ports über Nummer 1024 sind frei verfügbar. Unser erstes selbstgeschriebenes Server-Programm lauscht in einer endlosen While-Schleife an Port 6000 und zeigt die ankommende Textzeile auf dem Bildschirm an:

Einfacher Server:

```
import java.net.*; import java.io.*;
class JavaServer  {
 public static void main (String[] args) throws IOException {
   ServerSocket anschluss = new ServerSocket(6000);
   while (true) {
    Socket lauschen=anschluss.accept();
    InputStreamReader portLeser=new
           InputStreamReader(lauschen.getInputStream());
    BufferedReader eingabe= new BufferedReader(portLeser);
    String s=eingabe.readLine();
    System.out.println("Client sagt: " + s);
   }
}}
```

Empfang des Datenstroms

Ausgabe über die Standardausgabe

Wir müssen das Programm brutal mit *Strg-C* abbrechen. Beachte: PrintWriter und BufferedReader werden hier genau so verwendet wie beim Schreiben in Dateien oder Lesen von Tastatur (siehe dort).

```
C:\JavaKursLey\Server>java JavaServer0
Client sagt: Guten Tag und viel Spass!

C:\JavaKursLey\Server>
```

```
C:\JavaKursLey\Server>java JavaClient0

C:\JavaKursLey\Server>
```

Links der Bildschirm des Servers, rechts der des Client

Ist unser Rechner in ein Netz eingebunden, so tragen wir anstatt `127.0.0.1` die Netzadresse eines anderen Rechners ein und können mit ihm kommunizieren. Wenn wir sie nicht wissen, erfragen wir sie unter DOS mit *ipconfig,*oder unter Windows mit *Start - Ausführen - WINIPCFG*, oder mit
Start - Einstellungen - Systemsteuerung - Netzwerk - Identifikation - Computername.

Der folgende Server schickt dem Client seine Textzeile wieder zurück, schließt den Ausgabestrom und wartet weiter auf Anfragen:

Server für alle

```
import java.net.*; import java.io.*;
class JavaServer  {
public static void main (String[] args) throws IOException {
ServerSocket anschluss = new ServerSocket(6000);
while (true) {
 Socket lausch=anschluss.accept();
 System.out.println("Ich lausche.");
 InputStreamReader pLeser=new InputStreamReader(lausch.getInputStream());
 BufferedReader eingabe= new BufferedReader(pLeser);
 String s=eingabe.readLine();
 PrintWriter ausgabe= new PrintWriter(lausch.getOutputStream(),true);
 ausgabe.println("Ebenfalls " + s);
 ausgabe.close();
}}}
```

Port-Leser liest Datenstrom vom Client

PrintWriter schickt Datenstrom an Client

Client mit Anzeige

Der Client muss die zurückgeschickte Zeile auch annehmen und auf dem Bildschirm anzeigen können:

```
import java.net.*; import java.io.*;
public class JavaClient  {
public static void main (String[] args) throws IOException,
               UnknownHostException {
   Socket sock = new Socket("localhost",6000);
   PrintWriter ausgabe= new PrintWriter(sock.getOutputStream(),true);
   ausgabe.println("Guten Tag und viel Spass!");
   InputStreamReader pLeser=new InputStreamReader(sock.getInputStream());
   BufferedReader eingabe= new BufferedReader(pLeser);
   String s=eingabe.readLine();
   System.out.println("Antwort vom Server: "+s);
}}
```

Datenstrom an Server

Datenstrom vom Server

⇨ Aufgabe 105: Erstellen Sie für den Client eine GUI-Applikation mit Textein- und –ausgabefeld.

⇨ Aufgabe 106: Schreiben Sie die Client-Server-Klassen so um, dass sie für eine Kommunikation während der nächsten Klausur taugen.

Im Folgenden gehen wir so vor: Zuerst testen wir unsere Programme auf dem lokalen Rechner. Dann benutzen wir einen Rechner, auf dem wir das Betriebssystem Linux installiert und den wir an das Schulnetz angeschlossen haben. Hier herrschen dann die gleichen Verhältnisse wie auf einem Internet-Host und wir können alles in Ruhe ausprobieren. Anschließend transportieren wir die Dateien auf einen Internet-Host. Siehe auch Anhang „Voraussetzungen für Serverseitige Programmierung". Es ist nur noch die Host-Adresse zu ändern. Auf unserem Host haben wir zum Beispiel das Verzeichnis Java angelegt. (Linux- Befehle siehe Kapitel Betriebssysteme).

Einer der Vorteile von Java-Programmen ist, dass sie auf jeder Plattform laufen. Wenn der Internet-Host also UNIX als Betriebssystem hat und wir zu Hause noch mit MS Windows arbeiten, ist das nicht weiter schlimm. Wir stellen eine Telnet-Verbindung zum Host her, loggen uns ein, wechseln in das Java-Verzeichnis und starten unseren selbstgeschriebenen Server mit

```
java JavaServer
```

Auf unserem lokalen Rechner starten wir den Client mit

```
java JavaClient
```

Kommunikation im Netz:

Die folgende GUI-Applikation hat ein Textein- und ein Textausgabefeld. Die Klasse Server verfügt über die Methoden empfange() und antworte(). Zwei Rechner im Netzwerk können damit kommunizieren, wenn die richtige Hostadresse jeweils eingetragen wird. Man kann sie auch zweimal auf einem Rechner starten. Man beachte: Der jeweilige Empfangs-Button muss immer vor dem Sende-Button gedrückt werden.

```
import java.awt.*;      import java.awt.event.*;
import java.net.*;      import java.io.*;
public class DServer5 extends Frame implements ActionListener{
      Server meinServer=new Server();
      Button b1 = new Button("Empfange"); Button b2 = new Button("Sende");
      TextArea textEin = new TextArea("Eingang: ");
      TextArea textAus = new TextArea("Ausgang: ");
      public DServer5() {
            super("Server");
            setLayout(new FlowLayout());
            add(b1); b1.addActionListener(this);
            add(textEin);
            add(b2); b2.addActionListener(this);
            add(textAus);
            setSize(500, 300); setVisible(true);
            addWindowListener(new FensterLauscher());
      }
```

Gestaltung der Oberfläche

```
      public void actionPerformed(ActionEvent ereignis) {
            if (ereignis.getActionCommand()=="Empfange") {
                  String empfang=meinServer.empfange();
                  textEin.append(empfang);
            }
```

auf Empfang schalten

```
            if (Ereignis.getActionCommand()=="Sende") {
                  String saus = textAus.getText();
                  meinServer.antworte(saus);
            }
      }
```

auf Sendung schalten

```
class Server {
      ServerSocket anschluss; Socket lauschen;
      public String empfange() {
        String Sein="";
        try {
         anschluss = new ServerSocket(6000);
         lauschen = anschluss.accept();
         InputStreamReader portLeser=new
                        InputStreamReader(lauschen.getInputStream());
         BufferedReader eingabe= new BufferedReader(portLeser);
         sein=Eingabe.readLine(); lauschen.close(); anschluss.close();
        }
        catch (Exception Ausnahme) { Ausnahme.printStackTrace(); }
        return Sein;
      }
```

Datenstrom lesen

```
      public void antworte(String s) {
        try {
         lauschen = new Socket("127.0.0.1",6000);
         PrintWriter ausgabe= new PrintWriter(lauschen.getOutputStream(),true);
         ausgabe.println(s); ausgabe.close(); lauschen.close();
        }
        catch (Exception ausnahme) { ausnahme.printStackTrace(); }
      }
}
class FensterLauscher extends WindowAdapter {
      public void windowClosing(WindowEvent e) { System.exit(0); } }
public static void main(String[] args) throws IOException, UnknownHostException {
      new DServer5(); } }
```

Daten aus dem Textfeld weiterleiten

10.2 Das Common Gateway Interface (CGI) - Der Browser als Client

Die explosionsartige Verbreitung des World Wide Web ist auch auf die einfache Bedienung der Browser-Oberfläche zurückzuführen. Der Kunde (Client) klickt auf Symbole oder gibt Daten in der Browser-Oberfläche ein. Die Intelligenz steckt vor allem im Programmcode von Programmen, die auf dem Internet-Server ablaufen und auf die Anforderungen des Kunden reagieren. Eine Webseite wird mit dem dazugehörigen Server-Programm erst wirklich interaktiv. Server-Programme, die mit einem Browser als Client kommunizieren, müssen dabei das HTTP-Protokoll beachten. Sie werden auch CGI-Programme genannt. Diese Server-Programme können auf die Festplatte des Internet-Servers schreiben und von dort lesen. Gespeicherte Informationen werden benötigt, um zum Beispiel

- ein Passwort zu überprüfen,
- einen Chatroom zu betreiben,
- einen Zugriffszähler zu aktualisieren,
- Daten aus einer Datenbank abzurufen oder für
- Versteigerungen, Bankgeschäfte, einen Laden, verwalten (E-Commerce).

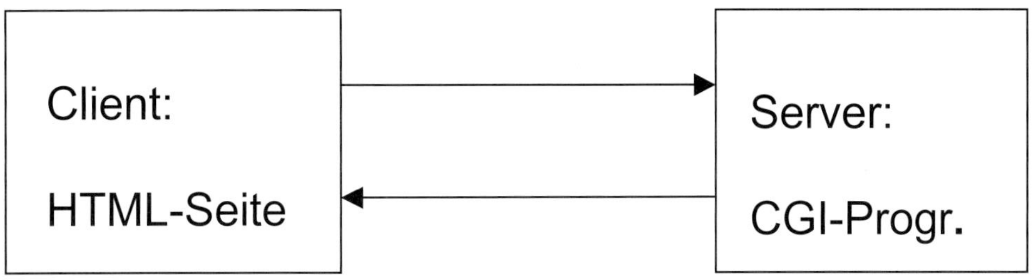

Die HTML-Seite des Client enthält ein Formular-Tag mit

```
action="http://Servername/cgi-bin/user/Username/Programmname"
```

Beim Drücken des Submit-Knopfes wird das Programm auf dem Server aufgerufen und die Daten, die in das Formular eingegeben wurden, übermittelt. Auch hier testen wir wieder zuerst auf dem lokalen Rechner, ehe wir die Programme ins Internet übertragen.

Einfacher Client in HTML

```
<HTML> <HEAD> <TITLE> Einfacher HTML-Client </TITLE> </HEAD>
<BODY> Gib bitte deinen Vornamen ein: <BR>
<FORM METHOD=GET
ACTION="http://Servername/cgi-bin/user/Username/Programmname">
<INPUT TYPE="TEXT" NAME="N">
<INPUT TYPE="SUBMIT" VALUE="absenden">
</FORM>
</BODY> </HTML>
```

Es wird der Inhalt der Variable *N* an das Programm gesendet.

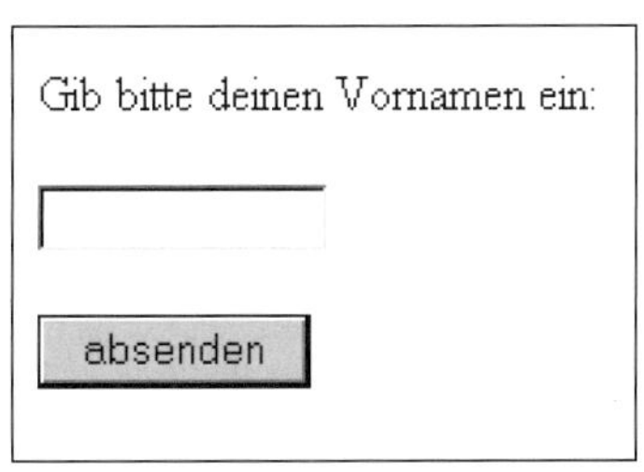

Der Server empfängt gemäß HTTP-Protokoll die Zeile (Request-Line):

```
GET /?N=Clemens HTTP/1.1
```

Sie ist zusammengesetzt aus Methode, URL und HTTP-Version.
Die URL kann den Pfad, einen Dateinamen und Daten enthalten. In unserem Beispiel besteht der Pfad nur aus einem Slash. Die Daten folgen nach einem angehängten Fragezeichen.

Das Server-Programm soll dem Client antworten. Das Common Gateway Interface (CGI) umfasst die Regeln, nach denen die Kommunikation mit dem Browser abläuft. Das HTTP-Protokoll muss beachtet werden: Der Browser empfängt den Kopf (Header), dann eine Leerzeile und dann die Daten. Der Header besteht aus einer Statusmeldung und einer Mitteilung über den Inhaltstyp. Beispiel:

```
HTTP/1.0 200 OK\nContent-type: text/html\n\n
                                                   Leerzeile
Daten
```

Die Statuszeile enthält die HTTP-Version, hier 1.0, den Status, hier 200, das bedeutet erfolgreich gestartet und den Inhaltstyp der angehängten Daten, damit er sie richtig darstellen kann (hier html). Die Leerzeile wird durch \n\n (new line new line) erzeugt. Die Status-Meldung könnte auch lauten:

- 304 Antwort auf If-Modified-Anfrage
- 400 fehlerhafte Anfrage
- 403 unerlaubte Anfrage
- 404 Datei nicht gefunden
- 405 Request-Methode für diese Resource nicht erlaubt
- 500 interner Serverfehler

Wir können das alles lokal nachprüfen, indem wir im HTML-Client auf der vorigen Seite schreiben:

```
ACTION="http://localhost:5000"
```

Über Port 5000 am eigenen Rechner werden hier die Daten gesendet und empfangen zugleich. Unser dazu gehöriges CGI-Programm lauscht an diesem Port und schickt die vom Browser empfangenen Daten gemäß der CGI-Norm einfach wieder an den Browser zurück, damit wir sie untersuchen können:

Einfaches CGI-Programm in Java:

```
import java.net.*; import java.io.*;
public class Server5 {
  public Server5() {
    try {
      ServerSocket anschluss = new ServerSocket(5000);
      while (true) {
       Socket lausch=anschluss.accept();
       InputStreamReader portLeser=new InputStream
                                   Reader(lausch.getInputStream());
       BufferedReader eingabe=new BufferedReader(portLeser);
       PrintWriter ausgabe=new PrintWriter(lausch.getOutputStream(),true);
       String str=eingabe.readLine();
       ausgabe.println("HTTP/1.0 200 OK\nContent-type: text/html\n\n");
       ausgabe.println(str);
       ausgabe.close();
      }
    }
    catch (Exception e) {e.printStackTrace();}
  }
public static void main (String[] args){
    new Server5();
}}
```

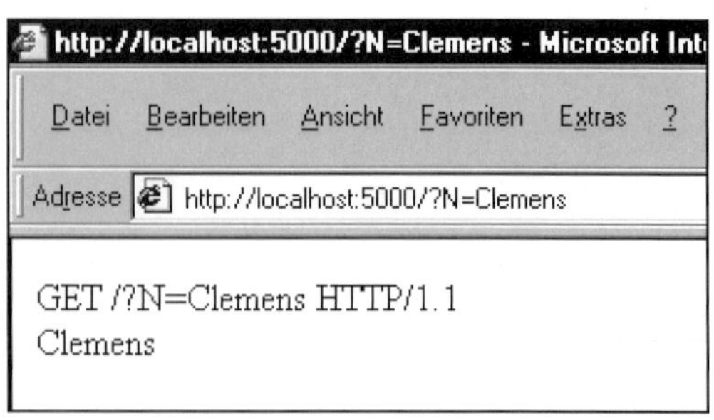

⇨ Aufgabe 107: Ergänzen Sie die HTML-Seite durch Radio-Buttons und Auswahlmenüs und untersuchen Sie, in welcher Form die Daten dann an den Server übermittelt werden.

Eine Umfrage im Web

Der Umfrage-Client:

```
<HTML><HEAD><TITLE> WebClient </TITLE></HEAD>
<BODY>
<H3> Umfrage</H3>
Bitte beantworten Sie folgende Fragen zu Ihrer Person: <BR>
<FORM METHOD=GET ACTION="http://localhost:5000">
Geschlecht: <BR>
<INPUT TYPE=radio NAME=geschlecht VALUE="m"> m&auml;nnlich
<INPUT TYPE=radio NAME=geschlecht VALUE="w"> weiblich
<BR> <BR> Alter: <BR>
<SELECT NAME=alter SIZE=3>
     <OPTION> 16
     <OPTION> 17
     <OPTION> 18
</SELECT> <P>
Ich benutze das Internet vor Allem zu folgendem Zweck:<BR>
(Bitte nur eine Option auswählen.) <BR>
<INPUT TYPE=checkbox Name=s> Spielen <BR>
<INPUT TYPE=checkbox Name=i> Informationsbeschaffung <BR>
<INPUT TYPE=checkbox Name=d> Bereitstellen von eigenen Daten <BR>
<INPUT TYPE=checkbox Name=p> ich programmiere selbst für das Internet <P>
E-Mail-Adresse: <INPUT TYPE=text NAME=eMail SIZE=60> <BR><BR>
<INPUT TYPE=reset> <INPUT TYPE=submit>
</FORM
</BODY> </HTML>
```

Wir stellen fest, die eingegebenen Daten kommen beim CGI- Programm auf dem Server so an:

```
GET /?geschlecht=m&alter=20&d=on&eMail=987654321 HTTP/1.1
```

Diese Zeichenkette enthält die Variablennamen und die eingegebenen Daten. Sie muss nun von unserem Java-Programm verarbeitet werden.

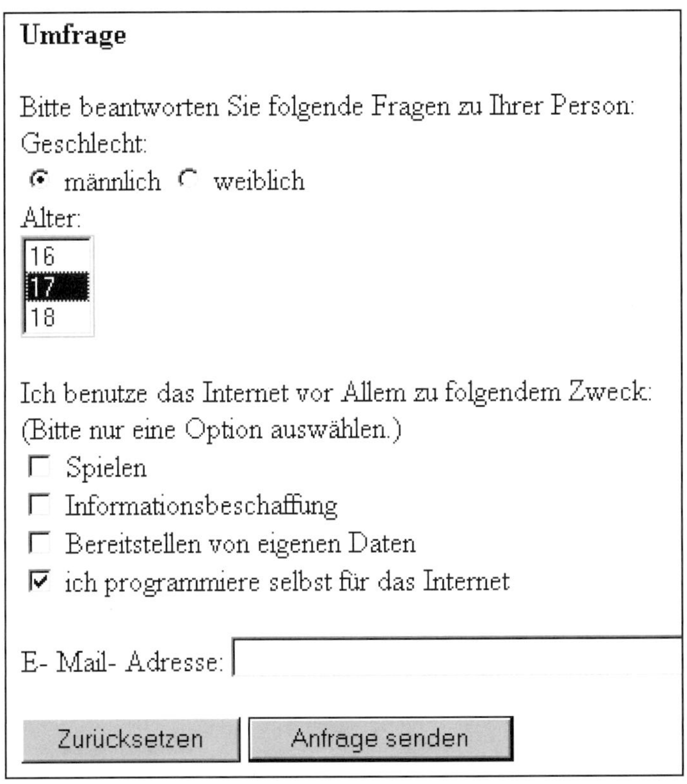

Wir zerlegen die Zeichenkette in Substrings und picken so Alter und Geschlecht heraus:

```
sus=s.substring(a,b);
```

Der Teilstring der Zeichenkette s geht von Zeichen Nummer a bis Zeichen Nummer b. a und b sind Integer-Variablen. Wir benötigen noch weitere Methoden zur Stringverarbeitung:

```
charAt(n);
```

ergibt das Zeichen an der n-ten Stelle.

```
i=s.indexOf(sus);
```

liefert die Stelle, an der der String sus das erste mal innerhalb des Strings s vorkommt. Die Eingabe in diese Methode ist also ein Teilstring, die Rückgabe ist eine ganze Zahl.

Das folgende Java-Programm gehört zu obigem Umfrage-Client. Man startet es, bevor der HTML-Client seine Daten abschickt mit `java Server5d`. Es lauscht an Port 5000 und nimmt die Eingabedaten entgegen:

Die Klasse Kunde

erhält den Eingabestring über den Konstruktor und ordnet sie einem Kunden-Objekt k zu. Auf diese Daten kann mit dem Punkt-Operator zugegriffen werden, zum Beispiel auf das Alter mit: *k.alter*. Die Klasse Kunde besitzt die Methode speichern, die von außen mit *k.speichern* aufgerufen wird. Wir geben diesem Aufruf den *PrintWriter* zum Speichern auf Festplatte mit.

Das CGI-Programm zum Speichern

```
import java.net.*; import java.io.*;
public class Server5d {
   Kunde k;
   public Server5d() {
      try { ServerSocket anschluss = new ServerSocket(5000);
         while (true) {
            Socket lausch=anschluss.accept();
            InputStreamReader leser=new
                          InputStreamReader(lausch.getInputStream());
            BufferedReader eingang=new BufferedReader(leser);
            PrintWriter anBrowser=new
                          PrintWriter(lausch.getOutputStream(),true);
            String str=eingang.readLine();
            k=new Kunde(str);
            benachrichtigen(anBrowser, str); anBrowser.close();
            String dateiname="Kunden.txt";
            boolean obAnhaengen=true;
            FileWriter dateiSchreib=new FileWriter(dateiname,obAnhaengen);
            PrintWriter anPlatte=new PrintWriter(dateiSchreib);
            k.speichern(anPlatte); anPlatte.close();
         }
      }
      catch (Exception e) { e.printStackTrace(); }
   }
      void benachrichtigen(PrintWriter a, String Str) {
            a.println("HTTP/1.0 200 OK\nContent-type: text/html\n\n");
            a.println("<H3> Ihre Daten wurden registriert! </H3> ");
            a.println("Alter: " + k.alter + "<BR>");
            a.println("Geschlecht: " + k.geschlecht + "<BR>");
            a.println("Ihre E-Mail-Adresse: " + k.eMail);
      }
      public static void main (String[] args) {
            new Server5d();
      }
public class Kunde {
      String eMail; int alter;
      char geschlecht, zweck;
      public Kunde(String s) {
            int l=s.length();
            eMail=s.substring(39,l-8);  // von, bis
            geschlecht=s.charAt(17);    // Zeichen an der Stelle 17
            zweck=s.charAt(28);
            String sus=s.substring(25,27);
            alter=Integer.parseInt(sus);
      }
      public void speichern(PrintWriter a) {
            a.println(geschlecht);  a.println(alter);
            a.println(zweck);       a.println(eMail);
}}}
```

Das Programm zum Lesen der Daten von der Festplatte

Bei Ansteuerung des folgenden CGI-Programms werden die Daten von der Festplatte alle wieder gelesen und zum Client geschickt.

```
import java.awt.*; import java.net.*; import java.io.*;
public class Server5f {
public Server5f() {
 try {
  ServerSocket anschluss = new ServerSocket(5000);
  while (true) {
   Socket lausch=anschluss.accept();
  InputStreamReader leser=newInputStreamReader(lausch.getInputStream());
   BufferedReader eingang=new BufferedReader(leser);
   PrintWriter anBrowser=new PrintWriter(lausch.getOutputStream(),true);
   String dateiname="Kunden.txt";
   FileReader dateiLeser=new FileReader(dateiname);
   BufferedReader vonPlatte=new BufferedReader(dateiLeser);
   alleLesen(vonPlatte,anBrowser);
   vonPlatte.close();
   anBrowser.close();
  }
 }
 catch (Exception e) { e.printStackTrace(); }
}
   public void alleLesen(BufferedReader r, PrintWriter a) {
        try {
          String zeile[]=new String[4];
          a.println("HTTP/1.0 200 OK\nContent-type: text/html\n\n");
          a.println("<H3> Folgende Daten sind gespeichert: </H3> ");
          int i=0;
          zeile[i]=r.readLine();
          while (zeile[i] != null) {
             while ((zeile[i] != null) && (i<3)){
               i=i+1;
               zeile[i]=r.readLine();
             }
             char geschlecht=zeile[0].charAt(0);
             int alter=Integer.parseInt(zeile[1]);
             char zweck=zeile[2].charAt(0);
             String eMail=zeile[3];
             a.println(geschlecht+" "+alter+" "+zweck+" "+eMail+"<BR>");
             i=0;
             zeile[i]=r.readLine();
          }
        }
        catch (Exception e) { e.printStackTrace(); }
   }
public static void main (String[] args) {
     new Server5f();
}}
```

⇨ Aufgabe 108: Erstellen Sie eine HTML-Seite mit einer Umfrage über ein interessantes Thema. Speichern Sie die übermittelten Daten auf der Server-Festplatte. Schreiben Sie ein Programm, das eine Auswertung dieser Daten in einer Häufigkeitstabelle darstellt.

⇨ Aufgabe 109: Schreiben Sie ein Server-Programm, das eine HTML-Seite von der Fesplatte liest und prüft, ob ein bestimmtes Wort vorkommt (Suchmaschine).

10.3 Datenbanken abfragen mit Java

Ein Server bietet seine Dienste an. Was hat ein Datenbankserver zu bieten? Die Schätze in seiner Datenbank! Eine relationale Datenbank ist eine Sammlung von Daten über Dinge (*Entities*). Diese Daten sind wohlorganisiert in Tabellen gespeichert die in Beziehung (*Relation*) zueinander stehen (*Entity-Relationship*). Mit einem Beispiel lässt sich das leicht demonstrieren: Eine Weinhandlung hat die Informationen über die vorhandenen Weine in einer Tabelle gespeichert. Eine zweite Tabelle enthält die Adressen von Kunden. Eine dritte Tabelle notiert die Bestellungen. Diese Tabellen haben natürlich etwas miteinander zu tun.
Auf eine Datenbank wollen in der Regel mehrere Nutzer zugreifen. Das geschieht im lokalen Netzwerk oder im Internet. Die Server im Internet laufen häufig unter dem Multi-User-Betriebssystem Unix. Auch lokale Netzwerk-Server nutzen wegen der Betriebssicherheit oft Unix oder Linux.
Wir beschreiben hier den Zugriff eines Java-Programms auf eine lokale MS-Access- und auf eine MySQL-Datenbank als Datenquelle. Access eignet sich zum Üben auf einem PC. Wenn man einen Linux-Rechner zur Verfügung hat und ihn ins Netz einbindet, empfiehlt sich die Verwendung des Datenbank-Management-Systems MySQL [28]. MySQL gibt es inzwischen auch für MSWindows.

Beispiel-Abfrage einer Access-Datenbank:

Für MSWindows gibt es die Open Database Connectivity (ODBC), die die Kommunikation mit verschiedenen Datenbanksystemen erlaubt. Eine JDBC-ODBC-Brücke ermöglicht die Verbindung der Windows- mit der Java-Welt. Zuerst ist eine Datenbank zu installieren und mit dem ODBC-Treiber zu verbinden (siehe Anhang).
Hier ein Beispiel, in dem eine lokale Beispiel-Access-Datenbank abgefragt wird. Die Antwort steht im DOS-Fenster.

```
import java.sql.*;
public class Abfrage {
   public static void main(String[] args) {
      try {
      Class.forName("sun.jdbc.odbc.JdbcOdbcDriver");
           Connection con = java.sql.DriverManager.getConnection(
                                             "jdbc:odbc:weine", "", "");
           Statement s = con.createStatement();
           ResultSet res;
           res = s.executeQuery("select * from rotweine where Preis<20");
           while (res.next()) {
                System.out.print(res.getString("Name") + "\t");
                System.out.println(res.getDouble("Preis"));
           }
           con.close();
      }
      catch (Exception e) { System.out.println(""+e.getMessage());}
} }
```

- Treiber angeben
- Verbindung zur Datenbank
- Abfragetext

Zur Erklärung:

Als Erstes wird der **Treiber registriert**. Dann muss man dem Treibermanager die **Datenbank angeben** (hier steht auch noch ein Loginname und ein Passwort für die Datenbank, falls gewünscht).
Das **Statement-Objekt** s erhält als Eingabe den Text der Abfrage. Der Text der Abfrage entstammt dem Vokabular der Abfragesprache **SQL** (siehe unten).
Mit seiner Methode *executeQuery* erhalten wir das Ergebnis der Abfrage. Es steht im **ResultSet-Objekt**. Das Ergebnis der Abfrage ist in der Regel eine Tabelle.
Das ResultSet-Objekt verfügt über die Methode *res.next*, mit der wir immer zur nächsten Tabellenzeile gelangen. Mit *getString*, beziehungsweise *getDouble*, erhalten wir den Inhalt der einzelnen Zellen, die durch den Spaltennamen bestimmt sind.

In der folgenden Applikation erscheint das Resultat der Abfrage der Access-Datenbank *Weine* auf einer grafischen Oberfläche:

```
import java.awt.*; import java.awt.event.*; import java.sql.*;
public class Abfrage2 extends Frame implements ActionListener{
      Label l = new Label("Suchen in DB weine");
      TextArea textAus = new TextArea("",10,60); // Zeilen, Spalten
      Button b = new Button("Los!");
      public Abfrage2() {
            setLayout(new FlowLayout());
            add(l);
            add(b); b.addActionListener(this);
            add(textAus);
            setSize(500,300); setVisible(true);
            addWindowListener(new FensterLauscher());
      }
      public void actionPerformed(ActionEvent e) {
         Connection con = null;
         try {
            Class.forName("sun.jdbc.odbc.JdbcOdbcDriver"); //Treiber
            con=java.sql.DriverManager.getConnection
                                             ("jdbc:odbc:weine","","");
            Statement s= con.createStatement();
            ResultSet res= s.executeQuery("select * from rotweine
                                                where Preis > 30");
            String t; double p;
            while (res.next()) {
                  t=res.getString("Name"); textAus.append(t+"\t");
                  t=res.getString("Anbaugebiet"); textAus.append(t+"\t");
                  p=res.getDouble("Preis"); textAus.append(""+p+"\n");
            }
            res.close(); s.close(); con.close();
         }
         catch (Exception ex) { textAus.append(""+ex.getMessage());}
      }
      class FensterLauscher extends WindowAdapter {
            public void windowClosing(WindowEvent e) {System.exit(0);}}
      public static void main(String[] args) {
            new Abfrage2();
}}
```

Aufbau der grafischen Oberfläche

Abfragetext

Darstellung der Ergebnisse

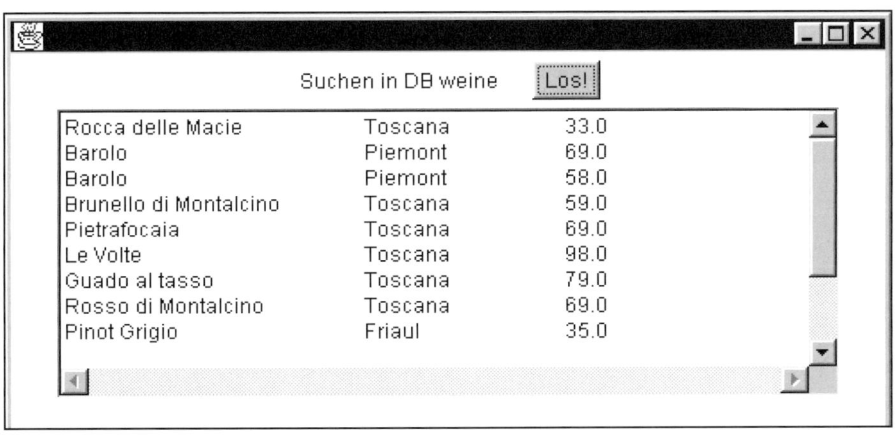

⇨ Aufgabe 110: Erstellen Sie eine Datenbank mit einer Tabelle der Adressen der Schülerinnen und Schüler Ihrer Klasse. Auf einer grafischen Oberfläche soll ein Name eingegeben und nach Telefonnummern und E-Mail-Adressen gesucht werden.

Datenbank-Abfragesprache SQL

SQL (Structured Query Language) ist die standardisierte Abfragesprache, die man benutzt, um Informationen aus einer Datenbank abzufragen. Sie wurde vereinbart, um unabhängig vom Hersteller der Datenbank zu sein. Es wurde beispielsweise in einer Datendank eine Tabelle mit Adressen angelegt (Siehe Anhang 17.5: Voraussetzungen für serverseitige Programmierung):

```
create table Adressen (Nummer integer,Nachname char(20),Vornam char(20));
```

Die Spalten der Tabelle sollen zum Beispiel Nummer, Nachname, Vorname heißen. Man muss zu jeder Spalte den Typ des Inhalts angeben. Eine ganze Zahl ist vom Typ *integer*, eine Zeichenkette vom Typ *char*. Die Länge der Zeichenkette ist hier 20.
Die Adressen können zum Beispiel die Adressen der Lieferanten einer Firma sein. Eine zweite Adressenliste könnte die Adressen der Kunden enthalten. Eine dritte die Tabelle der zu verkaufenden Waren. Diese Tabellen sind normalerweise miteinander verknüpft, deshalb relationale Datenbank. Die Lieferanten haben zum Beispiel eine Beziehung zu den Waren. Wir fügen nun in die Adresstabelle Werte ein:

```
insert into Adressen (Nummer, Nachname, Vorname)
            values (1, "Schneider", "Bastian");
```

Wir müssen natürlich den Typ und die Anzahl der Werte beachten, die in der Tabelle vorhanden sind. Zeichenketten werden mit Anführungszeichen eingegeben.
select bewirkt eine **Selektion** (Auswahl) von Zeilen einer Tabelle:

```
select * from Adressen;
```

wählt alles aus Adressen aus. Das Sternchen * ist ein Joker für „alles".

```
select * from Adressen where Nummer = 1;
```

wählt die Zeilen aus, deren Nummer gleich 1 ist.

```
select * from Adressen where Nachname like "S%";
```

wählt die Zeilen aus, bei denen der Nachname mit S anfängt. Das Prozentzeichen % ist ein Platzhalter für irgendwelche Zeichen dahinter. Der Unterstrich _ wäre ein Platzhalter für genau ein Zeichen. Bei Zeichenketten verwendet man `like` statt des Gleichheitszeichens.
Siehe auch Seite 32.

Beispiel-Datenbank

Die Datenbank *test_weine* besteht aus drei Tabellen. Mit *describe* können wir uns vergewissern, dass alle Spalten mit dem richtigen Typ angelegt wurden. Die Tabelle *Nutzerdaten* und die Tabelle *Rotweine* sind durch die Tabelle *Weinbestellung* miteinander verknüpft, denn *Weinbestellung* enthält jeweils den Namen des Nutzers und die Nummer des bestellten Weines:

```
mysql> use test_weine;
mysql> show tables;
+----------------------+
| Tables in test_weine |
+----------------------+
| nutzerdaten          |
| rotweine             |
| weinbestellung       |
+----------------------+

mysql> describe nutzerdaten;

+----------+-------------+------+-----+---------+-------+
| Field    | Type        | Null | Key | Default | Extra |
+----------+-------------+------+-----+---------+-------+
| Nachname | varchar(30) | YES  |     | NULL    |       |
| Vorname  | varchar(30) | YES  |     | NULL    |       |
| Strasse  | varchar(60) | YES  |     | NULL    |       |
| PLZ      | varchar(5)  | YES  |     | NULL    |       |
| Ort      | varchar(40) | YES  |     | NULL    |       |
| EMail    | varchar(70) | YES  |     | NULL    |       |
| Geburt   | varchar(11) | YES  |     | NULL    |       |
| Telefon  | varchar(20) | YES  |     | NULL    |       |
| Passwort | varchar(10) | YES  |     | NULL    |       |

mysql> describe rotweine;

+-------------+--------------+------+-----+---------+-------+
| Field       | Type         | Null | Key | Default | Extra |
+-------------+--------------+------+-----+---------+-------+
| Nr          | int(11)      | YES  |     | NULL    |       |
| Name        | varchar(100) | YES  |     | NULL    |       |
| Erzeuger    | varchar(100) | YES  |     | NULL    |       |
| Bezeichnung | varchar(100) | YES  |     | NULL    |       |
| Anbaugebiet | varchar(100) | YES  |     | NULL    |       |
| Sorte       | varchar(100) | YES  |     | NULL    |       |
| Jahrgang    | varchar(10)  | YES  |     | NULL    |       |
| Preis       | float(10,2)  | YES  |     | NULL    |       |
| Bemerkung   | text         | YES  |     | NULL    |       |
+-------------+--------------+------+-----+---------+-------+
mysql> describe weinbestellung;
+--------+----------+------+-----+---------+-------+
| Field  | Type     | Null | Key | Default | Extra |
+--------+----------+------+-----+---------+-------+
| BestNr | int(11)  | YES  |     | NULL    |       |
| NName  | char(30) | YES  |     | NULL    |       |
| VName  | char(30) | YES  |     | NULL    |       |
| WNr    | int(11)  | YES  |     | NULL    |       |
| Anzahl | int(11)  | YES  |     | NULL    |       |
```

Datenbank-Server in Java, die Middleware

Auf eine Datenbank greifen unterschiedliche Nutzer zu. Sie haben auch unterschiedliche Zugriffsrechte. Der Administrator hat Zugriffsrechte, die es ihm erlauben, eine Datenbank neu zu schaffen oder zu erweitern. Der Besitzer der Daten fügt neue Daten hinzu, zum Beispiel über ein Warenlager. Der Kunde will sich über die Schätze in der Datenbank informieren und darin nach bestimmten Kriterien suchen. Die Datenbankverbindung ist eventuell lange geöffnet und störungsanfällig. Man schaltet deshalb noch eine Ebene auf dem Server dazwischen. Zwischen Datenbank und Client befindet sich die sogenannte Middleware. Die Middleware reicht die Kundenanfrage mit Hilfe eines geeigneten Treiber-Zwischenstücks an die Datenbank weiter und bereitet die Antwort von dort in eine kundengefälligere Form auf.

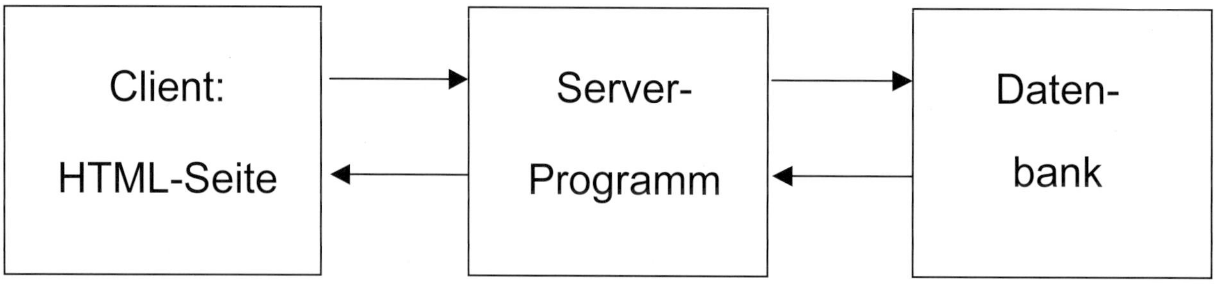

Client als Applet in einer HTML-Seite:

Das folgende Applet ruft das Server-Programm auf der nächsten Seite auf und jenes wiederum fragt bei einer Datenbank nach. Für Hostname ist der Name des Hosts einzufügen, auf dem das Serverprogramm liegt.

```
import java.applet.*; import java.awt.*;
import java.awt.event.*; import java.net.*; import java.io.*;
public class MySQLApplet3 extends Applet implements ActionListener{
   Label l = new Label("Suchen nach Namen");
   TextField textEin = new TextField("",10);
   TextArea textAus = new TextArea("",20,20);
   Button b = new Button("Los!");
   public MySQLApplet3() {
      add(l);
      add(textEin); add(textAus);
      add(b); b.addActionListener(this);
   }
   public void actionPerformed(ActionEvent e) {
      String s = textEin.getText();
      try {
        Socket sock = new Socket(hostname,6000);
        PrintWriter ausgabe= new PrintWriter(sock.getOutputStream(),true);
        InputStreamReader portLeser=new
                 InputStreamReader(sock.getInputStream());
        BufferedReader eingabe= new BufferedReader(portLeser);
        ausgabe.println(s);
        while (!(s.equals("Ende"))){
            s=eingabe.readLine();
            textAus.append(s+"\n");
        }
      }
      catch (Exception e) {
            e.printStackTrace();}
}}
```

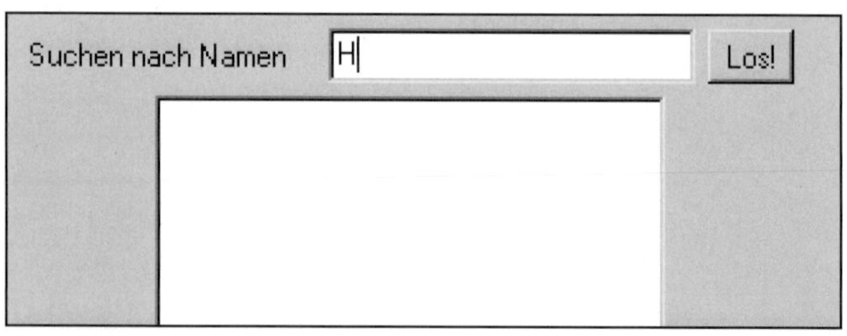

Server mit MySQL-Datenbank-Anbindung

Wir wollen eine Datenbank nicht nur von einem Rechner aus abfragen. Auf einem Linux-Rechner im Intranet oder im Internet haben wir das Datenbanksystem MySQL eingerichtet.
Der Treiber-Manager nimmt die Verbindung auf. Er braucht aber die Angabe der URL des Hosts und des Namens der Datenbank. Auch die Portnummer kann nötigenfalls eingefügt werden:

`jdbc:mysql://hostname:port/DBName`

Der JDBC - MySQL-Treiber ist in *Class.forName* anzugeben. Wir starten den MySQL-Java-Server auf dem Host mit der Konsoleneingabe *java MySQLJavaServer*

```
import java.net.*; import java.io.*; import java.sql.*;
public class MySQLJavaServer {
      String treiber="org.gjt.mm.mysql.Driver";
      String url="jdbc:mysql://Hostname/Datenbankname";
      String user="Username";
      String psst="Passwort";
      Connection con;
      Statement s;
      String frage="select Nachname, Adresse from Klassenliste";
      public MySQLJavaServer() {
         try {
           ServerSocket anschluss = new ServerSocket(6000);
           Class.forName(treiber);
           con=DriverManager.getConnection(url,user,psst);
           s=con.createStatement();
           while (true) {
                 Socket lauschen=anschluss.accept();
                 InputStreamReader portLeser=new
                       InputStreamReader(lauschen.getInputStream());
                 BufferedReader eingabe=new BufferedReader(portLeser);
                 PrintWriter ausgabe=new
                       PrintWriter(lauschen.getOutputStream(),true);
                 String str=eingabe.readLine();
                 s.execute(frage);
                 ResultSet resultat=s.getResultSet();
                 while (resultat.next()) {
                       String nachn=resultat.getString("Nachname");
                       String adr=resultat.getString("Adresse");
                       ausgabe.println(nachn + "  " + adr);
                 }
                 ausgabe.close();
                 s.close();
           }
         }
         catch (Exception e) { e.printStackTrace(); }
         finally {
           if ( con != null ) {
                 try { con.close();}
                 catch ( Exception e) {}
           }
         }
      }
      public static void main (String[] args) {
           new MySQLJavaServer();
}}
```

10.4 Servlets

Ein Java-Servlet entspricht etwa einem Java-Applet, aber es befindet sich auf dem Host und hat keine eigene grafische Benutzerschnittstelle. Es kommuniziert mit einem Internet-Browser (als Client), ähnlich wie ein CGI-Script. Im Gegensatz zu einem CGI-Script startet der Server jedoch nicht jedes Mal beim Programmaufruf einen neuen Prozess, Servlets werden vielmehr in einer Servlet-Engine des Webservers ausgeführt. Im Arbeitsspeicher des Webservers können so viele Servletinstanzen nebeneinander leben. Servlets sind also ideal, wenn gleichzeitig mehrere Anfragen aus aller Welt eintreffen können.

Servlets kann man auch auf dem lokalen Rechner testen. Um das Servlet laufen zu lassen, ist eine Servlet-Umgebung wie zum Beispiel Tomcat erforderlich. Tomcat muss zuvor gestartet sein (siehe Anhang).

Die Anfrage von einer HTML-Seite (HTML-Client) an das Servlet sieht im einfachsten Fall so aus:

```
<HTML> <BODY>
<FORM METHOD=GET ACTION=http://localhost:8080/servlet/ServletEins>
<INPUT TYPE=SUBMIT>
</FORM>
</BODY> </HTML>
```

Dieses HTML-Formular enthält noch keine Eingabefelder, nur einen *SUBMIT*-Knopf zum Anklicken. Wenn der Submit-Button gedrückt wird, nimmt der HTML-Client Verbindung zum Servlet auf. Unser Servlet *ServletEins* antwortet mit Text:

```
import java.io.*; import javax.servlet.*; import javax.servlet.http.*;
public class ServletNull extends HttpServlet {
   public void doGet(HttpServletRequest anfrage, HttpServletResponse
      antwort) throws ServletException, IOException {
     antwort.setContentType("text/plain");
     PrintWriter ausgabe = antwort.getWriter();
     ausgabe.println("Hallo Client, hier antwortet ein Servlet!");
   }
}
```

Wenn als Inhaltstyp der Antwort *text/html* gewählt wird, so kann man Tags zur Formatierung für den Browser des Clients mitschicken:

```
import java.io.*; import javax.servlet.*; import javax.servlet.http.*;
public class ServletEins extends HttpServlet {
   public void doGet(HttpServletRequest anfrage, HttpServletResponse
      antwort) throws ServletException, IOException {
      antwort.setContentType("text/html");
      PrintWriter ausgabe = antwort.getWriter();
      ausgabe.println("<BODY> <FONT SIZE=7 COLOR = red>");
      ausgabe.println("Hallo Client, hier spricht ServletEins!");
      ausgabe.println("</FONT> </BODY>");
      ausgabe.close();
   }
}
```

HTML-Client mit Eingabe

Das nächste HTML-Formular enthält Eingabefelder. Die Eingabefelder haben einen Namen und einen Inhalt. In unserem Beispiel werden die Namen und Inhalte der Variablen *Name, Vorname* und *Email* an *ServletZwei* übermittelt.

Bei Verwendung der Methode GET werden die Daten als Parameter an die übermittelte URL mit Fragezeichen angehängt und jeder kann sie lesen. Auch ist die Anzahl der Zeichen dann auf 255 beschränkt. Bei geheimen Daten oder wenn die Datenmenge größer ist, sollte man die Methode POST verwenden.

```
<HTML> <BODY>
<FORM METHOD = POST
ACTION= "http://www.webappcabaret.com/reinholdley/servlet/ServletZweibe">
      Name:<br>      <input type="Text" name="Name"    size="30"> <br>
      Vorname:<br>   <input type="Text" name="Vorname" size="30"> <br>
      EMail:<br>     <input type="Text" name="EMail"   size="50"> <br>
      <INPUT TYPE = SUBMIT VALUE = "Absenden">
</FORM>
</BODY> </HTML>
```

Servlet Request und Response

Das vom obigen HTML- Formular angesprochene Servlet nimmt die Namen und die Werte der eingegebenen Daten (Parameter) mit Hilfe eines HttpServletRequest-Objekts, das wir *anfrage* nennen, auf:

```
anfrage.getParameterNames();
```

Auf den Wert der Daten mit dem Namen *"Vorname"* greifen wir zu mit:

```
String Wert=anfrage.getParameterValues("Vorname");
```

Wir speichern alle Daten als Aufzählung (Enumeration).

Die Klasse Enumeration aus dem Paket java.util besitzt Methoden, die uns hier nützlich sind (siehe auch Übersicht über Sprachelemente von Java im Anhang).

```
hasMoreElements()
```

liefert true, wenn die Aufzählung noch weitere Elemente hat.

```
nextElement()
```

liefert das nächste Objekt in der Aufzählung. Wir wandeln es in einen String um. Solange es noch ein nächstes Element gibt, werden im folgenden Servlet die Werte der Daten eingelesen mit

```
getParameterValues(Name);
```

antwort ist ein HttpServletResponse-Objekt. Es soll zur Kontrolle auf den Eingang der Daten antworten.

```
import java.io.*; import java.util.*;
import javax.servlet.*; import javax.servlet.http.*;
public class ServletZweibe extends HttpServlet {
   public void doPost(HttpServletRequest anfrage,HttpServletResponse
           antwort) throws ServletException, IOException {
      antwort.setContentType("text/html");
      PrintWriter ausgabe = antwort.getWriter();
      ausgabe.println("<HTML> <BODY> <FONT SIZE = 6> Hallo Client. ");
      Enumeration namen=anfrage.getParameterNames();
      while (namen.hasMoreElements()) {
           String name=(String)namen.nextElement();
           String wert=anfrage.getParameterValues(name)[0];
           ausgabe.println(name+" "+wert);
      }
      ausgabe.println("</FONT></BODY></HTML>");
      ausgabe.close();
   }
}
```

Servlet mit MySQL-Datenbankanbindung

```
import java.lang.*; import java.io.*; import java.sql.*;
import java.util.*; import javax.servlet.*; import javax.servlet.http.*;
public class ServletDrei extends HttpServlet   {
   public void doPost(HttpServletRequest request,
     HttpServletResponse response) throws ServletException, IOException{
     String treiber="org.gjt.mm.mysql.Driver";
     String url="jdbc:mysql://localhost:8080/test"; //host, Datenbank
     String user="meinUserName"; String psst="meinPasswort";
     Connection con = null; Statement s;
     response.setContentType("text/html");
     PrintWriter out = response.getWriter();
     out.println("<BODY> <FONT SIZE = 6> Registrierung:</FONT> <BR>");
     String[] name = new String[7];
     String[] wert = new String[7];
     int i=0;
     Enumeration namen=request.getParameterNames();
     while (namen.hasMoreElements()) {
          name[i]=(String)namen.nextElement();
          wert[i]=request.getParameterValues(name[i])[0];
          out.println("<BR>einzutragen: "+name[i]+" : "+wert[i]);
          i=i+1;
     }
     String eintrag="insert into Teilnehmer
        ("+name[0]+","+name[1]+","+name[2]+","+name[3]+")
        values('"+wert[0]+"','"+wert[1]+"','"+wert[2]+"','"+wert[3]+"')";
     out.println("<BR>"+eintrag+"<BR>");
     try {
          Class.forName(treiber);
          con=DriverManager.getConnection(url,user,psst);
          s=con.createStatement();
          s.execute(eintrag);
     }
     catch (Exception e) {
          out.println("<BR>Fehler:<BR> "+e.getMessage());}
     finally { if ( con != null ) {
          try { con.close();} catch ( Exception e) {  } } }
     out.println("<BR></BODY> </HTML>");
     out.close();
   }
}
```

Empfang der Variablennamen aus dem Browserformular

Empfang der Variablenwerte

Formulierung der SQL-Anweisung

Ausführung der SQL-Anweisung, Eintrag in Datenbank

Wir testen wir auf dem lokalen Rechner und übertragen dann das Servlet auf einen „Servlet-fähigen" Internet-Host [127]. Es müssen dabei 5 Dinge geändert werden:

- Angabe des Datenbanktreibers
- URL zur Datenbank einschließlich Pfad: *"jdbc:mysql://Datenbankserver/Datenbankname"*
- Username
- Passwort
- Auf der HTML-Seite muss der Servlet-Aufruf angepasst werden:
  ACTION = http://hostname/servlet/Servletname

In die Datenbank Eintragen und Abfragen

Im nächsten Beispiel soll der Besucher einen Spruch oder Ausspruch in ein HTML-Formular eintragen.

```
<html>
<head>
<title>
http://bobcat.webappcabaret.net/reinholdley/Seiten/SpruchEintrag.htm
</title>
</head>
<body>
<H3> Bitte deinen Spruch des Tages eintragen: </H3>
<form method=post
action=http://bobcat.webappcabaret.net/reinholdley/servlet/SpruchEintrag>
Spruch: <INPUT NAME="Spruch" SIZE=70> <BR>
Autor: <INPUT NAME="Autor" > <P>
<input type=submit>
</form>
</body>
</html>
```

Das dazu gehörige Servlet *SpruchEintrag* empfängt die eingegebenen Daten vom Browser mit

```
anfrage.getParameter("Spruch");
anfrage.getParameter("Autor");
```

Die eingegangenen Daten sollen in der Tabelle *sprueche* in einer Datenbank gespeichert werden. Dies geschieht mit

```
String eintrag="insert into sprueche ... "
s.execute(eintrag);
```

Das Servlet zum Eintragen

```
import java.io.*; import java.sql.*; import javax.servlet.*; import
javax.servlet.http.*;
public class SpruchEintrag0 extends HttpServlet   {
    String treiber="org.gjt.mm.mysql.Driver";
    String url="jdbc:mysql://mysql.webappcabaret.com/reinholdley";
    String user="reinholdley"; String psst="sagichnicht";
    Connection con = null; Statement s;
    String spruch=" "; String autor=" ";
    public void doPost(HttpServletRequest anfrage, HttpServletResponse
           antwort) throws ServletException, IOException{
        spruch = anfrage.getParameter("Spruch");
        autor = anfrage.getParameter("Autor");
        String eintrag="insert into sprueche (Spruch,Autor)
           values('"+spruch+"','"+autor+"')";
        try {
           Class.forName(treiber);
           con=DriverManager.getConnection(url,user,psst);
           s=con.createStatement();
           s.execute(eintrag);
        }
        catch (Exception e) { }
    }
}
```

Das Servlet zum Abfragen

```
import java.io.*; import java.sql.*;
import javax.servlet.*; import javax.servlet.http.*;
public class Sprueche extends HttpServlet   {
    String treiber="org.gjt.mm.mysql.Driver";
    String url="jdbc:mysql://mysql.webappcabaret.com/reinholdley";
    String user="reinholdley";  String psst="sagichnicht";
    Connection con = null; Statement s;
    String frage="select * from sprueche";
    public void doGet(HttpServletRequest anfrage, HttpServletResponse
            antwort) throws ServletException, IOException{
        antwort.setContentType("text/html");
        PrintWriter ausgabe = antwort.getWriter();
        ausgabe.println("<BODY><FONT SIZE = 6>");
        ausgabe.println("Hallo, hier ist Servlet Sprueche!</FONT><BR>");
        try {
                Class.forName(treiber);
                con=DriverManager.getConnection(url,user,psst);
                s=con.createStatement();
                s.execute(frage);
                ResultSet resultat = s.getResultSet();
                while (resultat.next()) {
                        String spruch = resultat.getString("Spruch");
                        String autor = resultat.getString("Autor");
                        ausgabe.println(spruch + "\t" + autor + "<BR>");
                }
        }
        catch (Exception e) { e.printStackTrace(); }
        finally { if ( con != null ) {
                try { con.close(); }
                catch ( Exception e) { } } }
        ausgabe.println("<BR>OK!</BODY></HTML>");
        ausgabe.close();
    }
}
```

⇨ Aufgabe 111: Schreiben Sie ein Servlet *Forum*, das Textbeiträge zu einem Thema speichert und ausgibt.

⇨ Aufgabe 112: Schreiben Sie ein Abfrage-Servlet, das bei Eingabe des Namens eines Mitschülers dessen Adresse, Telefonnummer und E-Mail-Adresse aus der Datenbank holt und ausgibt.

E-Commerce: Anfänge eines Online-Shops

Java-Servlets sind für E-Commerce-Software-Lösungen ideal. Für Servlets muss nicht jedes mal bei einer Anfrage ein neues Programm gestartet werden. Wenn mehrere Kunden aus dem Internet gleichzeitig das Servlet aufrufen, werden im Hauptspeicher mehrere Objekte nebeneinander und unabhängig voneinander ins Leben gerufen. Ihr Platz-und Zeitbedarf ist der jeweiligen transportierten Datenmenge angepasst. Für einen Online-Shop sind etwa zu programmieren:

- ein Kunden-Servlet,
- ein Waren-Servlet,
- ein Such-Servlet,
- ein Korb-Servlet.

Das Kunden-Servlet

Ein Kunde besitzt Daten und diese sollten in der Datenbank gespeichert werden. Der Höflichkeit halber benachrichtigen wir ihn auch davon. Damit ist es naheliegend, eine **Klasse Kunde** zu schaffen. Das Speichern der Daten in der Datenbank geschieht genau wie früher beschrieben. Natürlich werden noch mehr Daten als Vorname und Nachname aufgenommen. Es ist praktisch, diese Daten mit den gleichen Variablennamen zu versehen, wie die Spalten in der entsprechenden Tabelle der Datenbank.

```
import java.io.*; import java.sql.*; import javax.servlet.*;
import javax.servlet.http.*;
public class kundenServlet extends HttpServlet {
  public void doPost(HttpServletRequest request,
      HttpServletResponse response) throws ServletException, IOException{
      Kunde ku=new Kunde(); ku.aufnehmen(request);
      String treiber="sun.jdbc.odbc.JdbcOdbcDriver";
      String url="jdbc:odbc:weine";     // Datenbankname
      String user=""; String psst=""; // Username, Passwort
      Connection con = null; String f="keine";
      try {
            Class.forName(treiber);
            con=DriverManager.getConnection(url,user,psst);
            ku.speichern(con); con.close();
      }
      catch (Exception e) { f=e.getMessage(); }
      response.setContentType("text/html");
      PrintWriter anBrowser = response.getWriter();
      ku.benachrichtigen(anBrowser, f);
      anBrowser.close();
  }
class Kunde {
      String vname, nName;
      public void aufnehmen(HttpServletRequest request) {
            vName=request.getParameter("VName");
            nName=request.getParameter("NName");
      }
      void benachrichtigen(PrintWriter a, String f) {
            a.println(vName+" "+vName);
            if (f.equals("keine")) a.println("<BR> Daten registriert!");
            a.println("<BR>Fehler:<BR> "+ f);
      }
      public void speichern(Connection con) throws SQLException {
            Statement s=con.createStatement();
            String eintrag="insert into nutzerdaten (Vorname,Nachname)
                              values('"+VName+"','"+NName+"');";
            s.execute(eintrag);}}}
```

Das Waren-Servlet:

Beim Anlegen der Tabelle für die Waren sollte man sich auch überlegen, nach welchen Kriterien ein Kunde im Warenbestand suchen möchte.

```
import java.io.*; import java.sql.*; import javax.servlet.*;
import javax.servlet.http.*;
public class warenServlet extends HttpServlet {
    public void doPost(HttpServletRequest request,
      HttpServletResponse response) throws ServletException, IOException{
      Ware wa=new Ware(); wa.aufnehmen(request);
      String treiber="sun.jdbc.odbc.JdbcOdbcDriver";
      String url="jdbc:odbc:weine";
      String user="";  String psst="";
      Connection con = null;
      String fehler="keine";
      try {
           Class.forName(treiber);
           con=DriverManager.getConnection(url,user,psst);
           wa.speichern(con); con.close();
      }
      catch (Exception e) { fehler=e.getMessage(); }
      response.setContentType("text/html");
      PrintWriter anBrowser = response.getWriter();
      wa.benachrichtigen(anBrowser, fehler);
      anBrowser.close();
    }
}
class Ware {
      int nr; double preis;
      String name, erzeuger, bezeichnung, anbaugebiet, sorte;
      String jahrgang, bemerkung;
      public void aufnehmen(HttpServletRequest eingabe) {
        nr=Integer.parseInt(eingabe.getParameter("Nr"));
        name=eingabe.getParameter("Name");
        erzeuger=eingabe.getParameter("Erzeuger");
        bezeichnung=eingabe.getParameter("Bezeichnung");
        anbaugebiet=eingabe.getParameter("Anbaugebiet");
        sorte=eingabe.getParameter("Sorte");
        jahrgang=eingabe.getParameter("Jahrgang");
        bemerkung=eingabe.getParameter("Bemerkung");
        preis=Double.valueOf(eingabe.getParameter("Preis")).doubleValue();
      }
      void benachrichtigen(PrintWriter a, String f) {
           if (f.equals("keine"))
                a.println("<BR> Ihre Eingabe-Daten wurden registriert!");
           a.println("<BR>Fehler:<BR> "+ f);
      }
      public void speichern(Connection con) throws SQLException {
           Statement s=con.createStatement();
           String eintrag1="insert into rotweine
                values('"+nr+"','"+name+"','"+erzeuger+"','";
           String eintrag2=bezeichnung+"','"+anbaugebiet+"','"+
                sorte+"','"+jahrgang+"','"+preis+"','"+bemerkung+"');";
           String eintrag=eintrag1+eintrag2;
           s.execute(eintrag);}}
```

Das Such-Servlet:

Das Suchergebnis trägt zur Kaufentscheidung bei. Es sollte deshalb übersichtlich in einer Tabelle dargestellt werden.

```
import java.util.*;
import java.io.*;
import java.sql.*;
import javax.servlet.*;
import javax.servlet.http.*;
public class suchServlet extends HttpServlet   {
   public void doPost(HttpServletRequest request,
     HttpServletResponse response) throws ServletException, IOException{
     response.setContentType("text/html");
     PrintWriter anBrowser = response.getWriter();
     Suche su=new Suche(anBrowser);
     String treiber="sun.jdbc.odbc.JdbcOdbcDriver";
     String url="jdbc:odbc:weine";
     String user="";  String psst="";  // User, Passwort
     Connection con = null;
     String fehler="keine";
     try {
          Class.forName(treiber);
          con=DriverManager.getConnection(url,user,psst);
          su.suchen(request, con);
          con.close();
     }
     catch (Exception e) {
          fehler=e.getMessage(); anBrowser.println(fehler); }
     anBrowser.close();
   }
class Suche {
     int nr;
     String name, erzeuger, bezeichnung, anbaugebiet, sorte;
     String jahrgang, bemerkung;
     double preis;
     PrintWriter a;
     public Suche(PrintWriter pr) {
          a=pr;
     }
     void benachrichtigen() {
       String zeilea="<tr><td>"+nr+"</td><td>"+name+"</td><td>"+erzeuger;
       String zeileb="</td><td>"+bezeichnung</td><td>"+
                                         anbaugebiet+"</td><td>";
       String zeilec=sorte+"</td><td>"+jahrgang+"</td><td>"+preis+
                                                 "</td></tr>";
       a.println(zeilea+zeileb+zeilec);
     }
     public void suchen(HttpServletRequest eingabe, Connection con)
                                            throws SQLException {
        Enumeration namen=eingabe.getParameterNames();
        String[] varName = new String[7];
        String[] varWert = new String[7];
        int i=0; int n=0;
```

```
        while (namen.hasMoreElements()) {
          varName[i]=(String)namen.nextElement();
          varWert[i]=eingabe.getParameterValues(VarName[i])[0];
          if (!VarWert[i].equals("")) {
              n=i;
              a.println("<BR>suchen nach:"+varName[i]+" : "+varWert[i]);
          }
          i=i+1;
        }
        Statement s=con.createStatement();
        String eintrag="select * from rotweine
                         where "+varName[n]+" like '"+varWert[n]+"'";
        String eintragb="select * from rotweine ";
        if (n==0) eintrag=eintragb;
        s.execute(eintrag);
        ResultSet resultat=s.getResultSet();
        a.println("<BR>Suchergebnisse:<table>");
        while (resultat.next()) {
          nr=Integer.valueOf(resultat.getString("Nr").trim()).intValue();
          name=resultat.getString("Name").trim();
          erzeuger=resultat.getString("Erzeuger").trim();
          bezeichnung=resultat.getString("Bezeichnung").trim();
          anbaugebiet=resultat.getString("Anbaugebiet").trim();
          sorte=resultat.getString("Sorte").trim();
          jahrgang=resultat.getString("Jahrgang").trim();
  preis=Double.valueOf(resultat.getString("Preis").trim()).doubleValue();
          bemerkung=resultat.getString("Bemerkung").trim();
          benachrichtigen();
        }
        a.println("</table>OK");
      }
}
}
```

⇨ Aufgabe 113: Unserer Online-Shop ist noch zu verbessern. Es fehlt noch ein Servlet für den Shop-Inhaber, das die Bestellungen aus der Datenbank abholt und in einer Tabelle darstellt.

Mehr Informationen zu Servlets, siehe Anhang [124].

Das Korb-Servlet

Das folgende Korb-Servlet soll an einen Warenkorb erinnern. Man kann etwas hinzutun, man kann den Preis addieren, die Bestellung wird aufgenommen und gespeichert.

```
import java.util.*; import java.text.*; import java.io.*;
import java.sql.*; import javax.servlet.*; import javax.servlet.http.*;
public class KorbServlet extends HttpServlet   {
    public void doPost(HttpServletRequest request,
HttpServletResponse response) throws ServletException, IOException{
      Korb ko=new Korb(); ko.aufnehmen(request);
      String treiber="sun.jdbc.odbc.JdbcOdbcDriver";
      String url="jdbc:odbc:weine";
      String user="";  String Psst="";  // User, Passwort
      Connection con = null;
      String fehler="keine";
      try {
           Class.forName(treiber);
           con=DriverManager.getConnection(url,user,psst);
           //ko.speichern(con);
           con.close();
      }
      catch (Exception e) { fehler=e.getMessage(); }
      response.setContentType("text/html");
      PrintWriter anBrowser = response.getWriter();
      ko.benachrichtigen(anBrowser, fehler);
      anBrowser.close();
    }
class Korb {
      Vector meineListe;
      String vName, nName;
      public Korb() {
           meineListe=new Vector();
      }
      public void hinzutun(Wein wein) {
           int i=meineListe.indexOf(wein);
           if (i==-1) meineListe.addElement(wein);
           else {
                Wein w=(Wein)meineListe.elementAt(i);
                w.Anzahl=wein.Anzahl;
           }
      }
      public double addierePreis() {
           double su=0;
           for (int i=0; i < meineListe.size(); i=i+1) {
                Wein u=(Wein)meineListe.elementAt(i);
                su=su+u.preis;
           }
           return su;
      }
      public void benachrichtigen(PrintWriter a, String f) {
           a.println("Guten Tag.<BR>");
           if (meineListe.size() ==0)
                a.println("Sie haben noch nichts ausgesucht.");
           else {
                for (int i=0; i < meineListe.size(); i=i+1) {
```

```
                  Wein u=(Wein)meineListe.elementAt(i);
                  a.println("Nr "+u.nr+"Anzahl  "+u.anzahl+"<BR>");
              }
          }
          a.println("<BR>Summe: "+addierePreis());
          a.println("<BR>Fehler:<BR>"+f);
      }
      public void aufnehmen(HttpServletRequest eingabe) {
         Enumeration namen=eingabe.getParameterNames();
         vName=eingabe.getParameter("VName");
         nName=eingabe.getParameter("NName");
         while (namen.hasMoreElements()) {
            String name=(String)namen.nextElement();
            if (!name.equals("VName")&&!name.equals("NName")){
                String wert=(String)eingabe.getParameterValues(name)[0];
                if (!wert.equals("")) {
                    int nr=Integer.parseInt(name);
                    int anzahl=Integer.parseInt(wert);
                    Wein v=new Wein(nr, anzahl);
                    hinzutun(v);
                }
            }
         }
      }
      public void speichern(Connection con) throws SQLException {
         Statement s=con.createStatement();
         for (int i=0; i < meineListe.size(); i=i+1) {
            Wein u=(Wein)meineListe.elementAt(i);
            String eintrag1="insert into weinbestellung
                (VName,NName,WNr,Anzahl) values('"+vName+"','"+nName;
            String eintrag2="','"+u.nr+"','"+u.anzahl+"')";
            String eintrag=eintrag1+eintrag2;
            s.execute(eintrag);
         }
      }
}
class Wein {
      int nr, anzahl; String name, erzeuger, bezeichnung, anbaugebiet,
          sorte, jahrgang, bemerkung;
      double preis;
      public Wein(int nnr, int nanz) {
          nr=nnr; anzahl=nanz;
      }
      public void vonDB(ResultSet resultat) throws SQLException {
          nr=Integer.valueOf(resultat.getString("Nr").trim()).intValue();
          name=resultat.getString("Name").trim();
          erzeuger=resultat.getString("Erzeuger").trim();
          bezeichnung=resultat.getString("Bezeichnung").trim();
          anbaugebiet=resultat.getString("Anbaugebiet").trim();
          sorte=resultat.getString("Sorte").trim();
          jahrgang=resultat.getString("Jahrgang").trim();
          preis=Double.valueOf(resultat.getString("Preis").trim())
                                                    .doubleValue();
          bemerkung=resultat.getString("Bemerkung").trim();
}}}
```

11 Server-Seiten mit PHP

PHP (PHP: Professional Homepage Preprocessor) ist eine objektorientierte Scriptsprache für das serverseitige Programmieren (Siehe Anhang). Der PHP-Quellcode wird in eine HTML-Seite eingebettet und von einem auf dem Server installierten Interpreter (Präprozessor) ausgewertet, ehe die neue HTML-Seite zum Client geschickt wird.
Die Parallelen zu JavaScript sind offensichtlich: JavaScript ist ebenfalls in eine HTML-Seite eingebettet. Während JavaScript jedoch auf der Client-Seite vom Browser des Users ausgewertet wird (Client Side Include), erfolgt die Verarbeitung des PHP-Codes auf der Serverseite (Server Side Include).
Im Internet gibt der User oft eine Anfrage über eine HTML-Seite ein. Wir nennen sie eingabe.html. Die Eingaben in *eingabe.html* können auf dem Internethost von einer PHP-Seite entgegengenommen, verarbeitet und eine Ausgabe an den Benutzer zurückgegeben werden.

Eingabeseite:

```
<HTML> <HEAD> <TITLE> http://www.mydbag.de/Buch/eingabe0.html </TITLE>
</HEAD> <BODY>
Geben Sie bitte Ihren Namen ein: <BR>
<FORM
     ACTION="http://www.mydbag.de/Buch/ausgabe0.php3" METHOD=POST>
     <INPUT NAME="Besucher">
     <INPUT TYPE="submit">
</FORM>
</BODY> </HTML>
```

In dem HTML-Formular erscheint ein Eingabefeld mit dem (unsichtbaren) Namen *"Besucher"* und ein Submit-Button. Wenn der User etwas eingegeben hat, drückt er mit der Maus auf den Knopf zum Senden, damit die Post mit dem Inhalt der Variablen *Besucher* ab geht: Als Action wird die Eingabe an die angegebene Adresse "gepostet". Haben Sie auf Ihrem Rechner PHP installiert, so können Sie zur Übung auch eine lokale Adresse angeben [25].

Ausgabeseite:

```
<HTML> <HEAD> <TITLE> ausgabe0.php3 </TITLE> </HEAD>
<BODY>
<?php
     echo "<FONT SIZE=7 COLOR=RED> Guten Tag $Besucher ! </FONT>";
?>
</BODY> </HTML>
```

Der PHP3-Code wird zwischen <?php und ?> eingebettet. Daran erkennt der Interpreter die Sprache. Mit *echo "..."* wird etwas geschrieben. Zur Kennzeichnung von Variablen wird das Dollarzeichen verwendet.

Variable erkennt man in der Sprache PHP3 an dem $-Zeichen am Anfang des Variablennamens:
`$z=1;` Hier wird der Variablen *$z* der Wert *1* zugewiesen. Der Wert 1 ist vom Typ Integer.
`$Vorname="Tobias";` Hier wird der Variablen *$Vorname* der Wert *"Tobias"* zugewiesen. Der Wert *"Tobias"* ist vom Typ String (Zeichenkette). Der Typ kann von PHP3 automatisch bestimmt werden.

Entscheidung mit if - else:
In der nächsten Version unserer Ausgabeseite *ausgabe.php3* wird geprüft, ob der Eingabename gleich *"Bastian"* ist. Bei der Prüfung auf Gleichheit wird ein doppeltes Gleichheitszeichen verwendet:

```
<HTML> <HEAD> <TITLE> ausgabe.php3 </TITLE>  </HEAD> <BODY>
<?php
     if ($Besucher=="Bastian")
          echo "Guten Tag $Besucher ! <BR>";
     else echo "Wo ist Bastian?";
?> </BODY> </HTML>
```

Datenbankkontakt mit PHP3

Die Sprache PHP eignet sich gut für die Eintrag und Abfrage einer Datenbank.

Funktionen in PHP3, die die Verbindung mit einer MySQL-Datenbank regeln

1. **`mysql_pconnect`** baut die Verbindung zum Datenbankserver auf. Es werden Servername, Loginname für die Datenbank und Passwort angegeben: mysql_pconnect("Server","Login","Passwort"). *mysql_pconnect* liefert eine Kennung der Verbindung zurück, die wir später wieder benutzen. Wir speichern sie deshalb in der Variablen *$Verbindung*.

2. **`mysql_select`** wählt die Datenbank aus, die benutzt werden soll. Die Vebindungskennung ist ebenfalls anzugeben: *mysql_select_db("Datenbankname",$Verbindung);*

3. **`mysql_query`** stellt die Frage an die Datenbank. Die Verbindungskennung ist wieder anzugeben: *mysql_query($Frage, $Verbindung)*. Die Frage ist als Text in der Sprache SQL zu formulieren:
   - $Eintrag = "insert into Buecher (Autor, Buchtitel) values ('$Autor','$Buchtitel')"; Hier werden in der Tabelle *Buecher* in den Spalten *Autor* und *Buchtitel* die Werte eingefügt, die als Variablenwerte *$Autor* und *$Buchtitel* im PHP-Programm angekommen sind. Da die Werte in der Tabelle als Character-Arrays (Zeichenketten) deklariert wurden, werden sie hier in Anführungszeichen gesetzt. Bei Zahlen entfallen diese.
   - $Frage = "select * from Buecher"; Hier wird alles von der Tabelle *Buecher* ausgewählt.
   - $Frage = "select Autor, Buchtitel from Buecher"; Hier werden die Spalten *Autor* und *Buchtitel* ausgewählt.

   Unsere Anfrage mit *mysql_query* liefert gegebenenfalls die gewünschte Information zurück, die wir in der Variablen *$Resultat* speichern.

4. Die Ausgabe der erhaltenen Daten geschieht mit *echo*. Wir wollen jedoch zuerst wissen, wieviele Spalten und wieviele Zeilen das Resultat hat:
   - **`mysql_num_rows`** gibt die Zahl der Zeilen der Ergebnistabelle und
   - **`mysql_num_fields`** gibt die Zahl der Spalten (Felder) zurück.
   - **`mysql_fetch_array`** holt eine Zeile vom Resultat. Das ist in der Regel ein Datensatz mit mehreren Feldern. Wir schreiben diese Felder hintereinander mit *echo*. In einer *For-Schleife* wiederholen wir dies für alle Zeilen.

Es sind also 4 Schritte zu programmieren: Verbindungsaufbau, Wahl der Datenbank, Formulierung der Frage und schließlich Darstellung des Resultats.

Beispiel Buchempfehlungen, Eingabeseite

In die folgende HTML-Seite *eingabe3.htm* gibt der Besucher eine Literaturempfehlung ein. Es wird die PHP-Seite *eingabe3.php3* auf dem Server angesprochen:

```
<HTML> <HEAD> <TITLE> http://www.mydbag.de/Buch/eingabe3.htm </TITLE>
</HEAD> <BODY>
<H3>Welches Buch können Sie empfehlen?</H3>
<HR>
Geben Sie bitte Ihren Namen ein: <BR>
<FORM ACTION="http://www.mydbag.de/Buch/eingabe3.php3" METHOD=POST>
     <INPUT NAME="Besucher">
     <P>Autor: <INPUT NAME="Autor">
     Buchtitel: <INPUT NAME="Buchtitel"> </P>
     <INPUT TYPE="submit">
</FORM>
</BODY> </HTML>
```

Eintrag in die Datenbank mit PHP

Die PHP-Seite *eingabe3.php3* nimmt Verbindung zu einer MySQL-Datenbank auf, die auf demselben Server liegen kann und fügt mit *insert* die Werte von *Autor* und *Buchtitel* ein:

```
<HTML> <HEAD> <TITLE> eingabe3.php3 </TITLE> </HEAD>
<BODY>
<?php
echo "Guten Tag $Besucher ! <BR>";
$Verbindung = mysql_pconnect("Server","Login","Passwort");
mysql_select_db("Datenbankname",$Verbindung);
$Eintrag = "insert into Buecher (Autor, Buchtitel, Besucher) values
('$Autor','$Buchtitel','$Besucher')";
$Resultat = mysql_query($Eintrag, $Verbindung);
?>
</BODY>
</HTML>
```

Abfrage der Datenbank mit PHP

Will man sehen, was alles schon eingetragen wurde, so benutzt man die HTML-Seite *ausgabe3.htm*, die die PHP-Seite *ausgabe3.php3* anspricht:

```
<HTML> <HEAD> <TITLE> ausgabe3.htm </TITLE> </HEAD>
<BODY>
<H3>Zur Bücherliste</H3> <HR>
Geben Sie bitte Ihren Namen ein: <BR>
<FORM ACTION="http://www.mydbag.de/Buch/ausgabe3.php3" METHOD=POST>
<INPUT NAME="Besucher">
<INPUT TYPE="submit">
</FORM>
</BODY>
</HTML>
```

Die PHP-Seite *ausgabe3.php3* nimmt Verbindung zur Datenbank auf, fragt mit *select* Autor und Buchtitel ab und stellt sie in Form einer HTML-Tabelle im Browser übersichtlich für den Besucher dar:

```
<HTML> <HEAD> <TITLE> http://www.mydbag.de/Buch/ausgabe3.htm </TITLE>
</HEAD>
<BODY>
<?php echo "Guten Tag $Besucher ! <BR>"; ?>
<TABLE BORDER>
<CAPTION> <H1> Buecherliste </CAPTION>
<TR> <TH> Autor <TH> Buchtitel
<?php
$Verbindung = mysql_pconnect("Server","Login","Passwort");
mysql_select_db("Datenbankname",$Verbindung);
$Frage = "select Autor, Buchtitel from Buecher order by Buchtitel";
$Resultat = mysql_query($Frage, $Verbindung);
$zz = mysql_num_rows($Resultat);
for ($i=0; $i<$zz; $i++) {
     $Zeile = mysql_fetch_array($Resultat);
     echo " <TR> <TD> $Zeile[Autor] <TD> $Zeile[Buchtitel] <BR>";
}
?>
</TABLE>
</BODY>
</HTML>
```

Ein Quizz

Hier wird das PHP3-Programm quizz.php3 auf dem Server aufgerufen, und ihm mit der Methode POST ein Besuchername übergeben.

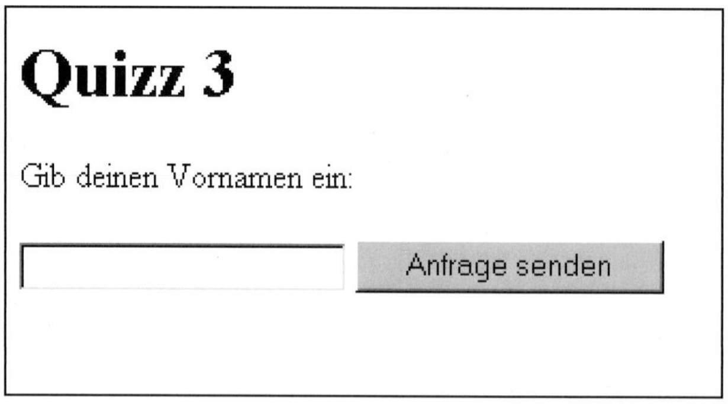

Die HTML-Seite:

```
<HTML> <HEAD> <TITLE> http://www.mydbag.de/Buch/quizz.html </TITLE>
</HEAD>
<BODY>
<H1> Ein Quizz?</H1>
Gib deinen Namen ein: <BR>
<FORM
     ACTION="http://www.mydbag.de/Buch/quizz.php3" METHOD=POST>
     <INPUT NAME="Besucher">
     <INPUT TYPE="submit">
</FORM>
</BODY> </HTML>
```

Die PHP-Frage-Seite:

Das PHP3-Programm *quizz.php3* wiederum holt aus einer MySQL-Datenbank aus Tabelle *quizz3* die Quizz-Fragen, die in der Spalte *fr* stehen und drei mögliche Antworten dazu, *anta, antb* und *antc*:

```
     $Frage = "select fr,anta,antb,antc from quizz3";
```

Jede Frage wird gestellt, danach gibt es drei Radio-Buttons zum Anklicken der Antworten:

```
<HTML> <HEAD> <TITLE> Quizz 3, Fragen </TITLE> </HEAD>
<BODY>
<?php
echo "Guten Tag $Besucher ! <P> Fragen: <BR>";
echo "<FORM ACTION='quizz3a.php3' METHOD=POST>";
$Verbindung=mysql_pconnect("Server","Login","Passwort");
mysql_select_db("Datenbankname",$Verbindung);
$Frage = "select fr,anta,antb,antc from quizz3";
$Resultat = mysql_query($Frage, $Verbindung);
$zz = mysql_num_rows($Resultat);
for ($i=0; $i<$zz; $i++) {
     $Zeile = mysql_fetch_array($Resultat);
     echo "$Zeile[fr] <BR>";
     echo "<INPUT TYPE=RADIO NAME='Antwort[$i]' VALUE='a'> $Zeile[anta]
     <BR>";
     echo "<INPUT TYPE=RADIO NAME='Antwort[$i]' VALUE='b'> $Zeile[antb]
     <BR>";
     echo "<INPUT TYPE=RADIO NAME='Antwort[$i]' VALUE='c'> $Zeile[antc]
     <P>";
}
echo "<INPUT TYPE=SUBMIT> <INPUT TYPE=RESET> </FORM>"; ?>
</BODY> </HTML>
```

Datei Bearbeiten Ansicht Favoriten Extras ?

Guten Tag Reinhold !

Fragen:

Wer befasste sich bereits im 18. Jahrhundert mit dem binären Zahlensystem?
- ○ Dschingis Khan
- ○ Gottfried Leibniz
- ○ Friedrich der Große

Wie nennt man eine Stelle im binären Zahlensystem?
- ○ ein Bit
- ○ ein Bier
- ○ ein Byte

Wer erfand eine Algebra, in der mit Wahrheitswerten gerechnet wird?
- ○ George Boole
- ○ Blaise Pascal
- ○ Isaak Newton

Wer konstruierte anlässlich der amerikanischen Volkszählung 1890 eine Zählmaschine, die mit Lochkart
- ○ Charles Babage
- ○ Herman Hollerith
- ○ Konrad Zuse

Wer entschlüsselte im zweiten Weltkrieg mit Hilfe des Computers Colossus den deutschen Geheimcode?
- ○ Aiken
- ○ Touring
- ○ Ada Lovelace

Wer erhielt den Nobelpreis für die Erfindung des Transistors?
- ○ Brattain, Shockley und Bardeen
- ○ Steve Jobs und Stephen Wozniak
- ○ Grace Hopper

[Anfrage senden] [Zurücksetzen]

Die PHP-Antwort-Seite:

Die angesprochene Seite *quizz3a.php3* wertet die Antworten aus. In der Spalte *ant* der Tabelle *quizz3* ist nämlich gespeichert, welche Antwort richtig ist. Wenn also `$Antwort[0]==$Zeile[ant]`, wurde Frage 1 richtig beantwortet. Bei falschen Antworten erhält man eine Information über die richtige:

```
<HTML> <HEAD> <TITLE> Quizz 3 Antworten </TITLE> </HEAD>
<BODY>
<?php
     $Verbindung=mysql_pconnect( "Server","Login","Passwort");
     mysql_select_db("Datenbankname",$Verbindung);
     $Frage = "select anta, antb, antc, ant from quizz3";
     $Resultat = mysql_query($Frage, $Verbindung);
     $zz = mysql_num_rows($Resultat);
     for ($i=1; $i<=$zz; $i++) {
          $Zeile = mysql_fetch_array($Resultat);
          if ($Antwort[$i-1]==$Zeile[ant])
               echo "Frage $i : richtig! <BR>";
          else {
               echo "Frage $i : falsch! ";
               $v="ant".$Zeile[ant];
               echo "$Zeile[$v] <BR>";
          }
     }
?>
</BODY> </HTML>
```

Die Datenbanktabelle quizz3:

nr	fr	anta	antb	antc	ant
1	Wer befasste sich bereits im 18. Jahrhundert mit dem binären Zahlensystem?	Dschingis Khan	Gottfried Leibniz	Friedrich der Große	b
2	Wie nennt man eine Stelle im binären Zahlensystem?	ein Bit	ein Bier	ein Byte	a
3	Wer erfand eine Algebra, in der mit Wahrheitswerten gerechnet wird?	George Boole	Blaise Pascal	Isaak Newton	a
4	Wer konstruierte anlässlich der amerikanischen Volkszählung 1890 eine Zählmaschine, die mit Lochkarten arbeitete und gründete später IBM?	Charles Babage	Herman Hollerith	Konrad Zuse	b
5	Wer entschlüsselte im zweiten Weltkrieg mit Hilfe des Computers Colossus den deutschen Geheimcode?	Aiken	Touring	Ada Lovelace	b
6	Wer erhielt den Nobelpreis für die Erfindung des Transistors?	Brattain, Shockley und Bardeen	Steve Jobs und Stephen Wozniak	Grace Hopper	a

12 JavaScript

Mit JavaScript wird eine Web-Seite interaktiv. Browser verstehen diese Script-Sprache. Sie ist in HTML eingebettet. In JavaScript kann man ohne großen Aufwand anfangen zu programmieren. Auch auf älteren Rechnern, die noch kein 32 Bit-Betriebssystem haben, ist dies möglich, während Java ein 32-Bit-Betriebssystem benötigt. Der Quelltext von JavaScript steht in der Regel im Kopf (HEAD) des HTML-Codes, er kann aber auch an anderer Stelle platziert werden. Er ist zwischen den Tags

`<SCRIPT LANGUAGE="JavaScript">` und `</SCRIPT>`

eingeschlossen. Er ist zusammen mit dem HTML-Quelltext einsehbar. Man klickt auf Ansicht - Quelltext anzeigen, oder lädt den Quelltext mit einem Editor. Ist die HTML-Seite geladen, so kann das JavaScript-Programm auch ohne Internetverbindung auf der Client-Seite ablaufen.

JavaScript-Objekte

JavaScript ist objektorientiert, es gibt vordefinierte Objekte wie *document, window, form*, der Programmierer kann aber auch eigene Objekte hinzufügen.
Ein Objekt hat Eigenschaften (zum Beispiel `SIZE=15 NAME="Vorname"`) und Funktionen.
Zum ***document* - Objekt** gehört zum Beispiel die Methode *writeln*.

```
document.writeln()
```

schreibt etwas in das aktuelle HTML-Dokument.
Zum ***Window*-Objekt** gehören *window.open()* beziehungsweise *window.close()*. Sie öffnen beziehungsweise schließen ein Fenster.
Das ***form*-Objekt** dient zur Eingabe von Daten auf einer HTML-Seite:

```
<FORM NAME="meinFormular"> .. </FORM>
```

Es enthält dann Komponenten wie Auswahlboxen, anklickbare Knöpfe, Textfelder, und so weiter. Ein Eingabefeld für Text wird dort zum Beispiel bereitgestellt durch

```
<INPUT TYPE="text" SIZE=15 NAME="Vorname">
```

Mehrere Texteingabefelder nehmen die Variablen Vorname, Nachname, Alter auf. Mit dem **Punktoperator** kann auf die einzelnen Variablen zugegriffen werden. Jede Variable hat einen Namen (*name*) und einen Wert (*value*).
Eine wichtige Komponente des Formular-Objekts ist ein anklickbarer Button. Durch die Einfügung

```
<INPUT TYPE="BUTTON" VALUE="Klickmich"
onClick="document.writeln(meinFormular.Vorname.value)">
```

wird beispielsweise ein Knopf erzeugt mit der Aufschrift „Klickmich".

Ereignisse entstehen durch die Aktivitäten des Benutzers. Beim Klicken (*onClick*) wird in unserem Beispiel auf den Wert der Variablen Vorname zugegriffen und der Inhalt mit *writeln* ausgegeben.
Beim Eintreten des onClick-Ereignisses wird eine **JavaScript-Funktion** mit ihrem Namen aufgerufen und es wird ihr (in Klammer) der Wert der eingegebenen Variablen übergeben. In unserem Beispiel wird die selbstdefinierte Funktion *schreibe* aufgerufen und ihr der eingegebene Wert aus dem Textfeld *Vorname* übergeben. Zur Abkürzung wurde in der JavaScript-Funktion der übergebene Wert v genannt. Hier der komplette Quelltext:

```
<HTML> <HEAD> <script language="JavaScript">
function schreibe(v) {
document.writeln("Hallo, ");
document.writeln(v);
document.writeln("! Gut gemacht!<P>");
}
</script> </HEAD>
<BODY> Gib bitte deinen Vornamen ein:
<FORM NAME="meinFormular">
<INPUT TYPE="text" SIZE=15 NAME="Vorname"><BR>
<INPUT TYPE="BUTTON" VALUE="Lob"
     onClick="schreibe(meinFormular.Vorname.value)">
</FORM>
</BODY> </HTML>
```

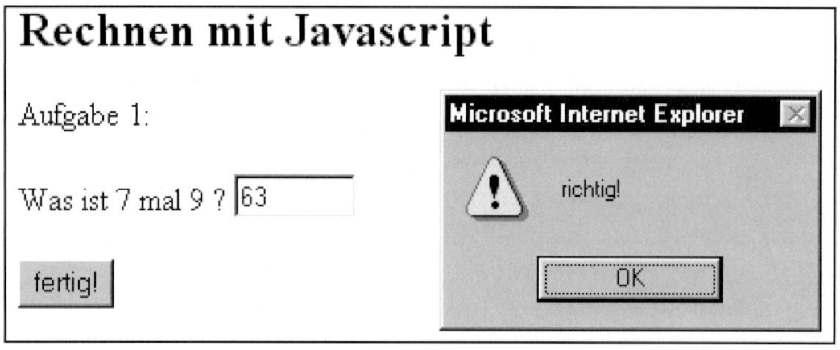

Mit der vordefinierten Funktion ***alert*** kann man ein kleines Fensterchen mit einer Warnmeldung erzeugen. Der Programmtext erklärt sich fast von alleine:

```
<HTML> <HEAD> <SCRIPT LANGUAGE="JavaScript">
function pruefergebn(e) {
      if (e == 63) alert("richtig!");
      else alert("falsch!");
}
</SCRIPT>
</HEAD> <BODY>
      <H2>Rechnen mit Javascript</H2>
      Aufgabe 1:<BR>
<FORM NAME="meinFormular">
      Was ist 7 mal 9 ?
      <INPUT TYPE="text" SIZE=7 NAME="Ergebnis"><P>
      <INPUT TYPE="button" VALUE="fertig!"
      onClick="pruefergebn(meinFormular.Ergebnis.value)">
</FORM> </BODY> </HTML>
```

Im nächsten Beispiel werden **Radio-Buttons** zur Angabe des Geschlechts benutzt. Zwei Radio-Buttons mit gleichem Namen bilden ein Array, dessen Nummerierung mit 0 beginnt. Es wird geprüft, welcher ausgewählt wurde (*checked*) und die Variable Anrede dementsprechend festgelegt. Das Alter wird in einem **Auswahlmenü** angeklickt und der Wert des Alters der Variablen a zugewiesen.

```
<HTML> <HEAD> <SCRIPT LANGUAGE="JavaScript">
function pruefe(f) {
    var a=f.Alter.value;
    if (a<18) alert("Na, "+f.Vorname.value+" wie gehts dir? ");
    else {
        if (f.Geschlecht[0].checked) Anrede="Herr";
        if (f.Geschlecht[1].checked) Anrede="Frau";
        alert("Guten Tag, "+Anrede+" "+f.Nachname.value+"!");
    }
}
</SCRIPT> </HEAD>
<BODY> <FORM NAME="Formular">
      Vorname: <INPUT TYPE="TEXT" NAME="Vorname">
      <P> Nachname: <INPUT TYPE="TEXT" NAME="Nachname"> </P>
      <P> Geschlecht:
      <INPUT TYPE="radio" NAME="Geschlecht"> maennlich
      <INPUT TYPE="radio" NAME="Geschlecht"> weiblich </P>
      <P> Alter:
      <SELECT NAME="Alter">
      <OPTION VALUE=16>16<OPTION VALUE=17>17<OPTION VALUE=18>18
      <OPTION VALUE=19>19</SELECT> </P>
      <INPUT TYPE="BUTTON" VALUE="Drück mich!" onClick="pruefe(Formular)">
</FORM> </BODY> </HTML>
```

Fenster

Im folgenden Programm wird ein Passwort geprüft und ein zweites Fenster geöffnet. Falls das Passwort richtig ist, erschein in dem Fenster eine schon fertige zweite Seite. Falls das Passwort falsch ist, wird ein Fenster mit der Breite 200 Pixel und der Höhe 50 Pixel geöffnet. Darin wird ein Text und ein Button platziert, um es wieder zu schließen. Dies geschieht durch einem HTML-Text, der mit *fen.document.writeln* in das Fenster-Objekt geschrieben wird:

```
<HTML> <HEAD> <SCRIPT LANGUAGE="JavaScript">
function pruefe(Antwort) {
      if (Antwort.Passwort.value=="Felix")
            window.open("Seite2.htm");
      else {
            fen = window.open('','', "WIDTH=200,HEIGHT=50");
            fen.document.writeln(Antwort.Passwort.value);
            fen.document.writeln(": Passwort falsch! <P>");
            fen.document.writeln("<FORM> <INPUT TYPE='BUTTON'
      VALUE='schliessen!' onClick='window.close()'; </FORM><BR>");
      }
}
</SCRIPT></HEAD>
<BODY> Gib dein Passwort ein:
<FORM NAME="Formular">
      <INPUT TYPE="TEXT" SIZE=15 NAME="Passwort"><BR>
      <INPUT TYPE="BUTTON" VALUE="Klick!" on-
Click="pruefe(Formular)">
</FORM>
</BODY> </HTML>
```

Das Fenster-Objekt hat noch einige Eigenschaften, beispielsweise kann man festlegen, ob die Scroll-Balken erscheinen sollen und ob die Fenstergröße veränderbar sein soll.

```
<HTML> <HEAD> <SCRIPT LANGUAGE="JavaScript">
function pruefe(Antwort) {
      if (Antwort.Passwort.value=="Felix")
            document.location.href="Seite2.htm";
      else {
            fen = window.open("","Fenster", "WIDTH=200, HEIGHT=50,
      SCROLLBARS=YES, RESIZABLE=YES");
            fen.document.writeln(Antwort.Passwort.value);
            fen.document.writeln(": Passwort falsch! ");
      }
}
</SCRIPT></HEAD>
<BODY> Gib dein Passwort ein:
<FORM NAME="Formular">
<INPUT TYPE="PASSWORD" SIZE=15 NAME="Passwort"><BR>
<INPUT TYPE="BUTTON" VALUE="Klick!" onClick="pruefe(Formular)">
</FORM>
</BODY> </HTML>
```

Will man mit Eingabe des richtigen Passworts zu Seite2 wechseln, ohne ein neues Fenster zu öffnen, so ändert man die location des aktuellen Dokuments mit

```
document.location.href="Seite2.htm";
```

Das Passwort kann man im JavaScript-Quelltext herausfinden. Will man das nicht, so bietet es sich an, den Namen der zweiten Seite als Passwort zu verwenden:

```
document.location.href=Antwort.Passwort.value+".htm";
```

Frames

Statt eines Fensterchens werden im nächsten Beispiel **frames** benutzt. Die HTML-Seite, die den Bildschirm in eine linke und eine rechte Hälfte unterteilt, sieht so aus:

```
<frameset cols="50%,50%">
     <frame src="Eingabe.htm">
     <frame src="Ausgabe.htm">
</frameset target="_top">
```

Die Seite *Eingabe.htm*:

```
<HTML><HEAD>
<script language="JavaScript">
function pruefe(Antwort) {
     n=0;
     if (Antwort.Vorname.value=="Edith") n=n+1;
     if (Antwort.Vorname.value =="Tobias") n=n+1;
     if (Antwort.Vorname.value =="Clemens") n=n+1;
     rechtesFenster(Antwort);
}
function rechtesFenster(Antwort)   {
     Fenster2 = window.parent.frames[1].document;
     Fenster2.writeln("Hallo, ");
     Fenster2.writeln(Antwort.Vorname.value);
     if (n>0) Fenster2.writeln("! Gut gemacht!<P>");
     else Fenster2.writeln("! Name falsch! Nochmal!<P>");
}
</script></HEAD>
<BODY>
     Gib deinen Vornamen ein!
     <FORM NAME="Antwort">
          <INPUT TYPE="text" SIZE=15 NAME="Vorname"><BR>
          <INPUT TYPE="BUTTON" VALUE="Lob" onClick="pruefe(Antwort)">
     </FORM>
</BODY> </HTML>
```

Die Frames sind numeriert. *frames[0]* ist das erste und *frames[1]* das zweite Frame, also die Seite *Ausgabe.htm*.

Arrays und Schleifen

Im nächsten Beispiel werden lauter anklickbare Knöpfe mit gleichen Namen und ohne Inhaltswert definiert. Sie werden daraufhin von JavaScript als **Array** angesehen (gleichartige Felder). Erst nach Klick wird den Buchstabenfeldern ein Wert zugeordnet. Die Wiederholungsschleife hat so viele Wiederholungen, wie die Wortlänge (length) angibt.

```
<HTML> <HEAD> <script language="JavaScript">
    Wort="Schule";
    function beschriften(CodeWort) {
        for (var i=0; i<Wort.length; i++)
            CodeWort.buchst[i].value= Wort.substring(i,i+1);
}
</script> </HEAD>
<BODY>
<FORM NAME="CodeWort">
<INPUT TYPE="BUTTON" NAME= buchst VALUE="">
<INPUT TYPE="BUTTON" NAME= buchst VALUE="">
```

```
<INPUT TYPE="BUTTON" NAME= buchst VALUE="">
<INPUT TYPE="BUTTON" NAME= buchst VALUE="">
<INPUT TYPE="BUTTON" NAME= buchst VALUE="">
<INPUT TYPE="BUTTON" NAME= buchst VALUE=""> <P>
<INPUT TYPE="BUTTON" VALUE="beschriften" onClick="beschriften(CodeWort)">
</FORM> </BODY></HTML>
```

Die Buttons sind nebeneinander angeordnet und werden nachträglich mit den einzelnen Buchstaben des Wortes "Schule" beschriftet. Dazu weisen wir in einer For-Schleife, die von i=0 bis zu i=Wortlänge läuft, den Buttons, die die Namen buchst tragen, nacheinander Werte zu, mit CodeWort.buchst[i]=... Die Werte ergeben sich daraus, dass ein Teilwort (Substring) aus dem Wort ausgeschnitten wird. Das Teilwort geht von der jeweiligen Stelle i bis i+1, erfasst also immer nur einen Buchstaben.

Wörterraten

Wir benutzen ein **Array** von Eingabefeldern deinbu (Dein Buchstabe), um die Buchstaben eines Wortes zu erraten. Nach Klick wird geprüft, ob die eingegebenen mit den Buchstaben bu des Wortes übereinstimmen. Dann werden die entsprechenden Buttons rbu (richtige Buchstaben) beschriftet.

```
<HTML><HEAD> <script language="JavaScript">
Wort="Schule";
function beschriften(Ratewort) {
    for (var i=0; i<Wort.length; i++) {
        bu= Wort.substring(i,i+1);
        if (Ratewort.deinbu[i].value==bu) Ratewort.rbu[i].value=bu;}}
</script> </HEAD> <BODY> Rate mein Wort!
<FORM NAME="Ratewort">
<INPUT TYPE="TEXT" NAME=deinbu SIZE=1>
<INPUT TYPE="TEXT" NAME=deinbu SIZE=1>
<INPUT TYPE="TEXT" NAME=deinbu SIZE=1>
<INPUT TYPE="TEXT" NAME=deinbu SIZE=1>
<INPUT TYPE="TEXT" NAME=deinbu SIZE=1>
<INPUT TYPE="TEXT" NAME=deinbu SIZE=1> <P>
<INPUT TYPE="BUTTON" NAME=rbu VALUE='     '>
<INPUT TYPE="BUTTON" NAME=rbu VALUE='     '>
<INPUT TYPE="BUTTON" NAME=rbu VALUE='     '>
<INPUT TYPE="BUTTON" NAME=rbu VALUE='     '>
<INPUT TYPE="BUTTON" NAME=rbu VALUE='     '>
<INPUT TYPE="BUTTON" NAME=rbu VALUE='     '> <P>
<INPUT TYPE="BUTTON" VALUE="fertig" onClick="beschriften(Ratewort)">
</FORM> </BODY> </HTML>
```

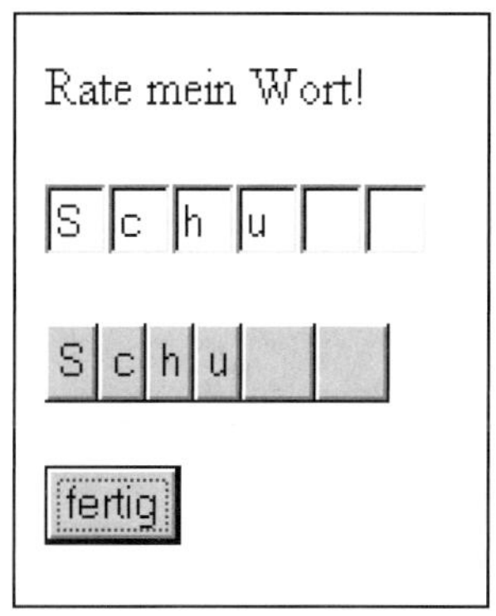

Die Uhrzeit

```
<HTML><HEAD>
     <TITLE> Uhrzeit mit JavaScript </TITLE>
     <script language="JavaScript">
     <!--Beginn des Scripts
          function Datum() {
          Zeit = new Date();
               sec = Zeit.getSeconds();
               min = Zeit.getMinutes();
               std = Zeit.getHours();
          }
          function neuesFenster()  {
               m = window.open('', '', 'width=300,height=150');
               m.document.writeln("Hallo! Hier die Uhrzeit:<P>");
```

```
                m.document.writeln(std+":"+min+":"+sec+"<P>");
                m.document.writeln("<form><input type='button' value=
                'schliessen!'onClick='window.close()';</form><BR>");
            }
        <!--Ende des Scripts -->
        </script>
</HEAD>
<BODY>
        <H4> Die Uhrzeit. </H4>
        <form >
            Weißt Du nicht, wie spät es schon ist?
            <input type="button" value="jetzt!"
                onClick=" Datum(); neuesFenster()"><BR>
        </form>
</BODY> </HTML>
```

Mit Zeit = new Date(); erzeugen wir ein Objekt der schon vordefinierten Klasse Date. Es enthält das Systemdatum und die Systemzeit unseres lokalen Rechners. Mit Zeit.getHours erhalten wir die Stunden der momentanen Zeit, mit Zeit.getMonth den Monat.

Zahlenraten

Eine zufällige Zahl zwischen 0 und 9, die sich der Computer denkt, soll vom Spieler geraten werden.
Leider fehlt in JavaScript eine Funktion, die Zufallszahlen liefert. Wir helfen uns, indem wir die Zeit abfragen. Es gibt eine Funktion, die die seit 1. Januar 1970 vergangenen Millisekunden anzeigt: `getTime();`
Die letzte Stelle ist oft unbrauchbar, aber die Hundertstel wird ja wohl auch nicht jeder gleich erraten. Wir nennen also die Zahl der seit 1970 vergangenen Hundertstel Sekunden Z. (Momentan liegt sie bei Z = 96616547932.) Wir nehmen einfach die letzte Ziffer als Zufallszahl. Die letzte Ziffer liegt zwischen 0 und 9. Teilen wir durch 10, dann steht diese Ziffer hinter dem Komma. Diese Stelle lassen wir weg. Die Funktion `floor()` aus dem `Math`-Objekt erfüllt diese Aufgabe. Sie schneidet alle Nachkommastellen ab. Wenn wir dann wieder mit 10 multiplizieren, erhalten wir fast wieder die Zahl Z, nur: jetzt steht eine Null an der letzten Stelle. Wir ziehen sie von Z ab und erhalten einen brauchbaren Ersatz für eine Zufallszahl:

```
<HTML><HEAD><TITLE>Zahlenraten</TITLE>
<script language="JavaScript">
        Zeit = new Date();
        Z = Zeit.getTime()/10;
        Zufall = Z - 10*Math.floor(Z/10);
        function pruefe(f) {
            a = f.Zahl.value;
            if (a > Zufall)  alert("Zu gross!");
            if (a < Zufall)  alert("Zu klein!");
            if (a == Zufall) alert("jetzt hast Du's");
        }
</script>
</HEAD>
<BODY >
        <H4> Zahlenraten </H4>
        <form name="f">
            Wie heißt meine Zahl? Sie liegt zwischen 0 und 9. <P>
            <input type="text" size=7 name="Zahl">  <P>
            <input type="button" value="abschicken!"
                onClick="pruefe(f);">
        </form>
</BODY> </HTML>
```

Kopfrechnen

Es gibt eine Funktion prompt(), die automatisch ein Fenster öffnet mit einem Fragetext und einem Textfeld für die Antwort, hier mit dem Vorgabewert „0": `eingabe = prompt(frage,"0");` In der Variablen eingabe wird dann der Wert der Eingabe gespeichert.

```
<HTML><HEAD><TITLE>Kopfrechnen</TITLE>
<script language="JavaScript">
function zzahl(x){
     Zeit = new Date();
     Z = Zeit.getTime()/10;
     Zufall = Z - x*Math.floor(Z/x);
}
function stelleFrage() {
     zzahl(20);
     a=Zufall;
     zzahl(10);
     b=Zufall;
     c=a*b;
     frage="Was ist " + a + " * " + b;
     eingabe = prompt(frage,"0");
     if (eingabe==c) alert("richtig");
     else alert("Du kannst wohl nicht rechnen!");
     }
</script>
</HEAD>
<BODY >
     <H4> Bist du fit in Kopfrechnen? Hier der Test: </H4>
<form>
     <input type="button" value="los!"
     onClick="stelleFrage();">
</form>
</BODY> </HTML>
```

Ein Würfelspiel

Im folgenden Programm wird ein kleines Würfelspiel gegen den Computer ausgetragen, ähnlich wie 17 und 4: Man würfelt und addiert immer die Augenzahl. Die höchste Summe hat gewonnen, sie darf jedoch nicht über 13 liegen. Es heißt also, rechtzeitig aufzuhören. Da wir mit frames arbeiten, benötigen wir drei HTML-Seiten:

1. Wuerfelspiel.htm:

```
<HTML> <HEAD> <TITLE>frames-Beispiel</TITLE> </HEAD>
<frameset cols="50%,50%">
   <frame src="13gewin.htm">
   <frame src="lee.htm">
</frameset target="_top">
</HTML>
```

2. 13gewin.htm:

```
<HTML><HEAD> <TITLE> 13gewin </TITLE>
<script language="JavaScript">
function nullen() { Cs = 0; s=0; n=0;}
function Wurf() {
    Zeit = new Date();
    Z = Zeit.getTime()/10;
    w = Z - 6*Math.floor(Z/6)+1; }
function ichspiele() {
    n++;
```

```
    Wurf();
    s += w ;
    alert("gewuerfelt: "+w +",  Summe: "+s); }
function Cspielt(){
    Cs = 0;
    for (var n = 1; n<4; n=n+1) {
        Wurf();
        Cs += w;
        m.document.writeln(n+". gewuerfelt: "+w+", Summe: "+Cs+"<BR>");}
}
function neuesFenster(){
    m = window.open('lee.htm', 'neuesFenster', 'width=300,height=150');
    m.document.writeln("<form><input type='button' value='schliessen!'
    onClick='window.close()';</form>");
    m.document.writeln("<BR>Hallo! Der Computer spielt hier:<BR>");
}
function fertig(){
    var Fenster2 = window.parent.frames[1].document;
    Fenster2.write("Deine Summe ist "+s+"<BR>");
    if (s > 13) {
        s=0;
        Fenster2.write("Du hast verloren,
          Deine Summe ist mehr als 13!<BR>");
    }
    Fenster2.write("Die Summe des Computers ist "+Cs+"<BR>");
    if (Cs>13) {
        Cs=0;
        Fenster2.write("Der Computer hat verloren,
          seine Summe ist über 13!<BR>");
    }
    if (s > Cs) Fenster2.writeln("Du hast gewonnen.
        Herzlichen Glueckwunsch!<BR>");
    if (s < Cs) Fenster2.writeln("Du hast leider verloren.<BR>");}
</script>
</HEAD>
<BODY onLoad="nullen();">
    <H4> Wuerfelspiel 13-gewinnt! </H4>
    Spielregeln: Wer die hoechste Augensumme hat, gewinnt.
    Wer ueber 13 hat, verliert. <BR>
    Willst Du wuerfeln ?
<form >
    <input type="button" value="wuerfeln!"
        onClick="ichspiele();"> <BR>
    <input type="checkbox" onClick="nullen();ichspiele();">
    Nochmal von vorne! <P>
    Fertig. Jetzt spielt der Computer: <BR>
    <input type="button" value="los!"
        onClick="neuesFenster();Cspielt();"> <BR>
    <input type="radio" onClick="fertig();">
    Siegerehrung. <BR>
</form>
</BODY> </HTML>
```

3. lee.htm:

```
<HTML> <HEAD> <TITLE> leeres Fenster lee.htm </TITLE> </HEAD>
<BODY> </BODY></HTML>
```

Eigene Objekte

In JavaScript ist es nicht nur möglich, die vorgegebenen Dinge zu benutzen, man kann auch neue schaffen. Beispiel: *Schueler1* ist ein Objekt (eine Instanz) der Klasse Person, die wir neu definieren. Sie enthält zwei Eingabefunktionen (prompt) für die Eingabe von Name und Alter. *Schueler2* ist eine zweite Instanz dieser Klasse:

```
<HTML> <HEAD> <TITLE>Eigene Objekte</TITLE>
<SCRIPT LANGUAGE="JavaScript">
function person() {
      this.Name = prompt("Naechster Schueler: Bitte Name eingeben!","");
      this.alter = prompt("Bitte Alter eingeben!","0");
}
</SCRIPT>
</HEAD>
<BODY>
Eigene Objekte: <P>
<SCRIPT LANGUAGE="JavaScript">
      Schueler=new person();
      Schueler2=new person();
      document.write("<BR>Der Name :"+ Schueler.Name);
      document.write("<BR>Das Alter: "+ Schueler.alter);
      document.write("<BR>Der Name :"+ Schueler2.Name);
      document.write("<BR>Das Alter: "+ Schueler2.alter);
</SCRIPT>
</BODY> </HTML>
```

Natürlich liegt es nahe, für diese Instanzen ein Array zu schaffen und mit einer Wiederholungsschleife die Inhalte ein- beziehungsweise auszulesen:

```
<HTML> <HEAD> <SCRIPT LANGUAGE="JavaScript">
function array(m) {
      this.length=m;
      for (var i=1; i<=m; i++) this[i]=0;
      return this;
}
function person() {
      this.Name = prompt("Naechster Schueler: Bitte Name eingeben!","");
      this.alter = prompt("Bitte Alter eingeben!","0");
}
</SCRIPT></HEAD>
<BODY> <SCRIPT LANGUAGE="JavaScript">
Schueler=new array(4);
for (var i=1; i<=4; i=i+1) {
      Schueler[i]=new person();
      document.write("<BR>Der Name :"+ Schueler[i].Name);
      document.write("<BR>Das Alter: "+ Schueler[i].alter);
}
</SCRIPT> </BODY> </HTML>
```

⇨ Aufgabe 114: Schreiben Sie ein JavaScript-Programm, das
a) den Mehrwertsteuerbetrag (zur Zeit 16 %) zum Nettopreis einer Ware addiert,
b) vom Bruttopreis einer Ware den Mehrwertsteueranteil und den Nettopreis berechnet.

⇨ Aufgabe 115: Schreiben Sie ein JavaScript-Programm für die Umrechnung eines einzugebenden Euro-Betrags in verschiedene Währungen. Legen Sie für die Ausgabe eine Tabelle an.

Ein Geografietest

Der Geografietest ist ein neues Objekt, das Arrays für die Fragen und für die Antworten enthält:

```
<HTML><HEAD><TITLE>Geografietest</TITLE>
<SCRIPT LANGUAGE="JavaScript">
function falsch(a) {
      document.write("Falsch! Die Antwort lautet: "+a+"<BR>");
}
function array(m) {
      this.length=m;
      for (var i=1; i<=m; i++) this[i]=0;
      return this;
}
function machFragen() {
      Frage[1]="Hauptstadt von Frankreich";
      Frage[2]="Hauptstadt von Suedafrika";
      Frage[3]="Hauptstadt von Holland";
}
function machErgebnisse() {
      Antw[1]="Paris";
      Antw[2]="Pretoria";
      Antw[3]="Den Haag";
}
function stelleFragen(m) {
      for (var n=1;n<=m;n=n+1) {
            eingabe = prompt(Frage[n],"0");
            if (eingabe==Antw[n]) document.write("Richtig!<BR>");
else falsch(Antw[n]);
      }
}
function test() {
      Frage=new array(1);
      Antw=new array(1);
      this.machFragen=machFragen;
      this.machErgebnisse=machErgebnisse;
      this.stelleFragen=stelleFragen;
}
Geografietest=new test();
</SCRIPT>
</HEAD>
<BODY>
Meine Fragen: <P>
<SCRIPT LANGUAGE="JavaScript">
      Geografietest.machFragen();
      Geografietest.machErgebnisse();
      Geografietest.stelleFragen(3);
</SCRIPT>
</BODY>
</HTML>
```

⇨ Aufgabe 116: Ergänzen Sie die Fragen, gestalten Sie die HTML-Seite freundlicher und fügen Sie eine Testauswertung hinzu. Siehe auch [132]

13 Hardware

Wie kommt es zu dazu, dass eine Maschine nach einer Vorschrift, einem Rezept vorgehend, Daten verarbeiten kann? Wie kann sie mittels elektronischer Schaltungen Zahlen speichern und mit Zahlen rechnen?

13.1 Der Transistor

Der Computerbau erlebte erst nach dem zweiten Weltkrieg, mit der **Erfindung des Transistors 1948** seinen Durchbruch. Ein Transistor hat keine beweglichen Teile wie das Relais. Er setzt keine so große Wärme frei wie die Elektronenröhre. Er hat eine lange Lebensdauer.
Der Transistor besteht aus drei Halbleiterschichten. Bezeichnung der Anschlüsse siehe Abbildung. Die Collektor-Emitter-Strecke eines Transistors wird leitend, wenn die Basis mit dem Pluspol verbunden ist. Im anderen Fall sperrt sie. Durch einen Vorwiderstand ist die Basis gegen zu große Ströme geschützt. Ein kleiner Strom durch die Basis kann einen großen Kollektor-Emitterstrom steuern. Ein Transistor und ein Lämpchen kann also zur Anzeige dienen. Sie zeigen an, ob an einer Stelle positives oder negatives Potential vorhanden ist (das heißt, ob diese Stelle mit dem Plus-oder Minuspol verbunden ist).

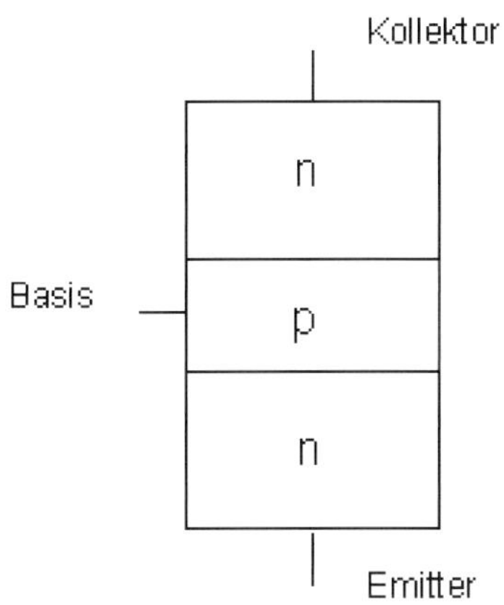

npn-Transistor

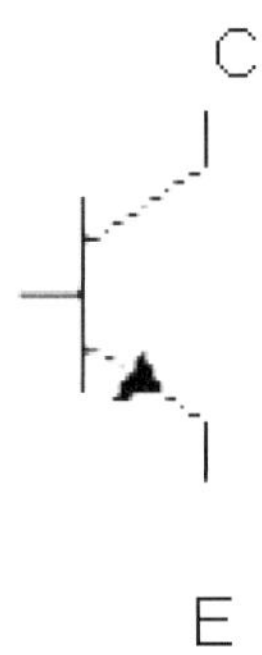

Schaltsymbol

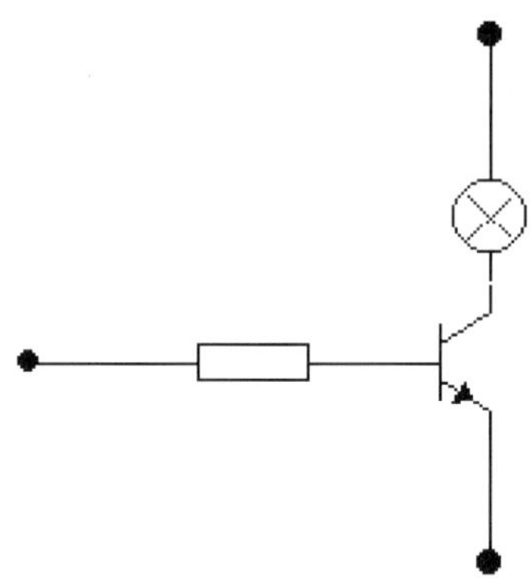
Transistorschaltung

13.2 Transistor-Logik

Schalten wir zwei Transistoren hintereinander, so verhält sich der zweite immer umgekehrt wie der erste. Wenn die Basis des ersten Transistors mit Plus verbunden ist, leitet er. Die erste Lampe leuchtet. Der Kollektoranschluß ist also mit Minus verbunden. Zum Beweis: Wenn man dort die Basis des zweiten Transistors anschließt, sperrt dieser. Die zweite Lampe leuchtet nicht. Im umgekehrten Fall bleibt die erste Lampe dunkel und die zweite leuchtet. Der zweite Transistor wirkt also als **Verneinung:**

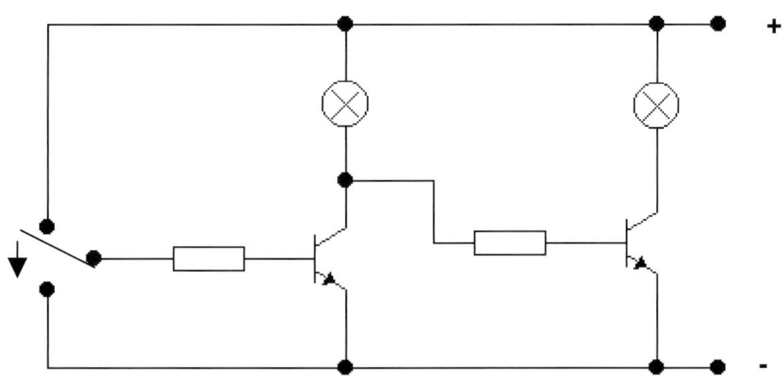

Die Grundbausteine für Logikschaltungen sind UND, ODER, NICHT. Hier eine Möglichkeit, eine UND-Schaltung mit Transistoren zu verwirklichen (TTL, Transistor-Transistor-Logik). Das Lämpchen leuchtet, wenn Eingang 1 **und** Eingang 2 mit dem Pluspol verbunden sind):

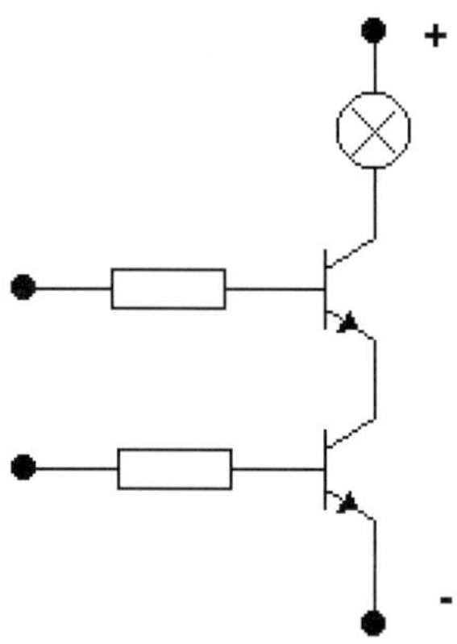

Einfache UND-Schaltung mit Transistoren.

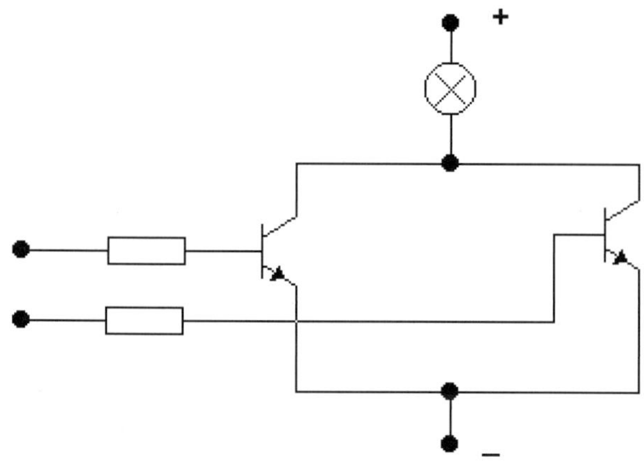

Oder-Schaltung

In der ODER-Schaltung leuchtet das Lämpchen, wenn Eingang 1 **oder** Eingang 2 mit Plus verbunden ist. Aus dem AND-Gatter wird ein NAND durch Verneinung mittels eines weiteren Transistors [93].

⇨ Aufgabe 117: Zeichnen Sie ein Schaltbild für NAND beziehungsweise NOR.

13.3 Das Flipflop

Wie kann man mit Transistoren Informationen speichern?

Eine wichtige Erfindung ist die des elektronischen Speichers. Ohne Speicher kann man auch nicht rechnen. Halbleiterspeicher zeichnen sich durch kurze Zugriffszeiten aus. Deshalb ist aus ihnen und aus Logikschaltungen der Prozessor aufgebaut, das Herz eines Computers. Andere Speicher, wie Festplatten, Disketten, Bänder, haben eine sehr viel längere Zugriffszeit.
Wir wollen zunächst den **Speicherplatz 1 Bit** schaffen. Ein Bit kann die Null oder die Eins speichern, ein fließender Strom soll Eins und kein Strom soll Null bedeuten. Das lässt sich schon mit einer einfachen Schaltung mit zwei Transistoren verwirklichen:

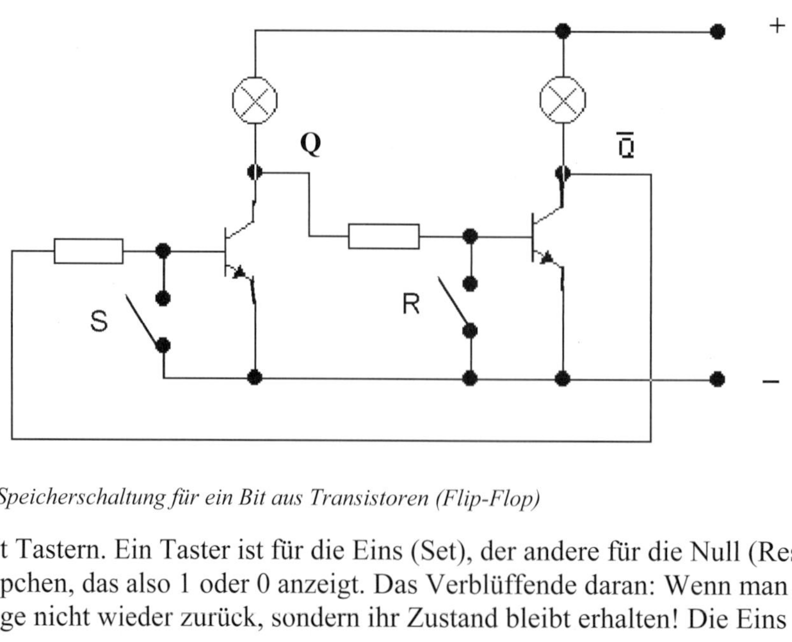

Speicherschaltung für ein Bit aus Transistoren (Flip-Flop)

Die Eingabe erfolgt mit Tastern. Ein Taster ist für die Eins (Set), der andere für die Null (Reset). Die Ausgabe besteht aus einem Lämpchen, das also 1 oder 0 anzeigt. Das Verblüffende daran: Wenn man den Taster los lässt, springt die Anzeige nicht wieder zurück, sondern ihr Zustand bleibt erhalten! Die Eins oder die Null ist gespeichert. Schuld daran ist die **Rückkopplungsleitung**. Der Zustand des Ausgangs $\overline{Q}$ wird an den Eingang zurückgemeldet. Dadurch wird der Schaltzustand der beiden Transistoren stabil: Ist die Basis des linken Transistors kurz mit Minus verbunden (Set), so ist sein Kollektoranschluß Q positiv (1) und damit auch die Basis des rechten Transistors. Dieser leitet, sein Kollektoranschluss $\overline{Q}$ ist negativ (0). Das meldet die Rückkopplungsleitung nach vorn zur Basis des linken Transistors und die bleibt also negativ bis auf weiteres. Beim Drücken der Resettaste wird der Speicher "gelöscht". Der Speicher für 1 Bit heißt auch Flipflop.

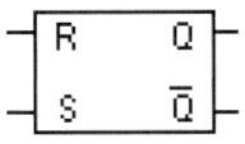

Schaltsymbol des RS-Flipflops

S	R	Q	$\overline{Q}$
1	1	unzulässig	
1	0	1	0
0	1	0	1
0	0	unverändert	

Zustände des RS-Flipflops

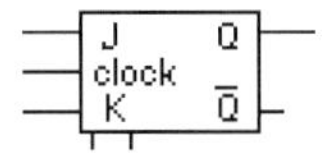

Getaktetes JK-Flipflop

Beim **RS-Flipflop** wirkt sich der Zustand des Eingangs sofort auf den Ausgang aus. Beim **getakteten** (synchronen) Flipflop wird der Zeitpunkt, zu dem die Eingangsgrößen wirksam werden, durch einen gemeinsamen Takt (clock) festgelegt. Beim **JK-Flipflop** wird der unzulässige Zustand R=S=1 vermieden. Es wechselt den Zustand am Ausgang, wenn an beiden Eingängen eine 1 anliegt. Die Set-Funktion wird nur ausgeführt, wenn der Ausgang 0 ist, die Reset-Funktion wird nur ausgeführt, wenn der Ausgang 1 ist. Die Umschaltung erfolgt jedes Mal, wenn der Taktimpulse, von 1 auf 0 fällt (siehe Impulsdiagramm unten).

13.4 Schieberegister

Mehrere Flipflops hintereinandergeschaltet ergeben ein Register, also einen Speicher für wenige Bits. In der folgenden Schaltung sind die Flipflops zu einem Schieberegister geschaltet. Die (seriellen) Eingangsimpulse werden im Takt weitergeschoben und kommen an Ende Q_4 hintereinander wieder heraus. Man kann sie auch an Q_1 bis Q_4 parallel abgreifen.

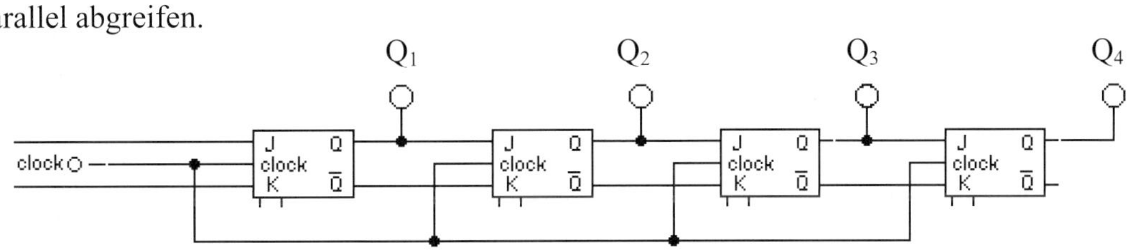

Hintereinanderschaltung von J-K-Flipflops

Impulsdiagramm eines Schieberegisters. Die erste Zeile stellt den zeitlichen Verlauf des Taktes dar. Darunter die Ausgänge der vier Flipflops gegen die Zeits.

Wenn am Eingang des ersten Flipflops 1 anliegt, schaltet es bei jeder fallenden Flanke des Taktes um. Das nächste Flipflop erhält den Ausgang des ersten als Eingang. Es bemerkt das Umschalten also später.

Aus Schieberegistern sind auch die **RAM**-Bausteine des Arbeitsspeichers zusammengesetzt (Random Access Memory - Speicher mit wahlfreiem Lese-und Schreibzugang). Es sind flüchtige Speicher, das heißt beim Abschalten der Spannungsversorgung ist ihr Inhalt verloren. Sie werden immer wieder neu beschrieben. Die **ROM**-Bausteine (Read Only Memory - Nur-Lese-Speicher) dagegen sind beständige Speicher.

13.5 Der Dualzähler

Der Dualzähler kann schon zählen. Bauen wir einen Dualzähler für 4 Bits mit 4 getakteten Flipflops. Das zweite Flipflop erhält den Ausgang des ersten als Takt.
Anfangszustand:

`0 0 0 0`

Bei der abfallenden Flanke des ersten Taktimpulses ändert sich der Ausgang des ersten Flipflops Q_1 auf 1. Die angezeigte Dualzahl ist also

`1 0 0 0`

Beim zweiten Taktimpuls ändert sich der Zustand von Q_1 von 1 nach 0. Das ist zugleich der Eingang des nächsten Flipflops, das bei abfallender Flanke ein Signal zum Ändern hat. Q_2 wird also 1:

`0 1 0 0`

Beim dritten Taktimpuls wird Q_1 wieder 1. Bei ansteigender Flanke passiert weiter nichts, also lautet die angezeigte Dualzahl

`1 1 0 0`

Beim vierten Taktimpuls fällt Q_1 wieder ab, Q_2 ändert sich von 1 auf 0, Q_3 wird 1:

`0 0 1 0`

Man sieht die Dualzahlen von 0 bis 4, nur spiegelverkehrt, was man leicht korrigieren kann, indem man die Schaltung dreht.

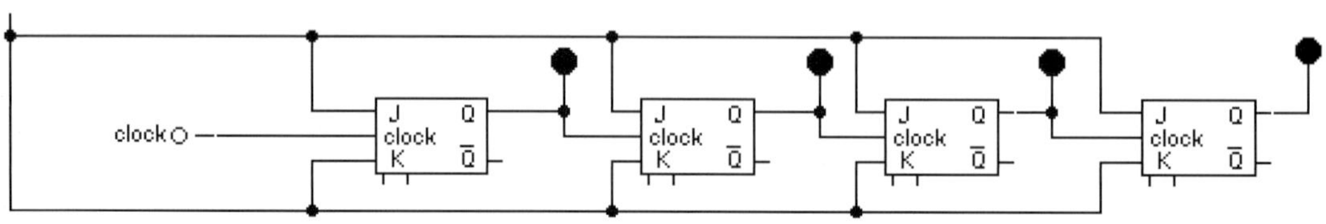

Dualzähler aus Flipflops

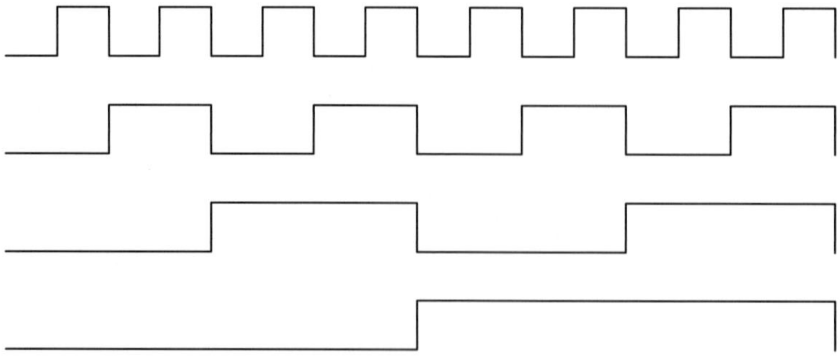

Impulsdiagramm eines Dualzählers

13.6 Der Halbaddierer

Der Halbaddierer addiert zwei Dualzahlen a und b von jeweils der Länge 1 Bit. Er hat zwei Eingänge a und b und zwei Ausgänge s (Summe) und ü (Übertrag). Der Übertrag entsteht, wenn a *und* b gleich 1 sind. Die Summe s ist dann größer als 1 und eine Binärstelle reicht nicht mehr zur Darstellung aus. Der Übertrag muss beim nächsten Bit beachtet werden.

a	b	s	ü
0	0	0	0
0	1	1	0
1	0	1	0
1	1	0	1

Funktionswerte des Halbaddierers

Wenn a *oder* b gleich 1 sind *und* der Übertrag *nicht* 1 ist, ist die Summe s gleich 1. (Wenn a *oder* b gleich 1 sind *und* der Übertrag *nicht* 0 ist, ist die Summe gleich 0.) Für die kursiv geschriebenen Wörter stehen im Schaltbild die Logikglieder AND (Symbol: &), OR(≥ 1) und NOT (1) :

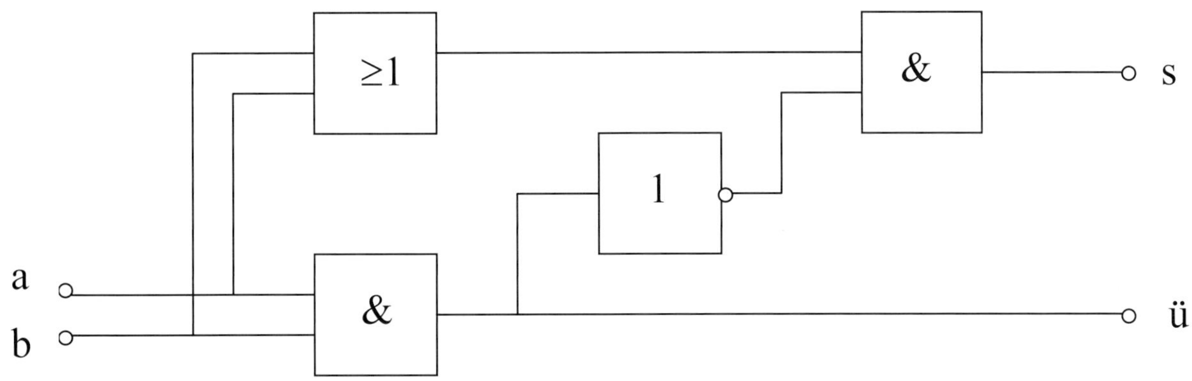

Halbaddierer aus Logikgliedern

Der Volladdierer

Der Volladdierer addiert zwei Dualzahlen a und b der Länge 1 Bit und berücksichtigt einen vorhergehenden Übertrag c. Er kann aus zwei Halbaddierern (HA) aufgebaut werden.

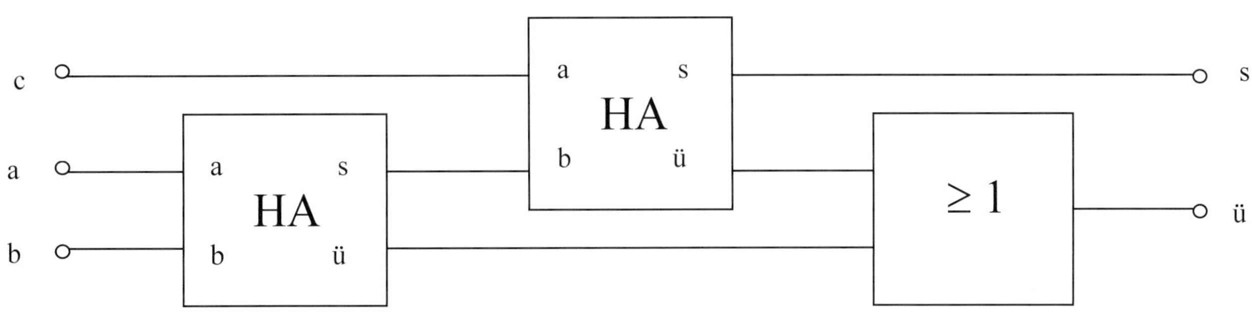

Volladdierer aus Halbaddierern

⇨ Aufgabe 118: Erstellen Sie eine Wertetabelle des Volladdierers.

Für ein **Additionswerk** werden mehrere Volladdierer hintereinandergeschaltet.

⇨ Aufgabe 119: Ein **Komparator** (Vergleicher) prüft auf Wertgleichheit. Erstellen Sie eine Wertetabelle des folgenden Komparators:

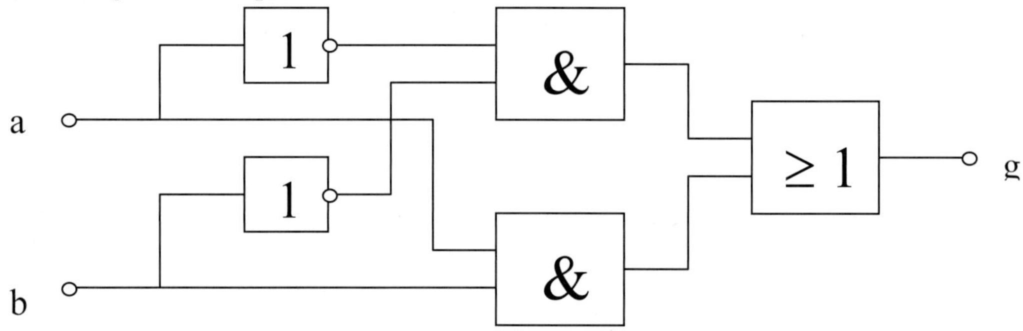

Mit einem **Dekodierer** können Dualzahlen in Dezimalzahlen umgewandelt werden. Im folgenden Dekodierer liegt links eine 4-Bit-Dualzahl an. Die Umwandlung in Dezimalzahlen ist bis 4 dargestellt. Beispiel: Die Dualzahl 0011 entspricht dezimal 3. Dann ist links a=1, b=1, c=0, d=0 und unten am Ausgang 3 erscheint 1.

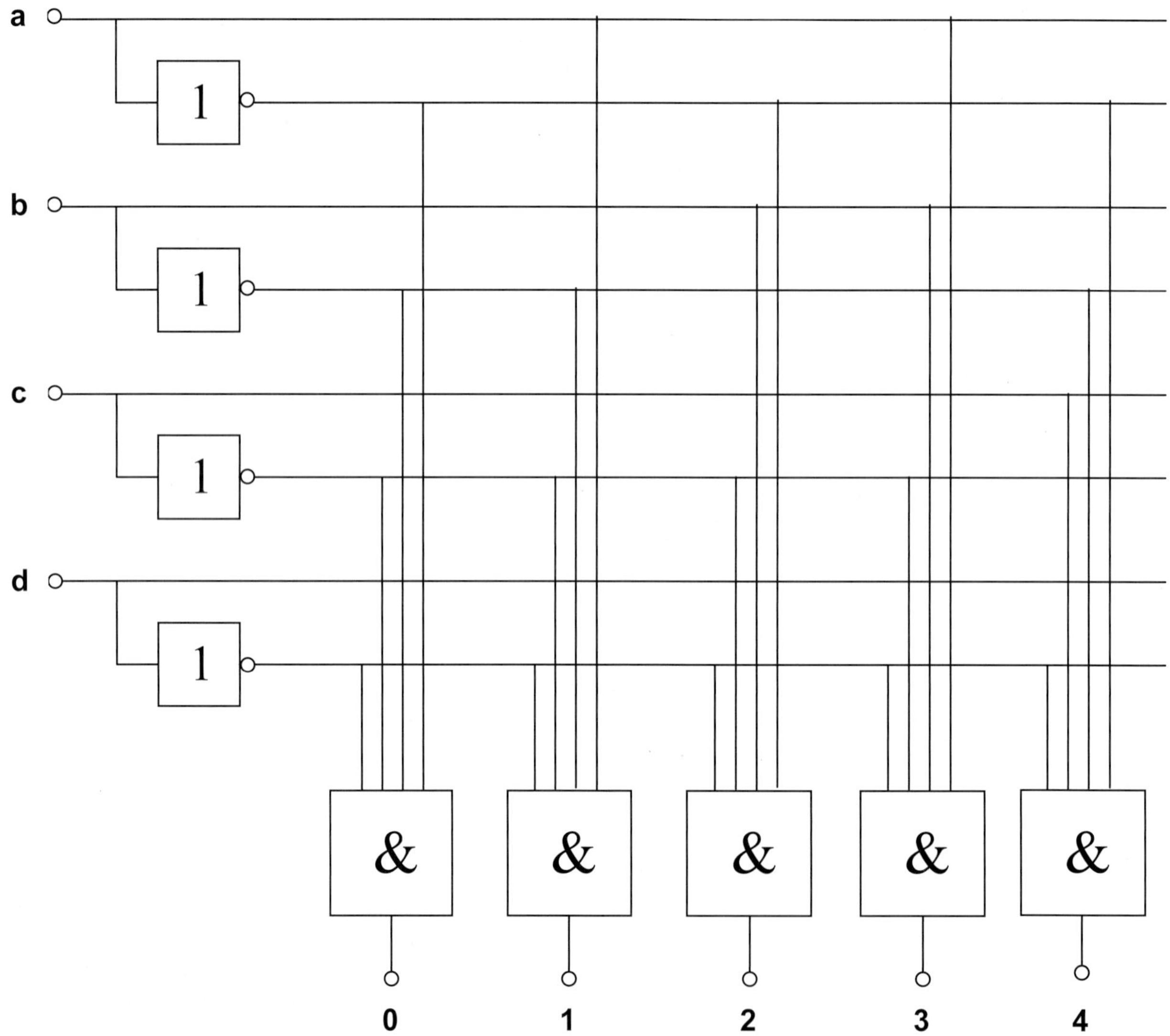

Teil eines Dekodierers

⇨ Aufgabe 120: Ergänzen Sie das Schaltbild bis zur Dezimalzahl 7.

Im WWW gibt es animierte Java-Applets, die den Aufbau von **logischen Schaltungen aus Transistoren** darstellen. Mit der Maus kann man die Schaltzustände variieren und den Signalverlauf verfolgen [79].

13.7 Die CPU

Die Zentraleinheit eines Computers (CPU Central Processing Unit) besteht aus

- Steuerwerk
- Rechenwerk
- Register

Das Steuerwerk

Das Steuerwerk (Control Unit - CU) enthält einen Taktgenerator und einen Dekodierer. Es koordiniert die zeitlichen Abläufe im Rechner. Es holt einen Befehl aus dem Speicher, dekodiert (interpretiert) ihn und holt die Operanden (Zahlenwerte) aus dem Speicher.

Das Rechenwerk

Das Rechenwerk (Arithmetic and Logical Unit - ALU) besteht im Wesentlichen aus logischen Eingangsschaltungen, Schieberegistern und Addierwerken. Damit sind die wichtigsten Bausteine einer CPU angeschnitten. Die Register sind häufig benutzte Speicherplätze in der CPU, in denen die Daten schrittweise verarbeitet werden.

Die innersten Teile eines Computers sind CPU und Hauptspeicher (auch Arbeitsspeicher genannt). Kontroller steuern die Ein-und Ausgabegeräte (I / O).

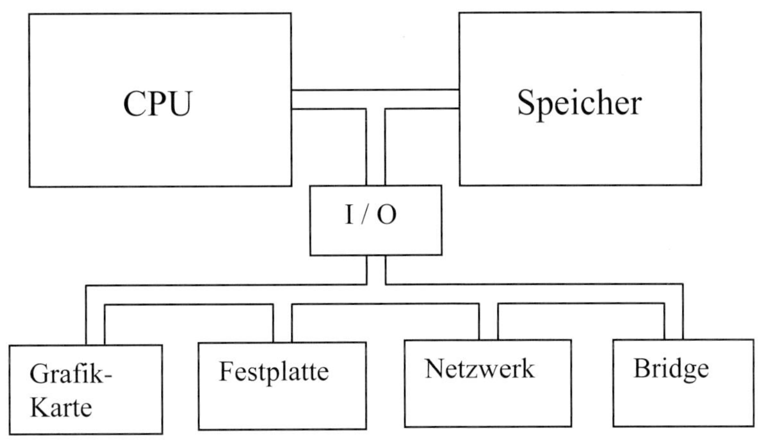

Aufbau eines Computers

13.8 Der Bus

Das Leitungssystem zwischen dem Prozessor (CPU) und dem Arbeitsspeicher, sowie den Steuereinheiten der Ein-und Ausgabegeräte heißt Bus. Zwischen dem Prozessor und dem Arbeitsspeicher werden Speicheradressen und Daten ausgetauscht (siehe auch Kapitel Maschinensprache), deshalb heißen diese Leitungen **Adressbus** beziehungsweise **Datenbus**. In einem *parallelen* Bus werden in einem Leitungsbündel mehrere Bits (zum Beispiel 16 oder 32) parallel übertragen. Das erhöht die Übertragungsrate. Im Multiplexbus werden Adressen und Daten über die selben Leitungen übertragen. Die Bussteuerung sorgt dafür, dass keine Konflikte durch gleichzeitige Benutzung auftreten. Auf größeren Strecken wie zum Beispiel im lokalen Netzwerk (Ethernet) wird alles über eine Leitung übertragen (*serieller* Bus).

13.9 Speicher

Für den Betrieb eines Computers sind außer dem flüchtigen Arbeitssspeicher noch dauerhafte Speicher erforderlich, denn beim Einschalten des Computers ist der Arbeitsspeicher "leer".

Das Bios

Nach dem Einschalten zieht sich der Computer erst mal selbst aus dem Sumpf, er "bootet". Beim Booten (kommt von Boot Strap, "Stiefel aus dem Sumpf ziehen") führt die CPU als erstes das Programm aus, das in das BIOS (Basic Input Output System) geschrieben ist. Der BIOS-Speicherbaustein ist ein Halbleiter-Chip auf der Hauptplatine (Motherboard) mit Nur-Lese-Zugriff (ROM) und wird von einer aufladbaren Batterie mit Strom versorgt. Dieses Programm liest aus dem ersten Sektor der physikalischen Festplatte den Master-Bootdatensatz des Betriebssystems und schreibt ihn in den Arbeitsspeicher. Der Master-Bootdatensatz enthält ein Bootprogramm und eine Partitionstabelle und übernimmt nun die Kontrolle. Das Betriebssystem wird von der Festplatte in den Arbeitsspeicher geladen und die angeschlossene Hardware identifiziert.

Festplatten

Festplatten sind langsamer als Halbleiter-Speicher, jedoch schneller als etwa CD-ROMs. Eine Festplatte besteht aus mehreren drehbaren Scheiben, die mit magnetisierbarem Material, meist Eisenoxid, beschichtet sind. Sie drehen sich kontinuierlich mit ca 10000 Umdrehungen pro Minute und sind staubdicht gekapselt. Ein Fingerabdruck, ein Staubkorn oder ein Haar würden sie unbrauchbar machen. Mehrere Schreib-Leseköpfe oberhalb und unterhalb der Scheiben können zwischen der Mitte und der Außenkante der Scheiben hin- und her bewegt werden. Hintereinander werden die Teilchen des magnetisierbaren Materials ummagnetisiert und stellen die Nullen und Einsen der digitalen Daten dar. Während der Zugriff bei einem Magnetband sequentiell erfolgt, also die Daten nacheinander gelesen werden, kann man auf einen Teil der Festplatte beliebig zugreifen: Random Access. Dieser Zugang ist natürlich wesentlich schneller (etwa innerhalb einer Millionstel Sekunde). Er setzt eine Formatierung voraus.

Physikalische Formatierung: Die physikalische Formatierung wird vom Hersteller vorgenommen und unterteilt die Platte in Sektoren, Spuren und Zylinder. Die Spuren sind konzentrische Kreispfade. Spur 0 ist außen. Sie sind in Sektoren unterteilt. In der Regel passen 512 Byte in einen Sektor. Ein Sektor ist der kleinste adressierbare Speicherbereich auf der Festplatte. Als Zylinder bezeichnet man die übereinander liegenden Spuren eines Plattenstapels. Man spricht deshalb von Cylinder-Head-Sector-Adressierung (CHS). Eine Festplatte mit vier Scheiben hat Zylinder, die aus acht Spuren bestehen (auf der Vorder- und Rückseite). Eine Platte kann auf alle Spuren eines Zylinders zugreifen, ohne die Schreib- Leseköpfe neu zu positionieren.

Logische Formatierung: Die logische Formatierung legt auf der Festplatte eine oder mehre Unterteilungen (Partitionen) an. Dies kann zum Beispiel mit dem DOS-Programm FDISK geschehen. Die Partition erhält zur Identifizierung einen Namen. Auf der Partition wird dann ein Dateisystem definiert, zum Beispiel mit Hilfe des Programms FORMAT. Ein Dateisystem enthält den Bootdatensatz des Betriebssystems, sowie Verzeichnisse und Dateien. Es hat die Aufgabe, belegten und freien Speicherplatz auf der Platte zu verwalten und die Namen von Verzeichnissen und Dateien zu registrieren. Mehrere Sektoren werden zu einem Cluster zusammengefasst. Jeder Cluster kann nur von einer Datei genutzt werden. FAT16 (File Allocation Table) ist eine Dateizuordnungstabelle für maximal 65536 Cluster und maximal 2 Gigabyte. Es wird von MSDOS und Windows 95 verwendet. FAT32 (Windows 98) kann dagegen bis zu 2 Terabyte verwalten. Windows NT benutzt das Dateisystem NTFS (New Technology File System), Linux Ext/2 (Extended Secondary File System). Wenn mehrere Betriebssysteme auf einer Festplatte installiert werden, unterteilt man sie in Partitionen.

Die aktive Partition, von der aus gebootet wird, heißt *Primärpartition*. Auf der ersten physikalischen Festplatte sollte also eine Primärpartition aktiviert werden, die die erforderlichen Betriebssystemdateien enthält. Der Laufwerksbuchstabe C wird vom Betriebssystem der aktiven Primärpartition zugeordnet. D wird der ersten Primärpartition auf der zweiten Festplatte zugeordnet und so weiter. Dann werden die zum gerade geladenen Betriebssystem passenden Partitionen mit den nächsten Buchstaben versehen. Anschließend kommen CD- und ZIP-Datenträger. Die Laufwerksbuchstaben sind bei der Installation von Software zu beachten. Wenn sie nachträglich geändert werden, werden ihre Dateien eventuell nicht mehr gefunden.

Eine Festplatte benötigt einen Festplattenkontroller, der auf dem Motherboard integriert ist. An ein Verbindungskabel (IDE) kann man zwei Geräte anschließen (Festplatten oder CD-ROM-Laufwerke). Dabei ist das Gerät am Ende der sogenannte *Master* und das Gerät in der Mitte der sogenannte *Slave*. Mittels kleiner Verbindungsstecker (Jumper) an der Rückseite des Geräts legt man vor dem Einbau fest, ob das Gerät als Master oder Slave geschaltet wird.

Nach dem Einbau einer zusätzlichen Festplatte startet man zuerst mit der DEL-Taste das BIOS-Setup und dort die Auto detect hard disk-Funktion. Dann kommt auf der Betriebssystemebene die Einrichtung der Partitionen mit FDISK und die Formatierung mit FORMAT d:.

13.10 Die Von-Neumann-Architektur eines Computers

Der Speicherzyklus

Bei der sogenannten Von-Neumann-Architektur eines Rechners werden Daten und Pogramme in einem gemeinsamen Arbeitsspeicher abgelegt. Ein Programm besteht aus einer Folge von Maschinenbefehlen. Die Abarbeitung eines Befehls läuft in folgenden fünf Phasen nacheinander ab (Speicherzyklus):

- Laden eines Befehls aus dem Speicher in das Befehlsregister
- Dekodierung des Befehls durch das Steuerwerk
- Laden von Daten (Operanden) aus dem Speicher in das Datenregister
- Ausführung des Befehls im Rechenwerk
- Erhöhen des Befehlszählers.

Die Arbeit des Computers besteht also im Wesentlichen aus einem Verschieben von Daten in Register und Ausführen von Rechenoperationen beziehungsweise logischen Operationen. Wenn ein Befehl im Rechenwerk ausgeführt wird, so wird eine Dualzahl in das Arbeitsregister, auch Akkumulator genannt geladen. Am Ende steht das Ergebnis wieder im Akkumulator. Er akkumuliert sozusagen die Ergebnisse.

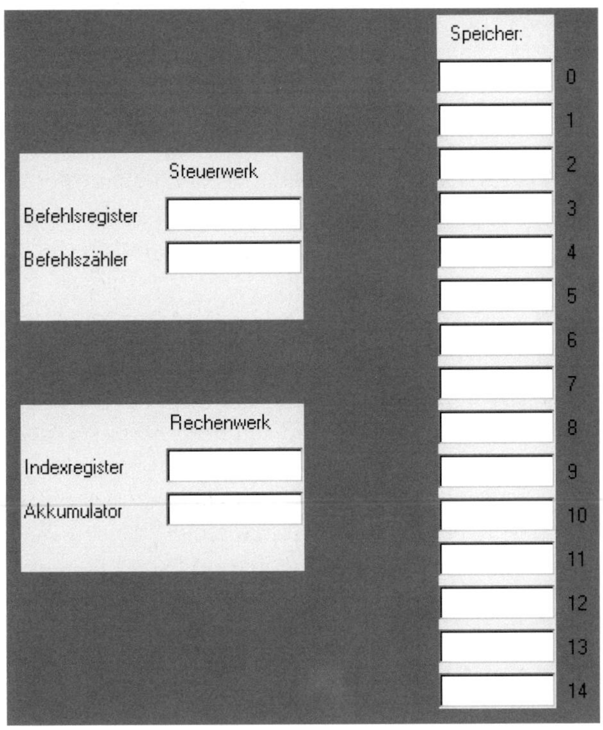

Aufbau einer Zentraleinheit (vereinfacht)

Pipelining

Beim Pipelining wird versucht, während Phase 2, also während der Dekodierung eines Befehls schon den nächsten zu laden, und so weiter. Verwendet man fünf parallele Pipelines, so laufen die fünf Phasen zeitlich versetzt zueinander ab (solange kein Sprungbefehl auftritt). Der Prozessor Pentium 4 versucht, bis zu 20 Befehle parallel zu verarbeiten, indem er vorausschauend prüft, ob ein Sprungbefehl kommt.

1	2	3	4	5					
	1	2	3	4	5				
		1	2	3	4	5			
			1	2	3	4	5		
				1	2	3	4	5	
					1	2	3	4	5

Pipelining

14 Maschinensprache

Programm und Daten sind hintereinander im Arbeitsspeicher abgelegt. Die Daten sind als Dualzahlen, also als Folge von Nullen und Einsen gespeichert. Auch für jeden Befehl des Programms gibt es einen dualen Code. Die Adresse gibt an, wo die Daten zu finden sind.

0	0	0	1	0	1	0	0	0	0	0	1	0	1	1	0
		Code				I				Adresse					

14.1 Assembler

Da die Programmbefehle in Maschinensprache schwer lesbar sind, verwendet man eine Assemblersprache. Symbolworte (Mnemoniks) entsprechen dort den Maschinenbefehlen. Im Sprachgebrauch wird jedoch oft auch die Assemblersprache Maschinensprache genannt [82].
Beispiel:
`JMP ...` bedeutet jump und ist ein Sprungbefehl zu einer bestimmten Speicherstelle. Es fehlt natürlich noch die Angabe der Adresse, zu der gesprungen werden soll. Ein Befehl kann also noch Operanden haben.

Ein Befehl ohne Operand:
`INC` bedeutet increase und erhöht den momentanen Wert um eins.

Der Assembler ist ein Übersetzungsprogramm, das die Befehle in Bitmuster übersetzt. Der Disassembler übersetzt in umgekehrter Richtung.

Es gibt unterschiedliche Befehlsarten:
- Transportbefehle
- Arithmetische Operationen
- Logische Operationen
- Bitbefehle
- Sprungbefehle
- Befehle zur Programmablaufsteuerung

Adressierungsarten

In unserer Modellsprache verwenden wir die **direkte Adressierung**.

Bei der **indirekten Adressierung** wird die Adresse angegeben, in der die Adresse des Operanden steht:
LDA I 20 : lade Akku mit der Zahl, die in der an Speicherstelle 20 angegebenen Adresse steht.

Bei der **relativen Adressierung** wird die Adresse relativ zum Befehlszähler angegeben. Dadurch wird das Programm unabhängig von der Stelle, wo es im Speicher steht:
LDA R 5 : lade Akku mit der Zahl, die in 5 Speicherstellen weiter steht.

Bei der **unmittelbaren Adressierung** wird unmittelbar, ohne Speicherbenutzung der Operand angegeben:
LDA U 0 : lade Akku mit Zahl 0.

Bei der **implizierten Adressierung** ist der Adressat von vorne herein klar. Beispiele: INC, DEX (siehe nächste Seite).

Kürzere Befehle laufen schneller ab als längere. Besonders bei langen Wiederholungsschleifen macht es sich bemerkbar, wenn die Zählvariable nicht erst aus dem Hauptspeicher geholt werden muss. Für solche Zwecke setzt man das Indexregister ein.

14.2 Computer-Simulation

Um die Funktionsweise des Von Neumann-Computers im Prinzip zu verstehen, vereinfachen wir die Vorgänge und programmieren in einer hypothetischen Maschinensprache. Wir sind dann unabhängig vom jeweils eingebauten Prozessormodell. Es soll eine reduzierte Befehlsliste zur Verfügung stehen. Die möglichen Adressierungarten sind ebenfalls eingeschränkt. Unser Computermodell simuliert die fünf Schritte des Speicherzyklus.
Vom Steuerwerk zeigen wir den Befehlszähler PC und das Befehlsregister IR an. Nach jedem Durchgang wird der Befehlszähler um 1 höhergesetzt und der nächste Befehl aus dem Speicher in das Befehlsregister geholt und analysiert.
Vom Rechenwerk zeigen wir zwei Register an. Das Arbeitsregister AK, auch Akkumulator oder AKKU genannt und ein Hilfsregister (Index-Register) XR.

Befehle ohne Operanden:

`END` beendet das Programm
`NUL` löscht den Inhalt des Akkumulators
`INC` (increase) erhöht den Inhalt des Akkumulators um 1
`DEC` (decrease) erniedrigt den Inhalt des Akkumulators um 1
`STX` (store X) speichert den Inhalt des Akkumulators im Indexregister XR
`LDX` (load X) lädt den Inhalt des Indexregisters in den Akkumulator
`INX` (increase X) erhöht den Inhalt des Indexregisters um 1
`DEX` (decrease X) erniedrigt den Inhalt des Indexregisters um 1

Befehle mit Operanden:

`LDA 11` : Lade in den Akkumulator die Zahl, die in Speicherstelle 11 steht.
`STA 12` : Speichere den Inhalt des Akkumulators in der Speicherstelle 12.
`ADD 13` : Addiere zum Inhalt des Akkumulators den Inhalt der Speicherstelle 13.
`SUB 14` : Subtrahiere vom Inhalt des Akkumulators den Inhalt der Speicherstelle 14.
`JMP 15` : Springe zur Speicherstelle 15. Dort steht dein nächster Befehl.
`JAZ 16` : Jump if Akku Zero, springe zur Speicherstelle 16, falls der Inhalt des Akku Null ist.
`JAN 17` : Jump if Akku Negativ, springe zur Speicherstelle 17, falls der Inhalt des Akku negativ ist.
`JXP 18` : Jump if X Positiv, springe zur Speicherstelle 18, falls der Inhalt des Indexregisters positiv ist.

Beispiel 1:

`0 : LDA 4`	Der Akku wird mit dem Inhalt der Speicherzelle 4 geladen.
`1 : INC`	Der Inhalt des Akku wird um 1 erhöht.
`2 : STA 5`	Der Inhalt des Akku wird in Speicherzelle 5 gespeichert.
`3 : END`	Ende des Programms.
`4 : 10`	Anfangs steht in Speicherzelle 4 die Zahl 10.
`5 :`	Am Ende steht in Speicherzelle 5 das Ergebnis.

In Beispiel zwei wird auch das Indexregister benutzt. Es dient als Zähler bei Wiederholungsschleifen. Die CPU ist schneller getaktet als der Bus zum Hauptspeicher, deshalb sind Zugriffe auf CPU-Register schneller als Speicherzugriffe.

Beispiel 2:

0 :	LDA 8	Der AKKU wird mit dem Inhalt von Nr.8 geladen.
1 :	STX	Der Inhalt des AKKU wird in XR gespeichert.
2 :	NUL	Der AKKU wird gelöscht.
3 :	ADD 9	Zum AKKU wird der Inhalt von Nr.9 addiert.
4 :	DEX	XR wird um 1 erniedrigt.
5 :	JXP 3	Sprung nach Nr.3, wenn XR positiv.
6 :	STA 10	Letzter AKKU-Inhalt in Nr. 10 speichern.
7 :	END	
8 :	4	In Speicherstelle 8
9 :	13	und 9 stehen die Eingabedaten,
10 :		in 10 die Ausgabe.

Takt	BZ	BR	XR	AK
0	0	LDA 8	0	4
1	1	STX	4	4
2	2	NUL	4	0
3	3	ADD 9	4	13
4	4	DEX	3	13
5	5	JXP 3	3	13
6	3	ADD 9	3	26
7	4	DEX	2	26
8	5	JXP 3	2	26
9	3	ADD 9	2	39
10	4	DEX	1	39
11	5	JXP 3	1	39
12	3	ADD 9	1	52
13	4	DEX	0	52
14	5	JXP 3	0	52
15	6	STA 10	0	52
16	7	END	0	0

⇨ Aufgabe 121: Schreiben Sie ein Programm, das zwei ganze Zahlen dividiert und das Ergebnis der Ganzzahldivision sowie den Rest ausgibt. Beschreiben Sie die einzelnen Schritte und fertigen Sie eine Tabelle mit den Registerinhalten an.

Beispiel 3:

In Beispiel 3 wird die Summe der Zahlen 1 bis 7 berechnet und die Ausgabe in Speicherstelle 10 geschrieben:

```
0. LDA 8
1. STX
2. ADD 9
3. STA 9
4. DEX
5. LDX
6. JXP 2
7. END
8. 7
9.
```

Hier ein Java-Applet MaSim, das die Vorgänge in unserer Registermaschine simuliert. Man kann ein kleines Maschinenprogramm in den Speicher des Modellcomputers eingeben und die Verarbeitung verfolgen:

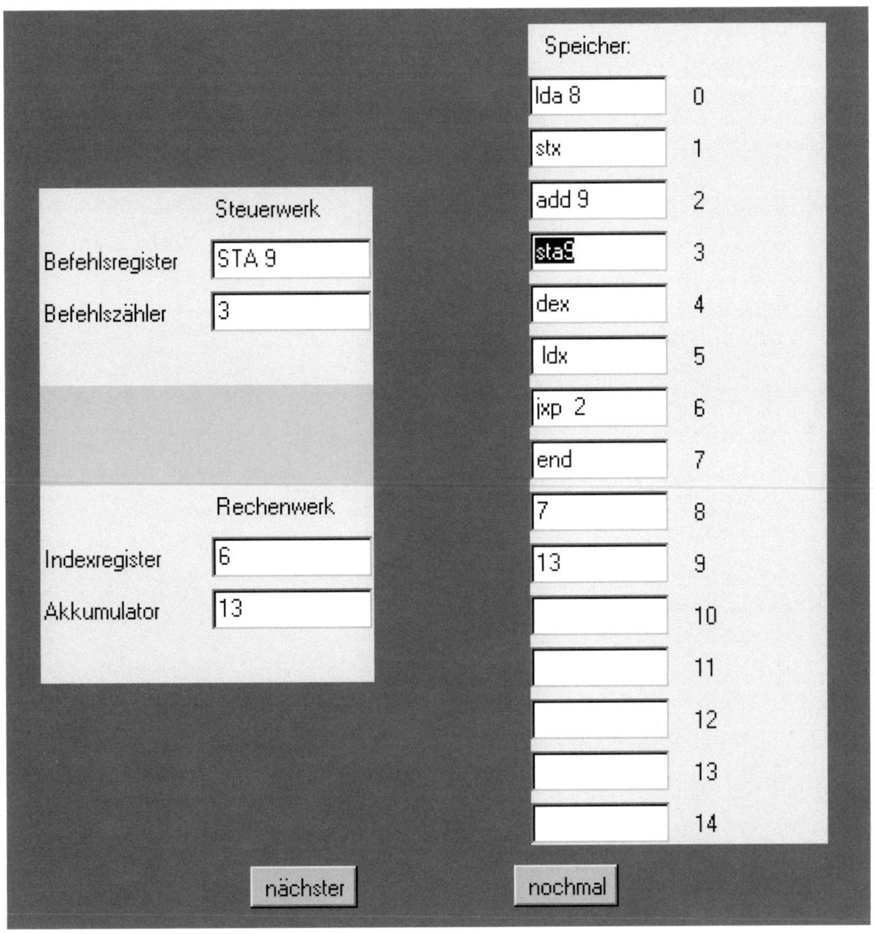

⇨ Aufgabe 122: Verändern Sie den Quellcode des Java-Applet so, dass die Befehle MUL für Multiplikation und DIV für Ganzzahldivision hinzukommen.

Eine einfache Maschinensprache, Simulation mit Java

```
import java.applet.*; import java.awt.*; import java.awt.event.*;
import java.util.*;
public class CoSi6 extends Applet implements ActionListener{
     TextField ir = new TextField("",8);
     TextField pc = new TextField("",8);
     TextField xr = new TextField("",8);
     TextField ak = new TextField("",8);
     TextField speicher[] = new TextField[15];
     Label nr[] = new Label[15];
     Label speicherBeschriftung = new Label("  Speicher:");
     Label leer = new Label("                    ");
     Label leer0 = new Label(" ");
     Label leer1 = new Label("     ");
     Label leer2 = new Label("     ");
     Label sw = new Label("Steuerwerk");
     Label rw = new Label("Rechenwerk");
     Label irt = new Label("Befehlsregister");
     Label pct= new Label("Befehlszähler");
     Label xrt= new Label("Indexregister  ");
     Label akt = new Label("Akkumulator  ");
     Button nKnopf = new Button("nächster");
     Button rKnopf = new Button("nochmal");
     int n=-1; String s, sa, sb, s2;
     int sbZahl=0; int sZahl=0; int akZahl=0; int xrZahl=0;
     public CoSi6() {
          Panel bereich1 = new Panel();
          Panel bereich1a = new Panel(); Panel bereich1b = new Panel();
          Panel bereich2 = new Panel();  Panel bereich3 = new Panel();
          setBackground(Color.magenta);
          bereich1.setBackground(Color.orange);
          bereich1a.setBackground(Color.yellow);
          bereich1b.setBackground(Color.yellow);
          bereich2.setBackground(Color.yellow);
          setLayout(new FlowLayout(FlowLayout.CENTER,80,10));
          bereich1.setLayout(new GridLayout(2,1,1,50));
          add(bereich1); add(bereich2);
          bereich1a.setLayout(new GridLayout(4,3,5,5));
          bereich1b.setLayout(new GridLayout(4,3,5,5));
          bereich2.setLayout(new GridLayout(16,2,10,5));
          ir.setBackground(Color.white); pc.setBackground(Color.white);
          xr.setBackground(Color.white); ak.setBackground(Color.white);
          bereich1a.add(leer1); bereich1a.add(sw);
          bereich1a.add(irt); bereich1a.add(ir);
          bereich1a.add(pct); bereich1a.add(pc);
          bereich1b.add(leer2); bereich1b.add(rw);
          bereich1b.add(xrt); bereich1b.add(xr);
          bereich1b.add(akt); bereich1b.add(ak);
          bereich1.add(bereich1a); bereich1.add(bereich1b);
          bereich2.add(speicherBeschriftung); bereich2.add(leer0);
          for (int i=0; i<15; i=i+1) {
               nr[i] = new Label(""+i);
               speicher[i] = new TextField("", 8);
               speicher[i].setBackground(Color.white);
               bereich2.add(speicher[i]); bereich2.add(nr[i]);
```

```
        }
        add(nKnopf); add(rKnopf);
        nKnopf.addActionListener(this);
        rKnopf.addActionListener(this);
    }
    public void actionPerformed(ActionEvent e){
        if (e.getSource() == nKnopf) {
            n=n+1; untersuche();
        }
        if (e.getSource() == rKnopf) {
            n=-1;
            akZahl=0; xrZahl=0;
            pc.setText("");  ir.setText("");
            ak.setText("");  xr.setText("");
            untersuche();
        }
    }
    public void untersuche() {
        int le; sb=" "; s2=" "; sZahl=0;
        s=speicher[n].getText();
        s=s.toUpperCase(); s=s.trim();
        le=s.length(); sa=s.substring(0,3);
        pc.setText(""+n);
        if (le>3) {
            sb=s.substring(3,le); sb=sb.trim();
            sbZahl=Integer.valueOf(sb).intValue();
            if (sa.charAt(0) != 'J') {
                s2=speicher[sbZahl].getText();
                if (!(s2.equals("")))
                    sZahl=Integer.valueOf(s2).intValue();
            }
        }
        ir.setText(sa+" "+sb+"   "+s2);
        operiere();
    }
    public void operiere() {
        if (sa.equals("LDA")) akZahl=sZahl;
        if (sa.equals("STA")) speicher[sbZahl].setText(""+akZahl);
        if (sa.equals("ADD")) akZahl=akZahl+sZahl;
        if (sa.equals("SUB")) akZahl=akZahl-sZahl;
        if (sa.equals("JMP")) n=sbZahl-1;
        if (sa.equals("JAN")) if (akZahl<0) n=sbZahl-1;
        if (sa.equals("JXP")) if (xrZahl>0) n=sbZahl-1;
        if (sa.equals("INC")) akZahl=akZahl+1;
        if (sa.equals("DEC")) akZahl=akZahl-1;
        if (sa.equals("INX")) xrZahl=xrZahl+1;
        if (sa.equals("DEX")) xrZahl=xrZahl-1;
        if (sa.equals("STX")) xrZahl=akZahl;
        if (sa.equals("LDX")) akZahl=xrZahl;
        if (sa.equals("NUL")) akZahl=0;
        if (sa.equals("END")) { n=-1; akZahl=0; xrZahl=0; }
        ak.setText(""+akZahl);
        xr.setText(""+xrZahl);
}}
```

14.3 Maschinensprache für reale Prozessoren

Jeder Prozessor hat wieder andere Maschinenbefehle. Die in unserer Modellsprache verwendeten Befehle haben eine Ähnlichkeit mit denen des Prozessors **6502**. Der 6502 wurde 1976 von MOS Technology gebaut, einer Firma von ehemaligen Motorola-Mitarbeitern. MOS Technology wurde später von Commodore aufgekauft. Der C-64 und auch Apple-Computer verwendeten diese Maschinensprache.

Der 6502 hat neben dem Akkumulator zwei Index-Register: X und Y der Breite 8 Bits. Das Register PC, Programm Counter, Programmzähler ist ein 16-Bit-Register und enthält immer die Adresse des nächsten abzuarbeitenden Befehls. Daneben gibt es noch Statusregister, deren einzelne Bits besondere Bedeutung haben. Einige stellen den Status des Prozessors dar, andere prüfen das Ergebnis von Rechenoperationen auf Null oder auf Überlauf.

Früher haben viele C-64- oder Applel-II-Besitzer für den Eigenbedarf Programme in Maschinensprache geschrieben. Die Computer waren noch relativ "langsam" und in Maschinensprache lassen sich zeitaufwendige Grafiken, wie bewegte Bilder, beschleunigen. Die Bildschirmpixel sind über Speicheradressen direkt ansprechbar. Schnelligkeit ist auch erforderlich, wenn über einen Port und einen Analog-zu Digitalwandler zum Beispiel Messergebnisse gespeichert oder Daten ausgegeben werden sollen.

Der **Intel-8086**-Prozessor arbeitet bereits mit 16 Bits. Bei seinen Registern kann die obere und untere Hälfte getrennt angesprochen werden (high und low byte):

AX - Accumulator
BX - Base Register
CX - Counting Register
DX - Data Register
IP - Next Instruction Pointer register

Der 80386 verarbeitet 32 Bit. Die meisten neueren Intel-Prozessoren sind zum 8086 kompatibel, so dass wir auch auf der DOS-Ebene in Maschinensprache programmieren können [80]. Es eignen sich dazu zum Beispiel die Assembler

-DEBUG	von Microsoft, enthalten in MS-DOS,
-TASM	Turbo Assembler von Borland, enthalten in Turbo C und in Turbo Pascal,
-NASM	The Netwide Assembler NASM, frei, im Internet erhältlich.

Der Assembler von MS-DOS: debug

Wir öffnen ein Fenster "MS-DOS-Eingabeaufforderung" und tippen `debug`.

`-a 100` (assemble) Mit dieser Option wird das einzutippende Programm assembliert und im Hauptspeicher ab der Stelle 0100 gespeichert, wo ausführbare Programme mit der Endung .com stehen können.

Wir geben das folgende kleine Programm ein:

```
mov ax, 0003
mov bx, 0004
add ax, bx
nop
```

Der Verschiebebefehl **`MOV`** (move) steht anstelle von load und store. Hier wird unmittelbar die 3 in den Akku und die 4 in Register BX geladen. Dann die Addition. **`NOP`** bedeutet No Operation, Ende des Programms. Wir tippen zweimal Enter und wollen nun schrittweise verfolgen, was passiert:

`-t` (trace) führt jeden Befehl einzeln aus und zeigt den Inhalt der Register und der Statusbits an. Nach mehrmaligem Tippen der Option t erkennen wir, wie im Akkumulator schließlich das Ergebnis 7 steht:

```
-a 100
166D:0100 mov ax,3
166D:0103 mov bx,4
166D:0106 add ax,bx
166D:0108 nop
166D:0109
-t

AX=0003  BX=0000  CX=0000  DX=0000  SP=FFEE  BP=0000  SI=0000  DI=0000
DS=166D  ES=166D  SS=166D  CS=166D  IP=0103   NV UP EI PL NZ NA PO NC
166D:0103 BB0400        MOV     BX,0004
-t

AX=0003  BX=0004  CX=0000  DX=0000  SP=FFEE  BP=0000  SI=0000  DI=0000
DS=166D  ES=166D  SS=166D  CS=166D  IP=0106   NV UP EI PL NZ NA PO NC
166D:0106 01D8          ADD     AX,BX
-t

AX=0007  BX=0004  CX=0000  DX=0000  SP=FFEE  BP=0000  SI=0000  DI=0000
DS=166D  ES=166D  SS=166D  CS=166D  IP=0108   NV UP EI PL NZ NA PO NC
166D:0108 90            NOP
```

Wollen wir ein Ergebnis **auf dem Bildschirm ausgeben**, so benötigen wir tiefere Kenntnisse. Hier nur soviel: Man muss den **Interrupt 21** auslösen, der das Betriebssystem DOS ruft. Es gibt eine spezielle Funktion, die Zeichen auf dem Bildschirm darstellt. Sie hat die Nummer 02. Wenn sie im Register AX high steht, wird das ausgegeben, was im Data-Register DX steht. Interupt 20 beendet das Programm. Im folgenden Beispiel wird der Buchstabe B auf dem Bildschirm ausgegeben. Der ASCII-Code von B ist 66, was hexadezimal 42 entspricht:

```
C:\WINDOWS>debug
-a 100
166D:0100 mov dx,42
166D:0103 mov ah,02
166D:0105 int 21
166D:0107 int 20
166D:0109
-n assem.com
-rcx
CX 0000
:0009
-w
00009 Bytes werden geschrieben
-g
B
Programm wurde normal beendet
```

`-n` Mit der Option -n (name) wird diesem Programm der Name assem.com gegeben.

`-w` Mit -w (write) wird das Programm auf Festplatte oder Diskette gespeichert. Zuvor muss noch die Länge des Programms in das Indexregister CX geschrieben werden. Das geschieht mit

`-rcx` (read CX) Hier erscheint der Wert, der vorher in CX stand und der überschrieben wird.

`:0009` Wir geben 0009 ein, da unser kleines Programm die Länge 9 hat. Es ist zu beachten, dass auch die Länge hexadezimal angegeben wird.

-g bedeutet go und lässt das Programm laufen.

Wir können auch ein zweites DOS-Fenster öffnen und das auf Festplatte gespeicherte Programm assem.com laufen lassen, indem wir es wie üblich mit seinem Namen `assem` aufrufen.

`-l` (load) lädt den Inhalt einer Datei in den Arbeitsspeicher.

`-d 100` (display) Mit dieser Option können wir uns einen Speicherbereich direkt anzeigen lassen. Die einzelnen Bytes werden hexadezimal dargestellt und rechts daneben erscheinen Texte, falls der ASCII-Code der Bytes Buchstaben repräsentiert. Bei Maschinenbefehlen ist das allerdings nicht der Fall. Für sie gilt ein eigener Code. Die meisten Zeichen sind daher unleserlich.

`-u 100` (unassemble) Mit dieser Option übersetzen wir den Maschinencode wieder zurück in den symbolischen Code des 8086. So kann man Maschinensprache-Programme untersuchen:

```
C:\WINDOWS>debug
-n assem.com
-l
-d 100
168D:0100  BA 42 00 B4 02 CD 21 CD-20 40 B8 01 42 B9 FF FF   .B....!. @..B...
168D:0110  8B D1 CD 21 EB 34 2E 8E-1E FE D2 B8 00 42 33 C9   ...!.4.......B3.
168D:0120  8B D1 CD 21 EB 24 3D 05-00 F9 75 03 E9 5B FF BE   ...!.$=...u..[..
168D:0130  E7 04 33 C9 2E A1 2F E7-BB 22 00 BA 12 01 BF 01   ..3.../.."......
168D:0140  00 CD 21 73 03 E9 42 FF-8B D8 B0 FF 86 47 18 A2   ..!s..B......G..
168D:0150  19 00 C3 50 33 C9 FC AC-41 0A C0 75 FA 2B F1 58   ...P3...A..u.+.X
168D:0160  C3 73 FD 9C 53 51 56 57-55 06 1E 50 52 B4 59 CD   .s..SQVWU..PR.Y.
168D:0170  21 59 5B BA 4B 82 3D 41-00 74 04 8B C3 8B D1 1F   !Y[.K.=A.t......
-u 100
168D:0100 BA4200        MOV     DX,0042
168D:0103 B402          MOV     AH,02
168D:0105 CD21          INT     21
168D:0107 CD20          INT     20
```

Wer mehr darüber wissen möchte, findet im Internet bei Fachhochschulen und Universitäten Tutorials (siehe Links im Anhang). Man sieht, Programmieren in Assembler macht viel Arbeit. Deshalb wurden bequeme Hochsprachen geschaffen.

Die Virtuelle Java-Maschine

javap ist ein Disassembler für Klassendateien. Er macht den Maschinen-Code der Virtuellen Maschine lesbar. Ein kurzes Beispiel:

```
import java.applet.*; import java.awt.*;
public class eins extends Applet {
     public eins() {
          int z = 8;
          int y=z+7;
     }
}
```

```
C:\JaKu\progr1>javap -c eins
Compiled from eins.java
public class eins extends java.applet.Applet {
    public eins();
}

Method eins()
   0 aload_0
   1 invokespecial #3 <Method java.applet.Applet()>
   4 bipush 8
   6 istore_1
   7 iload_1
   8 bipush 7
  10 iadd
  11 istore_2
  12 return
```

CISC versus RISC

Mit der Zeit wurde der Befehlsvorrat der Prozessoren immer größer, circa 256 Befehle ermöglichen einen kurzen Programmcode (Complex Instruction Set Computer **CISC**). Beispiele: Intel 8086, Motorola 68000, IBM/370. Es stellte sich allerdings heraus, dass in 80 % der Fälle nur 20 % der Befehle gebraucht werden. Man baute nun Prozessoren mit möglichst einfachen, festverdrahteten Befehlen (Reduced Instruction Set Computer **RISC**), die in nur einem Taktzyklus ausgeführt wurden (keine Mikroprogrammierung). Da die Ausführung eines CISC-Befehls länger dauert als die Ausführung eines RISC-Befehls, ergeben sich Vorteile für die RISC-Architektur. Beispiele: Silicon Graphics Indigo, IBM Power in IBM RS/6000, MIPS R 4000 in DEC Station 2100, Sun SPARC, verschiedene Prozessoren für Handhelds. Der Pentium-Prozessor der Firma Intel hat einen 64-Bit-Datenbus und verwendet zwei parallele Pipelines. Er ist kein reiner RISC-Prozessor, da auf Kompatibilität zu den Vorgängermodellen der Prozessorfamilie i80486 geachtet wurde.

15 Betriebssysteme

Das Betriebssystem ist das erste Programm, das nach dem Einschalten in den Arbeitsspeicher geladen wird. Es verwaltet die einzelnen Hardware-Komponenten des Computers wie zum Beispiel den Speicherplatz auf Festplatten und Disketten, die serielle Schnittstelle (zur Maus) und die parallele Schnittstelle (zum Drucker). Daher auch der Name DOS - Disk Operating System. Den direkten Kontakt zur Hardware übernehmen Gerätetreiber. Bei einem Wechsel der Hardware muss also nur der Treiber ausgetauscht werden. Der Zugriff auf Festplatten läuft meist über gepufferte Gerätetreiber. Deshalb darf beim Beenden der Strom nicht einfach abgeschaltet werden, das Betriebssystem muss vielmehr „heruntergefahren“ werden. Es könnten sonst Daten verloren gehen.
Wenn mehrere Rechner zu einem Intranet zusammengeschlossen sind, wird auf dem zentralen Rechner (Fileserver) ein Netzwerkbetriebssystem wie zum Beispiel Novell oder Windows NT Server installiert. Der Systemverwalter legt dort unter anderem fest, welche Rechte die einzelnen Benutzer im Netz haben.

Die wichtigsten Teile des Betriebssystems müssen zur Laufzeit immer im Arbeitsspeicher geladen sein. Eines davon ist der Kommandozeileninterpreter, der die Befehle, die über die Tastatur eingegeben werden, ausführt. Beim Betriebssystem MSDOS heißt er COMMAND.COM. Der Teil, der sich mit den Komponenten Tastatur, Bildschirm und Speichermedien befasst ist IO.SYS. Die Hardware-unabhängigen Aufgaben übernimmt MSDOS.SYS. Bereits mit diesen drei Programmen ist MSDOS lauffähig. Der Kern des Betriebssystems Linux heißt Kernel. Obwohl Linux auch ein PC-Betriebssystem ist, besprechen wir es im nächsten Abschnitt. Zum Betriebssystem gehören noch Dienstprogramme, die zum Betrieb gelegentlich notwendig sind, wie zum Beispiel ein Formatierungsprogramm für Disketten und Festplatten. Beim Betriebssystem Linux werden diese Programme unter dem Begriff Shell zusammengefasst. Man kann sich die Software eines Computers auch in Schalen angeordnet vorstellen. Über die unbequeme Tastatureingabeaufforderung wurde eine grafische Betriebssystemoberfläche gelegt (z. B MSWindows oder Linux KDE oder XWindows). Darüber kommt die spezielle Oberfläche eines Anwenderprogramms.

15.1 MS-DOS

Beim „Hochfahren“ werden die Konfigurationsdateien CONFIG.SYS und AUTOEXEC.BAT ausgeführt, die den Rechner noch an die Hardware anpassen oder die Ländereinstellung vornehmen.
Von dem Programm COMMAND.COM werden einige Betriebssystembefehle bereitgestellt, zum Beispiel:

`dir`	(directory) zeigt den Inhalt des aktuellen Verzeichnisses an
`ver`	(version) Version des Betriebssystems
`ren`	(rename) nennt eine Datei um
`copy`	kopiert eine Datei
`del`	(delete) löscht eine Datei
`cd`	(change directory) wechselt das Verzeichnis:
`cd ..`	wechselt in das übergeordnete Verzeichnis,
`cd \`	wechselt in das oberste Verzeichnis (Wurzelverzeichnis)
`md`	(make directory) erstellt ein neues Verzeichnis
`rd`	(erase directory) löscht ein Verzeichnis
`cls`	(clear screen) löscht den Bildschirminhalt

Weitere Betriebssystembefehle:

`chkdsk`	(check disk) prüft die Festplatte oder Diskette auf Fehler
`format`	formatiert eine Festplatte oder Diskette
`fdisk`	partitioniert eine Festplatte.

Bequemer können diese Befehle natürlich unter `Windows` ausgeführt werden.

15.2 Linux

Multiuser-Betriebssysteme (zum Beispiel UNIX, Linux) müssen auch die gleichzeitigen Hardwarezugriffe verschiedener Benutzer und Programme regeln. Multiuser-Systeme wurden zur optimalen Ausnutzung der ersten teuren Großrechner entwickelt. Für einen PC waren sie nicht notwendig. Erst mit zunehmender Leistung der PCs und zunehmenden Anforderungen an PCs hat man auch auf ihnen Multitasking- Betriebssysteme eingeführt (zum Beispiel MSWindows, UNIX, Linux, MacOS, OS/2), die das gleichzeitige Arbeiten verschiedener Programme in verschiedenen Prozessen ermöglichen. Ein Beispiel ist das Drucken oder der Empfang von Daten über das Telefonkabel, während gleichzeitig weiter geschrieben werden kann. Stürzt ein Programm ab, so soll deshalb nicht der ganze Rechner abstürzen.
Die Aufteilung des Arbeitsspeichers auf die Prozesse gehört zu den Aufgaben des Betriebssystems. Jeder Prozess erhält bei seiner Entstehung einen logischen Adressraum für seinen Programmtext und seine Daten. Wenn das Programm eine Speicheradresse aufruft, wird der logischen Adresse vom Betriebssystem eine freie physikalische Adresse zugewiesen, so dass dadurch andere Prozesse oder Hardwarekomponenten nicht gestört werden können. Daraus resultiert die unterschiedliche „Absturzsicherheit" der Betriebssysteme. Wenn mehr Programme und Daten geladen werden als in den Arbeitsspeicher passen, werden Teile davon zeitweise auf die Festplatte ausgelagert.

Im Internet benutzen viele Server UNIX oder Linux, weil es echte Multi-User-Systeme sind und die Anfragen der unterschiedlichsten Nutzer verarbeiten können. Auch in der Schule kann man im Netz einen Linux-Rechner einbauen, auf dem man Linux installiert, um Techniken zu üben und Programme zu testen, die man dann ins Internet übertragen kann. Als Server bietet sich der am weitesten verbreitete Apache-Server an, der mit den Linux-Distributionen mitgeliefert wird.
Nach dem Hochfahren des Rechners kommt der Login-Vorgang, bei dem man Login-Namen und Passwort einträgt. Der Systemadministrator kann sich mit dem Anmeldenamen *root* einloggen. Diese Person kann neue Nutzerverzeichnisse anlegen und die Nutzerrechte festlegen, auch Nutzergruppen mit gleichen Merkmalen. Es ist zu empfehlen, dass man sich, auch wenn man alleiniger Nutzer des Rechners ist, einen neuen Benutzernamen zulegt. Dann ist ein versehentliches Löschen von wichtigen Systemdateien ausgeschlossen, wozu nur *root* das Recht hat.

Einige Unix-Betriebssystembefehle

Nur wenige Betriebssystembefehle sind ähnlich wie in MSDOS. Auch ist Groß- und Kleinschreibung zu unterscheiden!

`cd ..`	wechselt in das nächsthöhere Verzeichnis. Das ist dann das home-Verzeichnis, von hier verzweigen die Benutzerverzeichnisse.
`cd /`	wechselt in das Wurzelverzeichnis. Der Schrägstrich (Slash) / entspricht in der UNIX-Welt dem Schrägstrich (Backslash) \ von MSDOS, auch in Pfadangaben.
`pwd`	(print working directory) liefert den gerade aktuellen Verzeichnisnamen.
`mkdir`	(make directory) erstellt ein neues Verzeichnis.
`rmdir`	(remove directory) löscht das Verzeichnis.
`more`	zeigt den Inhalt einer Textdatei an.
`cp` *Quelldatei Zieldatei*	kopiert eine Datei.
`rm` *Datei*	löscht eine Datei.
`rm` -R *Verzeichnis*	löscht alle Dateien im Verzeichnis und alle Unterverzeichnisse.
`ls -la`	zeigt eine Liste der Dateien an, die Optionen `-l` für long und `a` für all bewirken, dass alle Dateien, auch die versteckten mit den Rechten, der Länge und dem Erstelldatum angezeigt werden. Beispiel:

```
-rwxr-xr-x   1 za220    za000         5759 May 16 1997  index.html
```

Diese Datei mit dem Namen index.html wurde am 16. Mai 1997 erstellt und hat die Größe 5759 Byte. Der Gruppenname za000 und der Username ist za220. Die Zugriffsrechte erklären sich folgendermaßen:

Zugriffsrechte

Die Rechte an einer Datei werden bezeichnet mit

`r`	(read) Leserecht
`w`	(write) Schreibrecht
`x`	(execute) Ausführrecht

Die Rechte werden der Reihe nach für den Eigentümer u (user), für eine Gruppe g (group) und für Andere o (others) angezeigt. Im obigen Eintrag hat der Eigentümer alle drei Rechte `rwx` an der Datei `index.html`, die Gruppe und andere haben nur Lese- und Ausführrecht, kein Schreibrecht, sie können also nicht löschen und nicht überschreiben: `r-x`.
Wie werden Benutzerrechte freigegeben? Wir benutzen den Befehl chmod (change modus). Man kann die Rechte für jede Datei einzeln festsetzen, oder mit der Option -R für ein ganzes Unterverzeichnis. Beispiel:

```
chmod -R go=rx cgi-bin.
```

Hiermit werden alle Dateien im Verzeichnis cgi-bin und in allen Unterverzeichnissen für die Gruppe (g) und für andere (o) mit read- und execute- Rechten versehen (`rx`).

Herunterfahren:

Linux legt vor dem Speichern auf Festplatte dynamische Puffer im Hauptspeicher an. Es wird nicht gleich auf die Festplatte geschrieben, sondern im Hauptspeicher zwischengelagert, bis eine größere Menge zusammengekommen ist. Man sollte also nicht plötzlich ausschalten, sondern kontrolliert herunterfahren mit

```
shutdown -h now
```

oder mit der Tastenkombination

```
Strg - Alt - Entf.
```

Beim Lesen von Festplatte werden vorsorglich Teile der Festplatte in den Hauptspeicher kopiert (read ahead). Das ist vorteilhaft, denn auf den Hauptspeicher kann man zehnmal so schnell zugreifen.

Benutzerverwaltung mit yast

yast ist ein Werkzeug für viele Zwecke, unter anderem zur Benutzerverwaltung und zur Softwareinstallation (Aufruf: *yast*). Über

```
Administration des Systems - Benutzerverwaltung
```

kommt man in das Menü, in dem man einen neuen Nutzer und sein Passwort festlegen kann.

```
    +------------------YaST - Yet another Setup Tool--------------------+
|                YaST Version 1.03 -- (c) 1994-99 SuSE GmbH              |
+----------------------------------------------------------------+
|        Sprache:       Deutsch                                          |
|        Quellmedium:   CD-ROM ATAPI EIDE /dev/hdc                       |
|        Root-Device:   /dev/sda2                                        |
+----------------------------------------------------------------+
|      +----------------------------------------------------------+  |
|      | Allgemeine Hilfe zu Installation und YaST-Tastaturbelegung |  |
|      | Einstellungen zur Installation                    ->      |  |
|      | Installation festlegen/starten                        |  |  |
|      | System updaten                                        |  |  |
|      | Administration des Systems                        ->      |  |
|      | README-Datei zum Installationsmedium anzeigen         |  |  |
|      | Copyright                                             |  |  |
|      | YaST beenden                                          |  |  |
|      +----------------------------------------------------------+  |
|                                                              |
+----------------------------------------------------------------+
```

```
Hardware in System integrieren         ->
Kernel- und Bootkonfiguration          ->
Netzwerk konfigurieren                 ->
Live-System konfigurieren              ->
Login-Konfiguration
Einstellungen susewm
Benutzerverwaltung
Gruppenverwaltung
Backups erstellen
Einstellungen Systemsicherheit         ->
Console-Font einstellen
Zeitzone einstellen
XFree86[tm] konfigurieren
gpm konfigurieren
Konfigurationsdatei verändern
```

```
+-----------------------------BENUTZERVERWALTUNG-----------------------------+
¦ In dieser Maske können Sie sich über die in Ihrem System vorhandenen        ¦
¦ Benutzer informieren, neue Benutzer anlegen und vorhandene Benutzer ändern  ¦
¦ und löschen.                                                                ¦
¦                                                                             ¦
¦ Benutzername                          :           :                         ¦
¦                                                                             ¦
¦ Numerische User-ID                    :           :                         ¦
¦                                                                             ¦
¦ Gruppe (numerisch oder als Name)      :           :                         ¦
¦                                                                             ¦
¦ Home-Verzeichnis                      :                        :            ¦
¦                                                                             ¦
¦ Login-Shell                           :                        :            ¦
¦                                                                             ¦
¦ Passwort                              :           :                         ¦
¦ Passwort wiederholen                  :           :                         ¦
¦                                                                             ¦
¦ Zugriff auf Modem erlaubt             [ ]                                   ¦
¦                                                                             ¦
¦  Ausführliche Beschreibung des Benutzers                                    ¦
¦ :                                                                    :      ¦
¦ F1=Hilfe             F3=Auswahlliste       F4=User anlegen                  ¦
¦ F5=User löschen      F6=Password Zeiten    F10=Maske beenden                ¦
+-----------------------------------------------------------------------------+
```

Starten von ausführbaren Programmen

In Unix beziehungsweise Linux wird eine Kommandozeile eingegeben, die mit #! beginnt und den Ort, den Namen des Kompilers und den Programmnamen enthält. Zum Beispiel wird das Perl-Programm *test* aufgerufen mit

```
#!/usr/bin/perl test
```

Anstatt auf der Ebene der Eingabeaufforderung kann man natürlich auch eine bequeme grafische Oberfläche wie zum Beispiel KDE benutzen, die von den Linux-Distributionen zusammen mit einer Vielzahl von Programmen mitgeliefert werden.

16 Rechtliche Aspekte

Beim Umgang mit elektronischen Daten sind zunächst allgemein gültige Regeln zu beachten:

- Nach dem Urheberrecht sind Werke der Literatur, Wissenschaft, Kunst, die durch persönliche geistige Schöpfung entstanden sind, geschützt.
- Nach dem Strafrecht ist die Herstellung, Speicherung oder Verbreitung kinderpornografischer Darstellungen, rassistischer oder rechtsradikaler Propaganda verboten.
- Nach dem Jugendschutz darf der Zugang zu Daten nicht gestattet werden, die die physische und geistige Entwicklung Minderjähriger beeinträchtigen.

16.1 Datenschutz

Personenbezogene Daten werden in Computern von Behörden und Firmen gespeichert. Bei der Internetnutzung fallen an vielen Stellen ebenfalls Daten an, die die Erstellung von Persönlichkeitsprofilen ermöglichen. Sie müssen dagegen geschützt werden, dass sie Unbefugten in die Hände fallen, verändert oder gelöscht werden.
Für Telekommunikationsunternehmen gibt es eine Datenschutzverordnung (TDSV). Die persönlichen Bestandsdaten, die zum Beispiel für den Zugang über einen Internet-Provider erforderlich sind, werden dauerhaft gespeichert. Nutzungsdaten, die bei einer Verbindung anfallen, und Inhaltsdaten, die bei der Kommunikation übertragen werden, hinterlassen nicht nur beim Provider eine Spur, sondern auch auf den Rechnern, von denen Informationen abgerufen werden, wie zum Beispiel Suchmaschinen. Das Teledienstedatenschutzgesetz (TDDSG) verlangt die Löschung der Daten, soweit sie nicht zu Abrechnungszwecken gebraucht werden.
Das Bundesdatenschutzgesetz (BDSG) zum Schutz vor dem Missbrauch personenbezogener Daten trat 1978 in Kraft und hat drei Teile:

Datenverarbeitung von öffentlichen Stellen (Behörden)
Datenverarbeitung von nichtöffentlichen Stellen (Firmen, Vereine, Privatpersonen) für eigene Zwecke
Datenverarbeitung von nichtöffentlichen Stellen für fremde Zwecke (Service-Rechenzentren, Adresshandel, Auskunfteien, ...)

Die Rechte des Bürgers:

Der Betroffene muss von der Speicherung personenbezogener Daten benachrichtigt werden. Zulässig ist eine Speicherung nur, wenn es ein Gesetz oder der Betroffene schriftlich erlaubt.
Werden Daten zwecks Weitergabe an Dritte gesammelt, so ist dies meldepflichtig an die Aufsichtsbehörde. Eine Person, über die Daten gespeichert werden, kann bei der speichernden Stelle Auskunft darüber verlangen, was über sie gespeichert ist und an wen die Daten übermittelt werden. Ausgenommen sind Daten, die im Interesse der öffentlichen Sicherheit gesammelt werden. Der Betroffene kann die Berichtigung falscher Daten verlangen. Er kann die Löschung von Daten verlangen, wenn sie unzulässigerweise erhoben wurden, oder wenn der Zweck der Erhebung entfallen ist.

Der Bundesdatenschutzbeauftragte

Wenn der Betroffene nicht weiß, welche Behörde für die Speicherung verantwortlich ist, oder wenn ihm Auskunft verweigert wird, kann er sich an den Landes- beziehungsweise Bundesdatenschutzbeauftragten oder eine Aufsichtsbehörde wenden. Der Landes- beziehungsweise Bundesdatenschutzbeauftragte ist zuständig für den öffentlichen Bereich (Landes- beziehungsweise Bundesbehörden). Die Innenministerien der Länder sind zuständig für den nichtöffentlichen Bereich (Firmen).

Pflichten des Betriebes oder der Behörde:

Werden mindestens fünf Personen mit der Verarbeitung personenbezogener Daten beschäftigt, so muss ein betrieblicher Datenschutzbeauftragter ernannt werden.
Er soll

- eine Übersicht führen über Art der gespeicherten Daten, Zweck, Empfänger der Daten und Standort der Speicherung,
- die ordnungsgemäße Anwendung der Programme überwachen,
- die in der Datenverarbeitung Beschäftigten mit den Vorschriften des Datenschutzgesetzes vertraut machen
- und bei der Auswahl der Personen, die in der DV arbeiten, beratend mitwirken.

Zu der Datenverarbeitunganlage, in der personenbezogene Daten gespeichert werden, dürfen keine unbefugten Personen Zugang haben. Beschäftigte dürfen keine Datenträger entfernen oder löschen, ihr Zugang ist auf die für sie relevanten Daten zu begrenzen. Es muss protokolliert werden, zu welchem Zeitpunkt Daten eingegeben wurden und zu welchem Zeitpunkt und an wen Daten übermittelt wurden.

16.2 Die Digitale Signatur

Der Deutsche Bundestag hat 1997 das weltweit erste Gesetz zur digitalen Signatur erlassen. Ein mit einer digitalen Signatur unterschriebenes Dokument erfüllt weit höhere Echtheits-Anforderungen als ein unterschriebenes Papierdokument. Die elektronische Unterschrift bestätigt nicht nur die Identität des Unterzeichners, sie beweist auch die Echtheit des Dokuments. Wird die Nachricht geändert, so ist auch die Signatur zerstört. Außer Texten können auch Bilder und Filme unterzeichnet werden. Die digitale Signatur geschieht mit Hilfe des Public-Key-Verschlüsselungs-Verfahrens (siehe auch Abschnitt Verschlüsselungen). Mit einem geheimen privaten Schlüssel wird zu jedem Dokument eine neue Signatur erzeugt. Einen dazugehörigen öffentlichen Schlüssel kann man bei einer Zertifizierungsstelle beantragen oder bestätigen lassen. Zertifizierungsstellen sind zum Beispiel die Deutsche Telekom oder der Verein zur Förderung des deutschen Forschungsnetzes:

`www.cert.dfn.de/dfnpca.`

Weitere Gesetzesvorhaben sehen die Möglicheit vor, auf elektronischem Wege Gerichtsverfahren zu führen.

16.3 Europäische Richtlinien

Die Europäische Union hat 2000 ebenfalls eine Signaturrichtlinie verabschiedet, die innerhalb von eineinhalb Jahren in nationales Recht der Mitgliedstaaten umgesetzt werden muss. Eine EU-Richtlinie regelt den elektronischen Handel (**E-Commerce).** Die wichtigsten Punkte sind:

- Die Anbietung von Diensten der Informationsgesellschaft ist nicht zulassungspflichtig.
- Es müssen folgende Mindestinformationen leicht zugänglich sein:
  -Name und geografische Anschrift des Diensteanbieters,
  -unmissverständliche Preisangaben, aus denen insbesondere auch hervorgeht, ob Steuern und Versandkosten eingeschlossen sind.
- Elektronisch geschlossene Verträge sind anderen gleichwertig. Der Nutzer muss vor Absendung Eingabefehler korrigieren können. Der Bestelleingang muss unverzüglich elektronisch bestätigt werden.

Einige europäische Regelungen sind gerade in der Umsetzung. Man muss sich deshalb jeweils über den aktuellen Stand informieren. (Siehe Links im Anhang.) Sammlungen von Aufsätzen, Gesetzen und gerichtlichen Entscheidungen zu Datenschutz, Urheberrecht und Internetrecht findet man mit Suchmaschinen im Internet.

16.4 USA

Viele Internetfirmen haben ihren Sitz in den USA und unterliegen der amerikanischen Rechtssprechung. Deshalb ist es sinnvoll, sich auch mit der Gesetzeslage in den USA zu befassen.
Die amerikanische Federal Trade Commission (FTC) hat den US-Senat angerufen, um ein Datenschutzgesetz zu schaffen. Der Konsument soll entscheiden, ob ein Web-Seiten-Betreiber persönliche Daten weiterverwenden darf und die Offenlegung bereits gesammelter Daten verlangen kann. Der Zugriff Dritter soll verhindert werden.
Es gibt Direkt-Marketing-Unternehmen, die Namen, Adressen und Kaufgewohnheiten der amerikanischen Haushalte speichern. Man nennt das Profiling. Von der Web-Seite, die der Kunde gerade besucht, wird auf seiner Festplatte eine kleine Textdatei (Cookie genannt) hinterlegt. Die Summe aller dieser Cookies ergibt ein Profil der persönlichen Internet-Aktivitäten. Das Ziel ist, auf dieses Profil abgestimmte Werbung auf dem Kundenbildschirm zu platzieren. Kostenlose Informationen im WWW, Suchmaschinen und E-Mail-Services werden durch Werbung finanziert. Die Zusammenführung von Direct-Marketing-Unternehmen und Internet-Werbefirmen ermöglicht die Identifikation einer Person mit Adresse, Telefonnummer und Kaufgewohnheiten (Beispiel: Internet-Werbefirma DoubleClick kaufte Direct-Marketing-Unternehmen Abacus).

Maßnahmen zum Datenschutz im Internet:

- IP-Adresse dynamisch vergeben
- Verschlüsselung von E-Mail (PGP)
- SSL (Secure Socket Layer)
- Firewall: Schwelle zwischen Internet und Intranet

Näheres siehe auch die Studie „Sicherheit für Benutzer der Internet-Technologie", die im Auftrag des Landes Baden-Württemberg erstellt wurde [83].

⇨ Aufgabe 122: Informieren Sie sich im Internet über den neuesten Stand der Gesetzgebung a) in Deutschland, b) auf EU-Ebene und c) in den USA zu den folgenden Themen und arbeiten Sie ein kurzes Referat aus:

- Schutz personenbezogener Daten
- digitale Unterschriften
- Schließung eines Kaufvertrages auf elektronischem Wege
- Strafbare Inhalte im WWW
- Urheberrecht, Raubkopien
- Virenangriffe
- Firewalls

17 Anhang

17.1 Auszug aus dem Unicode

Im Gegensatz zum ACSII-Code, der 7 bit für die Darstellung benutzt, verwendet der Unicode 16 bit und kann damit 65536 verschiedene Zeichen kodieren. Darin sind neben den griechischen, kyrillischen, hebräischen auch die arabischen Schriftzeichen und die aus China, Japan und Korea enthalten. Der untere Bereich entspricht dem ASCII-Code. Die Zahlen sind im Hexadezimalsystem geschrieben.
Beispiel: A hat den Unicode 0041, dezimal wäre das 65. Der griechische Buchstabe μ hat den Code 03BC und das Eurozeichen hat den Code 20AC. Bei der Ausgabe wird dieser Hexadezimalzahl die Zeichenfolge \u vorangestellt:

```
import java.applet.*; import java.awt.*;
public class Euro extends Applet {
      public Euro() {
            Label Schriftz = new Label("\u20AC");
            add(Schriftz);
      }
}
```

	0000	0001	0002	0003	0004	0005	0006	0007	0008	0009	000A	000B	000C	000D	000E	000F	
0			SP	0	@	P	`	p			NB SP	°	À	Đ	à	ð	0
1			!	1	A	Q	a	q			¡	±	Á	Ñ	á	ñ	1
2			"	2	B	R	b	r			¢	²	Â	Ò	â	ò	2
3			#	3	C	S	c	s			£	³	Ã	Ó	ã	ó	3
4			$	4	D	T	d	t			¤	´	Ä	Ô	ä	ô	4
5			%	5	E	U	e	u			¥	µ	Å	Õ	å	õ	5
6			&	6	F	V	f	v			¦	¶	Æ	Ö	æ	ö	6
7			'	7	G	W	g	w			§	·	Ç	×	ç	÷	7
8			(	8	H	X	h	x			¨	¸	È	Ø	è	ø	8
9	HT		)	9	I	Y	i	y			©	¹	É	Ù	é	ù	9
A	LF		*	:	J	Z	j	z			ª	º	Ê	Ú	ê	ú	A
B			+	;	K	[	k	{			«	»	Ë	Û	ë	û	B
C			,	<	L	\	l	|			¬	¼	Ì	Ü	ì	ü	C
D			-	=	M	]	m	}			-	½	Í	Ý	í	ý	D
E			.	>	N	^	n	~			®	¾	Î	Þ	î	þ	E
F			/	?	O	_	o				¯	¿	Ï	ß	ï	ÿ	F
	0000	0001	0002	0003	0004	0005	0006	0007	0008	0009	000A	000B	000C	000D	000E	000F	

0039	003A	003B	003C	003D	003E	003F	
ΐ	Π		π	ϐ	Ϡ	ϰ	0
Α	Ρ	α	ρ	ϑ		ϱ	1
Β		β	ς	ϒ			2
Γ	Σ	γ	σ				3
Δ	Τ	δ	τ			ϴ	4
Ε	Υ	ε	υ	φ			5
Ζ	Φ	ζ	ϕ	ϖ			6
Η	Χ	η	χ				7
Θ	Ψ	θ	ψ				8
Ι	Ω	ι	ω	ϙ			9
Κ		κ		ϛ			A
Λ		λ					B
Μ		μ		Ϝ			C
Ν		ν					D
Ξ		ξ		ϟ			E
Ο		ο					F
0039	003A	003B	003C	003D	003E	003F	

17.2 Anmerkungen zum Kapitel Hardware

Einige der Schaltungen, die im Kapitel Hardware beschrieben sind, kann man leicht selbst nachbauen und damit experimentieren: Eine Blinkschaltung, ein Lauflicht, eine Anzeige für Dualzahlen, ein Codeschloss...

Man nehme einen Lötkolben, Transistoren, Leuchtdioden, Widerstände, eine leere Lochrasterplatine und schon kann das Experiment beginnen. Der Spass ist nicht teuer.
Platinen und Bauelemente können im Versandhandel, zum Beispiel bei der Firma Conrad bestellt werden:

`www.conrad.de`

Für Transistor- Experimente sind empfehlenswert:
der NPN- Transistor BC 140, der auch ein Elektronik- Lämpchen steuern kann, ohne gleich durchzubrennen (bis ca. 1 A).
Lämpchen mit großem Widerstand, zum Beispiel 4 V / 0,1 A , oder 7 V / 0,3 A.
Besser sind Leuchtdioden mit Vorwiderstand, zum Beispiel LED 5mm mit 100 Ohm Widerstand in Reihe.
IC's verwendet man mit passendem Sockel, den man auf eine Lochstreifenplatine lötet.
Die Lötstreifen kann man zuvor mit einem Handbohrer an den Stellen unterbrechen, wo keine Verbindung sein soll.

Einige IC's und ihre Nummern:

7400	NAND- Gatter
7470	J-K-Flipflop
555	Taktgeber
7493	Binärzähler
7490	Dezimalzähler
7447	BCD zu 7- Segment- Dekoder für Ziffernanzeigen
7406	LED- Treiber
4015	8- Bit- Schieberegister

Im WWW findet man auch animierte Java-Applets, die den Aufbau von logischen Schaltungen aus Transistoren darstellen. Mit der Maus kann man die Schaltzustände variieren und den Signalverlauf verfolgen:

`http://tech-www.informatik.uni-hamburg.de/applets/cmos/cmos_dt.html`

17.3 Übersicht über Sprachelemente von Java

Reservierte Wörter:

abstract	boolean	break	byte	case	cast	catch	char
class	const	continue	default	do	double	else	extends
final	finally	float	for	future	generic	goto	if
implements	import	inner	instanceof	int	interface	long	native
new	null	operator	outer	package	private	protected	public
rest	return	short	static	super	switch	synchronized	this
throw	throws	transient	try	var	void	volatile	while

Kommentare

/* Dies ist ein Kommentar */
// Kommentarzeile

Grunddatentypen:

In einer objektorientierten Sprache sollte es eigentlich keine Datentypen geben, sondern nur Klassen. Java besitzt dennoch einige Grunddatentypen. Der Grund liegt darin, dass die meisten Prozessoren auf die Verarbeitung dieser Datentypen speziell vorbereitet sind und deshalb mit ihnen schneller rechnen. Zu den Grunddatentypen gibt es aber in der Klassenbibliothek noch die entsprechenden Klassen.

Typ	**Speicherplatz**
byte	1 Byte
short	2 Bytes
int	4 Bytes
long	8 Bytes
float	4 Bytes
double	8 Bytes zum Beispiel: q = 1.6e-19
char	2 Bytes
Boolean	1 Bit Werte: true, false

Zeichen:

Der Datentyp char (von character - Schriftzeichen) dient zur Aufnahme eines Zeichens, zum Beispiel 'a'. Dafür werden 16 Bit verwendet, die für so ziemlich alle Schriftzeichen auf der Erde reichen. Sie wurden im sogenannte Unicode vereinbart. Siehe

`www.unicode.org/`

Die ersten 255 Zeichen sind mit dem ASCII- Code identisch. Im ASCII- Code wurde den Tasten der Schreibmaschinentastatur jeweils eine Zahl (8Bit) zugeordnet, auch den Steuerzeichen wie zum Beispiel "Tabulator" oder "Neue Zeile". Man kennzeichnet Steuerzeichen durch einen vorangestellten Backslash (Escape- Sequenz).

Steuerzeichen:

Zeichen	**Escape-Sequenz**
backspace	\b
Tabulator	\t
neue Zeile	\n
Seitenvorschub	\f
Wagenrücklauf	\r
Anführungszeichen	\"
einfache Anführungsz.	\'
Backslash	\\
Hexadezimalzahl	\x00
Unicode- Zeichen	\u0000

Operatoren

+ Addition
- Subtraktion
* Multiplikation
/ Division
% Modulo (ergibt den Rest bei Ganzzahldivision)
< Kleiner
> Größer
<= Kleiner gleich
>= Größer gleich
== Gleich (prüft auf Gleichheit; nicht zu verwechseln mit der Wertzuweisung =)
!= Ungleich
&& Logisch UND
|| Logisch ODER
! Logisch NICHT

Abkürzungen:

x += y	entspricht	x = x+y
x *=y		x = x*y
x++		x = x+1
x = ++y		x = y+1
x = y++		x = y ; y = y+1

Verzweigungen

`if` (Bedingung) Block — Mit (Bedingung) ist ein Bool'scher Ausdruck gemeint, wie zum Beispiel (a > b), Block ist eine Folge von Anweisungen, eingerahmt mit { und } für Beginn und Ende, wenn es mehrere sind.

`if` (Bedingung) Block1 `else` Block2

`if` (Bedingung) Block1 `else` `if` (Bedingung) Block2 `else` Block3

Mehrfachverzweigung:

```
switch (Bedingung) {
        case Wert1 :  Block1
        case Wert2 :  Block2
        case Wert3 :  Block3
        default :     Block4  }
```

(ein dazwischengeschobenes `break` beendet den Durchlauf)

Schleifen

`for` (Initialisierung; Abbruchbedingung; Änderung) Block

`while` (Bedingung) Block

Klassenbibliotheken

java.applet	enthält die Klassen, die für die Einbettung der Applets in einen Webbrowser erforderlich sind.
java.awt	(Abstract Windowing Toolkit) enthält Klassen für die grafische Oberfläche in Fenstertechnik
java.lang	enthält die Hauptmerkmale der Sprache wie zum Beispiel Zahlenvariablen und Strings.
java.io	enthält Klassen für die Ein- und Ausgabe.
java.util	enthält nützliche Klassen wie Date.
java.net	enthält Klassen für die Kommunikation mit dem Netzwerk oder dem Internet.

Mit import java.awt.Button; oder import java.awt.*; werden die Klassen der betreffenden Bibliothek importiert, so dass man also nicht mehr den vollen Klassennamen schreiben muss, sondern abgekürzt einfach den Namen der betreffenden zur Verfügung gestellten Methode. Einige Klassen und ihre Methoden im Einzelnen:

java.applet.Applet

(import java.applet.Applet;)

AudioClip getAudioClip(URL url)	Lädt die Tondatei, die unter der Ortsangabe url zu finden ist.
URL getCodeBase	Liefert die Ortsangabe, wo der Appletcode zu finden ist (die Class-Datei).
URL get DocumentBase	Liefert die Ortsangabe, wo die HTML-Seite zu finden ist, in der das Applet eingebettet ist .
Image getImage(URL url)	Lädt ein Bild, das unter der Ortangabe url zu finden ist.
void init()	Diese Methode wird vom Browser oder Appletviewer aufgerufen, wenn das Applet gestartet wird. Sie wird deshalb vom Programmierer zum Festlegen von Anfangswerten (Initialisieren) genutzt.
void play(URL url)	Spielt eine Tondatei ab, die unter der Ortangabe url zu finden ist.
void setSize(int breite, int hoehe)	Setzt die Breite und die Höhe des Bildschschirmbereichs in Pixel fest.

java.applet.AudioClip (import java.applet.AudioClip;)

void play()	Spielt eine Tondatei ab
void loop()	Spielt eine Tondatei ununterbrochen immer wieder ab
void stop()	Beendet das Abspielen der Tondatei

java.awt.* : Klassen für die Objekte der grafischen Oberfläche

import java.awt.*;

Die Komponenten der grafischen Benutzeroberfläche werden deklariert, initialisiert und der Oberfläche hinzugefügt. Es müssen Lauscherklassen existieren, die auf die grafischen Komponenten hören (mit den Komponenten verknüpft werden) und es muss Methoden geben, die das Eintreten eines Ereignisses verarbeiten.

java.awt.Button

Konstruktor:	
Button(String s)	Erzeugt einen anklickbaren Knopf (Schaltfläche)
Methoden:	
void setLabel(String s)	Beschriftet den Knopf
String getLabel()	Liefert die Beschriftung des Knopfs
setBackground(Color farbe)	Legt die Hintergrundfarbe des Knopfs fest
setForeGround(Color farbe)	Legt die Farbe der Beschriftung (Vordergrund) fest

java.awt.Canvas

Canvas()	Erzeugt eine Malfläche (Leinwand)
void setSize(int breite, int hoehe)	Setzt die Breite und die Höhe der Malfläche fest

java.awt.Checkbox

Checkbox(String s)	Erzeugt Auswahlkästchen mit der Beschriftung s
CheckboxGroup()	Erzeugt eine Gruppe von Radio-Buttons
Checkbox(String s, CheckboxGroup g, boolean zustand)	Erzeugt Auswahlkästchen mit der Beschriftung s, zugehörig zur Gruppe g und mit dem Anfangszustand *zustand*

java.awt.Choice

Choice()	Erzeugt eine Auswahlliste.
void addItem(String s)	Fügt einen String s als weiteres Element der Auswahlliste hinzu.
String getSelectedItem()	Gibt das ausgewählte Element der Liste zurück.
int getSelectedIndex()	Liefert die Nummer des ausgewählten Elements, wobei die Zählung bei 0 beginnt.

java.awt.Color

Color(int r, int g, int b)	Erzeugt eine Farbe mit den Rot-Grün-Blau-Anteilen r g b, die zwischen 0 und 255 liegen.
Color(float r, float g, float b)	Erzeugt eine Farbe mit den Rot-Grün-Blau-Anteilen r g b, die zwischen 0 und 1 liegen.
Color brighter()	Erzeugt eine hellere Version dieser Farbe.
Color darker()	Erzeugt eine dunklere Version dieser Farbe.

Farben:
black blue cyan darkGray gray green lightGray magenta orange pink red white yellow

java.awt.event : Ereignisse und Lauscher (import java.awt.event;)

Anstatt ständig abzufragen, ob ein Button gedrückt oder ein Rollbalken verschoben wurde, benutzt man die in Java vorhandenen Klassen `ActionListener` beziehungsweise `AdjustmentListener`. Unsere Klasse muss einen passenden "Lauscher" implementieren. Dann registriert man die Ereignisquelle (zum Beispiel den Rollbalken) mit der Methode `addAdjustmentListener` bei dem Lauscher. Das bewirkt, dass die entsprechende Methode `adjustmentValueChanged` aufgerufen wird, sobald der Rollbalken betätigt wird. Beispiel: Siehe Kapitel "Rollbalken als Eingabe" und "Gestaltung der grafischen Oberfläche".

Quelle	Lauscher	Ereignismethode	weitere Methoden
Button	ActionListener	actionPerformed(ActionEvent e)	Object getSource() String getActionCommand()
Scrollbar	AdjustmentListener	adjustmentValueChanged(AdjustmentEvent e)	int getValue
TextField	ActionListener	actionPerformed(ActionEvent e)	int getSource() String getText() void setText(String s)
this	MouseListener	mouseClicked(MouseEvent e) mouseReleased(MouseEvent e) mousePressed(MouseEvent e) mouseEntered(MouseEvent e) mouseExited(MouseEvent e)	int getClickCount(); und int getX(); int getY();
	MouseMotionListener	mouseDragged(MouseEvent e) mouseMoved(MouseEvent e)	int getX(); int getY();

java.awt.

FileDialog(Frame f, String titel, int modus)	Erzeugt ein File-Dialog-Fenster. f ist das Eltern-Fenster, das das Dialogfenster hervorruft. titel ist der Fenstertitel. *modus* ist entweder *FileDialog.LOAD* oder **FileDialog.SAVE**.
String getFile()	liefert den Namen der Datei, die für den File-Dialog ausgewählt wurde.
show()	Zeigt den Dialog an.

java.awt.Frame

Frame()	Erzeugt ein neues Fenster. Frames gibt es nur in Applikationen, nicht in Applets.
void setTitle(String s)	Legt den Titel s des Frames fest.

java.awt.Graphics

clearRect(int x, int y, int breite, int hoehe)	Löscht den angegebenen Rechteckbereich und füllt ihn mit der Hintergrundfarbe. Der Nullpunkt für die Pixel-Koordinaten x und y liegt in der linken oberen Ecke.
drawArc(int x, int y, int breite, int hoehe, int anfangswinkel, int winkel)	Zeichnet einen Teil eines Kreisbogens oder eines Ellipsenbogens. Der Startwinkel 0 befindet sich in der 3-Uhr Position. Der positive Umlaufsinn ist gegen den Uhrzeigerlauf. Die Winkel werden in Grad angegeben. *breite* und *hoehe* geben den Rechteckbereich an, in dem der volle Kreisbogen oder die volle Ellipse gezeichnet werden könnte, x und y sind wieder die Koordinaten der linken oberen Ecke (siehe *drawOval*).
fillArc(int x, int y, int breite, int hoehe, int anfangswinkel, int winkel)	Zeichnet einen gefüllten Sektor aus einem Kreis (Tortenstück) oder einer Ellipse
drawImage(Image b, int x, int y, int breite, int hoehe, this)	Stell das Bild b im angegebenen Rechteckbereich dar, wobei es nötigenfalls verkleinert oder vergrößert wird
drawLine(int x1, int y1, int x2, int y2)	Zeichnet eine Linie vom Punkt x1,y1 zum Punkt x2,y2
drawOval(int x, int y, int breite, int hoehe)	Zeichnet eine Ellipse in den durch breite und hoehe gegebenen Rechteckbereich (einen Kreis, wenn breite und hoehe gleich sind)
drawPolygon(int x[], int y[], int n)	Zeichnet einen Streckenzug (Polygon), der die durch x und y gegebenen Punkte verbindet. x[] und y[] sind Arrays der x-, bzw y- Koordinaten, n gibt die Anzahl der Eckpunkte an
fillPolygon(int x[], int y[], int n)	Zeichnet ein gefülltes Polygon
drawRect(int x, int y, int breite, int hoehe)	Zeichnet ein Rechteck der angegebenen Breite und Höhe, wobei x und y die Koordinaten des linken oberen Eckpunktes sind
fillRect(int x, int y, int breite, int hoehe)	Zeichnet ein gefülltes Rechteck
drawString(String s, int x, inty)	Schreibt die Zeichenkette s an die Stelle x, y, wobei x und y die Koordinaten des linken unteren Eckpunktes des ersten Buchstabens von s sind
setColor(Color f)	setzt die aktuelle Farbe auf die Farbe f. Beispiel: `f = Color.blue;`

java.awt.Label

Label(String s)	Erzeugt einen Beschriftungsbereich.
void setText(String s)	Setzt den Text der Beschriftung fest.
String getLabel()	Liefert die Beschriftung des Bereichs.
setBackground(Color farbe)	Legt die Hintergrundfarbe fest.
setForeGround(Color farbe)	Legt die Beschriftungsfarbe fest.

java.awt.List

List(int z, true)	Erzeugt eine Liste mit einer Anzahl von z sichtbaren Zeilen. true gibt an, ob mehrere Zeilen ausgewählt werden können, false steht hier, wenn nur eine Zeile ausgewählt werden kann. Jede Zeile der Liste besteht aus einer Zeichenkette.
add(String s)	Fügt die Zeichenkette s als neues Listenelement hinzu.
add(String s, int n)	Fügt die Zeichenkette s an der Stelle n ein.
remove(int n)	Streicht das Element an der n-ten Stelle.
removeAll()	Löscht alle Elemente.
replaceItem(String s, int n)	Ersetzt das Element an der n-ten Stelle durch s.
String getItem(int n)	Gibt das n-te Element der Liste zurück.
int getItemCount()	Gibt die Anzahl der Elemente zurück.

String getSelectedItem()	Gibt das ausgewählte Element der Liste zurück.
String[] getSelectedItems()	Gibt ein Array der ausgewählten Elemente zurück.

java.awt.Menu

MenuBar()	Erzeugt einen Menübalken.
Menu(String s)	Erzeugt ein Menü, das den Namen s trägt.
add(Menu m)	Fügt dem Menübalken das Menü m hinzu.
MenuItem(String e)	Erzeugt ein Menüelement mit der Beschriftung e.
add(MenuItem me)	Fügt dem Menü das Menüelement me hinzu.

Beispiel:

```
MenuBar balken = new MenuBar();
Menu m = new Menu("bewegen"); balken.add(m);
MenuItem e1 = new MenuItem("nach links"); m.add(e1);
MenuItem e2 = new MenuItem("nach rechts"); m.add(e2);
```

und so weiter.

java.awt.Panel

Panel()	Erzeugt ein Panel, einen Teilbereich, der grafische Komponenten, wie zum Beispiel Button oder Label aufnehmen kann
add(Component c)	Fügt eine grafischeKomponente hinzu

Beispiel:

```
Panel p1; Button b;                              // Deklaration
p1 = new Panel(); b = new Button("Knopf1");  // Konstruktor, Initialisierung
p1.add(b);
```

java.awt.Scrollbar

Scrollbar(int or, int awert, int schritt, int min, int max)	Erzeugt einen Schiebebalken. Die folgenden 5 Parameter sind anzugeben: Die Orientierung, hier *or* genannt, kann mit Scrollbar.HORIZONTAL oder Scrollbar.VERTICAL angegeben werden. Die Anfangsstellung *awert* des Schiebebalkens. Die Schrittweite, um die der Schieber sich verschiebt, wenn man neben ihn klickt. Der kleinste angezeigte Wert. Der größte angezeigte Wert. (Mit einem Schiebebalken wird ein Lauscher verknüpft.)
int getValue()	Diese Methode gibt den Wert zurück, den der Schiebebalken anzeigt.

java.awt.TextArea

TextArea(int ze, int sp)	Erzeugt eine Textfläche zur Texteingabe oder Textausgabe mit der Zeilenzahl ze und der Spaltenzahl sp.
void append(String s)	Hängt die Zeichenkette s an den Text der Textfläche an.
String getText()	Gibt den Text der Textfläche zurück.
String getSelectedText()	Gibt den vom Benutzer markierten Textteil zurück.
void setText(String s)	Setzt die Zeichenkette s als Text in die Textfläche ein.

java.awt.TextField

TextField(int sp)	Erzeugt ein einzeiliges Textfeld der Länge sp zur Textein- oder -ausgabe.
String getText()	Gibt den Text des Textfeldes als Zeichenkette zurück.
void setText(String s)	Setzt die Zeichenkette s als Text des Textfeldes ein.

Eventuell ist die Eingabe einer ganzen Zahl erwünscht. Dann muss man den erhaltenen String in eine Zahl vom einfachen Datentyp "ganze Zahl" umwandeln mit der Methode `Integer.parseInt()`:

Beispiel:

```
TextField eingabe = new TextField(10);
String s = eingabe.getText();
int zahl = Integer.parseInt(s);
```

Für Fließkommazahlen gibt es keine Entsprechung. Wird eine Fließkommazahl eingegeben, so benutzt man die Methode valueOf(), über die die Klasse Float verfügt, um das String-Objekt in ein Float-Objekt zu verwandeln. Aus dem Float-Objekt macht man dann eine Fließkommazahl vom einfachen Datentyp float mit Hilfe der Methode floatValue().

```
TextField eingabe = new TextField(10);
String s = eingabe.getText();
Float f = Float.valueOf(s);
float z = f.floatValue();
```

java.io.* : Klassen für die Ein- und Ausgabe (import java.io.*)

java.io.BufferedReader

BufferedReader(String name)	Erzeugt ein Objekt zum Lesen von Datenströmen aus einem langsamen Speicher wie zum Beispiel CD-ROM, Festplatte, Tastatur, Intranet oder Internet in den schnellen Arbeitsspeicher (RAM).
String readLine()	Liest eine Zeile aus dem Datenstrom.

java.io.File

File(String s)	Erzeugt eine Datei mit Namen s.
boolean exists()	Gibt true zurück, wenn die Datei existiert, sonst false.
String getAbsolutePath()	Gibt den vollen Pfadnamen der Datei zurück.
String getPath()	Gibt den relativen Pfadnamen der Datei zurück.
boolean isDirectory()	Gibt true zurück, wenn die Datei ein Verzeichnis ist.
long length()	Gibt die Länge der Datei in Bytes zurück beziehungsweise 0, wenn die Datei nicht existiert.
String[] list()	Gibt ein Array der Dateinamen zurück, die in dem Verzeichnis zu finden sind, wenn die angegebene Datei ein Verzeichnis ist.

java.io.FileReader

FileReader(String s)	Erzeugt ein Datei-Lese-Objekt, das aus der Datei mit Namen s liest.
void close()	Schließt den Datenstrom.

java.io.FileWriter

FileWriter(String s, boolean flush)	Erzeugt ein Datei-Schreibe-Objekt für eine Datei mit Namen s. Setzt man *true* in die Boolsche Variable *flush* ein, so wird der Schreibpuffer jedes mal vollständig entleert, wenn die Anweisung *println* ausgeführt wird.

java.io.PrintWriter

PrintWriter(OutputStream out)	Erzeugt ein Objekt zum Schreiben in Datenströme. *out* kann zum Beispiel ein *File-Writer* sein
void close()	Schließt den Datenstrom
void flush()	Entleert eine eventuell gepufferte Ausgabe in den Datenstrom.
void print(dat)	Schreibt (*dat* kann vom Typ *character, double, float, int, long*, oder *String* sein)
void println(dat)	Schreibt die Daten und hängt ein Neue-Zeile-Zeichen an

Die Klasse java.lang (muss nicht importiert werden)

java.lang.Double : Klasse für Double-Objekte (Die Klasse enthält Dezimalzahlen und Methoden dazu)

String toString(double d)	Wandelt die Dezimalzahl d in einen String um.
Double valueOf(String s)	Wandelt die Zeichenkette s in ein Double-Objekt um.
double doubleValue()	Wandelt ein Double-Objekt in eine Dezimalzahl um. (Für die Klasse *Float* gibt es die gleichen Methoden wie für *Double.*)

java.lang.Integer : Klasse für Integer-Objekte

int parseInt(String s)	Wandelt eine Zeichenkette s, die aus Ziffern besteht, in eine ganze Zahl um. Beispiel: siehe unter *java.awt.TextField*
String toString(int i)	Wandelt eine ganze Zahl in einen String um (Für die Klasse *Long* gibt es die gleichen Methoden wie für die Klasse *Integer.)*

java.lang.String : Klasse für String-Objekte

char charAt(int i)	Gibt das Zeichen an der Position i zurück (beginnend mit der Position 0) Beispiel: `char c=s.charAt(3);`
int compareTo(String s)	Gibt 0 zurück, wenn die beiden Zeichenketten gleich sind, Beispiel: `String meinString, s;` `int x = meinString.compareTo(s);` Gibt einen negativen Wert zurück, wenn die Zeichenkette *meinString* im Alphabet vor *s* steht
boolean endsWith(String se)	Liefert true, wenn der String mit se endet
boolean equals(String s)	Liefert true, wenn die beiden Strings gleich sind: `if (meinString.equals("fertig") … ;`
boolean equalsIgnore(String s)	Liefert true, wenn die beiden Strings gleich sind, wenn die Groß- und Kleinschreibung ignoriert wird.
int indexOf(String s, int i)	Liefert die Stelle, an der der String s das erste Mal auftritt, wobei an der Stelle i begonnen wird.
int lastIndexOf(String s, int i)	Liefert die Stelle, an der der String s das letzte Mal auftritt, wobei an der Stelle i begonnen wird.
int length()	Liefert die Anzahl der Zeichen in der Zeichenkette.
replace(char c, char d)	Liefert einen String, in dem jedes Zeichen c durch Zeichen d ersetzt ist.
String substring(int a, int b)	Liefert einen Substring, einen Teilstring des ursprünglichen, der von der Stelle a bis zur Stelle b-1 geht.
char[] toCharArray()	Macht aus dem String ein Array von Zeichen.
String toLowerCase()	Liefert einen String mit lauter klein geschriebenen Zeichen.
String toUpperCase()	Liefert einen String mit lauter groß geschriebenen Zeichen.
String trim()	Entfernt eventuelle Leerzeichen, Tabulatoren oder Zeilenwechsel am Anfang und am Ende des Strings.
String valueOf(int i)	Wandelt eine ganze Zahl in eine Zeichenkette um. Für int i kann zum Beispiel auch *boolean, char*, oder *double* stehen.

java.lang.StringBuffer : Klasse für StringBuffer-Objekte:

Von einem String werden immer neue Instanzen erzeugt. Eine String-Instanz kann nicht verändert werden, eine Instanz von StringBuffer schon. Vor allem lässt sich daran ein String anhängen mit *append(String s)*

Beispiel:

```
StringBuffer p = new StringBuffer();
p.append("Guten Tag");
```

p.insert(3, "Hallo")	Fügt die Zeichenkette "Hallo" nach dem 3. Zeichen ein.
char charAt(int i)	Gibt das Zeichen an der Position i zurück (beginnend mit der Position 0).
int length()	Liefert die Anzahl der Zeichen des StringBuffers.
StringBuffer reverse()	Dreht die Zeichenkette des StringBuffers um.

void setCharAt(int i, char c)	Setzt das Zeichen c an die Position i.
void setLength(int l)	Schneidet die Zeichenkette bei der Länge l ab.
String toString()	Wandelt den StringBuffer in einen String um.

java.lang.Math : Klasse für mathematische Methoden und Konstanten.

double PI	Wert der Konstanten π.
doble E	Wert der Eulerschen Zahl e.
int abs(int i)	Absolutbetrag der ganzen Zahl i.
double abs(double a)	Absolutbetrag der Dezimalzahl a.
double ceil(double a)	Liefert die nächste ganze Zahl, die größer oder gleich a ist.
double floor(double a)	Liefert die nächste ganze Zahl, die kleiner oder gleich a ist.
double cos(double b)	Liefert den Kosinus von b, wobei b im Bogenmaß anzugeben ist.
double sin(double b)	Liefert den Sinus von b, wobei b im Bogenmaß anzugeben ist.
double tan(double b)	Liefert den Tangens von b, wobei b im Bogenmaß anzugeben ist.
double acos(double x)	Liefert den Arcus-Kosinus von x.
double asin(double x)	Liefert den Arcus-Sinus von x.
double exp(double x)	Liefert e^{x}.
double pow(double a, double b)	Liefert a^{b}.
double random()	Liefert eine zufällige Zahl im Bereich von 0 bis 1, wobei 0 eingeschlossen ist, 1 aber nicht.
long round(double a)	Rundet a auf die nächstgelegene ganze Zahl.
double sqrt(double a)	Liefert die Quadratwurzel aus a.

java.lang.System

long currentTimeMillis()	Liefert die Millisekunden seit 1.1.1970
void exit(0)	Beendet die Applikation und schließt das Fenster.

java.lang.Thread

void start()	Startet den Thread.
void run()	Diese Methode enthält den Programmcode, der ausgeführt wird, wenn der Thread mit start() gestartet wird.
void stop()	Beendet den Thread.
void sleep(int i)	Bringt den Thread für eine Anzahl Millisekunden zum Einschlafen, die durch i bestimmt ist. In der Zeit muss das Auftreten des Fehlers InterruptedException abgefangen werden.
void interrupt()	Unterbricht den Thread.
boolean interrupted()	Stellt fest, ob der Thread unterbrochen ist.
boolean isAlive	Gibt true zurück, wenn der Thread läuft oder blockiert ist und false wenn er beendet ist.
void yield()	Unterbricht zeitweise den Thread, um anderen Threads Prozessorzeit zu überlassen.
join()	Wartet, bis der Thread beendet ist.

java.net.* : Klassen für die Kommunikation im Intranet oder Internet (import java.net.*)

java.net.URL

URL(String s)	Erzeugt ein URL-Objekt aus dem String s. Wenn s nicht den Regeln für die Schreibweise einer URL genügt, wird eine MalformedURLException geworfen.
URLConnection openConnection()	Liefert eine Verbindung zu der angegebenen URL.

Hier ein Beispiel für das Abfangen der Fehlermeldung MalformedURLException:

```
import java.applet.*; import java.awt.*; import java.awt.event.*;
import java.net.*;
public class KlickUndWeg extends Applet implements ActionListener {
     URL ort;
     Button b=new Button("Nichts wie fort von hier!");
     public void init() {
          add(b); b.addActionListener(this);
          try { ort=new URL(getDocumentBase(),"Seite.html");}
          catch (MalformedURLException e) { ort=null; }
     }
     public void actionPerformed(ActionEvent e) {
          if (ort != null)
               getAppletContext().showDocument(ort);
     }
}
```

Für `ort` könnte auch eine Adresse im WWW angegeben werden.

java.net.URLConnection

URLConnection(URL ort)	Erzeugt eine Verbindung zu der angegebenen URL ort.
InputStream getInputStream()	Liefert einen Eingabestrom, der aus dieser Verbindung liest.

java.util.* : Weitere nützliche Klassen (import java.util.*)

java.util.Date

Date()	Erzeugt ein Datums-Objekt.
int getDate()	Gibt den Tag des Monats zurück.
int getDay()	Gibt den Wochentag zurück. 0 bedeutet Sonntag, und so weiter.
int getHours()	Gibt die Stunde der Uhrzeit zurück.
int getMinutes()	Gibt die Minuten der Uhrzeit zurück.
int getMonth()	Gibt den Monat zurück. 0 bedeutet Januar, und so weiter.
int getSeconds()	Gibt die Sekunden der Uhrzeit zurück.
int getTime()	Liefert die Millisekunden, die seit 1.1.1970 vergangen sind.

Beispiel:

```
Date d = new Date();
int h = d.getHours();
g.drawString("Es ist " + h + " Uhr", 50, 50);
```

java.util.StringTokenizer

StringTokenizer(String s, String b)	Erzeugt ein Objekt zum Zerlegen einer Zeichenkette s. b ist der Begrenzer der Teile des Strings. Beispielweise nimmt man häufig als Begrenzer ein Leerzeichen oder Sonderzeichen, um Wörter aus einem Text zu entnehmen.
boolean hasMoreTokens()	Gibt true zurück, wenn es weitere Teile gibt.
String nextToken()	Gibt den nächsten Teil des Strings zurück.

java.util.Enumeration

Enumeration a	Erzeugt ein Exemplar der Aufzählungsklasse enumeration.
boolean hasMoreElements()	Gibt true zurück, wenn die Aufzählung noch weitere Elemente enthält.
Object nextElement()	Gibt das nächste Element der Aufzählung zurück.

Beispiel: Ein Servlet erhält bei einer Anfrage von einem HTML-Formular eine Aufzählung von Variablennamen, die zu den eingegebenen Variablenwerten gehören. Mit Hilfe der beiden Methoden hasMoreElements() und nextElement kann eine While-Scheife die ganze Aufzählung durchlaufen (Siehe auch Kapitel Servlets):

```
Enumeration namen=anfrage.getParameterNames();
while (namen.hasMoreElements()) {
     String name=(String)namen.nextElement(); ...
```

java.util.Hashtable

Hashtable()	Erzeugt ein Hashtable-Objekt, eine über einen Schlüssel zugängliche Menge von Objekten.
Object get(Object id, Object w)	Gibt den Inhalt des Objektes w zurück
Enumeration keys()	Gibt eine Aufzählung aller Schlüssel zurück
void put(Object id, Object w)	Fügt das durch id und w gegebene Element in die Hashtabelle ein

java.util.Vector

Vector()	Erzeugt eine Liste von beliebigen Elementen
void addElement(Object e)	Fügt das Element e am Ende der Liste hinzu
void insertElementAt(Object o, int n)	Fügt das Element o an der n-ten Stelle in die Liste ein
Object elementAt(int n)	Liefert das n-te Element.
Enumeration elements()	Gibt eine Aufzählung aller Elemente der Liste.
int indexOf(Object o)	Gibt die Stelle zurück, an der sich das Objekt o befindet. Gibt -1 zurück, wenn das Objekt nicht in der Liste ist.
void removeElementAt(int n)	Löscht das n-te Element.

Das folgende Beispiel enthält eine Einkaufsliste Objekte. Bei einem neuen Objekt wird geprüft, ob es schon auf der Liste ist. Falls nein, wird es hinzugefügt:

```
Vector meineListe = new Vector();
int i = meineListe.indexOf(wein);
if (i==-1) meineListe.addElement(wein);
```

JAR - Java Archive Format

JAR ist keine Bibliothek, sondern ein Dateiformat. Ein Programm besteht oft aus vielen Dateien, das sind mehrere Klassen, Hilfe-Dateien, Bilder und so weiter. Wenn sie über das Internet geladen werden, so dauert dies wesentlich länger, als wenn man alle Dateien in eine Datei zusammenpackt und überträgt. Das geschieht in einer Datei vom Typ jar.

17.4 Das Java Developers Kit - JDK

Installation

Die Java-Technologie wird ständig in einem offenen Prozess fortentwickelt, den Sun zusammen mit der internationalen Gemeinschaft der Java-Entwickler angestoßen hat. Im Moment ist Java in der Version 2 in verschiedenen Ausführungen verfügbar:

- Java 2 Enterprise Edition J2EE für Unternehmungen, die ihren Kunden, Lieferanten und Angestellten Serverfunktionen zur Verfügung stellen wollen,
- Java 2 Standard Edition J2SE für den normalen PC- Benutzer,
- Java2 Micro Edition J2ME für den mobilen Bereich, für Mobiltelefon, PDA, TV-Set-Top-Boxen, mobile Navigationssysteme und Spielekonsolen.

Besprechen wir zunächst die Benutzung der Standard-Edition.
Alles, was man zum Programmieren mit Java auf dem PC braucht, ist in dem Java Developers Kit (JDK) enthalten, das kostenlos über das Internet erhältlich ist:

```
http://java.sun.com/j2se/
```

Zum Zeitpunkt der Abfassung dieses Buches hieß die Datei für Windows

```
j2sdk1_1_3_01-win.exe oder j2sdk-1_4_0_beta3-win.exe
```

Man sollte sich über das Internet auch die Dokumentation von Sun besorgen, in der man Einzelheiten zu den Java-Klassen nachschlagen kann.
Will man eine integrierte Entwicklungsumgebung benutzen, so sind auch hierfür kostenlose Versionen für den Privatgebrauch erhältlich, siehe Kapitel *Umgang mit integrierten Entwicklungsumgebungen*.

Setzen der Pfade

Nach dem Download und der Installation befindet sich das JDK zum Beispiel in dem Verzeichnis *c:\jdk1.3*. Java-Compiler und Java-Interpreter sind im Unterverzeichnis *bin*. Unter MS Windows heißt der Compiler *javac.exe* und der Interpreter *java.exe*. Das Installationsprogramm setzt normalerweise den Pfad dorthin richtig. Man kann an ihn auf der Betriebssystemebene (MS-DOS-Eingabeaufforderung) auch selbst setzen mit:

```
PATH %PATH%;c:\jdk1.3\bin
```

Besser ist es dann allerdings, man fügt in der Datei *Autoexec.bat* diesen Pfad hinzu:

```
SET PATH=C:\jdk1.3\bin
```

Im Unterverzeichnis *c:\jdk1.3\lib* befinden sich Java-Archive und fertige Klassen, die in unsere Programme mit eingebunden werden können. Wir setzen also den Klassenpfad:

```
SET CLASSPATH= C:\jdk1.3\lib;
```

Umgang mit dem Java-Compiler des JDK

Der Java-Compiler *javac.exe* übersetzt den Java-Quellcode *programm1.java* in eine virtuelle Maschinensprache, die jeder Java-Interpreter versteht. *javac* wird an der Eingabeaufforderung des Betriebssystems aufgerufen mit:

```
javac programm1.java
```

Falls dem Compiler keine Fehler aufgefallen sind, entsteht die Maschinensprachdatei *programm1.class*.

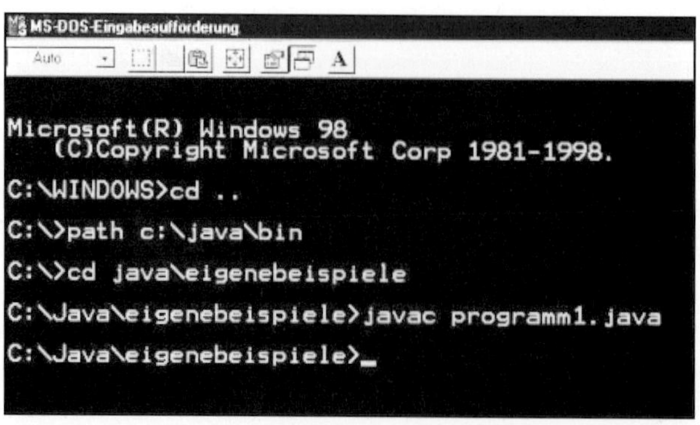

Bei der Programmierung von **Applets** wird die Class-Datei in eine HTML-Seite eingebunden und aufgerufen. Es hat Vorteile, wenn man für den Quelltext und die HTML-Seite den gleichen Dateinamen verwendet (nur die Endung ist verschieden: *.java, .class und .htm*). Der Browser enthält einen Interpreter für Applets als PlugIn.
Bei der Programmierung von **Applications** wird die Class-Datei nicht in eine HTML-Seite eingebunden, sondern vom Java-Interpreter *java.exe* des jeweiligen Rechners interpretiert und ausgeführt. Die Class-Datei ist unabhängig vom Betriebssystem und kann überall benutzt werden. Der Interpreter übersetzt in die Maschinensprache des jeweiligen Prozessors. Aufruf des Interpreters von der DOS-Ebene aus:

```
java Programm3
```

Anstatt auf der DOS-Ebene kann man die Applikation auch unter unter MS-Windows laufen lassen. Man geht zum *Start*-Menü und wählt *Ausführen*. Dann zieht man das Symbol von *java.exe* in das Eingabefeld mit dem Namen *Öffnen* und schreibt dahinter nach einem Leerzeichen den Programmnamen ohne die Endung *.class*. Nach Klick auf *OK* wird das Programm ausgeführt.

JDK-Dokumentation

Die JDK-Dokumentation von Sun sollte man sich ebenfalls besorgen:

```
www.sun.com/j2se/1.3/docs.html
```

Die Datei `index.html` gibt uns einen Überblick über die Beschreibungen der vorhandenen Klassen. Wir wählen aus:

```
Java Platform 1.2 API Specification
```

API bedeutet "Application Programmers Interface", also Schnittstelle für Anwendungsprogrammierer. Hier sind alle Klassen alphabetisch zur Auswahl angeboten. Wir klicken beispielsweise auf

```
All Classes - Math
```

und erhalten die Beschreibungen einer Reihe mathematischer Methoden, die häufig gebraucht werden.

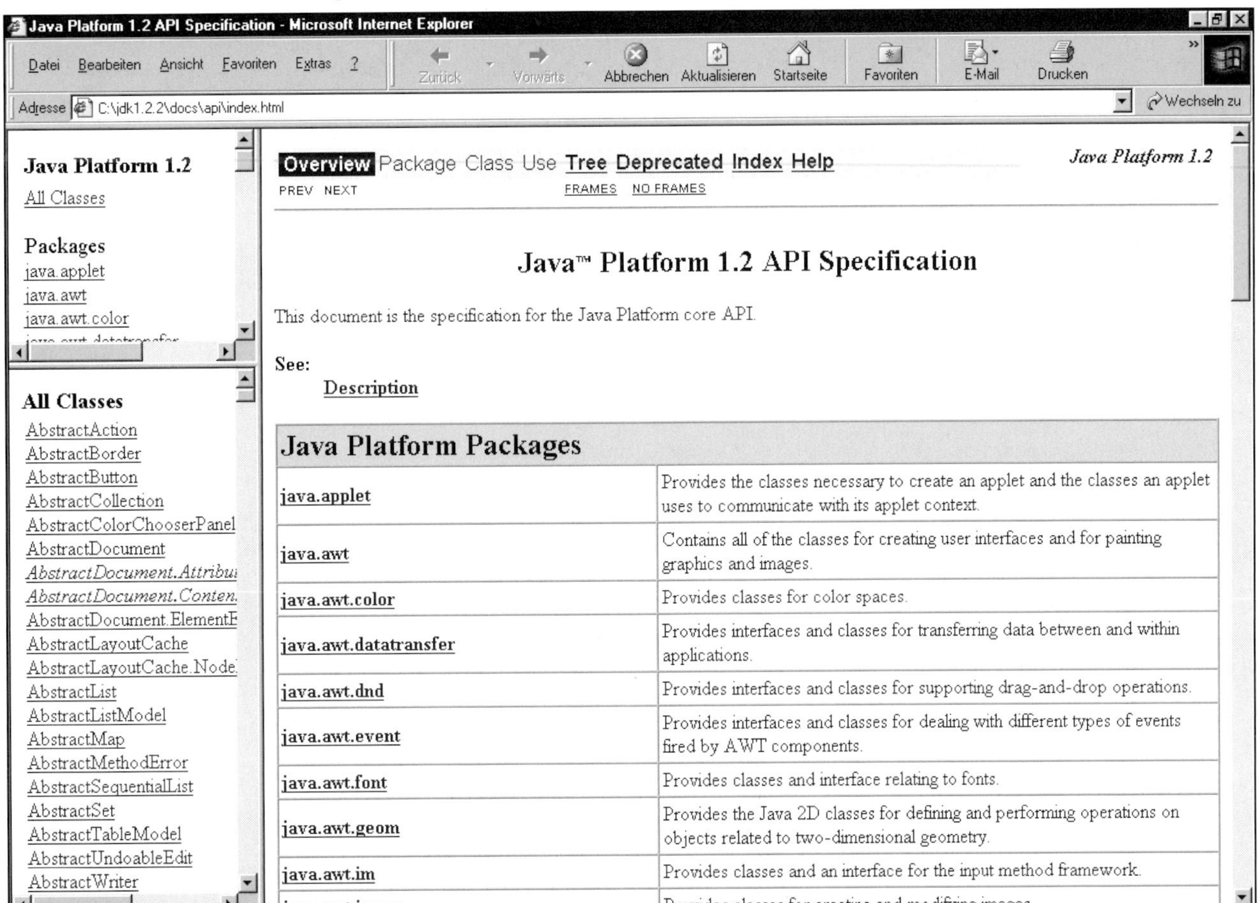

17.5 Voraussetzungen für serverseitige Programmierung mit Java

Die Alternativen

Auf einem Host ist ein Programm (Webserver) installiert, das über Ein- und Ausgangsleitungen (Ports) Verbindung mit dem Internet hat. Der am weitesten verbreitete Webserver (ca. 60 %) ist **Apache**. Auf dem Host können wir unsere Webseiten unterbringen, die vom Browser eines Kunden geladen werden. Auf dem Host bringen wir aber auch Programme unter, die auf Kundeneingaben reagieren.

Serverseitige Programme (CGI-Scripte) kann man in verschiedenen Sprachen schreiben. Früher wurde häufig **C** oder **Perl** benutzt. Perl ist eine Interpreter-Sprache. Ein Perl-Interpreter und ein **C**-Compiler ist gewöhnlich auf UNIX- oder Linux-Servern vorhanden. In letzter Zeit hat **PHP** große Verbreitung gefunden, insbesondere auch für die Datenbankabfrage. Die meisten Hosts sind für PHP vorbereitet. Die Kombination von Linux, Apache, MySQL und PHP wird auch mit **LAMP** abgekürzt .

Die bessere Wahl sind **Java-Servlets**. Servlets sind Plattform-unabhängig. Wir können sie also auf einer MSWindows- oder einer Macintosh-Maschine kompilieren, auf den Server kopieren und zum Beispiel unter Linux laufen lassen. Servlets bieten mehr Sicherheit. Für Servlets muss nicht jedes mal bei einer Kundenanfrage ein neuer Prozess gestartet werden. Wenn mehrere Kunden aus dem Internet gleichzeitig das Servlet aufrufen, werden im Hauptspeicher mehrere Objekte nebeneinander ins Leben gerufen. Ihr Platzbedarf ist der jeweiligen transportierten Datenmenge angepasst. Die Verbindung zur Datenbank wird gewöhnlich in einem Verbindungspool gemanagt, sodass nicht jedes mal eine Verbindung aufgebaut und wieder abgebaut werden muss, was die meiste Zeit kostet. Das Servlet-API unterstützt Cookies und Sessions, mit ihnen können Informationen über mehrere Anfragen hinweg gespeichert werden. Für Servlets muss der Server ebenfalls vorbereitet sein. Eine Laufumgebung für Servlets (und auch Java Server Pages) ist **Tomcat**. Tomcat ist ein eigenständiger, in Java geschriebener Server.

Welche der Alternativen wir realisieren hängt von den Möglichkeiten unseres Internet-Providers ab. Es gibt Internet-Hosts, auf denen man kostenlos oder gegen eine geringe Gebühr Platz erhalt, sowie die Möglichkeit, PHP-Programme oder Java-Servlets laufen zu lassen. Auch Datenbanken kann man dort einrichten und abfragen [102]. Binden wir einen eigenen Host ins Netz ein, so können wir alles noch bequemer ausprobieren.

Servlets entwickeln

Das **Java Servlet Development Kit** [23] erhält man von Sun. Zum Zeitpunkt der Abfassung dieses Buches hieß die Version für Windows *jsdk2_0-win.zip*. Nach dem Installieren sind die benötigten Java- Servlet-Klassen im Unterverzeichnis **javax**. Beim Kompilieren des Servlets auf dem lokalen Rechner mit javac ist darauf zu achten, dass die im Programmkopf angegeben Klassen gefunden werden. Wenn die Quellprogramme im Verzeichnis Beispiele stehen und die Servlet-Klassen sich in einem Unterverzeichnis befinden, so ist dies gewährleistet, ansonsten ist der Klassenpfad anzugeben.
Wenn die Servlet-Klassen kompiliert sind, kopiert man sie am besten in das Verzeichnis *c:\jsdk20\lib* und setzt den Klassenpfad dorthin:

```
SET CLASSPATH=C:\jdk1.3\lib;C:\Jsdk20\lib;
SET PATH=C:\jdk1.3\bin;C:\Jsdk20\bin;
```

Servlets laufen lassen

Zum Testen kann man Servlets auch auf der lokalen Maschine laufen lassen. Hierfür eignet sich der Tomcat Server [26]. Zum Zeitpunkt der Abfassung dieses Buches hieß die Version für Windows *jakarta-tomcat-4.0.1.zip*. In der Autoexec.bat-Datei trägt man dann zum Beispiel ein:

```
SET TOMCAT_HOME=C:\Tomcat
SET JAVA_HOME=C:\jdk1.3
```

Tomcat startet man zum Beispiel im Verzeichnis *C:\Tomcat\Jakarta\bin* mit dem Aufruf von *startup.bat*. Das Servlet kann man einfach mit einem Browser aufrufen, indem man im URL-Fenster eingibt:

```
http://localhost:8080/servlet/ServletEins
```

Das kompilierte Servlet wird auf den Server übertragen. Dort muss es sich in einer **Zone** befinden, die für Servlets vorgesehen ist. Von dort aus muss gegebenenfalls der **MySQL-Treiber** für Java gefunden werden. Wenn sich die Treiberdateien in einem Unterverzeichnis befinden, ist dies gewährleistet.

17.6 Anfragen an Datenbanken mit Java

Java-Programmierer sind nicht nur unabhängig von der jeweiligen Hardware und dem jeweiligen Betriebssystem des Rechners, sie sind auch unabhängig von der Software. Java Database Connectivity (JDBC) ist eine Programmierschnittstelle, die es erlaubt, mit Java Anfragen an verschiedene Datenbanken zu richten [27]. Die Anfragen werden als Texte an die Datenbank geschickt, die in der Datenbank-Abfragesprache SQL abgefasst sind. Je nachdem, mit welcher Datenbank man kommunizieren möchte, benötigt man verschiedene Treiber, die man im Internet findet. Hier die Namen einer Auswahl:

Access	sun.jdbc.odbc.JdbcOdbcDriver
MySQL	org.gjt.mm.mysql.Driver
MiniSQL	com.imaginary.sql.msql.MsqlDriver
Oracle	oracle.jdbc.driver.OracleDriver

Zugriff auf eine MS-Access-Datenbank

Man kann unter Windows eine Verbindung zu einer vorher erstellten Microsoft-Access-Datenbank (siehe Seite 29) erhalten, indem man (als Administrator) für diese Datenquelle den Treiber einrichtet:

```
Start - Einstellungen - Systemsteuerung
ODBC-Datenquelle 32 Bit (Datenquellenadministrator)
System-DNS - Hinzufügen
Microsoft Access-Treiber - Fertig stellen
Datenquellenname - Auswählen
```

MySQL-Datenbank unter Linux

Auf Internet-Servern hat das Datenbank-Management-System MySQL weite Verbreitung gefunden. Ein Hauptgrund ist seine Schnelligkeit bei gleichzeitigem Zugriff mehrerer Nutzer. Bei der Installation von Linux auf einem Rechner im Schulnetz wird automatisch MySQL installiert.
Wir starten MySQL zum ersten Mal, indem wir an der Eingabeaufforderung eintippen:

```
/sbin/init.d/mysql start
```

Später genügt einfach `mysql`. Die folgenden Befehle können auch über eine Telnet-Verbindung aus einem fernen Rechner eingegeben werden. Jeder Befehl endet mit einem Semikolon.
Verschaffen wir uns einen Überblick über die schon vorhandenen Datenbanken:

```
show databases;
```

In der Regel sind mindestens zwei Datenbanken schon vorhanden: `test` und `mysql`. Test ist leer, in mysql befindet sich eine Tabelle mit Userrechten, in die nur der Administrator (root) Einblick hat.
Wir wechseln zur Datenbank test mit

```
use test;
```

Lassen wir uns die Namen der Tabellen anzeigen, die zu unserer Datenbank gehören:

```
show tables;
```

Anlegen einer neuen MySQL-Datenbank:

Eine neue Datenbank mit dem Namen meinedb erschaffen wir mit

```
create database meinedb;
```

Um eine neue Datenbank zu schaffen, benötigt man allerdings Administratorrechte. Für das Auffüllen mit Daten und die Abfrage von Daten genügen User-Rechte. Wir benutzen die Datenbank mit

```
use meinedb;
show tables;
```

ergibt: `Empty set` (leere Menge).

Anlegen einer neuen Tabelle:

Legen wir in der Datendank eine neue Tabelle mit Adressen an:

```
create table Adressen (Nummer integer,Nachname char(20),Vornam char(20));
```

Die Spalten der Tabelle sollen zum Beispiel Nummer, Nachname, Vorname heißen. Man muss zu jeder Spalte den Typ des Inhalts angeben. Eine ganze Zahl ist vom Typ *integer*, eine Zeichenkette vom Typ *char*. Die Länge der Zeichenkette ist hier 20.
Wir kontrollieren:

```
show tables;
tables in meinedb
Adressen
1 row in set
```

Die Adressen können zum Beispiel die Adressen der Lieferanten einer Firma sein. Eine zweite Adressenliste könnte die Adressen der Kunden enthalten. Eine dritte die Tabelle der zu verkaufenden Waren. Diese Tabellen sind normalerweise miteinander verknüpft, deshalb relationale Datenbank. Die Lieferanten haben zum Beispiel eine Beziehung zu den Waren. Wir fügen nun in die Adresstabelle Werte ein:

```
insert into Adressen (Nummer, Nachname, Vorname)
            values (1, "Schneider", "Bastian");
```

Wir müssen natürlich den Typ und die Anzahl der Werte beachten, die in der Tabelle vorhanden sind. Zeichenketten werden mit Anführungszeichen eingegeben.
Die Daten einer ganzen Tabelle können wir auslesen und in einer anderen Datei speichern:

```
select * from Adressen into outfile "/home/ag/Adressen.txt";
```

Wir können Daten einlesen mit:

```
load data infile "/home/ag/Daten/Adressen.txt" into table testtabelle;
```

Benutzt man zum Erstellen der Daten einen Editor, so empfiehlt es sich, beim Sprung zur nächsten Spalte jeweils die Tabulator-Taste zu benutzen. Man kann die Daten auch zuerst mit dem Tabellenkalkulationsprogramm Excel von Microsoft auf dem lokalen PC zusammenstellen und dann in das Internet übertragen.

17.7 Programmieren für mobile Geräte mit Java

Mobile Anwendungen auf Mobiltelefonen müssen sich mit geringer Geschwindigkeit und wenig Speicherplatz begnügen. So gibt es Handys, die noch mit einem 16 Bit-Prozessor, 25 MHz Taktfrequenz und 128 KB Speicher arbeiten. Diese Geräte werden unter dem Begriff Connected Limited Device Configuration (CLDC) zusammengefasst. Für sie wurde die Virtuelle Java-Maschine (JVM) anpepasst und auf das Nötigste beschränkt. Diese Virtuelle Maschine heißt nun KVM, um anzudeuten, dass sie mit Speicherplatz im Kilo-Bereich zufrieden ist.
Werden die Anwendungen auf einem Server Servlets, auf einem Client Applets genannt, so ist entsprechend für die Anwendungen auf einem mobilen Gerät der Ausdruck MIDlet gebräuchlich (Mobile Information Device).
In Japan gibt es Anwendungen, die auf dem Multimedia-Übertragungssystem iMode basieren und iAppli genannt werden (von der Firma NTTDoCoMo entwickelt). Es handelt sich bei diesen Anwendungen um Spiele, Börsencharts und Navigationsprogramme für Mobiltelefone.
JavaCard wird eine Architektur genannt, die Java auf einer Smartcard laufen lässt. Solche Karten sind in Handys enthalten. Es herrscht die Ansicht, dass in der Nach-PC-Ära der Markt für Geräte, die mit einem Netz oder dem Internet verbunden sind, sei es durch Telefonkabel, Fernsehkabel oder über Funk (Over The Air, OTA), wächst und damit auch der Markt für derartige Anwendungen.

17.8 Umgang mit Integrierten Entwicklungsumgebungen

Wie für andere Sprachen wie Visual Basic, C++, Delphi, gibt es auch für Java integrierte Entwicklungsumgebungen, die das Schreiben von Programmen erleichtern sollen. Im Internet gibt es einige Integrierte Java-Entwicklungsumgebungen zum kostenlosen Download, jedenfalls in einer eingeschränkten Version, wie zum Beispiel Forté for Java von der Firma Sun oder Jbuilder Personal Edition von der Firma Borland. Weitere IDEs sind J++ von Microsoft, Visual Cafe von Symantec, IBM VisualAge for Java und IBM WebSphere. Siehe [19], [20], [21], [22].

An die jeweilige Oberfläche muss man sich erst gewöhnen, denn sie besitzt viele Funktionen, die man anfangs nicht benötigt. Die Quelltexte, die automatisch erzeugt werden, sind nicht leicht zu verstehen, man kann sie aber löschen und eigenen Code einfügen. Eine integrierte Entwicklungsumgebung enthält in der Regel folgende Komponenten:

- einen Editor zum Schreiben von Quelltext,
- Werkzeuge zum Einfügen von Komponenten wie Buttons, Menüs, Fenster und Dialogen mit der Maus,
- Programmvorlagen (Klassentemplates),
- einen Debugger zur Fehlersuche.

Die Oberfläche nimmt abhängig von den Aktionen des Benutzers ein unterschiedliches Aussehen an.

Eine einfache Oberfläche zum Entwickeln von Java-Programmen ist der Java-Editor [19]. Er ist kostenlos, leicht zu handhaben und beansprucht wenig Speicherplatz:

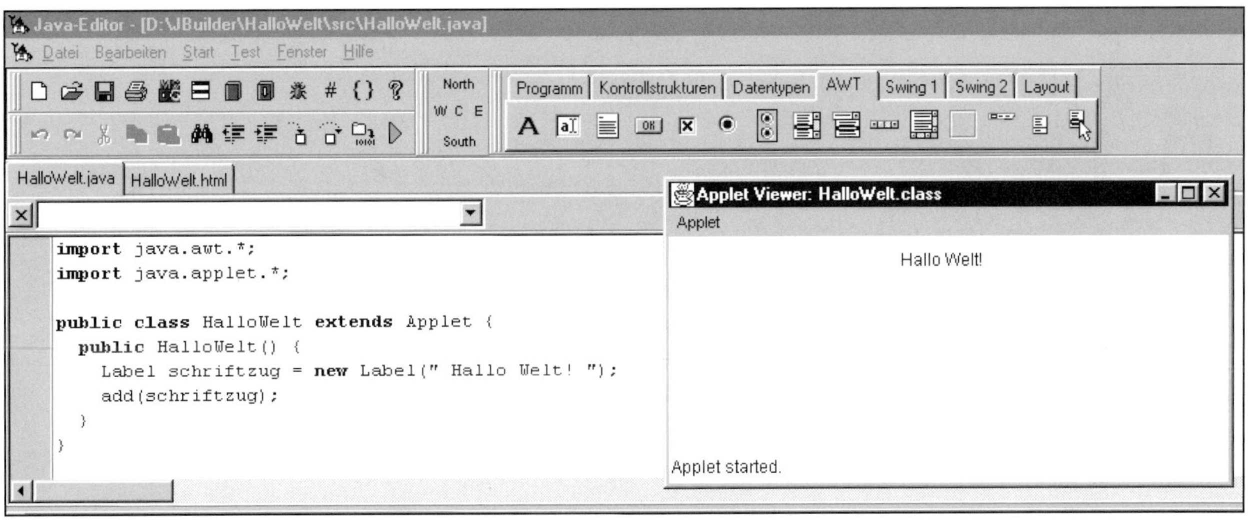

Wir besprechen hier als Beispiel den Umgang mit Jbuilder. Die anderen Umgebungen sind ähnlich zu handhaben. Falls man sie zur Verfügung hat, sollte man das Vorgehen gleich am Rechner mitmachen, ansonsten haben diese Seiten keinen Sinn.

Jbuilder

Beim Start des JBuilder wird der Bildschirm in mehrere Fenster unterteilt. Das **Navigationsfenster** links oben zeigt die Liste der Dateien an, aus denen sich das aktuelle Java-Projekt zusammensetzt. Wenn im Navigationsfenster eine Datei ausgewählt ist, zeigt das **Strukturfenster** links unten die einzelnen Elemente und ihre Hierarchie an. Im **Inhaltsfenster** rechts wird der Inhalt der ausgewählten Datei angezeigt.
Beim ersten Start öffnet sich das Java-Projekt Welcom.jpr. Im linken Übersichtsfenster ist die Datei Welcomhtml ausgewählt und im rechten Fenster wird eine Einführung in das Arbeiten mit Jbuilder gegeben. Diese Einführung besteht aus HTML- Seiten, in denen man durch Anklicken von Schaltflächen zu den jeweiligen Themen kommt.

Einrichten eines Java-Projekts

Zu einem Java-Projekt gehören eine Reihe von Dateien, die unter einem Projektnamen zusammengefasst werden. Im Navigationsfenster sieht man, welche Dateien zu dem Projekt Welcom.jpr gehören. Die Dateien mit der Endung java sind die Quelltext-Dateien. Wenn wir auf eine solche Datei doppelklicken, erscheint im linken unteren Fenster die Struktur der Datei und im rechten Fenster der Programmquelltext.
Der Quelltext sieht ein wenig kompliziert aus. Schließen wir das Projekt mit

```
Datei - Projekte schließen
```

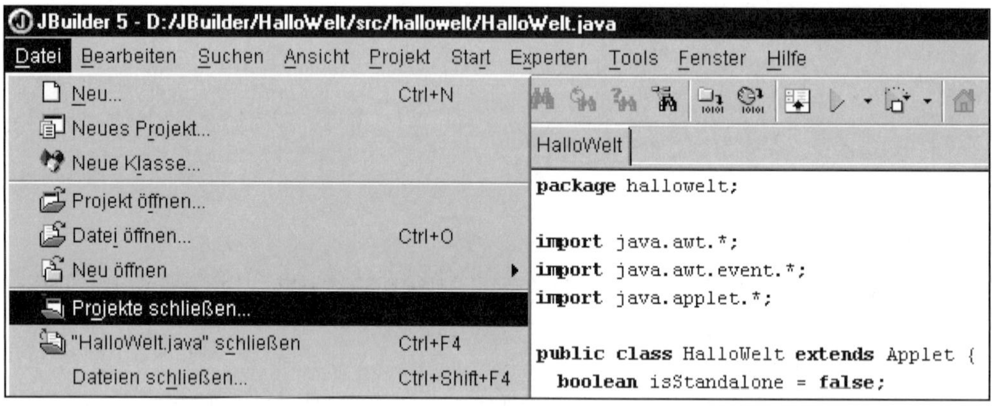

und erstellen unser erstes eigenes Projekt mit

```
Datei - Neu - Applet
```

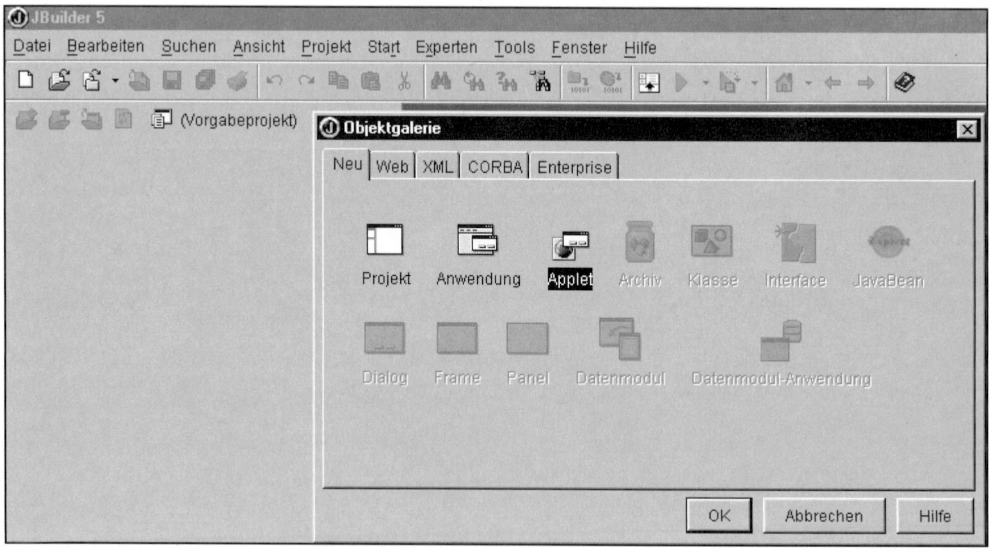

Es erscheint ein Experte (Project Wizard), der einen Bildschirm-Dialog zum Erstellen eines neuen Projekts beginnt. Er fragt nach den gewünschten Verzeichnissen und Namen für das neue Projekt. Man sollte sich gut überlegen, wo man seine Programmierübungen abspeichern möchte. Wir wählen hier als Projektnamen HalloWelt und als Verzeichnis JBuilder.

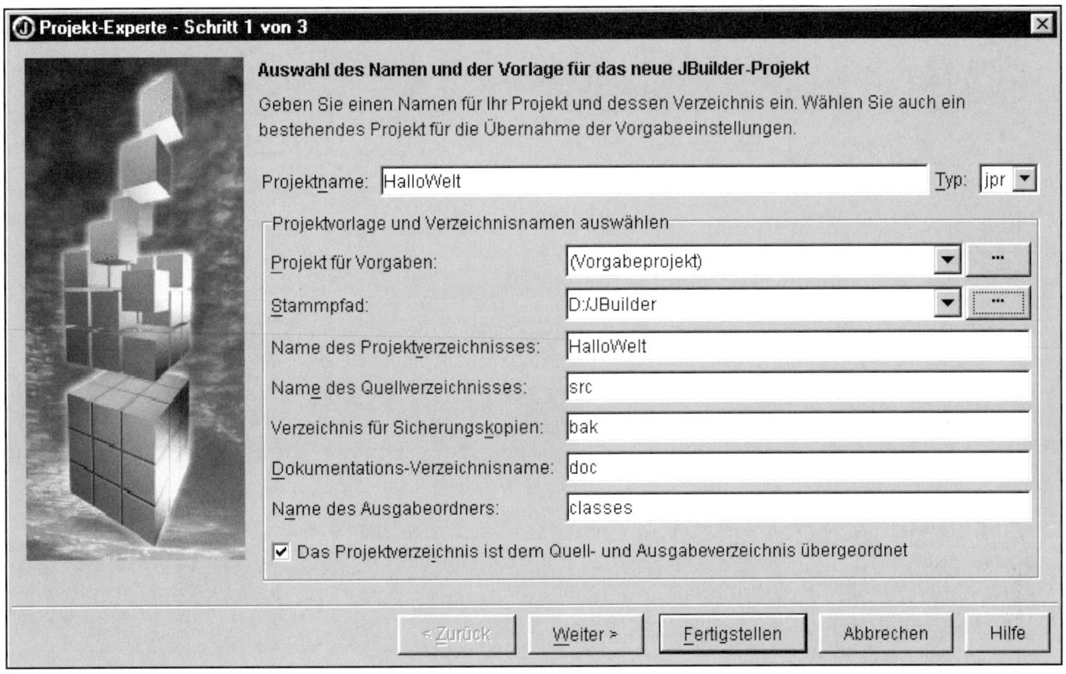

Als nächstes erscheint der Applet-Experte (Applet Wizzard):

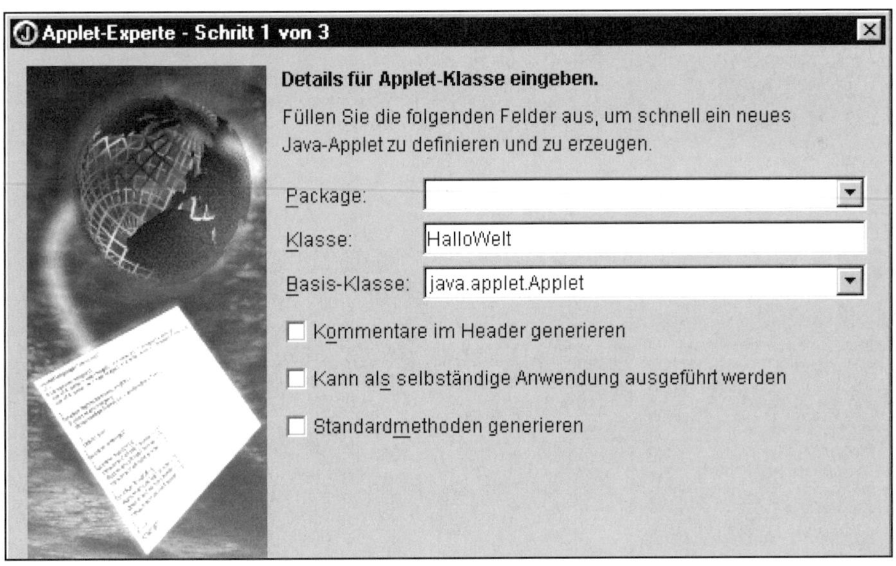

Ein Package brauchen wir jetzt noch nicht. Als Namen für unser Applet geben wir ein: *HalloWelt*. Die Basisklasse, von der unsere Appletklasse Eigenschaften erbt, ist *java.applet.Applet*.

Im nächsten Schritt erstellen wir noch die HTML-Seite für unser Applet und geben ihr eine Überschrift. Wir können hier Breite und Höhe des Applets festlegen:

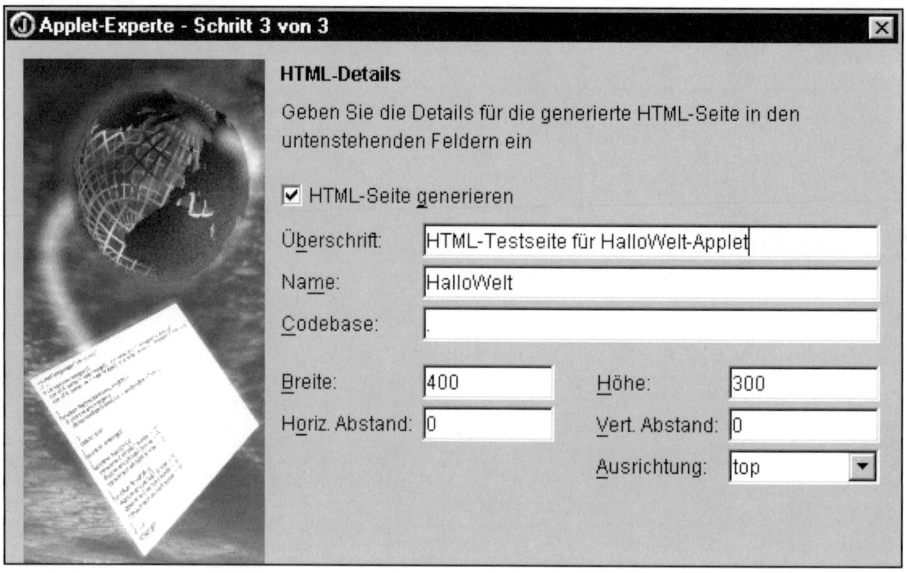

Damit sind die Einstellungen für unser Projekt beendet. Es wurden dabei mehrere Dateien erzeugt:
Eine Datei *HalloWelt.html*, in der Informationen über das Projekt gespeichert werden können. Wir müssen sie nicht beachten.

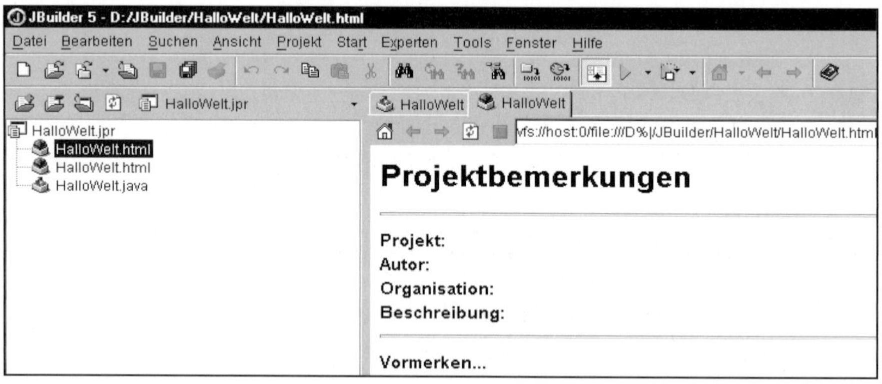

Eine zweite Datei *HalloWelt.html*, die unser Applet beherbergen soll. Hier können wir zum Beispiel noch den angezeigten Text ändern

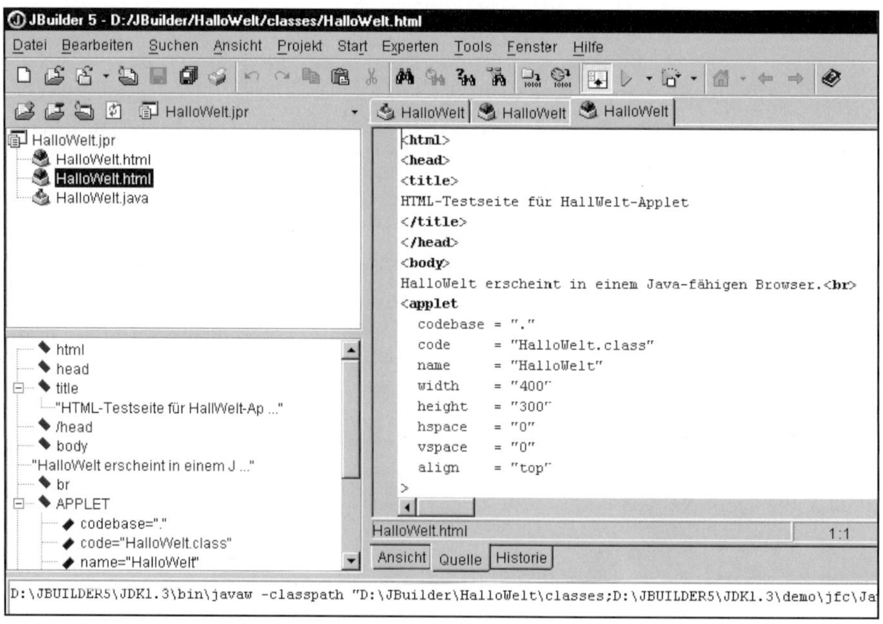

Die dritte Datei *HalloWelt.java* enthält den Quelltext unseres Applet, der automatisch erzeugt wurde. Wir können diesen Text im Quelltextfenster rechts betrachten. Wenn wir in der Menü-Leiste oben auf den grünen Pfeil für *Projekt ausführen* klicken, öffnet sich das Fenster des Applet-Viewers und wir sehen, es ist noch leer. Der größte Teil des automatisch erzeugten Quelltextes ist entbehrlich. Wir löschen alles bis auf die abgebildeten ersten vier Zeilen und fügen ein Label Schriftzug hinzu:

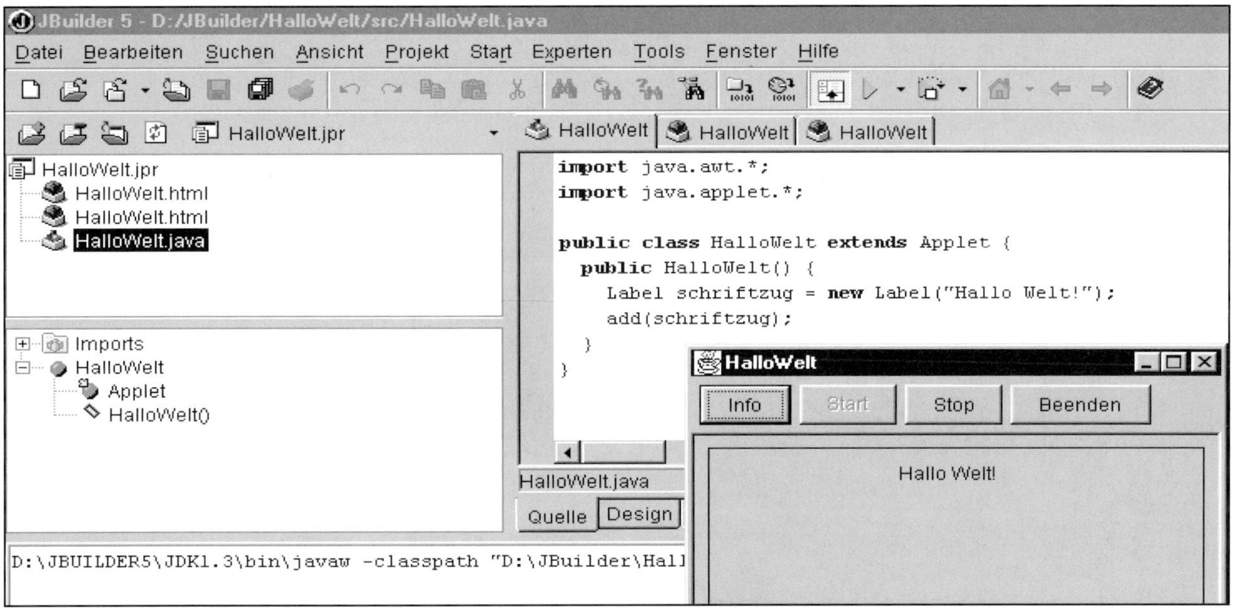

Wir speichern alles und klicken im Menü auf Run (grüner Pfeil). Es erscheint der *Applet-Viewer* mit der Appletfläche, auf der *Schriftzug* wie gewünscht vorhanden ist. Den Inhalt der Quelltextdatei können wir bei künftigen Programmen wieder verwenden (Markieren, Kopieren und Einfügen).
Nun leben Applets normalerweise in einem Browser. Durch Doppelklick auf die Datei HalloWelt.html im linken Übersichtsfenster wird die HTML-Datei im Browser angezeigt:

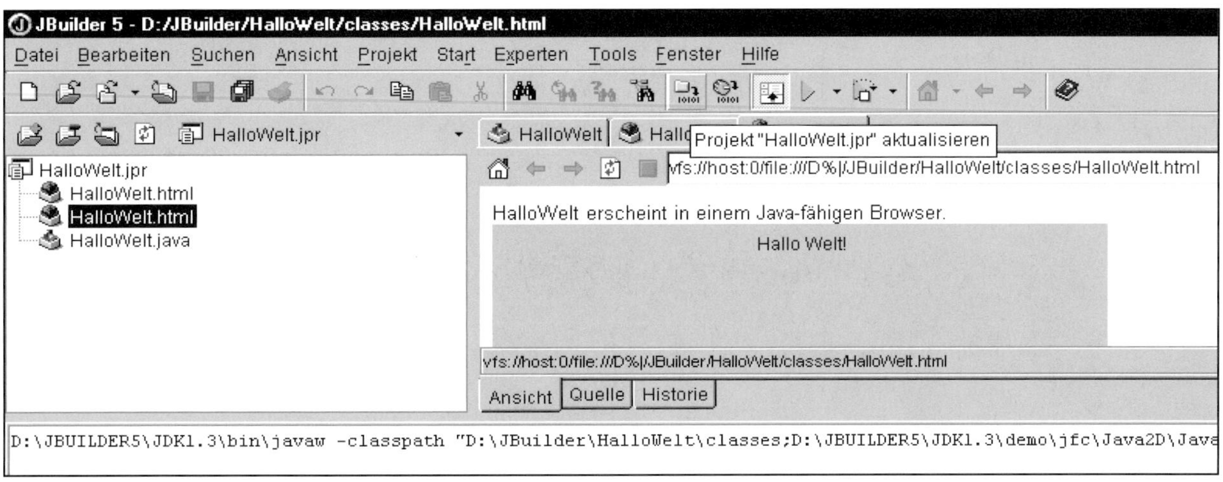

Mit dem Explorer von Windows kontrollieren wir die Lage unserer Dateien. Für ein neues Projekt wird ein neuer Ordner angelegt,in dem sich die Datei HalloWelt.html mit Informationen über das Projekt befindet. Im Unterverzeichnis *classes* findet sich die beim Kompilieren erzeugte Class-Datei unseres Applets und die HTML-Datei, die HalloWelt.class aufruft und das Applet anzeigt. Im Unterverzeichnis *src* wird der Quelltext (Source Code) *HalloWelt.java* gespeichert.

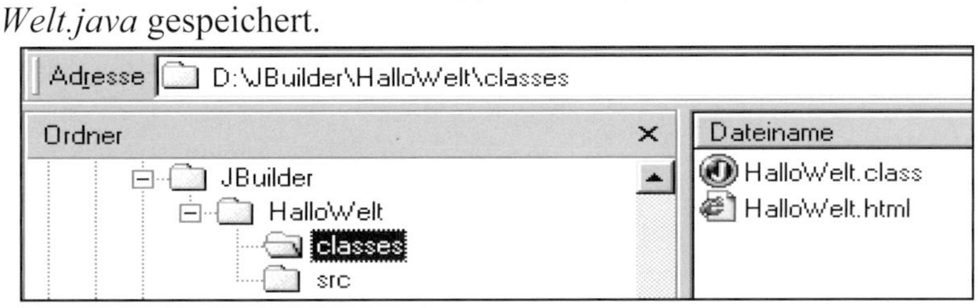

Visuelles Programmieren

Mit

`Datei - Neues Projekt`

erstellen wir ein neues Projekt *Projekt1* und mit

`Datei - Neu - Applet`

ein Applet mit Namen *prog1*. Wir klicken nun unten auf die Registerkarte

`Design`

unter dem Java-Quelltext. Hier kann die Oberfläche des künftigen Applets mit der Maus (visuell) gestaltet werden. Es wird nun darüber eine neue Menüleiste angeboten, in der wir AWT auswählen, das Abstract Windowing Toolkit. Wir klicken auf den

`OK-Button`

und platzieren ihn mit der Maus auf der Oberfläche. Er wird automatisch in der Mitte oben angeordnet, denn es ist als Voreinstellung ein *flowLayout* eingestellt. Zu unserem Button erscheint nun ein Objektinspektor mit den beiden Auswahlmöglichkeiten **Eigenschaften** (Properties) und **Ereignisse** (Events). Wir legen zuerst die Eigenschaften unseres Objekts fest: Im Feld **Namen** schreiben wir `knopf1` und im Feld **Beschriftung** (label) schreiben wir `Klicke mich!`

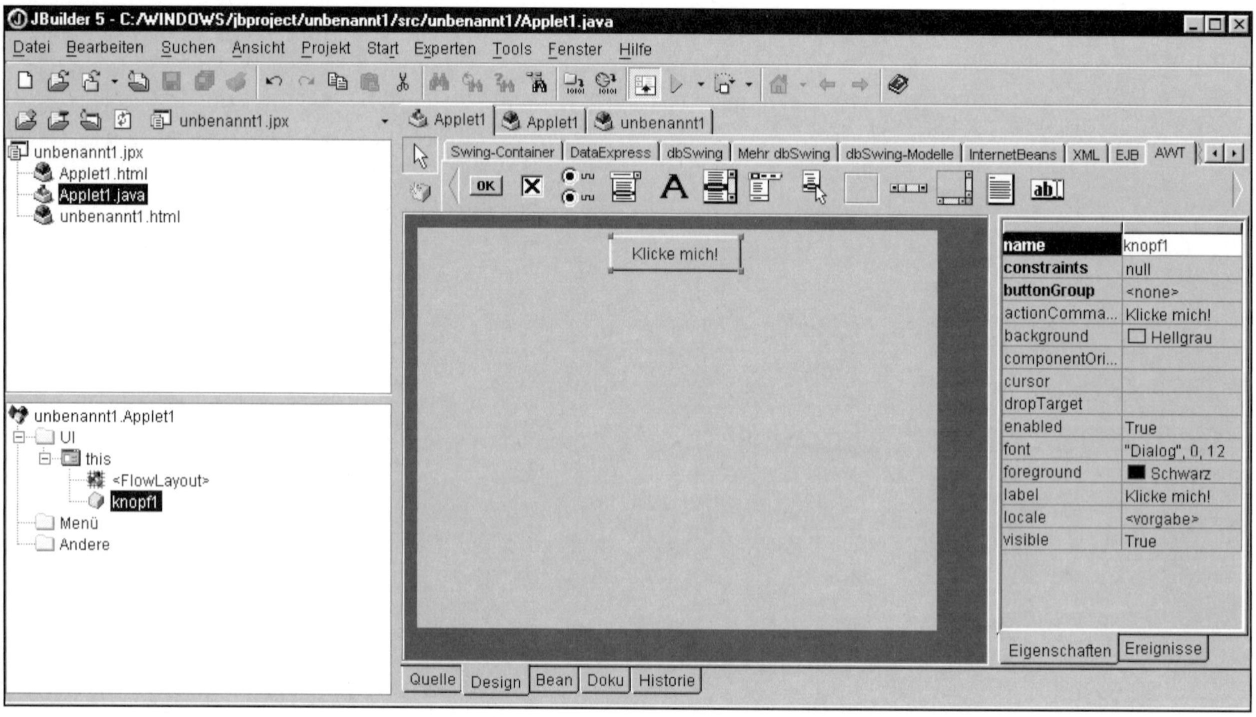

Dann legen wir das Ereignis fest, was also passieren soll, wenn der Knopf gedrückt wird: Wir klicken hinter actionPerformed und drücken die Eingabetaste. Wir werden nun automatisch an die Stelle geführt, an der wir im Quelltext unsere Anweisung einfügen können. Wir schreiben dort:

```
knopf1.setBackground(Color.red);
```

Wir speichern alles erst mal ab und klicken dann im Menü auf **Run**. Es erscheint der Appletviewer mit der Appletfläche, auf der tatsächlich unser Button knopf1 mit der Beschriftung `Klicke hier!` vorhanden ist. Ein Klick auf ihn und er wird rot.

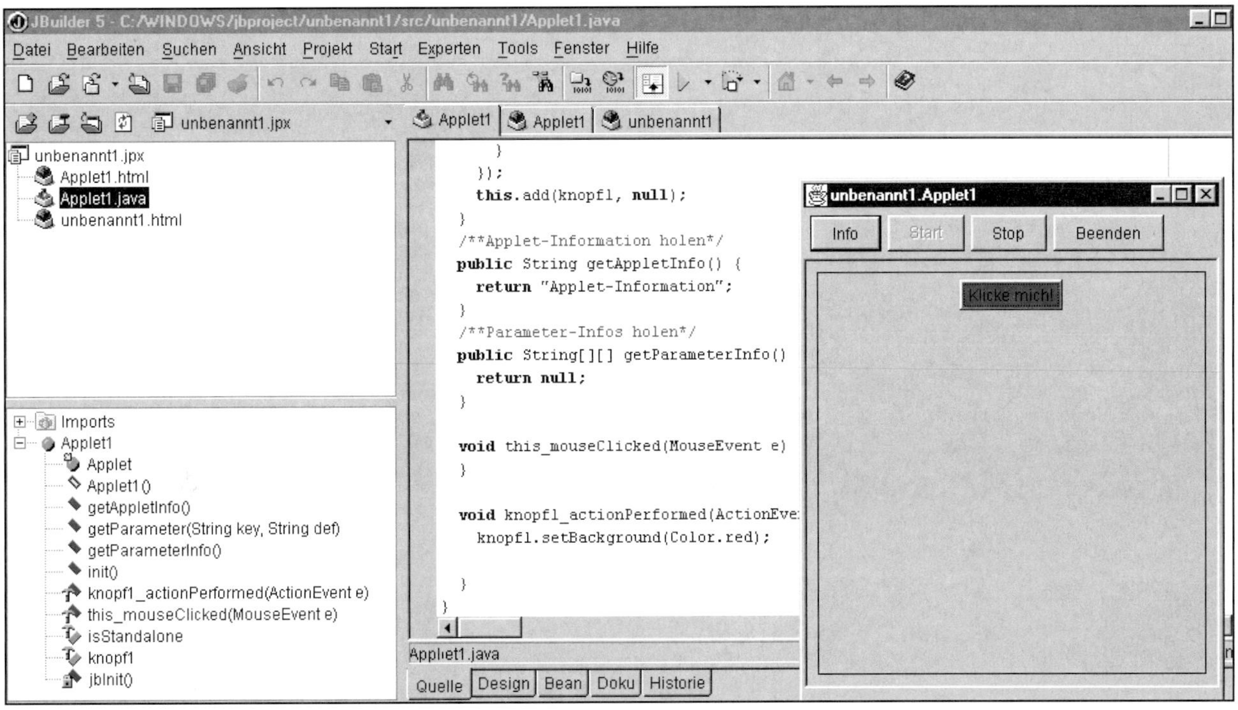

17.9 Software aus dem Internet

Die Verweise auf WWW-Seiten wurden sorgfältig ausgewählt. Der Autor garantiert nicht, dass sie auch in Zukunft immer den jetzt beschriebenen Inhalt haben. Er garantiert auch nicht, dass die Software in Zukunft immer kostenlos erhältlich ist, ebenso wenig haftet er für irgendwelche Fehler oder Schäden, die beispielsweise beim Download, der Benutzung der Programme oder durch Viren entstehen könnten.

(1) Dateien packen und entpacken: WINZIP:
Download: http://www.winzip.de

(2) Telnet-Programm: EWAN
Download: http://www.lysator.liu.se/~zander/ewan.html
Näheres: http://www.uni-marburg.de/hrz/win31/ewan/

(3) File-Transfer-Programm: WS_FTP
Download: http://www.ipswitch.com/
Näheres: http://www.uni-marburg.de/hrz/win95/ws_ftp/

(4) E-Mail-Programme:
PostMe Download: http://www.postme.de/
Pegasus Download: http://www.pmail.com/
Eudora Download: http://www.eudora.com/

(5) HTML-Editor: HTML-Edit
Download: http://www.meybohm.de/htmledit/
HTML-Format: http://www.downloadbereich.de/HTML-Format/
Vergleiche: http://www.tecchannel.de/software/190/43.html

(6) GIMP Grafikprogramm unter Linux
Download: http://www.gimp.org

(7) GIMP gibt es auch für Microsoft Windows:
http://www.gimp.org/~tml/gimp/win32//
LZW-PlugIn für GIMP:
http://www.iki.fi/tml/gimp/win32/lzw-plugins-20001023.zip
Installationsanleitung:
http://www.gimp.de/989261654/index_html

(8) Grafikprogramm Paint Shop Pro
Download: http://www.jasc.com/

(9) GIF-Animationen:
GifMovieGear: http://ftp.gamani.com
Gif Construction Set: http://www.mindworkshop.com

(10) Videobearbeitung: Ulead VideoStudio
Download: http://www.ulead.de/
IFilmEdit:
Download: http://www.cinax.com/Products/ifilmedit.html
Adobe: http://www.adobe.com/
http://www.adobe.com/motion/main.html
Pinnacle:
http://www.pinnaclesys.de/de/default.asp

(11) Videokomprimierung: DivX
Download: http://www.DivX.com

(12) RealPlayer:
http://www.real.com/

(13) Napster:
http://www.napster.com/

(14) Audio-Dateien bearbeiten und umwandeln: GoldWave
Download: http://www.goldwave.com/

(15) Textverarbeitung, Tabellenkalkulation und Datenbank: Star Office
Download: http://www.sun.com/staroffice/

(16) Wörterbuch und Worterklärung:
Download: http://info.babylon.com/

(17) Mind-Mapping:
Emindmap: http://www.emindmap.de
http://lfb.lbs.bw.schule.de/mindmap/

(18) Java Developers Kit:
http://java.sun.com/products/jdk/1.2/jre/download-windows.html
http://www.sun.com

(19) Java-Editor von Gerhard Röhner:
http://www.bildung.hessen.de/abereich/inform/skii/material/java/editor.htm

(20) Fortè for Java (Java-Entwicklungssystem von Sun):
http://www.sun.com/software/shop/

(21) Jbuilder, Java-Entwicklungssystem von Borland:
http://www.borland.com/
http://www.borland.com/jbuilder/

(22) WebSphere, Java-Server von IBM:
http://www-1.ibm.com/support/

(23) Java Servlet Developers Kit jsdk (javax):
http://java.sun.com/products/servlet/index.html

(24) Webserver Apache:
http://www.apache.org

(25) PHP für Linux und Windows:
http://www.php.net/downloads.php

(26) Tomcat (Servlet Container):
http://jakarta.apache.org/

(27) MySQL-Treiber für Java:
http://www.worldserver.com/mm.mysql/

(28) Datenbank-Management-System MySQL:
http://www.mysql.com/downloads/index.html

(29) MySQL-Anleitung:
http://www2.rent-a-database.de/mysql/mysql-11.html

(30) Ghost View, Programm zur Erzeugung von Dokumenten im PDF-Format
http://www.cs.wisc.edu/~ghost/gsview/get40.htm

(31) Weitere Downloads:
http://download.cnet.com/

(32) Software-Vergleiche:
http://www.zdnet.de/download/specials/200004/video03-wc.html
http://www.tecchannel.de/software/190/43.html

17.10 Verweise auf WWW-Seiten

Suchmaschinen:

(33) http://meta.rrzn.uni-hannover.de/
Metasuchmaschine, sucht in mehreren Suchmaschinen gleichzeitig

(34) http://www.lbb.bw.schule.de/cgi-bin/index_html/alles/43
Suchmaschinen im Überblick

(35) http://www.google.de/
Schnelle Suchmaschine

(36) http://www.suchfibel.de
Wie benutzt man Suchmaschinen?

(37) http://www.whatis.com
Lexikon mit vielen Stichwörtern aus dem Computer-Bereich

(38) http://netlexikon.akademie.de/
Lexikon

(39) http://www.wissen.de/
Lexikon

(40) http://www.wissenistmacht.de
Hier werden Fragen beantwortet

(41) http://mesa.rrzn.uni-hannover.de/
Suche nach E-Mail-Adressen

(42) http://www.teleauskunft.de/
Telefonbuch

Weitere deutsche Suchmaschinen:

(43) http://www.fireball.de

(44) http://www.infcomportal.de

(45) http://www.yahoo.de

(46) http://www.crawler.de

(47) http://www.web.de

Weitere internationale Suchmaschinen:

(48) http://www.excite.com

(49) http://www.galaxy.com

(50) http://www.hotbot.com

(51) http://www.infoseek.com

(52) http://www.opentext.com

(53) http://www.webcrawler.com

(54) http://www.yahoo.com

Geschichte

(55) http://www.fourmilab.ch/babbage/contents.html
Charles Babbage, The Analytical Engine

(56) http://www.fourmilab.ch/babbage/applet.html
Ein Java-Applet, das die Babbage-Maschine simuliert

(57) http://www.woman.de/texte/adalovelace.html
Biografie von Ada Lovelace

(58) http://www.kerryr.net/pioneers/boole.htm
Biografie von Gorge Boole

(59) http://www.codesandciphers.org.uk/
http://www.lexiter.com/misc/ps_crypto/enigma.html
Die Geschichte von Bletchley Park

(60) http://f.home.cern.ch/f/frode/www/crypto/tbombe.html
Entschlüsselter Funkspruch

(61) http://www.turing.org.uk/turing/scrapbook/tmjava.html
Hier ein Applet, das die Funktionsweise einer Turingmaschine simuliert. Von Graham Stalker-Wilde

(62) http://www.dbg.rt.bw.schule.de/lehrer/ritters/info/turing/bsp1.htm
Simulation einer Turingmaschinen von Andreas Rittershofer

(63) http://www.cs.man.ac.uk/CCS/
Computer Conservation Society - Nachbau von Colossus und Manchester Mark 1.
Simulation der Programmierung des Manchester Mark 1

(64) http://irb.cs.tu-berlin.de/~zuse/Konrad_Zuse/de/
Zuse-Homepage von seinem Sohn Horst Zuse

(65) http://www.library.upenn.edu/special/gallery/mauchly/jwmintro.html
Mauchly und der ENIAC

(66) http://www.w3.org/People/Berners-Lee/
Homepage von Tim Berners-Lee

(67) http://orga.uni-sb.de/lehre/mkm/Protagonisten/Jerry%20Yang/Jerry_Yang.htm
Jerry Yang, Gründer von Yahoo

(68) http://www.jonet.org/jochen/texte/bechtolsheim.html
Biografie von Andreas von Bechtolsheim

(69) http://archive.comlab.ox.ac.uk/other/museums/computing/pioneers.html
Pioniere der Computerentwicklung

(70) http://www.computerarchive.com/
Computer-Archiv

(71) http://vlmp.museophile.com/computing.html
Virtuelles Computer-Museum

(72) http://www.cpsc.ucalgary.ca/Courses/defaults/509/
Geschichte der Computer, The Department of Computer Science, University of Calgary, Canada

(73) http://orga.uni-sb.de/lehre/mkm/protagonisten.htm
Sammlung von Links zu wichtigen Persönlichkeiten der IT

(74) http://www.cs.iastate.edu/jva/jva-archive.shtml
Iowa State University Department of Computer Science

(75) http://www.computer-archiv.de/
Daten von historischen Computern

(76) http://www.computerhistory.org/timeline/1948/index.page
Ein Kalender der Computerentwicklung

(77) http://www.dtmb.de/
Deutsches Technikmuseum Berlin

(78) http://www.deutsches-museum.de/index.htm
Deutsches Museum München

Hardware, Maschinensprache

(79) http://tech-www.informatik.uni-hamburg.de/applets/cmos/cmos_dt.html
Animierte Java-Applets, die den Aufbau von logischen Schaltungen aus Transistoren darstellen.

(80) http://www.jegerlehner.ch/intel/index.html
Tabelle der Intel 80186 Assembler-Befehle

(81) http://www.mactech.com/articles/mactech/Vol.01/01.01/AssemblerIntro/index.html
Mac Assemler

(82) http://www.rocsystems.f9.co.uk/asmtut.htm
Assembler-Tutorial von Hugo Perez

Kryptographie und Datenschutz

(83) http://dbs.schule.de/recht.html
http://www.dfn.de/dfn/erklaerungen/jur-problem.html
http://www.uni-muenster.de/Jura.itm/hoeren/materialien/materialien.html
http://www.educat.hu-berlin.de/~diepold/recht.html
http://dbs.schule.de/urhebr.html
http://www.datenschutz.de/
http://www.datenschutz-berlin.de/to/vnetz/index.htm
Datenschutz

(84) http://www.david-datenschutz.de/secinternet.html
Studie zur Sicherheit im Internet

(85) http://www.hom.saar.de/~awa/kryptolo.htm
Skripte zur Informatik in der gymnasialen Oberstufe von Axel Wagner

(86) http://www.fernuni-hagen.de/CA/ssl-infos.html
SSL Verschlüsselung mit dem Browser

(87) http://www.pgpi.org/
PGP-Homepage

(88) http://www.rrz.uni-hamburg.de/RRZ/Software/PGP/RSA.html
Zahlentheoretische Grundlagen des RSA-Verfahrens

(89) https://www.fortify.net/sslcheck.html
prüft, ob der Browser 128-Bit-Verschlüsselung unterstützt

(90) http://www.infineon.com/news/index.htm
Unter Anderem: Mitteilungen über Entwicklungen bei Chipkarten

Chaos

(91) http://archive.comlab.ox.ac.uk/museums/computing/mandelbrot.html
Links zu Julia und Mandelbrot, Oxford University Computing Laboratory

(92) http://aleph0.clarku.edu/~djoyce/julia/explorer.html
Mandelbrot-und Julia-Mengen-Applets

(93) http://www.bernstein-berlin.de/data/zeitung/mathez/theorie/komplex/fraktal.html
Fraktale

Anleitungen zu Java

(94) http://java.sun.com/docs/books/tutorial/index.html
Java-Anleitung von Sun

(95) http://www.webappcabaret.com/index.html
http://www.mycgiserver.com/
http://java.isavvix.com/index.jsp
http://www.java-webhosting.de/webhosting.php
Java Servlet Hosting

(96) http://wwwlehrer.rz.uni-karlsruhe.de/~za345/java/tut/mainf.htm
Java-Hamster von Rudolph Harich, Fichte-Gymnasium Karlsruhe

(97) http://www.pohlig.de/
Informatik-Grundkurs mit Java, von Michael Pohlig

(98) http://www.uni-karlsruhe.de/~za220/htm/kurse/informat/inform.htm
Informatik-Grundkurs mit Java, von Reinhold Ley

(99) http://educeth.ethz.ch/informatik/karatojava/
JavaKara, der programmierbare Maikäfer von Werner Hartmann, ETH Zürich

(100) http://www.shu.ac.uk/schools/cms/teaching/db/java/
Java for Student, Douglas Bell, Mike Parr

(101) http://www.fh-niederrhein.de/~gkorsch/javakurs/Javagk.htm
Skripte zur Informatik in der gymnasialen Oberstufe von Peter Heiss

(102) http://www.java-tutor.com

(103) http://www.java-net.de

(104) http://www.selfjava.de

(105) http://www.boku.ac.at/javaeinf/jein.html

(106) http://java.seite.net

(107) http://medoc.informatik.tu-muenchen.de/Java/mut/index.html

(108) http://www. javabuch.de/
Download: Go To Java 2, Handbuch der Java-Programmierung von Guido Krüger

(109) http://www.geocities.com/SiliconValley/Vista/1460/java_tut_index.html

(110) http://bilbo.informatik.fh-augsburg.de/informatik/projekte/mebib/voml_fachgebiet.html
Sammlung von Links zu Java-Tutorials

(111) http://www.fh-wedel.de/~si/vorlesungen/java/inhalt.html

(112) http://www.be.schule.de/bics/inf2/programmiersprachen/java/demos.html

(113) http://www.shu.ac.uk/schools/cms/teaching/db/java/

(114) http://www.os-visions.de/

(115) http://www.boku.ac.at/javaeinf/

(116) http://java-tutor.com/

(117) http://infosoc.uni-koeln.de/akademie/java/

(118) http://java.sun.com/docs/books/tutorial/index.html

(119) http://sunsite.unc.edu/javafaq/javafaq.html

(120) http://www.afu.com/javafaq.html

(121) http://mindprod.com/gloss.html

(122) http://www.phrantic.com/scoop/toc.htm

(123) http://www.db.informatik.uni-kassel.de/Help/www/java21days/anh_b.htm

(124) http://java.sun.com/docs/books/tutorial/servlets/TOC.html

(125) http://www.taswegian.com/SRTP/javaslide/javaslide.html
Ein Java-Rechenschieber

Verschiedenes

(126) http://educeth.ethz.ch/informatik/
http://didaktik.cs.uni-potsdam.de/HyFISCH/
http://www.bildung.hessen.de/abereich/inform/skii/material/java/index.htm
Material für den Informatik-Unterricht

(127) http://www.iti.fh-flensburg.de/lang/algorithmen/sortieren/heap/heap.htm
Sortierverfahren

(128) http://www.php-center.de/tutorial/teil1.htm
http://www.amalesh.de/1steps2php/schritt01.php3
http://www.phpwelt.de/
PHP-Tutorials

(129) http://members.tripod.com/~accessbuch/kapitel1.htm
Anleitung zu Access

(130) http://www.kontent.de
Webspace für eigene Homepage mit der Möglichkeit, MySQL-Datenbanken anzulegen

(131) http://www.tripod.lycos.de
http://domains.freecity.de/
Webspace für eigene Homepage

(132) http://www.teamone.de/selfhtml/
HTML- und JavaScript-Tutorial von Stefan Münz

(133) http://www.netzwelt.com/selfhtml/ti.htm
Bildbearbeitung

(134) http://www.netzmafia.de/skripten/unix/index.html
Unix

(135) http://alp.dillingen.de/lg/54/123a/helpdesk/sitemap/sp2.htm
Glossar

(136) http://www.garage.hp.com/
Garagen- Programm von Hewlett-Packard für Gründer

(137) http://www.internetworld.de/
Nachrichten aus der Internetwelt von der Zeitschrift Internetwelt

(138) http://www.cyberdoktor.de/

(139) http://www.mapblast.com/myblast/index.mb
Landkarten

(140) http://www.hawking.org.uk/
Webseite von Stephen Hawking

(141) http://www.cornelsen.de/
Cornelsen-Verlag Berlin

17.11 Abkürzungen und Begriffe

Es handelt sich hier nur um eine kleine Auswahl. Im Internet findet man viele Lexika, die die Begriffe genauer erklären. (Siehe Links im vorigen Abschnitt.)

ADSL	Asymmetric Digital Subscriber Line. Technik zum Transport großer Datenmengen über die Telefonleitung, ermöglicht Geschwindigkeiten bis zu 9 MB/s zum Kunden (60 mal so schnell wie ISDN) und 768 KBit/s zurück ins Netz.
AFAIK	englische Kurzform für "As far as I know" ("soweit ich weiß")
ASCII	American Standard Code for Information Exchange
Apache	Verbreiteter Web-Server
API	Application Programers Interface, Schnittstelle, die beim Programmieren Funktionen des Betriebssystems nutzbar macht
Applet	In HTML eingebettete kleine Java-Anwendung
ASP	Application Service Provider, stellt Software bei Bedarf über das Internet zur Verfügung
ASP	Active Server Pages, Interaktive Webseiten mit Windows NT Server
ATAPI	AT-Bus Attachment Packet Interface, Schnittstelle zum Anschluss von CD-ROM-Laufwerken an einen Kontroller
Attachment	Anhang (an eine E-Mail)
Avatar	Figur, die den Teilnehmer in einem 3D-Chat oder in einer 3D-Community symbolisieren soll
AWT	Abstract Windowing Toolkit, Java-Bibliotek als eine plattformübergreifende Schnittstelle zum Betriebssystem
BIOS	Basic Input Output System, in einem Chip gespeichertes Programm, das das Starten des Betriebssystems ermöglicht
Bit	Binary Digit, eine Stelle im Binärsystem, mit dem Wert 0 oder 1, nicht verwechseln mit dem Pils aus der Eifel
Bot	Kurzform für Robot, Roboter
Broadcast	Senden von Mitteilungen an alle Teilnehmer
BDSG	Bundesdatenschutzgesetz
Browser	Web-Browser: Programm mit grafischer Benutzeroberfläche zur Darstellung von HTML-Seiten aus dem World Wide Web
Bus	Datenleitung zur Übertragung von Daten an mehrere Empfänger
Byte	8 Bit
C++	Programmiersprache
CAPI	Common Application Programming Interface, Schnittstelle zwischen ISDN-Geräten und der Software
CardX	Standard für die Übertragung großer Datenmengen (Videos) auf Notebooks und PDAs über USB und FireWire
CDC	Connected Device Configuration, Konfiguration für Geräte, die mit dem Netz oder Internet verbunden sind
CC	Carbon Copy, Durchschlag
CERN	Europäisches Zentrum für Hochenergiephysik in Genf, hier wurde das World Wide Web entwickelt
CGI	Serverseitiges Interface, das die Kommunikation von Browsern mit Programmen auf dem Server ermöglicht

Chat	"Plaudern", eine Oberfläche, die mehreren Teilnehmern das Schreiben von kleinen Texten an einer gemeinsamen Stelle im Internet ermöglicht
CLDC	Connected Limited Device Configuration, Konfiguration für Geräte mit beschränkten Möglichkeiten, die mit dem Netz oder Internet verbunden sind
COBOL	Comon Business Oriented Language, eine der ersten Programmiersprachen
Codec	Kompression und Dekompression von Videos und Audiodaten
Cookies	"Kekse", kleine Textdateien, die der Server auf dem Rechner des Kunden speichert (Nutzerprofil)
CORBA	Common Object Request Broker Architecture
CSLIP	Compressed SLIP (siehe SLIP)
CSS	Cascading Style Sheets, Möglichkeit zur Erzeugung eigener Formate mit HTML-Tags
Daemon	Disk And Execution Monitor, Programm, das im Hintergrund auf bestimmte Ereignisse lauert
DBMS	Database Management System
DENIC	Deutsches Netzwerk-Informations-Zentrum, koordiniert die Verteilung der Internet-Adressen
DES	Data Encryption Standard, System zum Kodieren und Dekodieren von Nachrichten, das geheime Schlüssel verwendet, seit 1977 von der amerikanischen Regierung benutzt
DIN	Deutsches Institut für Normung
DOM	Document Object Model, stellt die Daten eines XML-Dokuments in einer Baumstruktur dar
ENIAC	Electronic Numerical Integrator and Computer, einer der ersten Computer
Ethernet	In LANs verbreitete Hardware zur Verkabelung von Rechnern
GIF	Graphical Interchange Format, Grafik-Format
GIMP	GNU Image Manipulation Program, Grafikprogramm
GNU	rekursives Akronym, ein aus den Anfangsbuchstaben von "GNU's Not Unix" gebildet
GPL	General Public Licence Vereinbarungen für den Gebrauch und die Weiterentwicklung öffentlich zugänglicher Software
GUI	Graphical User Interface, Grafische Benutzeroberfläche zur intuitiven Benutzung eines Programms
HTML	Hyper Text Markup Language, mit Hilfe von eingefügten Markierungen wird ein Text gestaltet
HTTP	Hyper Text Transfer Protocol
IDE	Intergrated Development Environment, Integrierte Entwicklungsumgebung wie zum Beispiel Forte, Jbuilder, Delphi
IDE	Internal Data Exchange, Schnittstelle zum Anschluss von Geräten wie Festplatten und CD-ROMs an den Computer
IDL	Interface Definition Language
IP	Internet Protocol
ISDN	Integrated Services Digital Network
ISO	International Standard Organisation, erarbeitet technische Normen
JVM	Java Virtual Machine, Virtuelle Java-Maschine
JDBC	Java DataBase Connectivity, Klassenbibliotheken für die Anbindung von relationalen Datenbanken an Java-Programme
KVM	K Virtual Machine, Kilo-Virtuelle Maschine, Java-Maschine für beschränkten Speicherplatz
LAN	Local Area Network, Lokales Netzwerk, Intranet
LOL	Laugh out loudly, ich platze vor Lachen
Linux	Multi- User- Betriebssystem (Unix für PC), wird vor allem auch in lokalen Netzwerken und auf Internet-Servern verwendet

MIDI	Musical Instrument Digital Interface, Norm zur Digitalisierung von Musik
MIDlet	Java-Anwendung auf einer mobilen Plattform
MIDP	Mobile Information Device Profile, Java-Schnittstellen für mobile Kommunikationsgeräte
NIC	Network Information Center, vergibt Internet-Adressen
ODBC	Open DataBase Connectivity, Schnittstelle für die Anbindung von Windows-Datenbanksystemen
OTA	Over The Air, über die Luftschnittstelle, über Funk
PDF	Portable Document Format, Format zur Verbreitung von Texten über verschiedene Betriebssysteme
PNG	Portable Network Graphic, Grafikformat
PPP	Point to Point Protocol, ermöglicht den Datenaustausch zwischen einzelnen Rechnern über die Telefonleitung ohne Internet-Server
RAD	Rapid Application Development, Schnelle Anwendungsentwicklung unter Benutzung von vorgefertigten grafischen Komponenten
RMI	Remote Methode Invocation, Programmaufruf aus der Ferne, zum Beispiel über das Internet
SCSI	Small Computer System Interface, parallele Schnittstelle zur Verbindung mit Geräten (Festplatte, Drucker, Scanner)
SDRAM	Synchrones DRAM, Arbeitsspeicher mit zwei synchron betriebenen Bereichen
Servlet	Java-Anwendung auf dem Server
SET	Secure Electronic Transfer, von Kreditkartenunternehmen vereinbarter Standard zur Identifizierung der Kunden
SGML	Structured Generalized Markup Language, formale Sprache zur formatierten Darstellung von Dokumenten, von der HTML abstammt
SHTTP	Secure Hypertext Transfer Protocol, Protokoll zur Kommunikation zwischen Browsern und Servern, das Verschlüsselung und digitale Unterschrift ermöglicht
SLIP	Serial Line IP, analoge Kabelverbindung zum Internet
Socket	englisch Steckdose, Anschluss, Programm, das für den Datenaustausch eines Computers mit dem Internet erforderlich ist
SQL	Structured Query Language, Abfragesprache für Datenbanken
SSI	Server Side Include, Software zur Veränderung des Inhaltes von Web-Seiten auf dem Server
SSL	Secure Socket Layer, Protokoll zur sicheren Übertragung im Internet über SHTTP
TAE	Telefon-Anschluss-Einheit, Steckdose für ISDN
Tag	Formatierungsmarke in Web-Seiten nach SGML
TAN	Transaktionsnummer, Geheimzahl beim Homebanking
TCP	Transmission Control Protocol, Internet-Übertragungsprotokoll
TDDSG	Teledienstedatenschutzgesetz
TDG	Teledienstegesetz
TFT	Thin Film Transistor, Flachbildschirm aus dünnen Leuchttransistoren
TIFF	Tagged Image File Format, Bildformat
TTY	Zeichenorientierte Ein- und Ausgabegeräte, nach dem Hersteller von Fernschreib-Terminals, Teletype
Unicode	International vereinbarter Code zur Übertragung von Schriftzeichen,
URL	Universal Resource Locator, Internet-Adresse
USB	Universal Serial Bus, genormte Steckverbindung für serielle Ein- und Ausgabe
Usenet	Netz, in dem man Beiträge (News) veröffentlichen (posten) und lesen kann, Ursprung 1979

UUCP	Unix to Unix Copy, Hosts rufen sich in regelmäßigen Abständen an und tauschen Nachrichten aus
VGA	Video Graphic Adapter, Verfahren zur Bildschirm-Darstellung von 640 x 480 Pixel in 256 Farben
VHS	Video Home System
VRML	Virtual Reality Modeling Language, Sprache für das WWW zur Darstellung dreidimensionaler Welten
Wrapper	englisch Hülle, Programm, das ein anderes in einer fremden Umgebung umhüllt, lauffähig macht
W3C	World Wide Web Consortium, Organisation, die die Weiterentwicklung des WWW koordiniert
WAIS	Wide Area Information System, System zur weltweiten Volltextsuche in Datenbanken
WAN	Wide Area Network, Netzwerk mit seriellen Verbindungen über weite Entfernungen
WAP	Wireless Application Protocol, Protokoll zur eingeschränkten Übertragung von Web-Inhalten auf Handys oder PDAs
WML	Wireless Markup Language, Sprache zur Darstellung von Web-Inhalten auf Handys oder PDAs
Workflow	Computer-überwachter Arbeitsfluss in Unternehmen
WWW	World Wide Web, Internet-Dienst auf der Basis von HTTP
WYSIWYG	What You See Is What You Get
XML	eXtensible Markup Language, Teilmenge von SGML, Seitenbeschreibungssprache, die die Anpassung von HTML an unterschiedliche Bedürfnisse ermöglicht
X-Windows	Windows für UNIX-Betriebssysteme

18 Index